블록체인 시대의 법과 제도

코드가 지배하는 세상이 온다

프리마베라 드 필리피 · 아론 라이트 지음

정승민 · 유정한 · 구동균 · 박성철 · 이소영 옮김

미래의창

Blockchain and the Law: The Rule of Code

By Primavera De Filippi and Aaron Wright

사토시 나카모토에게

역자의 글

금융질서의 혁신을 약속한 비트코인이 최초 발행된 지도 십 년이 넘었다. 투자자들의 기대와 규제당국의 우려속에 여러 암호화폐들이 우후죽순으로 등장했다가 몰락하는 현상이 십년간 반복되면서 자연스레 화두는 그 기반기술인 블록체인으로 넘어가게 되었다. 진정한 혁신과 변화를 가져올 기술이라는 장밋빛 기대 속에 블록체인은 리스크를 동반한 암호화폐와는 다른 가치중립적인 기술로 칭송받았다.

그렇다면 과연 블록체인은 가치중립적일까? 블록체인의 핵심인 탈중앙화는 우리를 중앙의 권위로부터 해방시켜 더 큰 자유를 선사할 것인가? 이 책은 그동안 블록체인에 대해 막연히 떠돌던 명제들에 대한 심층적인 연구와 사례 분석을 통해 블록체인의 효용에 대한 청사진을 제시한다. 동시에 블록체인이 널리 도입될 경우, 법을 대체하는 코드의 지배가 더 큰 억압이 될 수 있음을 시사하며 그 대비책에 대해서도 논의한다.

이러한 논의전개 과정에서 이 책은 블록체인 자체를 알리고 설명하는 데 충실하다. 파트1에서는 블록체인의 기술을 살펴보면서 암호화, 인터넷과의 상호작용, 비트코인과 이더리움 등 암호화폐의 원리를 고찰한다. 또한, 블록체인의 고유한 특징인 탈중개, 회복탄력성, 조작 불가성, 가명성, 자동화와 합의 메커니즘에 대해 알기 쉽게 설명한다. 파트2에서는 블록체인이 금융분야에서 어떻게 쓰이고 있으며 스마트 컨트랙트의 잠재력이 무엇인지에 대해 집중 설명한다. 파트3에서는 블록체인과 정보 시스템을 연계하여 블록체인이 어떠한 변화된 인프라를 제공할 수 있을지, 또 개인의 프라이버시와 정보보안의 유지가 가능할지 살펴본다. 파트4는 블록체인으로 인해 바뀌게 될 조직의 미래, 특히 기업의 지배구조 변화, 자동화된 조직의 출현 및 사물 블록체인Blockchain of Things의 가능성을 시사한다. 마지막으로 파트 5는 블록체인의 규제방안에 대해 살펴보고 블록체인이 중심이 되는 미래에 대한 기대와 우려를 객관적인 데이터를 통해 전달한다.

이 책은 하버드대학 출판부에서 출간되자마자 큰 반향을 일으켰다. 블록체인과 법의 상호작용이 가져올 미래의 법과 제도에 대한 구체적인 연구와 분석은 타의 추종을 불허하여 현재 이 분야를 대표하는 책으로 인정받고 있다. 그리하여 국내에도 꼭 소개되면 좋겠다는 생각에 역자들은 공동 번역을 결심하게 되었다. 책의 내용이 방대하고 치밀하여 번역이 쉬운 과정만은 아니었으나 이 책이 국내 독자들에게 블록체인을 더 깊이 이해하고 친숙해지는 계기를 마련할 것이라는 생각에 매우 보람차고 의미 있는 작업이었다.

책을 번역하는 과정에서 도움을 주신 모든 분들과 역자들 서로에게 깊이 감사드린다.

서문

1988년 "사이퍼펑크cypherpunk" 운동의 창시자 중 하나인 티모시 메이Timothy May는 "현대 사회에 망령이 떠돌고 있다"고 경고했다.[1] 이러한 망령의 출현은 정치적 정체 상태나 테러리즘, 인종 갈등 때문이 아니었으며 환경 위기 때문도 아니었다. 이 망령의 정체는 새로운 형태의 무정부주의의 출현 및 성장이었으며, 티모시 메이는 이러한 무정부주의를 "크립토 무정부주의crypto anarchy"[2] 라고 칭했다. 티모시 메이는 그의 저서 《크립토 무정부주의 선언Crypto Anarchist Manifesto》에서 인터넷과 공개키-개인키 암호화의 발전으로 개인과 단체가 익명으로 소통하고 교류하는 것이 곧 가능해질 것으로 내다보았다. 즉, 추적이 불가능한 네트워크 및 암호화 프로토콜을 사용하는 "조작 불가 상자tamper-proof boxes"를 통해, "상대방의 이름이나 법적 정체를 전혀 모르는 상태에서도 비즈니스를 하고, 전자계약을 협상하는 것"이 가능해진다는 것이었다.[3]

결과적으로 메이는 개인이 국가로부터 자유로워지고 신뢰 및 평판에 대한 개념과 더불어 "정부 규제의 성격, 세금을 부과하고 경제적 교류를 통제할 수 있는 능력 및 정보의 비밀 유지 능력"이 완전히 변화할 것이라고 예측했다.[4] 즉, 암호화된 안전한 프로토콜이 지적재산권이 만들어낸 "철조망"을 없앨 것이며, 정보 교류의 장을 열고, 스스로 조직을 만들 수 있는 새로운 힘을 심어주고, 정부와 기업의 성격을 변모시킨다는 것이었다.[5] 메이는 이러한 현상의 확산이 불가피하다고 보았다. 그의 후속 저서들에 의하면, "지니는 병을 빠져나왔고," 기술에 기반한 무정부주의의 출현은 막을 수 없는 것이었다.[6]

블록체인은 여러 가지 측면에서 메이가 30년 전에 고안한 조작 불가 상자에 부합한다. 블록체인은 P2P peer to peer 네트워크, 공개키-개인키 암호화 및 합의 메커니즘 등을 포함한 여러 가지 기술을 결합하여 정보를 투명하고 불가역적인 방식으로 저장하며 가명으로 경제활동을 할 수 있는 회복력 강하고 조작 불가능한 데이터베이스를 구축한다. 또한 블록체인은 디지털 화폐 또는 기타 가치 있는 자산의 이전을 가능케 하며, 부동산의 소유권 및 민감한 기록을 관리한다. 무엇보다 중요한 것은 블록체인이 자동으로 체결되는 스마트 컨트랙트라는 컴퓨터 처리 방식의 구축을 가능케 한다는 것이다.[7]

블록체인은 기존의 데이터베이스와는 다르게 중앙에서 관리되지 않는다. 블록체인은 세계 곳곳에 흩어진 '피어peer' 또는 '노드node'라고 불리는 컴퓨터로 이루어진 P2P 네트워크에 의해 공동 관리된다.[8] 이러한 노드들은 블록체인의 동일한 사본 또는 거의 동일한 사본을 저장하고 네트워크 참가자들이 어떻게 정보를 저장하고, 거래에 참여하고, 소프트웨어 코드를 실행시키는지를 정교하게 규정하는 소프트웨어 프로토콜을 사용하여 체계화한다.

블록체인은 여러 곳에 복제되어 있기 때문에 블록체인에 저장된 정보는 매우 회복력이 강하고 하나의 블록체인 사본이 훼손되거나 네트워크상 하나의 노드가 작동하지 않더라도 살아남는다. 세상 어느 한 곳만이라도 블록체인의 진정한 사본이 존재하는 한, 블록체인은 복구 및 복사를 통해 과거 기록을 불러오고 새로운 거래를 가능케 한다.

정보의 질서정연한 기록을 확보하고 블록체인의 안정성을 도모하기 위해, 모든 블록체인은 합의 메커니즘 — 미리 정의된 보상과 비용 체계에 대한 엄격한 규정 — 에 기반한다. 이러한 합의 메커니즘에 의해 어느 한 당사자가 일방적으로 블록체인에 저장된 정보를 삭제하거나 변경하는 것은 어렵고 그 대가 또한 매우 크다. 블록체인 기반 네트워크의 멤버들이 서로 상대방을 알지 못하거나 신뢰가 없더라도 이러한 합의 메커니즘에 의해 공유된 데이터베이스의 현재 상황에 대한 합의는 주기적으로 이루어진다.

공개키-개인키 암호화 기술을 도입함으로써, 블록체인은 저장된 정보의 완전성을 검증하고 사람들이 본인의 정체를 밝히지 않고 가명으로 거래에 참여할 수 있도록 해준다.[9] 블록체인은 중앙에서 관리되지 않으므로 어느 한 당사자가 블록체인에 대한 접근을 통제할 필요가 없다. 접근 권한이 공개된 퍼블릭 블록체인에서는 누구나 공개주소, 개인키, 패스워드로 구성된 블록체인 기반 계정을 만들 수 있으며 제3자 개입의 우려 없이 다른 사람들과 거래를 할 수 있다.[10]

이보다 더 발전된 형태의 블록체인은 분산화된 컴퓨터 시스템 — 분산화된 가상 머신 — 및 튜링Turing 완결성을 갖춘 프로그램 언어를 결합하여 스마트 컨트랙트 프로그램을 만들고 실행하는 것을 가능하게 한다.[11] 이러한 프로그램들은 블록체인에 저장되어 P2P 네트워크의 기반인 블록체인의 여러 멤버들이 체결하게 되며 한번 실행되면 멈추기 어려운 자동화된 컴퓨터 처리 과정을 만들어낸다.

비트코인이 2009년에 처음 발행된 이후, 블록체인은 정보의 저장 및 컴퓨터 처리에 블록체인 기술을 쓰고자 하는 여러 온라인 서비스를 지원하고 있다. 이러한 애플리케이션 중 몇몇은 메이의 비전을 실현하고자 하며 몇몇은 합법적인 서비스들을 향상시키는 데 기여하고 있다.

비트코인이 증명했듯이, 블록체인 기술은 탈중앙화된, 전세계적인 가치 이전 시스템으로 국경을 초월하는 동시에 가명의 성격을 지녔다. 누구나 블록체인을 이용하여 비트코인과 같은 디지털 화폐 또는 다른 가치 있는 자산을 중앙화된 결제기관 없이, 정체를 밝히지 않고 거래할 수 있다. 블록체인은 해외송금의 비용을 낮추는 새로운 P2P 송금 시스템을 뒷받침하는 기술로서, 금융 분야에 일찍이 도입되어 전세계적으로 금융의 심장부를 뒤흔들고 있는 탈중앙화된 증권 및 파생 거래소 등 새로운 탈중앙화된 시스템의 동력이 되고 있다.

불과 몇 년 만에 블록체인의 영향력은 결제와 금융상품 이상으로 그 범위가 확장되어 중개인에 대한 의존도가 상대적으로 낮은 사회적 경제적 교류를 구조화하는 새로운 자동화된 시스템을 지원하고 있다. 스마트 컨트랙트는 법률적 계약서의 전부 또는 일부를 기록하는 데 쓰이고 있으며, 이에 기반한 상거래는 역동적이며 상대적으로 중단시키기 어렵다.

각국 정부들 또한 블록체인으로 중요한 정보 및 부동산 소유권을 포함한 주요 공공 정보를 안전하게 관리하는 것을 실험중이다. 정부들은 블록체인의 조작 불가능하고, 회복력 강하며 불가역적인 성격을 이용하여 핵심 정보의 진실성 및 진위를 확보하는 가능성을 높이고자 한다. 시간이 지남에 따라 블록체인은 새로운 공공 인프라를 뒷받침하게 될 것이며 누구나 인터넷만 있으면 접속 가능한 국경을 초월한 세계적인 시스템을 만들어낼 수도 있다.

일부는 코드로 관리되는 새로운 디지털 조직을 포함한 공동 과제들이 블록체인을 통해 체계화되기 시작했다. 블록체인은 어디서든 접근 가능하고 경제적 거래를 가능케 하므로, 기존 법인격체들의 운영을 관리하는 방법으로 고려되고 있다. 이렇게 될 경우, 블록체인은 조율의 중심점이 되며, 스마트 컨트랙트는 집단 행동을 관리하는 데 들어가는 비용과 노력을 줄일 수 있는 코드 기반의 법칙을 실행하게 될 것이다. 또한 블록체인은 더 투명하고, 위계질서가 덜 엄격한 새로운 종류의 조직들을 지원함으로써, 서로 알지 못하는 이질적인 사람들이 합의에 이를 수 있도록 지원한다. 블록체인은 자동화된 코드의 실행을 가능케 하므로, 오로지 알고리즘 및 인공지능에 의해 집단행동을 관리하는 조직이 탄생할 수 있는 기반이 된다. 이러한 조직들은 인간에 의한 조직관리 대신 코드 기반 법칙 및 알고리즘의 지배에 의존하여 운영될 것이다.

인간의 행위를 조율할 수 있는 잠재성을 넘어 블록체인은 기계 및 장치를 통제하는 수단으로 점차 이용되고 있으며 인터넷에 연결된 장치들은 스마트 컨트랙트에 의해 제어되고 있다. 결국 블록체인은 기계가 다른 기계와 또는 인간과 상업적 거래를 할 수 있도록 지원하는 기본 토대로 성장해 나갈 것이다. 만약 이러한 시도들이 성공을 거두면 블록체인은 광범위하고 다양한 행위를 관리하는 데 활용될 수 있을 것이며, 기계 대 기계 및 기계 대 사람과의 관계에 있어서도 새로운 변화를 가져와 사람과 물질과의 관계를 재정의하게 될 수도 있다.

그러나 모든 블록체인 기반 애플리케이션과 서비스들이 기존 법규를 엄격하게 지키는 것은 아니다. 블록체인 기반 디지털 화폐들은 국경을 초월하여 거래되며 송금 및 자금세탁과 관련된 기존 법규 그리고 정부, 은행 및 다른 사설기관들이 돈의 흐름을 추적할 수 있도록 하는 법체계를 때때로 무시한다. 제대로 된 규제가 없으면, 이러한 새로운 기술은 사기, 자금세탁, 테러 자금 조달 및 다른 불법행위에 악용될 여지가 있다.[12]

블록체인은 자동화되고 규제 받지 않는 코드 기반의 거래소들이 — 일부는 증권과 유사한 — 토큰의 판매, 파생상품 및 다른 금융상품의 거래를 용이하게 함으로써 기존 증권시장의 크기를 줄이고 있다. 이러한 블록체인 기반 시스템들은 금융시장을 지탱하는 법률적 장벽을 무시하고, 사기를 억제하고 투자자들을 보호하기 위해 꼼꼼하게 만들어진 규정들을 무력화시킨다.

금융시장 이외의 분야에서 블록체인은 온라인 도박 및 온라인 커머스에서 규제를 회피할 수 있는 애플리케이션들을 지원하는 데 쓰이고 있다. 예를 들어, 중앙화된 통제를 벗어난 거의 자동화된 카지노, 이베이나 크레이그 리스트 또는 실크로드를 통하지 않고 상품을 살 수 있는 탈중화된 온라인 마켓플레이스를 들 수 있다. 이러한 애플리케이션들은 불법적인 마약의 유통을 손쉽게 하며, 더 널리 확산된다면, 범죄행위 및 반사회적인 행동에 대한 정부의 규제를 무의미하게 만들 수 있다.

블록체인은 불가역적이고 회복력 강한 블록체인의 성격에 의존하는 P2P 파일 공유 애플리케이션, 탈중앙화된 커뮤니케이션 플랫폼 및 SNS 및 다른 P2P 네트워크들이 저작권의 보호를 받거나, 선동적이고 외설적인 자료를 자유롭게 배포함으로써 더 활발한 정보의 교류를 지원한다. 더 폭넓게 사용된다면, 이러한 서비스들은 사회적 및 정치적 비용에 상관하지 않고, 정보를 통제, 여과 및 검열하는 정부와 기업의 노력을 방해하게 될 것이다.

만약에 블록체인의 속도, 성능, 기능 및 접근이 개선된다면, 그 기술은 장기적으로 전통적인 기업 또는 법인격체와 경쟁할 수 있는 조직을 만들어낼 수 있으며 점차 제3자의 개입 없이 즉, 정부의 통제와 중개인들을 벗어나 독립적으로 작동하는 자동화된 장치 및 로봇의 출현까지 이루어낼 것이다.

우리가 이 책에서 주장하듯이, 자동화된 시스템을 지원하는 블록체인의 능력은 블록체인 기술 발전을 통제하고 영향을 끼치고자 하는 국가 및 규제당국에 커다란 도전이 될 것이다. 여타 기술들과 마찬가지로, 블록체인은 현행법을 강화 또는 약화시키는 데 적용될 수 있다. 블록체인 기술의 잠재력은 회복력이 강한, 조작 불가능한 자동화된 글로벌 코드 기반 시스템의 구축을 가능케 한다는 점으로 이는 핵심 사회적 기능을 대신할 수 있는 새로운 금융 및 계약의 수단을 제공한다.

블록체인만 있으면 사람들은 블록체인 네트워크의 토대가 되는 프로토콜로 실행되는 법칙 또는 스마트 컨트랙트에 대한 자신만의 고유한 시스템을 만들 수 있다. 이러한 시스템들은 법 없이 질서를 창출하며 사적 규제를 실행한다. 이러한 사적 규제를 이 책에서는 '**암호기술의 법**lex cryptographica'[13] 이라고 칭하고자 한다. 이 법은 소프트웨어 개발자들에게 각 관할의 법을 회피하고 초국가적으로 다양한 경제적 또는 사회적 활동을 조율할 수 있는 도구 및 서비스를 만들 수 있는 권한을 부여한다.

암호기술의 법은 오늘날 온라인 애플리케이션에 존재하는 코드 기반 법칙의 기존 시스템과 다르다.[14] 대부분의 온라인 서비스들은 중개인으로서 역할을 하거나 클라우드 컴퓨팅 사업자, 검색엔진, 결제처리자, 도메인네임 등록부 및 SNS와 같은 다른 중개인들에 의존해 서비스를 제공한다. 이러한 중개인들은 법과 자신의 고유한 법칙을 강제할 힘이 있으며 그 정체를 쉽게 확인할 수 있고 특정 관할에 위치하고 있다는 점에서, 규제당국이 통제할 수 있는 구심점이 된다.[15]

이와 달리, 블록체인에서 실행되는 시스템은 암호기술의 법에 주로 또는 전부 의존하기 때문에 통제하고 규제하기가 더 어렵다. 블록체인은 중개인의 필요성을 감소시키고 프로토콜 및 코드 기반 법칙으로 운영되는 시스템을 만들고 이는 블록체인 네트워크를 통해 자동적으로 실행된다. 블록체인 및 이와 관련된 스마트 컨트랙트를 통해 온라인 애플리케이션은 고도로 자동화되고 중앙 중개인의 변덕으로부터 보다 독립적일 수 있다. 이러한 애플리케이션들은 오로지 코드로 만들어진 것이며 분산된 방식으로 블록체인 기반 프로토콜 — 법을 준수하는지 여부와 상관없이 — 에 의해 실행되며 온라인상의 사회적

·경제적 활동을 통제 또는 지원하는 중앙 중개인을 규제하려는 정부당국과 긴장감을 형성한다.

블록체인은 엄청난 잠재력을 지니고 있지만, 블록체인 기반 네트워크들은 중앙은행, 금융시장 및 상업적 계약의 관리를 불안정하게 만드는 리스크를 초래할 수 있으며 새로운 종류의 불법 행위를 지원하게 될 우려가 있다. 이러한 리스크들은 특히 우려스러운데, 그것은 새로운 블록체인 기술이 결제 시스템, 금융시장, 상업적 계약 및 우리 사회를 이루고 있는 조직구조와 같이 사회의 근간을 이루는 시스템과 기관들을 전반적으로 재구성하려고 하기 때문이다.

오늘날 사회적 지배의 초점은 법과 위계질서에 기반해 질서를 유지하는 기관 및 행정 시스템에 맞춰져 있다.[16] 그런데 블록체인 기반 애플리케이션은 이러한 기존 질서에 의존하여 기능을 조직화하는 것이 아니라 암호기술의 법에 의거하여 사회적·경제적 활동을 조직화한다.[17]

블록체인 기술이 점점 발달할수록, 정부당국이 관리하는 법규로부터 탈중앙화된 블록체인 기반 네트워크가 관리하는 코드기반 법칙 및 프로토콜로 넘어가는 구조적 권력 이동이 가속화할 것이다. 코드기반 프로토콜과 이의 발전과 관련 있는 결정들은 종국적으로 이러한 시스템들이 어떻게 운용되고 교류하는지의 방식을 규정할 것이다. 따라서 우리는 점점 '코드의 지배[18]' — 한 당사자가 일방적으로 통제할 수 없고 법치에 따르는 또는 따르지 않는 코드 — 에 종속될 수 있다.

이 책은 새롭게 대두되는 블록체인 기술의 사례와 이의 혜택, 리스크 그리고 암호기술의 법의 윤곽을 살펴본다. 우리는 블록체인의 창시자들이 그렸던 크립토 무정부주의를 반대하며 기술을 규제할 수 있는 전략을 제시한다.

인터넷이 처음 출현했을 때도 마찬가지로 무정부주의와 무법주의에 대한 환상이 있었다. 존 페리 바로우John Perry Barlow가 1996년 그의 저서《사이버공간의 독립선언A Declaration of the Independence of Cyberspace》에서 언급했듯, 인터넷 역시 처음에는 전통적인 "재산, 표현, 정체, 움직임 및 맥락의 법적 개념이 적용되지 않는" 새로운 세계로 인식되었다.[19] 이러한 세계에는 '네티즌'들이 살며 이들은 이러한 탈중앙화된 네트워크에 의거하여 중앙당국의 간섭 없이 자신의 일을 조직하고 지배한다.[20]

그러나 시간이 지날수록 바로우의 비전은 그저 망상에 불과하다는 것이 드러났다. 인터넷의 원래 의도는 — 스팸, 사기 및 범죄의 대가를 치르더라도 — 권력을 탈중앙화하고 소통의 자유를 장려하는 것이었으나 지난 10년간 인터넷은 더 집중화되고 규제는 더 강화하는 방향으로 나아가고 있다. 휴대폰, 애플리케이션 스토어 및 클라우드 컴퓨팅 플랫폼은 몇몇 소수의 기업들이 정보의 흐름 및 상거래를 통제하는 더 중앙화된 네트워크를 탄생시켰다.[21]

오늘날 인터넷의 무정부주의적 성격은 대부분 길들여졌다. 규제의 초점을 인터넷 서비스 제공자Internet Service Providers, ISPs 및 인터넷 기반 서비스를 창출 또는 제공하는 거대 중개인에게 집중함으로써, 국가는 이들에게 인터넷을 규제하는 역할을 맡기고 있다.[22] 일부 국가들에서는, 특히 유럽의 경우, 인터넷을 쪼개고 정보 국지화 요건을 강화하여 외국 기업들이 자국 국민의 정보를 취합 또는 저장하는 것을 막고 있다.[23] 중국, 러시아, 북한 및 이란과 같은 국가들은 한 발자국 더 나아가 국가별 방화벽을 만들어 서구의 영향을 받지 않고 자국 내 불만이 표출되지 않는 독자적인 인터넷을 만들어가고 있다.[24]

우리는 블록체인 기술의 성장 및 발전 또한 이와 비슷한 전철을 밟을 것이라고 본다. 비록 블록체인은 점점 자동화되고 법을 무력화시킬 가능성이 있긴 하지만, 이의 사용과 적용을 형상화하고 통제할 수 있는 방법이 있다고 본다. 블록체인은 중개인에 대한 필요를 감소시킬지는 모르지만 중개인의 역할을 모두 없애버리지는 않을 것이다. 백 번 양보해서 블록체인이 탈중개를 확산시킨다고 가정하더라도, 법, 시장 세력, 사회적 규범 및 코드 그 자체가 법의 지배를 유지하기 위해 활용될 수 있을 것이다.

정부 또한 기술이 발전하고 그 수용범위가 넓어지면서 기술을 구현하거나 왜곡할 수 있는 다양한 수단들을 갖추게 될 것이다. 예를 들어, 정부는 최종 사용자를 규제함으로써 이러한 시스템을 사용하여 행한 불법행동에 대한 책임을 물을 수 있고 블록체인 기반의 애플리케이션을 지원한 것에 대한 책임도 물을 수 있다. 또한 (혹은 대안으로) 정부는 이러한 시스템을 유지하는 소프트웨어 개발자, 하드웨어 제조사 및 TCP/IP의 하위단계의 중개인에게 점점 압력을 가할 수도 있다.

예를 들어 정부가 ISP 및 정보 중개인에게 규제를 가한다면 이들은 의도적으로 블록체인 기반 불법 애플리케이션을 차단하거나 검색이 되지 않게 할 수 있다. 블록체인 기반의 네트워크를 지원하고 유지하는 당사자들(즉, 채굴자) 그리고 이러한 네트워크가 작동하도록 해주는 소프트웨어 개발자 또는 하드웨어 제조사들도 정부의 규제를 받을 수 있다. 이러한 당사들에 대한 규제는, 이들에게 직접 특정 규제를 적용함으로써 직접적으로 이루어지거나 그들의 경제적 유인 및 보상체계를 변경함으로써 간접적으로 이루어진다.

블록체인은 아직 미성숙 단계다. 따라서 정부는 교육, 공식적인 국제 워킹 그룹 또는 비공식적인 회의나 논의를 통해 새로 출현하는 기술과 관련된 사회적 규범의 형태를 만들어갈 수 있다. 정부는 또한 블록체인 기술 자체에 의존하여 구체적인 정책 목표, 블록체인 기반 네트워크 및 관련 스마트 컨트랙트에 법규를 코드화하여 반영할 수도 있다.

이 책은 블록체인 기술의 이중성에 대해 살펴보며, 암호기술의 법의 출현을 설명하고 가능한 규제 방법을 기술한다. 우리는 독자들이 블록체인 기술에 대한 이해가 없을 것이라는 전제하에, 비트코인과 이더리움 및 관련 기술들의 탄생을 포함하는 역사적·기술적 총론으로 시작한다. 이후 블록체인의 핵심적인 특징을 설명하고 왜 이러한 특징들이 암호기술의 법에 귀결되어 알고리즘의 통제 및 코드의 지배를 이끌어내는지 살펴본다. 다음으로 블록체인이 암호기술의 법을 통해, 어떻게 현행법을 강화 또는 약화시키는지 그려보고 기술이 결제, 계약법, 금융, 정보, 정보통신 시스템 및 기계간 교류 등 다양한 맥락에서 사회적·정치적 기관들에 어떠한 영향을 미치는지 알아본다.

블록체인 기술이 직면한 법률적 어려움을 살펴본 이후 우리는 블록체인 기반 시스템이 어떻게 규제될 수 있는지 또한 그러한 규제의 대가는 무엇인지 살펴본다. 마지막으로 미래로 넘어가서 어떻게 블록체인 기술이 법의 일부 또는 전부를 코드로 변환시켜 법을 지원 또는 보완할 수 있는지 검토하고 이러한 규제가 안고 있는 위험을 진단한다. 궁극적으로 우리는 블록체인의 작동 원리, 기술의 잠재적 용도, 암호기술의 법의 특징, 규제의 잠재적 방법에 대한 독자의 이해를 높이고자 한다.

차례

역자의 글 005
서문 007

PART 1 블록체인 기술 023

1. 블록체인, 비트코인 및 탈중앙화된 컴퓨팅 플랫폼 025

공개키–개인키 암호화와 디지털 서명 | 상업 인터넷과 P2P 네트워크 | 디지털 화폐 | 비트코인 | 이더리움 | 탈중앙화된 파일 공유와 오버레이 네트워크 | 허가형 블록체인

2. 블록체인의 특징 059

탈중개화, 초국가적인 네트워크 | 강한 회복력과 조작 불가능성 | 투명하고 불가역적인 데이터 | 가명성 | 인센티브와 비용 구조 | 합의 | 자율성 | 블록체인의 이중성 | 블록체인과 인터넷 계층 | TCP/IP 모델 | TCP/IP 모델에 블록체인이 편입되는 방식 | 암호기술의 법 | 프로토콜과 권력 | 블록체인 기술이 직면한 도전

PART 2 블록체인과 금융, 스마트 컨트랙트 103

3. 디지털 화폐와 탈중앙화된 지급 시스템 105

향상된 지급 및 송금 시스템 | 디지털 화폐와 현행법 | 디지털 화폐와 금융 프라이버시의 축소 | 대체가능성과 투명성 | 중앙은행의 역할 축소

4. 법적 계약으로서의 스마트 컨트랙트 123

스마트 컨트랙트와 법적 계약 | 하이브리드 계약 | 스마트 컨트랙트에 의존하는 계약의 법적 집행 가능성 | 감소된 감시비용과 기회주의적인 행동 위험 | 코드의 혜택 | 스마트 컨트랙트의 한계

5. 스마트 증권과 파생상품 151

스마트 증권 | 스마트 파생상품 | 스마트 증권 및 파생상품의 한계 | 탈중앙화된 자본시장

PART 3 블록체인과 정보시스템 177

6. 조작이 불가능한 인증 및 검증된 정보 179

등기부 및 공공 정보 | 인증 및 검증된 기록 | 보안 위험 | 가치 없는 데이터는 가치 없는 결과를 낳는다 | 정보 보호 영역의 축소

7. 회복력 강하고 조작 불가한 정보 시스템 195

블록체인과 탈중앙화 저장소 | 블록체인 기반의 파일 공유 서비스 | 블록체인과 검열 방지 커뮤니케이션 | 인터넷 도메인 네임 시스템 | 저작권에 대한 우려 | 표현의 자유의 이면

PART 4 자동화된 조직 211

8. 조직의 미래 213

기업 지배구조와 내부통제 | 탈중앙화된 조직들 | 분산형 거버넌스 모델 | 보안 문제 | 책임의 부재 | 증권법상 문제들 | 탈중앙화된 조직의 비규제성

9. 탈중앙화된 자율 조직 237

탈중앙화된 자율 조직의 정의 | 자동화된 거버넌스의 장점 | 시장 실패 | 법적 문제

10. 사물 블록체인 253

블록체인을 사용할 수 있는 장치 | 장치 거버넌스 | 기계에 의한 계약 | 재산권 관리 시스템 | 탈옥된 장치 | 탈옥된 장치의 규제 문제

PART 5 탈중앙화된 블록체인 기반 시스템의 규제 273

11. 규제의 방식 275

최종 사용자에 대한 규제 | 전송계층 | 정보중개자 | 블록체인에 특화된 중개자 | 채굴자와 거래 처리자 | 코드와 아키텍처의 규제 | 하드웨어 제조업자 | 블록체인에 기반한 시장의 규제 | 사회적 규범을 통한 규제 | 규제를 위한 절충

12. 법으로서의 코드 307

법을 코드로 전환 | 규제 기술로서의 블록체인 | 법으로서 코드의 한계 | 자동화된 규칙 | 맞춤형 규칙 | 암호기술의 법과 알고리즘의 지배

결론 324
주 332
감사의 말 450

PART 1

블록체인 기술

1

블록체인, 비트코인 및 탈중앙화된 컴퓨팅 플랫폼

블록체인은 본질상 분산된 컴퓨터 네트워크에 의해 유지되는 탈중앙화된 데이터베이스이다. 블록체인에는 새로운 종류의 데이터베이스를 만들어내기 위한 다양한 기술 — 가령 P2P peer-to-peer 네트워크, 공개키-개인키 암호기술 및 합의 메커니즘 — 이 조합되어 있다. 1장에서는 블록체인이 어떻게 작동하는지 간략히 설명하고, 블록체인의 핵심적인 기술 요소들을 분석하고 그 맥락을 살펴보기로 한다.

인터넷이 태동하기 전까지 컴퓨터는 고립된 기기였다. 길고 복잡한 케이블을 사용하는 것 외에는 컴퓨터를 서로 연결할 방법이 없었기 때문에 컴퓨터는 섬과 같은 존재였다. 그런데 1950년대 말에 이 모든 것이 바뀌었다. 구舊 소련이 우주선 스푸트니크Sputnik를 성공적으로 쏘아 올리고 냉전의 공포가 커져가는 즈음에, 미국 랜드연구소RAND Corporation의 연구자들은 — 핵 재앙을 견뎌낼 수 있는 시스템을 개발할 수 있을 것이라는 희망을 가지고 — 컴퓨팅에 관한 새로운 패러다임을 모색하기 시작했다.[1] 랜드연구소의 연구자들 중 하나였던 폴 배런Paul Baran은 몇 년간의 연구 끝에 1964년 8월 중요한 돌파구를 마련했고, 이를 보고했다. 배런은 패킷 스위칭packet switching이라 불리는 기술을 이용하여 한 컴퓨터에서 다른 컴퓨터로 정보 조각을 보낸 다음 이것을 거의 마술처럼 재조합하는 데 성공했다.[2] 배런의 연구에 힘입어, 미국 국방부 산하 고등연구계획국Advanced Research Projects Agency은 이 새로운 기술을 활용하여 최초의 컴퓨터 네트워크인 ARPAnet을 개발했는데(나중에 기관 명칭 앞부분에 'Defense'가 추가되면서 DARPAnet으로 다시 명명되었다), 연구자들과 교수들은 이 네트워크를 통해 파일을 공유하고 자료를 교환할 수 있게 되었다. 이후 수십 년 동안 이 새로운 네트워크의 성능은 지속적으로 개선되었는데, 이는 네트워크 상의 컴퓨터를 보다 쉽게 식별하고 정보를 정확하게 전송할 수 있게 하는 기술인 TCP/IPTransmission Control Program and Internet Protocol, 전송 제어 프로그램 및 인터넷 프로토콜와 DNSDomain Name Services, 도메인 네임 서비스 등이 추가로 개발되었기 때문이다. 컴퓨터는 더 이상 고립된 존재가 아니었다.[3] 이제 컴퓨터는 코드의 얇은 층을 이용하여 서로 연결되었다.

공개키-개인키 암호화와 디지털 서명

DARPAnet이 순조롭게 발전하면서 두 번째 혁명의 전조가 나타나기 시작했다. 새로운 암호화 알고리즘은 개인과 기기가 메시지, 파일 기타 정보를 안전하고 인증된 방식으로 상호 교환할 수 있는 수단을 제공해 주었다. 스탠포드 대학교 출신의 암호전문가인 윗필드 디피Whitfield Diffy와 마티 헬먼Marty Hellman은 '공개키-개인키 암호기술public-private key cryptography'이라는 개념을 정교한 방식으로 고안했고, 이를 통해 안전한 키 분배key distribution를 둘러싼 암호기술의 근본적인 문제를 해결함과 동시에 인증된 디지털 서명authenticated digital signatures의 이론적 토대를 제시했다.[4] 공개키-개인키 암호화 방식이 나오기 전까지 개인 메시지를 보내는 것은 어려운 일이었다. 암호화된 메시지는 불안정한 경로를 통해 이동했기 때문에 누군가 이를 쉽게 가로챌 수 있었다. 암호화된 메시지를 전송하려면 (사이퍼cypher라고 알려진)'키key'를 사용하여 그 메시지를 뒤섞음으로써 불가해한 텍스트 문자열로 만들어야 했다. 이와 같이 뒤죽박죽이 된 메시지가 의도한 목적지에 도착하면, 수신자는 동일한 키를 사용하여 암호화된 텍스트를 해독하여 원래의 메시지를 드러내는 방식이었다.[5] 이같은 초기 암호기술 시스템의 중대한 한계는, 이와 같이 전송되는 메시지의 보안을 유지하는 데 키가 핵심적인 역할을 맡았다는 점이었다. 이 시스템을 사용하는 당사자들은 메시지를 교환하기 전에 키에 대한 합의를 하거나, 아니면 키가 어떤 식으로든 수신 당사자에게 전달되어야 했다. 이와 같은 한계 때문에 키는 위험에 노출되어 있었다. 만약 제3자가 키를 취득하는 데 성공하면 통신을 중간에 가로채서 암호화된 메시지를 해독할 수 있었다.[6]

공개키-개인키 암호기술은 공유키shared key 없이도 암호화된 메시지를 보낼 수 있도록 함으로써 이 문제를 해결했다. 디피와 헬먼의 모델에 따르면 양 당사자들은 공유된 공개키에 합의하고 각 당사자는 고유한 개인키를 생성한다.[7] 개인키는 당사자들이 공유할 필요가 없는 비밀 패스워드의 역할을 하는 반면 공개키는 상호 자유롭게 전달할 수 있는 기준점의 역할을 담당한다. 일방 당사자의 개인키와 공개키를 결합하고 그 결과를 타방 당사자의 개인키와 결합함으로써, 디피와 헬먼은 메시지를 암호화하고 해독하는 데 공히 사용할 수 있는 공유 비밀키shared secret key를 생성할 수 있다는 점을 깨달았다.[8] 디피와 헬먼이 이 획기적인 연구결과를 발표한 지 얼마 지나지 않은 1978년,

론 리베스트Ron Rivest, 아디 샤미르Adi Shamir와 렌 애들먼Len Adleman로 구성된 MIT 출신의 암호전문가 팀은 디피와 헬먼의 연구를 기반으로 하여 보다 진전된 결과물을 내놓았다. 이들은 두 개의 큰 소수素數를 곱하는 방식으로 수학적으로 상호 연결되어 있는 공개키와 개인키 조합을 생성하는 알고리즘을 개발했는데, 이것이 소위 RSA 알고리즘이다(개발자들의 성 첫 글자를 따서 명명했다). 이 암호전문가들은 두 개의 큰 소수를 곱하는 것은 상대적으로 쉬운데 비해 이 곱셈에 어떤 소수들이 사용되었는지를 계산해 내는 것은 고성능 컴퓨터를 사용하더라도 대단히 어렵다는 사실을 알아냈다(이 과정을 소인수분해라고 한다).[9] 이와 같은 수학적 특성을 이용하여 RSA 알고리즘은 공개키의 기반이 되는 개인키를 알아내는 것이 거의 불가능하다는 것을 알게 된 사람들이 자신의 공개키를 널리 알릴 수 있도록 해 주었다.[10] 예컨대 앨리스가 봅에게 민감한 정보를 보내고자 하는 경우, 앨리스는 자신의 공개키와 봅의 공개키를 활용하여 그 정보를 암호화한 다음 공표할 수 있다. RSA 알고리즘이 있으면 소인수분해 과정을 거쳐 봅의 개인키가 있어야만 그 메시지를 해독할 수 있다.

공개키-개인키 암호기술의 응용은 단지 메시지를 암호화하는 것을 넘어서 널리 확장되었다. 디피와 헬먼이 인식했듯이, 공개키-개인키 암호기술은 "암호화와 해독이 별개의 키key에 의해 이루어지는" 새로운 암호시스템을 구축함으로써 위조가 대단히 어렵고 '자필 서명된 종이 서류'의 필요성을 대체할 수 있는, 안전하고 인증된 디지털 서명의 토대가 될 수 있었다.[11] 가령 메시지를 발신하는 당사자는 RSA 알고리즘을 이용하여 메시지와 자신의 개인키를 결합하는 방식으로 '디지털 서명'을 생성하여 메시지에 첨부할 수 있다.[12] 메시지가 전송되면, 수신 당사자는 발신 당사자의 공개키를 이용하여 메시지의 진위와 완전성을 확인할 수 있다. 앨리스가 밥에게 비공개 메시지를 보내고 싶으면 공개키-개인키 암호기술과 디지털 서명을 활용할 수 있다. 즉, 앨리스는 우선 자신의 개인키와 밥의 공개키를 이용하여 메시지를 암호화한 후, 자신의 개인키로 그 메시지에 서명한다. 이후 밥은 그 메시지가 앨리스가 보낸 것이라는 점과 전송 과정에서 변경되지 않았다는 점을 앨리스의 공개키를 이용하여 검증한다. 그 다음에 밥은 자신의 개인키와 앨리스의 공개키를 이용하여 그 메시지를 안전하게 해독할 수 있다.[13] 공개키-개인키 암호화는 새로운 세대의 연구자들, 수학자들, 컴퓨터 과학자들의 상상력을 자극하는 계기가 되었다. 이들은 앞서 본 새로운 암호화 기술을 활용하여 구축할 수 있는 새로운 시스템을 상상하기 시작했다. 공개키-개인키 암호기술과 디지털 서명을 활용함으로써 전자화폐를 만들거나, 가명에 대한 평판을 쌓거나, 콘텐츠 분배 시스템을 구축할 수 있다. 나아가 새로운 형태의 디지털 계약을 만드는 것도 이론적으로 가능해졌다.[14]

상업 인터넷과 P2P 네트워크

• • •

인터넷이 태동하고 공개키-개인키 암호기술 발명이 이루어진 후 몇 년 간 컴퓨터 혁명이 확산되었다. 컴퓨터 가격이 급격하게 낮아지면서 한때 소수만 사용하던 이 기기는 대기업과 정부기관 지하실에서 나와 우리들의 집과 책상으로 진출했다. 애플Apple이 상징적인 의미를 가지고 있는 퍼스널 컴퓨터인 애플 II를 출시한 이후, 다양한 종류의 저렴한 컴퓨터가 시장에 넘쳐나게 되었다. 마치 하룻밤 사이에 컴퓨터가 우리들의 일상적인 삶으로 스며든 것처럼 보였다.

1990년대 중반에 이르러 인터넷은 급격한 팽창과 상업화 단계에 들어섰다. DARPAnet은 초기의 학문 중심의 환경을 넘어섰고, 몇 번의 업데이트를 거치면서 현대적인 인터넷으로 탈바꿈했다. 다수의 민간 인터넷 서비스 제공자internet service provider, ISP들 덕택에 전세계에 걸쳐 수백만 명의 사람들이 '사이버 공간cyberspace'의 등고선을 탐험하면서 새로운 소프트웨어 프로토콜과 교류했고, 이를 통해 전자 메시지를 보내거나, 파일을 전송하거나, 다른 사람의 컴퓨터에 호스팅된 미디어를 유통시키거나 링크를 제공하는 것이 가능해졌다. 불과 몇 년 사이에, 인터넷은 정부와 학계의 후미진 환경에서 새로운 형태의 기반시설로 탈바꿈했다. 이를 두고 《뉴욕타임즈》는 "한 세기 전에 대륙 횡단 철도가 물류 이동에 공헌한 것과 같이 …… 정보의 이동에 공헌"했다고 보도했다.[15]

처음에 인터넷 서비스 대부분은 '클라이언트-서버client-server' 모델을 사용하는 방식으로 설계되었다. 초기 '닷컴dot-com' 회사들이 보유하고 있는 서버를 통해 한 개 이상의 컴퓨터 프로그램을 운영하여 웹사이트를 호스팅하거나 다양한 종류의 애플리케이션을 제공하고, 사용자들은 자신들의 클라이언트를 통해 여기에 접근할 수 있었다. 일반적으로 볼 때 정보는 한 쪽 방향, 즉 서버에서부터 클라이언트에게로 움직였다. 서버는 자신이 가지고 있는 자료를 클라이언트와 공유할 수 있었지만, 클라이언트는 대부분의 경우 자신의 자료를 서버에, 혹은 같은 인터넷 서비스에 연결되어 있는 다른 클라이언트와 공유할 수 없었다.[16] 이와 같은 초기 클라이언트-서버 시스템은 비교적 안전했지만 종종 걸림돌이 되기도 했다. 각각의 온라인 서비스마다 서버를 두어야 했는데, 서버를 설치하고 운영하는 데는 많은 비용이 들었다. 중앙에서 관리되는 서버가 멈출 경우 전체 서비스 작동이 중지될 수 있었고, 서버가 사용자들로부터 받는 요청이 너무 많을 경우 과부하가 걸려 서비스 제공이 일시적으로 중단될 수도 있었다.[17] 21세기로 접어들면서 온라인 서비스를 제공하기 위한 새로운 모델이 출현했다. 당사자들은 중앙화된 서버에 의존하는 대신 P2Ppeer-to-peer 네트워크를 실험하기 시작했다. 이것은 네트워크 참여자(통상적으로 '피어peer' 또는 '노드node'라고 불린다)가 정보 자원의 공급자 겸 소비자가 되는 탈중앙화된 기반시설이다.[18] 이 새로운 모델은 냅스터Napster의 출시와 더불어 다중의 인기를 얻었다. 누구든지 냅스터의 소프트웨어를 구동함으로써 다른 사용자들로부터 음악 파일을 다운로드할 수 있고(클라이언트의 역할을 한다), 동시에 다른 사람들에게 음악 파일을 전송할 수 있었다(서버의 역할을 한다). 냅스터는 이와 같은 방식으로 전성기에는 전세계에 걸쳐 수백만 대의 컴퓨터를 연결하여 거대한 음악 도서관을 구축할 수 있었다.[19]

그러나 냅스터의 인기는 오래 가지 못했다. P2P 네트워크의 기반에는 네트워크에서 접근 가능한 모든 음악 파일의 색인index이 있었는데, 이것은 중앙에서 제어되면서 계속적으로 업데이트되고 있었다. 이 색인은 전체 네트워크의 핵심으로서 구성원들이 자신이 원하는 음악

파일을 찾을 수 있도록 안내하는 역할을 수행했다.[20]

이와 같이 중앙화된 색인은 네트워크의 운영을 위해 필요하기는 했지만, 결과적으로는 냅스터가 몰락하는 원인이 되었다. 냅스터를 상대로 제기된 소송에서 법원은 냅스터에게 2차적 저작권 침해에 대한 책임이 있다고 인정했는데, 냅스터가 음악목록 즉, 색인을 관리하고 있었다는 점이 그 부분적인 이유였다. 냅스터는 네트워크에 연결된 피어들이 접근할 수 있는 파일들을 보다 신중하게 관리해야만 했고, 이에 따라 저작권 보호를 받는 음악을 색인에서 제거했다. 이와 같은 조치가 실행되자 냅스터의 인기는 시들해졌고 사용자들은 뿔뿔이 흩어졌다.[21] 냅스터의 패배 이후 더욱 많은 사람들에게 파일 공유 서비스를 제공하는 2세대 P2P 네트워크가 생겨났다. 누텔라Gnutella나 비트토렌트BitTorrent와 같은 새로운 P2P 네트워크는 중앙화된 색인을 사용하지 않고도 사람들이 각자의 개인용 컴퓨터에 있는 파일에 대한 정보를 공유하는 것이 가능하도록 만들어졌다.[22] 누텔라의 경우 사용자들이 파일 검색 요청을 하면, 그 파일이 다른 피어peer의 컴퓨터에서 검색될 때까지 해당 요청이 네트워크에 있는 컴퓨터에서 다른 컴퓨터로 계속 전달되는 방식이었다.[23] 비트토렌트의 처리방식은 이와 달랐다. 비트토렌트는 파일을 작은 조각으로 해체하여 다수의 사용자들이 동시에 다운로드할 수 있도록 하는 아이디어를 도입했는데, 이로 인해 파일을 보다 신속하고 효율적으로 전송할 수 있었다. 비트토렌트는 각각 다른 서버에 호스팅될 수 있는 소용량의 '.torrent' 파일을 활용하여 이와 같은 파일 조각의 전송을 실행하고 조직화함으로써,[24] 하나의 지배적이고 중앙화된 서비스의 필요성을 제거할 수 있었다.

이와 같이 2세대 탈중앙화 P2P 네트워크가 생기면서, 정보 교환과 관련하여 대형 온라인 운영자의 영향력에서 벗어난 새로운 콘텐츠 전달방식이 굳어지기 시작했다. 탈중앙화 네트워크에는 식별할 수 있는 중심부가 존재하지 않았고 이러한 네트워크를 지탱하는 중개자 역할을 하는 자의 수는 더 적어졌다. 냅스터와 달리 이러한 네트워크를 셧다운하는 것은 거의 불가능에 가까워졌다.[25]

디지털 화폐

공개키-개인키 암호기술의 발전에 매료된 일부 암호전문가들과 기술전문가들을 중심으로, 회복력이 강하고 탈중앙화된 P2P 네트워크에 대한 아이디어가 퍼져나갔다. 스스로를 "사이퍼펑크cypherpunk"라 칭했던 이들은, P2P 네트워크 및 암호화 기술의 힘을 인식하였고 양자를 공히 개인의 자유에 대한 침해에 대항하기 위한 수단으로 바라보고 있었다.[26] 사이퍼펑크들은 현대의 정보기술 사용에 대한 적정한 견제와 균형이 이루어지지 않을 경우 개인의 비밀 영역이 축소되고 정부와 기업의 감시가 만연하게 될 것이라고 믿었다.[27] 암호전문가이자 국제암호연구회International Association for Cryptologic Research의 창립자인 데이비드 차움David Chaum은, 컴퓨팅 기술의 발전은 시간이 지남에 따라 개인이 자신에 대한 정보를 검토하고 제어할 권능을 개인으로부터 빼앗게 되고 정부와 기업은 개인에 대한 정보를 수집·활용함으로써 "일상적인 소비자 거래 과정에서 수집된 데이터를 토대로 개인의 생활방식, 습관, 위치, 사회적 유대관계를 추론"해 낼 것이라고 생각했다.[28] 위와 같이 감지된 위험에 대항하기 위해 사이퍼펑크들은 암호기술을 대대적으로 활용할 것을 주장했다. 이들은 암호기술이 개인의 비밀을 보호해 주면서 동시에 전세계에 걸쳐 정부의 헤게모니를 약화시킬 수 있을 것이라고 생각했다. 사이퍼펑크들은 안전한 메시징 시스템, 디지털 계약, 비밀을 준수하는 신원확인 시스템identity system, 조작 불가능한 박스tamper-proof boxes를 구축하여 암호기술을 민주적으로 활용하고자 했다.[29] 이들은 무료이면서 "널리 확산될 수 있고 파괴되거나 셧다운되지 않는" 소프트웨어를 만들어서 정부와 기업의 통제에서 벗어날 수 있는 "열린 사회open society"를 건설하고자 했다.[30]

사이퍼펑크들이 꿈꾸던 것의 핵심적인 요소는 익명에 의한 현금거래anonymous cash와 추적불가능한 결제시스템untraceable payment system이었다. 사이퍼펑크들과 다른 암호전문가들은 1983년부터 새로운 통화시스템을 만들기 위해 공개키-개인키 암호기술을 활용할 수 있는 방안을 연구하기 시작했다. 그 해 차움은 사람들이 개인정보를 넘기지 않으면서도 전자화폐를 만들어 전송할 수 있는 시스템을 제안했다.[31] 이 시스템은 궁극적으로 차움이 1994년에 설립한 회사인 디지캐시Digicash가 되었다.[32]

디지캐시는 전자화폐 발급시 공개키-개인키 암호기술에 의존했고 차움이 개발한 디지털 서명 시스템(블라인드 서명이라고 불렸다)을 활용하여 당사자들 간 거래를 인증했다.[33] 이 회사는 중앙 청산기관의 역할을 하면서 화폐의 공급량을 정하고 디지캐시 거래를 처리했다. 그러나 냅스터와 마찬가지로 디지캐시 역시 기술적인 한계가 있었다. 디지캐시는 클라이언트-서버 모델을 통해 운영되었기 때문에 차움의 회사는 네트워크 상의 모든 거래를 재확인하고 인증해야 했다. 디지캐시의 성공 여부는 회사 한 곳의 운명에 직접적으로, 그리고 전적으로 달려 있었다. 이 회사가 1998년에 파산했을 때 따라서 디지캐시도 함께 몰락했다.[34] 그러나 익명의 전자화폐를 만든다는 아이디어가 뿜어내는 광채는 결코 약해지지 않았다. 할 핀니Hal Finney, 웨이 다이Wei Dai와 닉 사보Nick Szabo를 비롯하여 더 많은 사이퍼펑크들이 디지캐시의 뒤를 이어 중앙화된 통제가 없는 익명의 디지털 화폐를 만들기 위해 연구를 시작했고, 이 연구는 십여 년 간 이어졌다.[35] 사이퍼펑크들은 이와 같은 시스템을 개발하기 위해서는 디지털 화폐의 공급을 통제하고 누가 언제 무엇을 가지고 있었는지에 대한 안전하고 인증된 기록을 유지할 수 있는 하나 이상의 기술을 활용할 필요가 있다는 점을 알고 있었다. 디지털 화폐는 하나 이상의 기기의 메모리에 저장되어 있는 일련의 조각들일 뿐이다. 달러 지폐나 쇠로 만든 동전과 달리 디지털 화폐는 물리적인 실체로 구체화되어 있지 않다. 그렇기 때문에 다른 디지털 자원과 마찬가지로 디지털 화폐의 단위 한 개는 무제한으로 복제되고 재생될 수 있다. 이 같은 내재적인 특성 때문에 디지털 화폐는 손쉽게 사기fraud의 대상이 될 수 있다. 거래를 인증하고 계좌 잔고를 업데이트할 역량을 가진 중앙 청산기관이나 다른 중개기관이 없다면, 누구든지 디지털 화폐의 한 단위를 보유하고 있을 경우 이것을 두 명의 상대방에게 동시에 보냄으로써 이중 지불double spending의 문제를 일으킬 소지가 있다.[36] 예컨대 톰이 5달러 상당의 디지털 화폐를 소유하고 있는 경우, 톰은 그것을 동시에 앨리스와 존에게 보냄으로써 총 10달러를 부정하게 사용할 수 있는 것이다.

탈중앙화된 결제시스템은 중앙화된 중개기관에 의존하지 않는 방식으로 이와 같은 이중 지불 문제를 반드시 해결해야 한다. 어느 특정한 시점을 기준으로 유통되고 있는 화폐의 총량이 미리 정해져 있거나, 아니면 소프트웨어 프로토콜에 의해 통제됨으로써 개인이 권한 없이 화폐를 추가로 생성하여 화폐 가치를 떨어뜨리는 것을 방지할 필요가 있다.[37] 또한 탈중앙화된 결제시스템은 해당 시스템 내에서 이루어지는 화폐의 흐름을 파악하기 위해 안전하고 불가역적인 거래기록을 가지고 있어야 한다. 이와 같은 필수적인 특성을 갖추지 않는다면, 신뢰할 수 있는 당국이나 청산기관에 의존하지 않고 어느 특정한 시점에 누가 얼마의 디지털 화폐를 보유하고 있는지 인증하는 것은 불가능할 것이다.

비트코인

2008년 말, 사토시 나카모토Satoshi Nakamoto라고 불리는 한 명의 혹은 여러 익명의 개발자들은 공개키-개인키 암호기술과 디지털 서명, 그리고 P2P 기술을 융합하여 블록체인이라고 알려지게 된 새로운 분산 데이터베이스를 개발함으로써 이 문제를 해결했다. 나카모토는 블록체인을 이용하여 중앙화된 중개자 없이도 운영될 수 있는 탈중앙화된 디지털 화폐를 만들었다.

차움이 만든 디지캐시가 중앙의 운영자에 의존했던 것과 달리, 나카모토의 시스템은 〈비트코인: P2P 전자화폐 시스템Bitcoin: A Peer-to-Peer Electronic Cash System〉[38] 이라는 제목의 아홉 페이지짜리 짧은 논문에 설명되어 있는 것처럼 컴퓨터들의 네트워크를 통해 모든 비트코인 거래 기록을 인증하고 관리하도록 했다. 이 모델에 따르면 거래는 공동의 데이터 저장장치에 기록되고, 그 기반이 되는 비트코인 소프트웨어가 디지털 화폐의 공급을 통제하고 거래 인증 작업을 조직화함으로써 중앙화된 통제의 필요성을 없앴다.[39]

비트코인은 2009년에 출시된 이후 세계에서 가장 큰 규모의 결제 시스템 중 하나가 되었는데도, 아직 많은 사람들에게 비트코인의 기술적 토대는 비트코인이 만들어진 과정만큼이나 이해하기 어렵다. 비트코인을 개념화하는 한 가지 방법은 이메일을 떠올리는 것이다. 오늘날 이메일 주소를 이용해 우리는 인터넷에 연결된 누구와도 몇 초 만에 전자 메시지를 주고받을 수 있다. 대부분의 경우 이메일 주소는 우리 개개인의 신원과 연결되어 있지 않다. 이메일 주소는 가명으로 만드는 것도 가능하며, 전자 메시지를 수신하기 위한 기준점의 역할을 한다. 많은 사용자들이 이메일을 관리하기 위해 제3자인 운영자에게 의존하지만, 메시지를 주고받는 기반 프로토콜은 무료로 개방되어 상호 정보교환이 가능하며 누구의 허락을 받지 않더라도 사용할 수 있다. 이메일 수신함에 대한 접근 권한은 고유한 패스워드에 의해 관리되는데, 이로 인해 사람들은 지메일Gmail과 같은 웹 인터페이스를 통하거나 마이크로소프트 아웃룩Microsoft Outlook 또는 썬더버드Thunderbird와 같은 이메일 클라이언트를 통하여 자신의 이메일 계정을 통제할 수 있게 된다.

비트코인도 이와 유사하다. 이메일과 마찬가지로 비트코인은 개방되어 상호 정보 교환이 가능한 프로토콜이며 어느 한 당사자가 중앙에서 통제하지 않는다.[40] 비트코인은 공개키-개인키 암호기술에 의존하고 있기 때문에 사람들은 누구의 허락 없이도 가명의 비트코인 계정을 만들 수 있다. 사람들은 비트코인 계정으로 비트코인 '거래transaction'를 실행하고 여기에 개인키로 디지털 서명을 함으로써 전세계 누구와도 몇 분 안에 비트코인을 주고받을 수 있다. 어떠한 거래에 대해 서명이 이루어지면, 비트코인 네트워크의 구성원들은 그 거래가 유효하다는 것을 확인한 후 해당 비트코인 계정의 잔고를 업데이트한다.

사람들은 일반적으로 '월렛wallet'을 사용하여 비트코인 네트워크와 소통한다. 이메일 클라이언트와 마찬가지로 월렛은 비트코인 네트워크에 있는 사람들이 자신의 계정을 관리하는 것을 도와주는 역할을 한다. 사람들은 자신의 컴퓨터에 월렛을 저장할 수도 있고, 통상 제3자가 운영하는 온라인 애플리케이션을 통해 월렛을 관리하면서 웹 브라우저나 스마트폰을 통해 손쉽게 비트코인에 접근할 수도 있다. 보다 강화된 보안을 위해 월렛을 USB 플래쉬 드라이브나 다른 형태의 안전한 하드웨어를 통해 오프라인에 저장하는 사람들도 있다(이를 통상 '콜드 월렛cold wallet'이라고 한다).[41] 이메일과 마찬가지로 비트코인 거래는 제한되어 있지 않고 국경을 자유롭게 넘나든다.[42] 디지털 화폐의 전송을 중앙에서 통제하는 당사자도 없고 누군가가 거래를 허가하거나 네트워크 참여를 사전에 승인하는 것도 아니다. 누구든지 비트코인 계정만 있으면 거액이든 소액이든 비트코인을 주고받을 수 있다(현재 기준으로 0.0001758995 달러에 해당하는 0.000000001 비트코인 단위의 소액으로까지 주고받을 수 있다).[43] 비트코인 네트워크의 거래기록은 무료의 오픈소스 기반 프로토콜(비트코인 프로토콜이라고 알려져 있다)의 적용을 받는 비트코인 블록체인에 저장된다. 비트코인 네트워크의 컴퓨터들은 음악이나 미디어 파일을 교환하는 대신 네트워크에서 일어나는 새로운 거래에 관한 정보를 교환한다. 비트코인 프로토콜에는 어떠한 비트코인 거래가 유효한지, 그리고 해당 거래가 비트코인 블록체인에 기록되어야 할지에 대해 비트코인 네트워크의 구성원들이 '합의consensus'에 이를 수 있도록 도와주는 메커니즘이 구축되어 있다.[44] 물리적인 실체가 있는 동전이나 화폐가 흔적을 남기지 않고 손바뀜이 일어나는 것과는 달리, 모든 비트코인 거래는 비트코인 블록체인에 기록되어 공유되며 공개적인 검증의 대상이 될 수 있다.[45] 비트코인 네트워크에 합류하는 누구든지 비트코인 블록체인의 전체 기록을 다운로드하거나 검토할 수 있고 비트코인 거래를 추적할 수 있다.[46] 비트코인의 투명하고 개방적인 성질 덕택에 비트코인 블록체인은 널리 퍼져나갔고, 현재 97개 이상의 국가에 있는 무수한 컴퓨터에서 구동되고 있다. 비트코인 블록체인의 복제본은 미국과 중국처럼 산업화된 큰 국가들뿐만 아니라 캄보디아와 벨리즈처럼 작은 국가들에도 흩어져 있다.[47]

이처럼 비트코인 블록체인은 전세계에 걸쳐 방대하게 저장되어 있고 이에 따른 결제 네트워크가 P2P 네트워크에 의존하고 있기 때문에, 비트코인은 회복력이 강하고 셧다운하기가 대단히 어렵다. 단 한 대의 컴퓨터라도 비트코인 블록체인의 복제본을 보유하고 있는 한 비트코인 네트워크는 계속하여 존속할 수 있다. 재앙이 발생하거나 어느 지역의 국가에서 네트워크를 셧다운하려고 시도하는 경우에도, 비트코인 블록체인은 (고속 인터넷에 연결되어 있는 경우) 불과 몇 시간 내에 복제될 수 있다.[48] 많은 점에서, 비트코인은 전세계에 걸쳐 있는 컴퓨터들에 동일한 복제본이 저장되어 있고 조작 불가능한 '장부book'라고 볼 수 있다. 누구든지 이 장부에 새로운 내용을 추가할 수 있고, 해당 내용이 일단 추가되면 그 시점에 존재하는 모든 복제본은 비트코인 프로토콜을 구동하는 컴퓨터에서 업데이트가 이루어진다.

다만 장부와 달리 비트코인은 페이지로 구성되는 것이 아니다. 비트코인 거래들은 여러 건마다 하나로 묶인 다음 각각 별개의 '블록block'에 편입되고, 비트코인 프로토콜은 이 블록들을 연결하여 순차적으로 타임스탬프가 찍힌 '체인chain'을 생성한다.[49] 개개의 블록은 네트워크 구성원들 간에 이루어지는 비트코인의 이동에 관한 정보와 더불어 각 거래에 덧붙여지는 정보(가령 시poem나 기도문prayer이 될 수도 있고, 참조 이미지 정보나 다른 파일일 수도 있다)를 저장한다. 또한 각 블록

● 그림 1.1 _ 단순화한 비트코인 블록체인

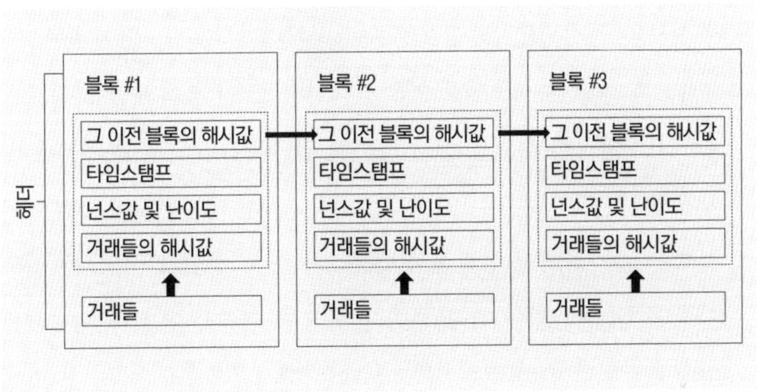

은 '헤더header'를 포함하고 있는데, 헤더는 공유 데이터베이스를 조직하는 데 활용된다.[50] 어떠한 블록의 헤더를 구성하는 핵심적인 요소는, 그 블록에 포함된 모든 거래에 대한 고유의 지문(또는 '해시hash'라고 한다), 타임스탬프, 그리고 가장 중요하게는 이전 블록에 대한 해시값이다. 해시값은 미국 국가안전보장국NSA에서 개발한 표준 암호기술 해시함수standard cryptographic hashing functions[51]을 통해 생성되는데, 이로써 하나의 블록 안에 있는 거래들의 묶음을 이와 고유한 방식으로 연계된 일련의 문자와 숫자의 형태로 나타낼 수 있다.[52]

장부는 그 안의 내용을 정렬하기 위해 페이지 번호를 사용하기 때문에 누구든지 페이지 번호를 보고 올바른 순서로 장부를 엮어낼 수 있다. 이와 달리 비트코인 블록체인은 공유 데이터베이스를 만들기 위해 개별 블록의 헤더에 저장되어 있는 데이터를 사용하는데, 헤더에는 그 이전 블록의 해시값, 타임스탬프가 포함되어 있기 때문에 순차적으로 체인을 만들어낼 수 있다(그림 1.1 참조).

나카모토는 비트코인 블록체인의 보안과 완전성을 확보하기 위해 비트코인 블록체인에 정보를 추가하는 것을 어렵게 만들었고, 나아가 일단 정보가 저장되면 그 정보를 수정하거나 삭제하는 것이 더욱 어려워지도록 정교한 시스템을 개발했다. 비트코인 블록체인에 정보를 저장하려면 일정한 작업을 해야 하는데 집단적인 노력을 통해서만 이를 달성할 수 있다. 비트코인 프로토콜은 공유 데이터베이스에 새로운 블록을 추가하려면 엄격한 절차를 거치도록 하고 있고, 모든 블록은 검증의 대상이 되어 각 블록마다 유효한 거래와 유효한 해시값을 포함해야만 한다.[53] 어떠한 블록에 대한 해시값을 생성하는 것 자체는 특별히 어려울 이유가 없는데, 비트코인 프로토콜은 블록의 해시값이 특정한 개수의 영零으로 시작하도록 요구함으로써 이 작업을 의도적으로 어렵게 만들었다. 즉 비트코인 프로토콜은 이를 위해 수학 수수께끼를 풀게 만들어져 있는데, 통상적으로 '작업증명proof of work'이라고 불리는, 다소 부정확한 이름이 여기에 붙여졌다.[54] 여기서 요구하는 개수의 영零으로 시작하는 유효한 해시값을 생성하기 위해 네트워크 참여자들은 수학 퍼즐을 풀어서 그 순간 비트코인 프로토콜이 요구하는 개수 이상의 영零으로 시작하는 답을 찾아내야 한다.[55] 유효한 해시값을 생성하고자 하는 컴퓨터는 이 프로토콜의 엄격한 요구에 맞추기 위해 반복적인 계산 작업을 돌려야 한다. 이 수학 퍼즐의 해답을 찾기 위해 임의적인 계산이 필요한 것이 아니다. 이것은 단순히 시행착오를 반복하는 게임이라고 할 수 있는데, 종종 '채굴mining'이라고 불린다.[56]

비트코인 프로토콜은 비트코인 네트워크에서 작업증명 게임을 수행하는 채굴자들의 수에 따라 이 수학 퍼즐의 난이도를 조절하여 이 네트워크가 대략 10분마다 새로운 블록 한 개를 추가할 수 있도록 하고 있다. 비트코인 네트워크에서 이 퍼즐을 풀려고 시도하는 노드들이 많을수록, 적정한 개수의 영零으로 시작하는 유효한 해시값을 생성하기가 어려워진다.[57] 채굴자가 어떠한 블록에 대한 유효한 해시값을 찾으면 이 해답을 비트코인 네트워크에 널리 알린다. 그러면 다른 노드들은 그 해시값이 비트코인 프로토콜에서 요구하는 세부조건에 부합하는지 확인하기 위해 간단한 계산 작업을 돌린다.[58] 해시값이 유효하다는 점이 확인되면 그 블록은 비트코인 블록체인에 추가되어 활동

중인 노드들의 로컬 하드 드라이브에 저장된다. 이와 같은 과정을 통해 블록체인 네트워크는 어떠한 시점을 기준으로 누가 얼마의 비트코인을 가지고 있는지에 대해 '합의consensus'에 도달한다.

이따금씩 비트코인 네트워크가 '포크fork', 즉 여러 개의 체인으로 갈라지기도 하는데, 이것은 블록체인 네트워크의 일부에서 각각 다른 블록이 추가되는 경우에 발생한다. 경우에 따라서는 악성 공격 때문에 발생하기도 하는 네트워크의 분리로 인하여 포크가 일어날 수도 있다. 또 다른 경우로는 비트코인 네트워크를 구동시키는 클라이언트의 업데이트 버전이 나왔는데 네트워크에 연결되어 있는 몇몇 노드들이 부주의로 인하여, 또는 새 코드베이스에 도입된 기술적인 변화를 수용하는 것을 실제로 거절한 결과, 소프트웨어 업데이트를 하지 않은 경우에 포크가 발생하기도 한다.[59] 비트코인 블록체인에 포크가 일어나는 경우 데이터베이스의 구조는 직선 모양의 체인보다는 나무에 가까운 모양을 보인다. 이때 네트워크가 나무의 동일한 '가지branch'로 수렴되도록 하기 위해, 비트코인 프로토콜은 특별한 규칙 즉, '포크 선택fork choice'을 시행하고 있다. 이에 따르면 포크가 일어나는 경우 채굴자들은 언제나 가장 긴 체인, 즉 검증된 블록이 가장 많이 존재하는 나뭇가지를 선택해야 한다.[60] 이 규칙은 비트코인 프로토콜이 네트워크 전반에 걸쳐 합의 상태를 유지할 수 있도록 해준다. 만약 네트워크 구성원 다수가 특정한 거래 체인에 대해 합의하면 그 체인이 유효한 것으로 간주된다. 따라서 비트코인 보유자들은 어떠한 주어진 시간을 기준으로 하더라도 비트코인 네트워크를 지탱하는 연산능력의 과반수를 지배하는 자들이 프로토콜의 규칙에 따라 거래를 검증하고 가장 긴 체인에 블록을 추가하고 있다고 신뢰하게 된다.

작업증명 수수께끼는 단지 비트코인 블록체인에 기록을 질서정연하게 저장하기 위해서만 유용한 것이 아니다. 이 합의 알고리즘은 사람들이 거래를 조작하거나 비트코인 블록체인에 저장된 정보를 변경하는 것을 막는 역할도 한다. 각 블록의 헤더에는 그 이전 블록 헤더의 해시값이 포함되어 있으므로 어떠한 블록의 내용을 변경하려고 하는 자는 필연적으로 체인을 끊어지게 할 수밖에 없다. 약간의 변경만 가하는 경우에도 이와 같이 변경된 블록에 연계되는 고유의 새 해시값이 생성되고, 뒤따르는 블록들의 해시값도 전부 바뀌게 된다.[61] 비트코인 블록체인에 있는 기록 단 한 건이라도 변경하려면, 이에 뒤따르는 비트코인 블록체인 내 모든 블록들의 새로운 해시값을 생성하기 위한 연산 과제를 값비싼 비용을 들여 수행해야 한다. 네트워크 내 거래량이 증가할수록, 그리고 이에 따라 비트코인 블록체인에 더 많은 블록들이 추가될수록 그 이전에 기록된 거래를 소급하여 변경하는 것은 더욱 어려워진다. 게다가 비트코인 블록체인은 합의를 통해 구동되므로 이를 공격하려는 자나 그 집단은 네트워크를 지탱하는 정직한 노드들의 과반수보다 더 빠른 속도로 거래 기록을 다시 만들어야 한다.

비트코인 블록체인의 기록을 변경하는 가장 그럴듯한 방법은 공격자 집단이 '51퍼센트 공격'을 감행하여 네트워크를 실질적으로 장악함으로써 네트워크의 다른 구성원들을 앞질러 거래를 승인하는 것이다. 비트코인 분산 네트워크의 규모를 감안할 때, 이와 같은 공격이 성공할 가능성은 갈수록 희박해지고 있다. 《이코노미스트》에 따르면,

2015년 이래 비트코인 채굴자들이 "연합하여 수행할 수 있는 대량의 고속처리 능력은 전세계에서 가장 처리능력이 높은 500대의 슈퍼컴퓨터보다 13,000배나 높다."[62] 네트워크의 성장 규모를 감안하면 오늘날 이와 같은 공격을 조직하려면 수십억 달러까지는 아니더라도 수억 달러가 들 수 있는데, 이것은 대부분의 사기업이나 독립된 해킹 연합체가 추진하기에는 너무 값비싼 작업이다.[63] 나카모토는 비트코인 채굴을 하는 데 드는 비용을 맞추기 위해 사람들이 비트코인 블록체인을 안전하게 유지할 수 있게 해 주는 영리한 인센티브 제도를 도입했다. 채굴자가 새로운 거래들을 포함하고 있는 블록에 대한 유효한 해시값을 생성해 냈을 경우, 비트코인 네트워크는 거래수수료와 더불어 일정량의 비트코인을 — 이것을 '블록 보상block reward'이라고 한다 — 그 채굴자의 계정에 넣어 준다.[64] 따라서 비트코인 네트워크의 채굴자들은 거래를 검증하고 작업증명 수수께끼를 풀 경제적인 유인을 가지게 된다. 이들은 자신의 연산 자원을 할애하여 검증한 블록마다 이에 대한 블록 보상과 거래수수료를 벌 수 있고, 이 디지털 화폐를 공개 시장에서 매각할 수 있다.

비트코인 프로토콜에 따라 비트코인 할당량은 2,100만으로 프로그램되어 있기 때문에, 나카모토는 비트코인을 선취하는 자가 유리하게 되도록 설계했다. 블록 보상은 시간이 지남에 따라 감소하는데, 이 네트워크가 출시된 2009년 1월에 시작하여 대략 2140년에 이를 때까지 계속하여 약 4년마다 절반씩 줄어들게 되어 있다.[65] 따라서 이 네트워크를 초기에 유지하는 데 기여한 채굴자들은 더 많은 비트코인을 벌 수 있는 기회를 가지고 있었다.

나카모토는 작업증명 합의 알고리즘과 블록 보상 인센티브 제도를 결합하여 중앙 청산기관 없이 비트코인의 공급을 제한하고 거래를 처리할 수 있는 탈중앙화된 시스템을 구축함으로써 이중 지불의 문제를 해결할 수 있는 체계를 개발했다. 결국 나카모토는 이를테면 '상태 변화 시스템state transition system'이라는 것을 만들어낸 것이다. 비트코인 네트워크는 매 10분마다 네트워크에 존재하는 모든 비트코인 계정의 잔고를 계산하여 '상태state'를 업데이트한다. 여기서 합의 알고리즘은 비트코인 네트워크의 현재 상태를 기록하고 일련의 새로운 비트코인 거래들을 토대로 해당 네트워크를 업데이트함으로써 '상태 변화 기능state transition function'을 수행한다.[66] 어떤 사용자가 거래를 실행하기에 충분한 비트코인을 가지고 있는지 확인하기 위해, 비트코인 프로토콜은 비트코인의 최초 블록(혹은 '제네시스 블록genesis block')부터 시작해서 그 이전에 이루어진 모든 거래를 찾아서 검토한다. 만약 그 사용자가 비트코인을 충분하게 가지고 있으면 해당 거래는 유효한 것으로 간주되고 블록 내에 편입된다. 채굴자가 작업증명을 수행하여 유효한 해시값을 생성하고 다른 채굴자들이 이를 확인해 주면, 그 블록에 포함되어 있는 거래들과 관련된 계정의 잔고를 비롯하여 비트코인 네트워크의 상태state가 업데이트된다.[67] 그러나 만약 사용자에게 충분한 비트코인이 없는 경우 네트워크는 그 거래를 거부하게 된다. 채굴자들은 해당 거래를 블록 내에 편입시키지 않을 것이고 이와 같이 효력이 인정되지 않는 거래는 네트워크의 상태에 영향을 미치지 못한다.

이와 같은 기술적인 설계를 통해, 사용자들은 중앙 청산기관이 없는데도 불구하고 주어진 어떤 시점을 기준으로 하더라도 모든 비트코인 계정의 잔고가 정확하다는 확신을 가질 수 있게 된다. 이 프로토콜은 서로 모르기 때문에 상대방을 상호 신뢰하지 않는 사람들 사이에서도 P2P 방식으로 신뢰감 있는 거래가 이루어질 수 있게 작동하고 있다. 이 같은 이유 때문에 비트코인과 그 기저의 블록체인 기술을 두고 신뢰 없이 작동하는 시스템trustless system이라고 설명하기도 한다.[68] 사람들은 신뢰할 수 있는 중앙 통제기관이나 중개자에 의존하는 대신 비트코인 블록체인을 지탱하는 기반 코드와 채굴자만 신뢰하면 되기 때문이다.

이더리움

비트코인이 등장하고 가파른 성장세를 보이면서, 점점 더 많은 수의 프로그래머들이 단순히 디지털 화폐를 넘어서는 활용 가능성을 모색하기 위해 이 기술을 연구하기 시작했다. 겉으로 보기에는 마치 하룻밤 사이에 수백 가지의 블록체인과 새로운 디지털 화폐들이 비트코인에 뒤이어 나타난 것 같았다.[69] 사람들이 비트코인 네트워크에 합류하는 것을 도와주는 역할을 하는 중앙화된 월렛 서비스가 등장했다.[70] 거래소들이 생기면서 비트코인을 미국 달러, 유로, 중국 위안화와 같은 전통적인 명목화폐fiat currency로 교환하는 것이 가능해졌다.[71] 비트코인의 가격은 급등했고, 2013년에는 비록 잠시였지만 최고 1,200달러까지 올랐다.[72] 비트코인에 대한 관심이 커졌고 벤처캐피탈 회사들과 마이크로소프트, 델Dell과 같은 전통적인 기업들이 비트코인을 결

제방법 중 하나로 고려하기 시작했다.[73]

그러나 더 많은 사람들이 비트코인에 관심을 가질수록 비트코인의 한계가 분명하게 드러나기 시작했다. 비트코인은 디지털 화폐 교환을 용이하게 하는 플랫폼으로서는 탁월했지만, 기반 프로토콜을 업데이트하지 않는 한 그 이상의 용도로는 사용할 수 없었다. 비트코인 네트워크는 느렸기 때문에 — 대략적으로 겨우 10분마다 합의에 이르러 거래를 검증할 수 있었다 — 비트코인 블록체인이 저장할 수 있는 정보가 얼마나 될 수 있을지에 대한 의문이 제기되었다. 비트코인의 탈중앙화된 구조 때문에 해당 프로토콜을 업데이트하고 개선하는 것은 어려운 일이었다. 그리고 비트코인 네트워크는 공식적인 관리체계 없이 기반 소프트웨어를 더딘 속도로 고치고 버그를 수정하는 소수의 개발자 집단의 노력에 의존하고 있었다.[74] 이와 같은 한계에 대처하기 위하여 새로운 블록체인 기반 프로젝트들이 출범했다. 이 프로젝트들은, 단지 디지털 화폐의 전송과 관련한 정보를 저장하는 것에 국한하지 않고, 최소한 부분적으로라도 그 기반 기능을 수행하기 위해 블록체인을 필요로 하는 탈중앙화 애플리케이션decentralized applications('dapp'이라고도 한다)을 호스팅하는 도구를 구축하는 용도로 블록체인의 능력을 활용하고자 했다.[75]

일반적인 차원에서 보면 블록체인은 데이터 저장 시스템이기 때문에 그 기술은 단지 비트코인 거래와 관련한 데이터를 저장하는 것 이상의 훨씬 다양한 용도로 활용될 수 있다. 블록체인은 다른 형태의 정보, 예컨대, 기술전문가들이 스마트 컨트랙트smart contract라고 부르는 컴퓨터 프로그램을 저장하거나 이에 대한 레퍼런스를 제공할 수 있다.[76] 정교한 스마트 컨트랙트를 만들어내고 활용한 최초의 블록체인은 이더리움Ethereum 블록체인이다. 이 2세대 블록체인 기반 네트워크는 2014년 2월에 발표된 이후 대략 1년 반이 지나고 출시되었는데, 기본적으로는 비트코인의 성과를 토대로 만들어졌지만 마치 오늘날 우리가 서버에 웹사이트 코드를 실행하는 것과 마찬가지로 블록체인에서 스마트 컨트랙트를 실행하는 것이 가능하도록 하는 풍부한 기능이 추가되었다.[77]

이더리움도 비트코인과 마찬가지로 무료의 오픈소스 프로토콜이 적용되는 P2P 네트워크다. 이더리움에는 고유한 디지털 화폐, 이더ether가 사용되고 있는데, 이더는 네트워크를 지탱하는 채굴자들에게 할당되며 비트코인과 마찬가지로 전송될 수 있다. 이더리움 블록체인도 그 상태를 업데이트하기 위해 유사한 작업증명 메커니즘을 활용하고 있다.[78] 그러나 비트코인과 달리 이더리움은 속도가 더 빠르고 스마트 컨트랙트에 관한 한 보다 폭넓은 기능을 가지고 있다. 이더리움 블록체인은 10분이 아니라 대략 12초에 한 번씩 업데이트된다.[79] 또한 이더리움은 솔리디티Solidity라고 불리는, 튜링 완전Turing-complete성을 구비한 프로그래밍 언어를 운용하고 있는데, 이 때문에 누구든지 스마트 컨트랙트를 작성하고 탈중앙화 애플리케이션을 설치할 수 있다. 솔리디티를 활용하면 P2P 네트워크에서 다양하고 복잡한 연산을 실행하는 것도 이론적으로 가능해진다.[80]

한 종류의 계정만을 가지고 있는 비트코인과 달리 이더리움 네트워크에는 두 가지 종류의 서로 다른 계정이 있다. 즉 네트워크의 일상적인 사용자들을 위한 계정(외부 보유 계정externally owned account)과 스마트 컨트랙트 애플리케이션을 위한 계정(컨트랙트 계정contract account)이 그것이다. 컨트랙트 계정은 이더리움 네트워크에 공개 주소를 가지고 있지만 개인키는 별도로 없다. 컨트랙트 계정은 특정한 스마트 컨트랙트의 비트코드 묶음을 엮어서 저장하고, 이더를 모아서 배분하며, 이더리움 블록체인에 데이터를 기록하고 정보를 처리하며, 다른 스마트 컨트랙트의 체결을 촉발시킬 수도 있다. 외부 보유 계정은 이와 다르다. 비트코인의 경우와 마찬가지로 외부 보유 계정에는 공개 주소가 부여되는데, 이 계정의 개인키에 접근 가능한 자라면 누구든지 네트워크의 다른 구성원들에게 이더를 전송할 수 있고, 컨트랙트 계정에 저장된 스마트 컨트랙트를 통해 네트워크의 다른 구성원들과 상호 소통할 수 있다.[81]

이더리움 프로토콜 중 스마트 컨트랙트 처리를 담당하는 부분은 EVM 즉, 이더리움 가상 머신Ethereum Virtual Machine이다. 실제적인 면에서 볼 때 EVM은 수 개의 스마트 컨트랙트 프로그램을 구동하는 탈중앙화된 가상 머신이라고 할 수 있다. 일반적으로 누구든지 이더 거래를 이에 대응하는 컨트랙트 계정에 전송함으로써 스마트 컨트랙트 체결을 촉발시키고 이더리움 블록체인을 작동시킬 수 있다.[82] 여기서 컨트랙트들은 메시지를 수신receiving하거나 발신sending하는 방식으로 상호작용한다. 여기서 메시지message라 함은 일정한 양의 이더, 일련의 데이터, 발신자의 주소, 그리고 목적지의 주소(이것은 컨트랙트 계정일 수도 있고, 외부 보유 계정일 수도 있다)를 포함하는 모든 것을 말한다. 어떠한 컨트랙트가 메시지를 수신하게 되면 그 메시지를 원래 보낸 발신자에게 되돌려 보낼 수도 있는데 이는 일반적인 컴퓨터 기능과 대단히 유사하다.[83] EVM에서 처리되는 작업은 이더리움 네트워크에서 활동 중인 모든 노드들이 실행하도록 설계되어 있다. 이같은 방식을 도입함으로써 EVM에 있는 컨트랙트는 거의 영零에 가까운 비용으로 다른 컨트랙트들을 작동시킬 수 있는데, 남용을 방지하기 위해 이더리움 프로토콜은 각 연산 단계마다 일명 '가스gas'라는 명칭의 수수료를 소량 부과하고 있다.[84] 가격이 급격하게 변동하는 것을 막기 위해 가스 가격은 고정되어 있지 않고 채굴자들은 이더의 시장 가격에 기반하여 다이내믹하게 가스 가격을 조정한다. 또한 이더리움 프로토콜은 하나의 블록에 담을 수 있는 작업의 개수를 유동적으로 설정함으로써 이더리움 네트워크의 채굴자들이 해당 거래의 가액에 상응하는 가스 수수료를 네트워크의 다른 이용자들에게 부과하게끔 하고 있다.[85]

이더리움의 개방성과 탈중앙화된 성질 덕택에 스마트 컨트랙트는 가명으로 사용할 수 있고 대체로 자율적으로 구동된다. 이더리움에서 활동 중인 모든 노드들이 모든 스마트 컨트랙트의 코드를 실행하므로, 어느 한 당사자에 의해서 코드 실행이 통제되지도, 중단되지도 않는다. 어떤 의미에서 볼 때 스마트 컨트랙트는 외부 보유 계정이나 네트워크에서 실행되는 다른 스마트 컨트랙트로부터 전달받는 입력사항에 자동으로 반응하는 자율적인 대리인이라고 볼 수 있다.[86] 이더리움 출시 이후 수십만 건의 스마트 컨트랙트가 체결되어 사용되고 있다.[87] 이러한 스마트 컨트랙트는 기본적인 로직 — 만약 이러이러할 경우, 저러저러하다If this, then that — 을 처리할 능력을 가지고 있으며, 물리적 자산이나 디지털 자산과 연계하여 토큰을 생성해 전송하거나, 서명을 검증하거나, 투표수를 기록하거나, 새로운 블록체인 기반 거버넌스 시스템을 실행하는 데 활용될 수 있다.[88] 그러나 이 네트워크의 기반 설계를 고려하면 이더리움 EVM을 통해 코드를 구동하는 것은 느리고 어쩌면 비용이 많이 들 가능성도 있다.[89] 이더리움은 이와 같은 한계에도 불구하고, 소프트웨어 애플리케이션이 더 이상 중앙 통제기관에 의해 통제받지 않고 탈중앙화된 P2P 네트워크에서 자율적으로 작동하는, 컴퓨팅의 새로운 패러다임을 준비하고 있다.

탈중앙화된 파일 공유와 오버레이 네트워크

비트코인, 이더리움 기타 블록체인의 성능을 확장하기 위해 새로운 탈중앙화 프로토콜이 개발되었다. 이들 블록체인은 단지 디지털 화폐에 국한하지 않고 추가적인 자산을 이전하는 작업을 관리할 수 있게 되었고, 스마트 컨트랙트를 이용하여 다른 디지털 파일과 상호작용을 하고 잠재적으로는 이를 통제할 수 있게 되었다. 이러한 프로토콜은 '오버레이 네트워크overlay network'의 역할을 수행함으로써 새로운 데이터 구조의 성능과 유용성을 확장시킬 수 있다.[90] 예컨대 컬러코인Color Coin과 같은 프로토콜은 비트코인 네트워크를 활용하여 다양한 가치 있는 자산을 표창하는 토큰을 생성할 수 있게 해 준다. 사람들은 컬러코인 프로토콜을 이용하여 극소량의 비트코인 또는 다른 디지털 화폐를 보낼 수 있는데, 이때 해당 거래에 일정한 메타데이터를 첨부하여 그 거래가 실제로는 주식, 저작권의 보호를 받는 저작물에 대한 권리, 또는 의결권과 같은 유형자산이나 디지털 자산의 이전을 표창하고 있다는 점을 나타낼 수 있다. 다시 말해 컬러코인 프로토콜을 활용할 경우 0.0000000001 비트코인을 전송하는 거래를 통해 구글Google 주식 1주를 이전할 수 있다.[91] 더 야심차게는, 이 새로운 탈중앙화 파일 공유 프로트콜은 P2P 네트워크에 파일을 저장하고 스마트 컨트랙트로 해당 파일들에 대한 접근권한을 통제함으로써 탄탄하고 복잡한 탈중앙화 애플리케이션을 구축하기 위한 도구를 만들어 낼 수도 있다. 비트코인 블록체인은 매 거래마다 제한된 양의 정보만을 저장할 수 있고, 이더리움 블록체인은 스마트 컨트랙트 프로그램의 매 연산 단계마다 수수료를 부과하기 때문에 파일저장 기능을 블록체인에 의존하는 탈중앙화된 애플리케이션을 구축하는 데에는 엄청난 비용이 드는 경우가 많다.

스웜Swarm이나 파일코인Filecoin과 같은 새로운 분산 저장 플랫폼 및 콘텐츠 배포 서비스는 위와 같은 한계점을 해결함으로써 보다 고급화된 블록체인 기반 활용도를 지원하기 위해 노력하고 있다. 이 새로운 시스템은, 중앙 관리 시스템이 존재하지 않고 작동이 중지되는 시간이 없으며 네트워크의 구성원이 떠나는 경우에도 운영이 가능한, 안전하고 회복력 강한 P2P 저장 기능을 블록체인 기반 네트워크에 제공하는 것을 목표로 하고 있다.[92] 비트코인이나 이더리움과 마찬가지로 오버레이 네트워크에도 해당 네트워크의 채택 및 사용을 촉진하기 위한 인센티브 메커니즘이 내장되어 있어 네트워크 구성원들은 데이터를 저장하고 제3자에게 제공하는 것에 대해 보상을 받는다. 하드 드라이브에 여유 대역폭이나 공간이 있는 멤버들은 네트워크에 참여하여 자발적으로 청크chunks 또는 샤드shards라고 불리는 작은 파일 조각들을 저장할 수 있고, 이와 같이 저장된 조각들은 탈중앙화된 파일 공유 프로토콜의 요청이 있을 경우 언제든지 다시 조합될 수 있다.[93] 이와 같은 탈중앙화 시스템의 배후에 있는 기술전문가들은 대역폭과 저장공간 자원을 모아 집단의 힘을 통해 기존 온라인 서비스보다 유리한 위치를 점할 것이라고 믿고 있다. 아마존, 마이크로소프트, IBM과 같은 전통적인 클라우드 서비스 제공자들로부터 저장공간을 빌려 온라인 애플리케이션을 구축하거나, 페이스북이나 구글과 같이 중앙화된 대형 중개회사의 데이터 호스팅에 의존하는 대신, 이 새로운 탈중앙화 애플리케이션은 블록체인 기술과 P2P 네트워크를 이용하여 조직되고 저장될 것이다. 만약 이것이 성공할 경우 블록체인과 이같은 새로운 탈중앙화 프로토콜은 전적으로 새로운 인터넷 아키텍처(종종 'Web 3.0'이라고 불린다)의 토대가 될 수 있을 것이다.[94]

허가형 블록체인Permissioned Blockchains

• • •

블록체인은 탈중앙화되어 있고 잠재적으로는 자율적인 코드의 이용을 가능하게 해주기 때문에, 이와 같은 블록체인의 능력을 보다 세심하게 예측 가능한 방식으로 관리하고 이용하려는 노력이 진행되고 있다. 비트코인, 이더리움 기타 '비허가형permissionless' 블록체인은 개방되어 있으며 누구나 접근하여 이용할 수 있다. 누구든지 인터넷만 연결되어 있으면 이와 같은 블록체인에 적용되는 오픈소스 소프트웨어를 다운로드 받은 후 자신의 진짜 신원을 밝히거나 사전 허가를 받지 않고도 해당 네트워크에 참여할 수 있다. 허가가 필요 없는 블록체인의 개방성, 가명성, 그리고 탈중앙화된 성질 때문에, 블록체인이 은행업과 금융업과 같이 규제 강도가 높은 분야 — 금융기관은 당사자들을 추적하고 심사하여 의심스러운 행위가 있을 경우 보고해야 한다 — 에서 사용될 경우에는 우려를 자아낼 수 있다.[95] 비트코인, 이더리움이 등장하고 나서 이들에 대한 대안으로 몇몇 허가형permissioned 블록체인이 등장했다. 이 블록체인은 P2P 네트워크를 필요로 하지만 누구든지 참여할 수 있도록 개방되어 있는 것은 아니다. 말하자면, 블록체인 기반 네트워크에 참여하는 것이 허용되는 당사자들을 중앙 통제기관이나 컨소시엄이 선택함으로써 공유 데이터베이스에 누가 접근하고 정보를 기록할 수 있는지를 일정하게 제한하는 것이다.[96] 컨소시엄 구성원들은 궁극적으로 멤버십을 통제함으로써 해당 네트워크의 각 당사자들이 누구인지 알게 되거나 어느 정도까지는 신뢰할 수 있는 환경을 만든다.

현존하는 허가형 블록체인은 보통 일정한 목적을 가지고 있다. 가령 리플Ripple 프로토콜은 미국 달러화, 유로화, 그리고 심지어는 금에 이르기까지 화폐와 기타 가치저장수단의 교환을 용이하게 하기 위하여 허가형 블록체인을 활용한다. 리플 프로토콜은 리플 네트워크 안에 존재하면서 공동의 신뢰를 받는 서브네트워크를 통해 거래를 처리하고 검증한다는 점에서 비트코인이나 이더리움의 작업증명과는 다른 대안적 합의 메커니즘에 기반하고 있다.[97] 현재 허가형 블록체인이 가지고 있는 중요한 장점 한 가지는 바로 속도다. 이더리움이나 비트코인과 같이 비허가형 공개 블록체인의 경우, 활동 중인 노드들은 모든 거래의 유효성에 대해 합의에 이르러야 한다. 이러한 네트워크의 경우 비트코인은 매 10분마다, 그리고 이더리움은 매 12초마다 거래를 처리하는 반면, 현대의 데이터베이스는 1,000분의 1초마다 정보를 저장한다. 허가형 블록체인의 경우 미리 정해진 소수의 참여자들에 의해 운영되는 경향이 있으므로 여기에서는 대부분 보다 빠른 방식으로 거래를 검증하고 승인할 수 있는 대안을 실행할 수 있다.[98]

허가형 블록체인은 속도와 예측가능성 측면에서 장점이 있지만 근본적으로 중대한 결점 하나를 가지고 있다. 신뢰의 기반이 쉽게 바뀔 수 있다는 점이다. 허가형 블록체인에서는 당사자들이 공모하여 네트워크의 다른 참여자들에게 해를 끼치는 방향으로 기반 블록체인에 손대지 않을 것이라는 보장이 없다. 몇 안 되는 당사자들이 정보를 검증하여 블록체인에 기록할 수 있다면, 이 당사자들은 공격 지점 또는 통제의 대상이 됨으로써 기술적인 고장이나 부패, 또는 해킹 노출로 인해 위태로워질 수 있다. 이와 같은 보안상 한계는 잠재적으로 재앙과 같은 결과를 초래할 수 있는데, 허가형 블록체인이 성장하여 중요한 사회적 또는 경제적 시스템을 지탱하게 된 경우에 특히 그러할 것이다.[99]

이러한 보안 문제는 허가형 블록체인을 개발하는 자들에 의해 종종 무시되고 있다. 허가형 블록체인이 궁극적으로 비트코인이나 이더리움과 같은 비허가형 공개 블록체인을 대체할 것이라고 주장하는 사람들이 있는 반면, 허가형 블록체인은 1990년대 미국 회사들이 널리 사용했던 인트라넷과 마찬가지로 임시방편에 불과하다고 보는 견해도 있다.[100] 최소한 단기적인 관점에서 볼 때 블록체인 기술의 미래는 허가형 블록체인과 비허가형 블록체인을 모두 포괄하는 가운데 양자가 상호 조화롭게 협력해 갈 가능성이 높다. 빠른 속도의 거래는 허가형 블록체인을 통해 이루어지되, 이러한 네트워크의 상태는 보안을 고려하여 다시 비허가형 공개 블록체인에 의해 보호될 수 있을 것이다. 결과적으로 우리가 상상할 수 있는 미래는, 특정한 용도에 초점을 맞춘 다수의 허가형 블록체인들로 구성된 보다 넓은 생태계의 근간을 이루는 역할을 비허가형 공개 블록체인이 담당하는 것이다.[101] 현재를 기준으로 볼 때 블록체인 기술의 진정한 혁신성은 허가형 프라이빗 블록체인에 있는 것이 아니라 비허가형 퍼블릭 블록체인에 있는 것이 사실이다. 퍼블릭 블록체인은 합법적인 목적으로 활용될 수도 있지만 이와 동시에 통제하거나 저지하기 어려운 여러 불법적인 시스템의 출현으로 이어질 수도 있다.

비허가형 퍼블릭 블록체인은 고유한 특성을 가지고 있기 때문에 이 책에서 주목하고자 하는 대상이다.[102] 다음 장에서는 이러한 시스템의 고유한 특징을 살펴보고, 새로운 애플리케이션이 탈중앙화 기술을 어떻게 활용하여 암호기술에 의해 보호되는 규범 — 우리는 이를 '**암호기술의 법**lex cryptographica'이라고 부르고자 한다 — 을 구축하는지 살펴보기로 한다.

2

블록체인의 특징

블록체인 기술은 데이터 저장과 소프트웨어 애플리케이션의 운영에 관한 새로운 기반시설을 구성하고 있으며, 중앙화된 중개자의 필요성을 감소시키고 있다. 데이터베이스는 보이지 않는 막후에 존재하지만 데이터베이스의 중요성은 아무리 강조해도 지나치지 않다. 데이터베이스는 모든 플랫폼, 웹사이트, 앱 기타 온라인 서비스의 근간이 된다. 지금까지 데이터베이스는 대부분 아마존, 마이크로소프트, 구글과 같은 대형 인터넷 회사나 클라우드 컴퓨팅 운영회사 등 중앙화된 중개기관에 의해 관리되어 왔다. 블록체인은 중앙화된 통제에 덜 의존하는, 새로운 세대의 탈중개화된 P2P 애플리케이션을 구동함으로써 기존의 역학구도를 바꾸고 있다.

비록 복잡하기는 하지만 블록체인의 핵심적 특징은 몇 가지로 압축되는데, 이러한 특징들은 P2P 네트워크, 공개키-개인키 암호기술, 그리고 합의 메커니즘에 의존한다. 블록체인은 탈중개화되어 있고 초국가적이다. 블록체인은 회복력이 강하고 변화에 대한 저항력이 있으며, 불가역적 데이터를 가명으로, 그리고 투명한 방식으로 저장한다. (전부는 아니더라도) 대부분의 블록체인 기반 네트워크는 합의에 이르기 위한 시장 기반의, 또는 게임 이론에 기반한 메커니즘을 보유하고 있으며 이를 통해 사람들이나 컴퓨터들을 조직한다. 이와 같은 여러가지 특징이 결합했을 때 자율적인 성질을 가지는 소프트웨어를 사용하는 것이 가능하게 되며, 왜 블록체인이 없었다면 달성하기 어려웠을 경제적·사회적 활동이 가능하도록 해주는 강력하고 새로운 도구로 기능하는지 설명할 수 있다.

동시에, 이러한 특징은 블록체인 기술의 가장 큰 한계를 보여주기도 한다. 블록체인의 탈중개화, 초국가적인 성질 때문에 해당 기술을 통제하기 어렵고 블록체인의 기반 소프트웨어 프로토콜을 변경하는 것도 어렵다. 블록체인은 가명으로 사용할 수 있고 탈중앙화된 합의 메커니즘이 지탱하고 있는 데이터 구조는 조작 불가능하기 때문에 블록체인은 사회적으로 용납하기 어렵거나 형사처벌의 대상이 되는 행위에 활용될 가능성이 있으며, 이같은 행위는 자율적으로 구동되는 소프트웨어 프로그램을 사용함으로써 보다 용이해질 수도 있다. 더욱이 블록체인은 투명하고 추적 가능하기 때문에 정부나 기업이 이를 끌어들여 강력한 감시와 통제의 수단으로 활용하려고 할 가능성이 높다.

탈중개화, 초국가적인 네트워크

앞서 설명한 것처럼 오늘날 온라인 서비스는 주로 클라이언트-서버 모델을 통해 제공된다. 사용자들은 인터넷상에서 교류하기 위해 신뢰할 수 있는 당국이나 중개자를 필요로 하며 이들 당국이나 중개자는 여러가지 역할을 담당한다. (이베이나 우버와 같은) 어떤 중개자들은 매수인과 매도인 사이의 시장을 형성하는 역할을 담당하는 한편 (페이스북, 유튜브 및 위키피디아 같은) 어떤 중개자들은 웹에서 활동하는 상호이질적인 당사자들로부터 수집한 정보를 저장하고 관리하는 역할을 담당한다. 특정한 재화나 서비스에 대한 인증된 출처로서의 역할을 하는 중개자(페이팔Paypal과 스포티파이Spotify)도 있다.

블록체인은 이와 다른 계층적 구조에서 작동한다. 블록체인을 지탱하는 것은 컴퓨터들의 네트워크인데, 이들은 네트워크 전체를 지배하는 소프트웨어 프로토콜을 통해 연결되어 있다. 일반적인 수준에서 보면 어느 당사자 혼자서 블록체인을 통제할 수 없고 블록체인은 관리나 운영에 있어서 어느 중앙화된 당사자를 필요로 하지 않는다. 이와 같은 공유 데이터베이스는 전세계적으로 운영되며 국경을 넘어 확장하고 있다. 공유 데이터베이스에는 중앙 통제기관이나 문지기 역할을 하는 자가 없기 때문에 인터넷에 연결되어 있는 누구든지 무료의 오픈소스 소프트웨어를 다운로드하기만 하면 블록체인에 저장되어 있는 정보를 검색할 수 있다.[1] 이와 같은 특징 덕택에 블록체인은 보다 탈중개화되고 전세계적인 서비스를 지원할 수 있는 잠재력을 가지고 있으며, 이를 통해 당사자들이 다양한 이유에서 보다 직접적인 방식으로 상호 교류할 수 있도록 한다. 새로운 서비스들은 정보를 저장하고 가치를 이전하거나 사회적·경제적 활동을 조직하는 데 블록체인을 활용할 수 있으며 중앙화된 관문의 필요성은 줄어든다. 그러나 블록체인이 가지고 있는 분산화, 초국가적인 성질에는 그만큼의 대가가 따른다. 블록체인 기반 네트워크가 더욱 확대되고 분산될수록 그것을 관리하는 것은 더욱 복잡하고 어려워진다.

대부분의 블록체인 기반 프로토콜은 서로 느슨하게 연결되어 있는 소프트웨어 개발자 팀들이 만든 오픈소스 소프트웨어인데 이들은 보통 소명의식을 갖고 이러한 시스템을 관리한다.[2] 이 프로그래머들은 숙련되어 있고 기술적으로는 능숙할지 몰라도 그 대부분은 대규모 시스템을 운영하고 관리할 책임이 있는 공식적인 조직 구조나 법적 실체의 바깥에서 활동하는 자들이다.[3] 다른 소프트웨어와 마찬가지로 오픈소스 소프트웨어에도 버그는 존재한다. 오픈소스 개발자들이 가지고 있는 선의에도 불구하고 이들에게는 블록체인 기반 프로토콜이 깊이 신뢰할 수 있는 시스템으로 발전해 나가기 위해 요구되는 신속한 속도로 버그를 수정할 능력이 없을 가능성도 있다. 가치를 이전하고 사회적·경제적 활동을 구조화하는 역할을 담당하는 프로토콜을 구동하는 데 블록체인이 사용되는 경우, 만약 공식적인 거버넌스가 없다면 블록체인의 전체적인 쓰임새가 제한될 수 있다.[4] 또한 블록체인의 분산화, 초국가적인 성질로 인하여 재판관할과 관련해서도 중요한 문제가 발생한다. 기술적인 관점에서 보면 블록체인 기반 네트워크의 운영은 대체로 국경과 무관하다. 그리고 사실 많은 수의 블록체인 기반 서비스와 애플리케이션이 전세계에 걸쳐 운영되는 것을 목적으로 하고 있다. 이와 같은 시스템은 전세계를 아우르면서 각국 정부가 블록체인을 어떻게 규제할지, 그리고 필요할 경우 블록체인이나 이와 관련된 애플리케이션을 어떻게 제한할지에 관한 질문을 계속 던져주고 있다.

강한 회복력과 조작 불가능성

블록체인은 단지 전세계적, 초국가적인 특징만 가지고 있지 않다. 블록체인은 기존 데이터 구조와 비교하여 고유한 방식으로 데이터를 저장한다. 블록체인의 분산화된 성질과 더불어 작업증명과 같은 합의 메커니즘과 일방향의 해시 알고리즘을 고려할 때, 일단 어떤 정보가 블록체인에 기록되고 나면 변경하거나 삭제하는 것이 대단히 어렵다. 코드에 예정되어 있지 않는 한 어느 일방 당사자가 블록체인에 저장된 정보를 변경하거나 기존 데이터로 되돌리는 것은 불가능하고 어느 일방 당사자가 일단 실행된 스마트 컨트랙트의 집행을 중지시킬 수도 없다.[5] 사람들이 많이 사용하는 블록체인 기반 네트워크의 경우 블록체인 전체가 전세계에 흩어져 있는 수천 개의 컴퓨터에서 복제된다. 이 컴퓨터들은 블록체인과 완전히 똑같거나 거의 똑같은 복제본을 저장하고 있으며 기반 소프트웨어 프로토콜은 당사자가 네트워크에 접속할 때마다 해당 복제본이 지속적으로 업데이트되도록 한다.

이같은 처리방법을 취함으로써 블록체인의 복제본 하나가 고장나거나 어떤 식으로든 손상되더라도 보다 넓은 범위의 네트워크에는 별다른 영향을 미치지 못하게 되고 블록체인을 셧다운하거나 없애는 것이 어렵게 된다. 네트워크에 연결된 컴퓨터 한 대만이라도 블록체인의 완전한 복제본을 보유하고 있다면 그 블록체인은 여전히 존재하며 다른 사람들이 접근하고 이용할 수 있다. 인터넷 연결만 되어 있으면 블록체인은 복제될 수 있고 네트워크는 재건될 수 있다. 세계의 어느 지역에서 정부의 조치가 있거나 재난이 발생하여 인터넷 연결이 셧다운되는 경우에도 블록체인을 지탱하는 네트워크의 나머지 부분은 새로운 정보를 저장하고 기존에 기록된 데이터에 접근할 수 있는 능력을 여전히 유지할 것이다. 이전에 누락되었던 지역의 당사자들은 인터넷 연결이 복원되는 즉시 블록체인의 복제본을 각자 업데이트하고 다른 당사자들이 남겨놓은 부분부터 다시 따라잡으면서 네트워크에 참여하게 된다.[6]

블록체인은 회복력이 강할 뿐만 아니라 변경이 아주 어려운 방식으로 정보를 저장한다. 블록체인을 변경하려면 이를 장악하기 위한 값비싼 전투를 벌이거나 기반 프로토콜을 바꾸는 것은 물론이고 네트워크의 다른 참여자들과 복잡하고 종종 논쟁거리가 되는 공개토론을 벌여야 한다. 가령 작업증명 합의 메커니즘에 의존하는 블록체인의 경우, 블록체인을 변경하고자 하는 당사자들은 네트워크를 지탱하는 다른 정직한 노드들보다 빨리 블록을 생성하기 위해 요구되는 충분한 연산 자원을 사용할 필요가 있는데, 비트코인이나 이더리움과 같은 대규모 블록체인 기반 네트워크에서 이를 실행하기 위해서는 천문학적인 비용이 든다. 다른 방법도 있는데, 채굴자의 과반수(채굴자들의 연산 능력으로 측정된다)가 블록체인의 기반 프로토콜을 업데이트하여 이미 기록된 거래들을 없던 것으로 되돌리거나 특정한 계정 또는 스마트 컨트랙트를 차단시키는 결정을 공동으로 내리는 것이다.

따라서 어떠한 네트워크에서 프로토콜을 업데이트하기로 결정하는 것은 정치적, 사회적 차원의 의미를 수반하는 일이다. 모든 정치 시스템과 마찬가지로, 개인적인 선호와 동기가 서로 다른 이질적인 집단이 합의에 이르는 과정은 지난하고 시간이 많이 걸리는 일이다. 블록체인을 변경하고자 하는 자는 왜 그것을 변경하고 바꿔야 하는지 설득력 있는 근거를 제시해야 하고, 소셜 미디어나 대면 미팅을 통해서 채굴자들과 접촉해야 한다. 만약 네트워크를 지탱하는 과반수의 노드가 이와 같은 변경에 동의하지 않을 경우 블록체인은 원래 그대로 남게 된다.

이러한 면에서 블록체인은 현상 유지를 선호하도록 기술적으로 설계되어 있다고 할 수 있고, 이 때문에 블록체인 네트워크를 변경하는 것은 아주 어렵다. 블록체인 기반 네트워크를 지탱하는 노드들은 네트워크의 상태를 바꿀지 여부를 궁극적으로 결정할 수 있다. 만약 네트워크 참여자들이, 현재까지 비트코인이 그래왔던 것처럼, '불변의 immutable' 데이터베이스를 구축하는 것을 목적으로 한다면, 그 블록체인에 데이터가 일단 기록되어 저장되기만 하면 악의적인 당사자들에 의해 훼손되지 않는 한 변경될 일이 절대로 없게 된다.

조작 불가능하고 회복력이 강한 블록체인의 성질로 인해 정부와 규제기관 입장에서도 복잡한 문제가 발생한다. 정부가 블록체인을 장악하는 데 성공하거나 채굴자 및 기타 이해당사자들을 설득하여 해당 블록체인의 프로토콜을 바꾸도록 하지 않는 이상 블록체인에 저장된 데이터나 프로그램은 변경할 수 없게 되므로, 위법하거나 부정한 목적으로 이러한 기술을 활용하려는 유인이 생길 수 있다.

투명하고 불가역적인 데이터

블록체인은 P2P 네트워크와 디지털 서명을 필요로 하기 때문에 여기에 저장되는 데이터는 투명하고 불가역적이다. 블록체인에서 관리되는 정보는 인증된 것이고, 블록체인과 관련한 메타데이터와 기타 상황 정보는 공개되어 다른 사람이 볼 수 있다. 누구든지 블록체인을 다운로드하여 어떠한 계정이 거래와 관련되어 있는지, 그리고, 이더리움의 경우에는, 어떠한 계정이 스마트 컨트랙트와 상호작용 했는지 확인할 수 있다. 말하자면, 블록체인은 P2P 네트워크에서 이루어지는 활동의 흔적을 감사하고 추적하는 역할을 수행한다. 블록체인에 저장되어 있는 정보는 암호화되어 있지만 거래에 참여하거나 스마트 컨트랙트와 상호작용을 하고 있는 계정이 무엇인지에 대한 상황 정보는 대부분의 경우 누구나 볼 수 있도록 공개되어 있다.

블록체인에 저장되어 있는 거래 데이터는 감사audit 가능할 뿐만 아니라 인증 받은 불가역적 정보이다. 블록체인은 공개키-개인키 암호화 및 디지털 서명을 활용하기 때문에, 블록체인 네트워크에서 어떠한 거래가 일단 이루어지면 당사자들이 해당 거래에 관련되어 있다는 사실을 부인하기가 어렵다. 어떤 당사자가 스마트 컨트랙트 또는 블록체인 네트워크의 다른 구성원들과 거래를 하려면 해당 거래에 자신의 개인키로 서명을 해야 한다. 디지털 서명은 어떤 계정이 거래를 촉발시켰다는 것에 대한 증거가 되기 때문에, 어떠한 계정과 연계되어 있는 개인키에 문제가 발생했다는 사실을 증명하지 않는 한, 블록체인 기반 계정 보유자가 해당 거래가 이루어졌다는 사실을 부인하기가 어려워진다.[7]

이와 같이 블록체인에 저장된 데이터의 투명성과 불가역적 성질은 상호 결합하여, 회복력 강하고 조작 불가능한 성질과 더불어, 네트워크에 신뢰를 가져다 준다. 디지털 서명은 P2P 거래의 당사자들이 해당 거래의 내용대로 구속 받을 의사를 표시했다는 점을 높은 수준으로 보증해 준다. 블록체인이 투명하다는 것은 어떠한 거래가 실제로 이루어졌는지 당사자들이 사후적으로 블록체인을 확인하여 검증할 수 있다는 뜻이다. 블록체인에 기록된 데이터는 조작 불가능하고 회복력이 강하기 때문에 블록체인은 어떠한 거래와 관련한 정보가 편의적으로 수정된 사실이 없고 앞으로도 그러할 것이라는 점을 담보한다.

이와 같은 성질 덕택에 당사자들은 인증된 정보를 공개적으로 전파할 때 블록체인에 의존할 수 있게 된다. 블록체인 기반 네트워크의 당사자는 자신의 공개키를 드러냄으로써 자신이 정보의 출처라는 사실을 증명할 수도 있고 자신이 특정한 거래과 관련되어 있다는 점을 증명할 수도 있다. 이로써 대중은 블록체인에 기록된 정보의 출처가 그 당사자였다는 점을 높은 확률로 검증할 수 있다.[8] 예컨대, 2016년 말에 유명한 사이퍼펑크이자 위키리크스Wikileaks 설립자인 줄리언 어산지Julian Assange가 여전히 살아있는지에 대한 풍문이 돌았다. 레딧Reddit과 에잇챈8chan과 같은 온라인 커뮤니티에 포스팅되는 이야기를 비롯하여, 인터넷에서는 그의 죽음에 대한 음모론이 제기되었다. 어산지는 공개적으로 모습을 드러내지 않고 이러한 루머에 대응해 냈다. 그는 위키리크스과 관련되어 있다고 널리 알려져 있는 비트코인 주소를 사용하여 다음과 같은 메시지가 숨어 있는 일련의 거래를 실행했다. “우리는 잘 지낸다. 에잇챈의 게시물은 날조된 것이다.”[9] 블록체인은 이 메시지의 완전성과 그 출처의 진실성을 쉽게 거부할 수 없는 방식으로 증명하는 데 필요한 충분한 토대를 제공해 주었다.

이것은 민간인이나 정부 당국이 블록체인에 인증된 정보를 저장함으로써 전세계에서 인터넷으로 연결되어 있는 누구든 그 정보를 볼 수 있게 할 선택지를 가지고 있다는 것을 의미한다. 정부 기록은, 더 이상 종이나 중앙에서 관리되는 저장고에 저장될 필요 없이, 디지털화한 후 블록체인에 저장되어 공공의 이익을 위해 제공될 수 있다.

가명성

나아가 블록체인은 가명성으로도 특징지워진다. 블록체인은 공개키-개인키 암호기술과 및 디지털 서명을 활용함으로써 사람들이 자신의 진짜 신원을 드러내지 않고도 정보를 저장하거나 거래에 관여할 수 있게 해 준다.[10] 블록체인이 있으면 당사자들은 서로 신뢰하지 않는 경우에도 블록체인에 탑재된 기반 기술과 규칙에 대한 신뢰에 터 잡아 상호 교류할 수 있다.

그러나 가명성에는 그만큼의 대가가 따르고 당사자들에게 불법적인 사회적·경제적 활동에 관여할 유인을 제공한다. 예를 들어, 가명성 덕택에 사람들은 대담하게 마약이나 다른 불법적인 물품에 대한 대가를 블록체인 기반의 디지털 화폐로 지불할 수 있다. 또한 디지털 화폐는 자금세탁이나 조세회피 용도로 사용될 수도 있다.[11] 오늘날에는 이러한 리스크에 일정한 한계가 있는 것도 사실이다. 비트코인이나 이더리움과 같은 네트워크의 경우, 누구든 블록체인 기반의 네트워크에 접근할 수만 있으면 그 네트워크에서 발생하는 일들에 대한 정보를 활용하여 특정 당사자의 신원을 알아낼 수 있다. 블록체인 기반 거래와 관련한 상황 정보를 구석구석 활용하여 개인의 익명성을 제거할 수 있는 것이다. 예를 들어, 샌디에고 대학과 조지 메이슨 대학의 연구자들은 네트워크 참여자들 간에 이루어지는 돈의 흐름을 '거래 그래프 분석transaction graph analysis'이라고 불리는 기법으로 분석함으로써, 비트코인 블록체인을 활용하는 일군의 상인과 고객들의 신원을 알아냈다.[12] 마찬가지로 메릴랜드 대학교와 코넬 대학교의 연구자들은 이더리움 네트워크에서 구동되는 수 건의 스마트 컨트랙트와 관련된 거래들을 면밀하게 분석하여 그 작업 방식을 밝혀냈다.[13] 그러나 블록체인은 시간이 지남에 따라 더 익명화되어 거래 그래프 분석이나 이와 유사한 추적 기법으로 파악하기가 어려워질 수도 있다.

비트코인 거래 당사자들의 신원을 감추기 위하여 거래들을 믹싱해 주는 서비스가 벌써 등장했다. 지캐시Zcash나 모네로Monero와 같이 근래 출시된 블록체인은 영 지식증명zero-knowledge proof과 링 서명ring signature과 같은 고급 암호기술을 사용하여 해당 블록체인 기반 네트워크에서 전송되는 디지털 화폐의 출처, 수신처와 액수를 드러내지 않을 수 있다.[14] 이와 같은 난독화 및 익명화 기술이 널리 채택되고 주장하는 바와 같이 사용된다면,[15] 블록체인 기반 네트워크가 제기하는 리스크는 더 커질 것이다. 이와 같은 네트워크는 더 이상 가명의pseudonymous 네트워크에 그치지 않고 전세계적이고 진정한 익명의anonymous 네트워크로 진화하여 비용이 적게 들고 경제적 마찰이 적은 거래를 용이하게 할 수 있기 때문이다.

인센티브와 비용 구조

가장 고급화된 블록체인에 적용되는 프로토콜은 거래 참여와 스마트 컨트랙트 구동을 촉진하기 위해 복잡한 인센티브 및 시장 기반의 시스템도 가지고 있다. 블록체인 기반 네트워크를 유지하는 당사자들에게 보상을 제공하기 위하여 블록체인은 블록 보상과 거래 수수료를 활용한 수익 구조를 도입하고 있다.[16] 이와 같은 인센티브 구조는 당사자들이 블록체인 거래를 처리하는 방식, 그리고 당사자들이 선택하는 거래나 스마트 컨트랙트의 종류에도 영향을 미친다.

예를 들면, 비트코인과 이더리움의 작업증명 메커니즘과 인센티브 구조는 채굴작업이 합동해서 이루어지도록 유인을 제공했다. 채굴자가 이와 같은 블록체인에서 거래를 검증하려면 처리 능력을 할애하여 각 블록과 관련된 수학 퍼즐에 대한 해답을 빠른 속도로 찾아야 한다. 비트코인이나 이더리움 같은 블록체인은 이와 같은 처리 능력이 네트워크에 더 유입될수록 이 퍼즐의 난이도를 다이내믹하게 조정한다.[17] 더 많은 사람들이 이같은 네트워크를 사용하게 되면서 유효한 해시값을 생성하는 것은 극단적으로 어려워졌고, 이에 따라 일상적인 용도의 컴퓨터를 사용하는 개인이 블록 채굴에 성공할 가능성은 낮아졌다. 어떠한 채굴자가 어떠한 블록의 유효한 해시값을 찾아낼 확률은 대략적으로 보면 그 블록체인 기반 네트워크의 총 연산자원 중 해당 채굴자가 기여하는 비중에 비례한다. 따라서 비트코인과 같은 대규모 네트워크에서 개인이 특화되지 않은 하드웨어를 사용하여 블록 채굴에 성공할 확률은 낮다.[18]

이와 같은 역학관계 때문에, 비트코인과 이더리움 관련 거래를 검증하는 일을 하고자 하는 당사자들은 새로운 블록을 채굴하고 블록 보상과 수수료를 나누기 위해 — 마치 레스토랑의 웨이터들이 각자의 팁을 합치듯이 — 각자의 연산 자원을 결합하고 주문형 집적회로ASICs와 같이 특화된 하드웨어를 사용하는 '마이닝 풀mining pool'을 조직했다. 이와 같이 상호 협력함으로써 마이닝 풀의 채굴자들은 블록 보상을 받을 확률을 높이고 여기서 얻은 디지털 화폐를 마이닝 풀에서 분배한다.[19] 이같은 마이닝 풀들이 비트코인과 이더리움에서 발생하는 거래들의 처리과정을 대체로 장악하고 있다. 2017년 12월 현재, 4개의 마이닝 풀이 비트코인 네트워크의 50퍼센트 이상을, 그리고 2개의 마이닝 풀이 이더리움의 50퍼센트 이상을 각각 장악하고 있다.[20] 따라서 이같은 마이닝 풀은 비트코인과 이더리움의 운영을 제어하고 향후 개발 형태를 만들어나갈 수 있는 힘을 가지고 있다.

또한 인센티브 메커니즘과 수익 구조는 블록체인 기반 네트워크를 사용하는 당사자들이 정보를 저장하거나 디지털 화폐를 전송하거나 스마트 컨트랙트를 가지고 상호작용하면서 의사결정을 하는데도 영향을 미치는데, 왜냐하면 위와 같은 작업에는 모두 일정한 수수료가 수반되기 때문이다. 예를 들어 비트코인을 전송하고자 할 때 당사자들은 채굴자들이 해당 거래를 블록에 편입시켜 주는 것에 대한 대가로 채굴자들에게 얼마의 수수료를 지불할지 정할 수 있다.[21] 예를 들어 앨리스가 봅에게 비트코인을 보내고자 하는 경우를 생각해보자. 앨리스는 자신의 거래를 채굴자들이 더 빨리 처리하도록 하기 위해서 보다 높은 수수료를 채굴자들에게 지불할 수 있다. 역으로, 만일 앨리스가 기다릴 여유가 있을 경우 채굴자들이 언젠가 그 거래를 처리하기를 기대하면서 적은 수수료만 지불하려고 할 것이다.

이더리움 네트워크 역시 유사한 비용 구조에 의해 뒷받침되고 있다. 스마트 컨트랙트의 각 연산 단계를 진행할 때마다 비용이 부과되는데, 이는 사람들이 블록체인에 저장하고자 하는 프로그램의 종류에 영향을 미친다. 만약 스마트 컨트랙트를 실행하는 데 많은 비용이 들 경우, 사람들은 그 기반 코드를 실행하기 위해 채굴자들에게 대가를 지급하고 싶지 않을 것이기 때문에 결국 스마트 컨트랙트를 사용하지 않으려 할 것이다. 대신, 사람들은 오버레이 네트워크나 이보다 더 중앙화된 대안을 활용하여 블록체인 기반 애플리케이션의 전부 또는 일부를 구축하기로 결정할 수 있다.[22] 처음에는 인기 있는 블록체인 기반 네트워크의 수수료가 비교적 낮은 수준이었기 때문에, 사용자들은 정보를 저장하거나, 거래에 참여하거나, 스마트 컨트랙트를 실행하기 위해 몇 센트 정도만 부담하면 되었다. 그런데 점점 더 많은 사람들이 이 네트워크를 사용하고 여기에서 처리되는 거래의 수가 증가하게 되면서, 거래 수수료 때문에 이같은 블록체인 기반 시스템의 운영에 제약이 생기거나 이러한 시스템이 중앙화된 대안적 시스템에 비해 오히려 덜 매력적이게 되는 결과가 생길 수도 있다.

실제로 비트코인 네트워크만 보더라도 궁극적으로는 인센티브 구조 때문에 네트워크가 소멸할 가능성도 있다. 비트코인 프로토콜은 2,100만 비트코인을 발행하도록 프로그래밍되어 있고, 대략 10분마다 채굴자들에게 블록 보상으로 배분된다.[23] 이와 같은 배분이 더 이상 이루어지지 않는 시점이 올 때, 채굴자들이 이 네트워크를 계속 운영할 충분한 유인을 가지게 될지 아니면 단순히 거래 수수료가 크게 증가하기만 할지의 문제가 제기될 것이다.

채굴자들은 어떠한 블록체인을 지탱할지 여부를 결정하기 위해 보통 단순한 계산을 해본다. 즉, 블록 보상과 관련 수수료의 예상 시장가치에다가 해당 보상이나 수수료를 받을 확률을 곱한다. 이와 같이 계산한 금액과 작업증명 합의 프로토콜에 참여하기 위해 필요한 연산 자원을 구입하는 데 드는 비용을 비교한다. 일반적으로 볼 때 합리적인 채굴자라면 예상 보상금액이 연산 비용보다 많은 경우에만 비트코인을 비롯한 블록체인 기반 네트워크에 참여하기로 결정할 것이다.[24] 만약 블록 보상이나 거래 수수료가 너무 낮을 경우 채굴자들은 블록체인에 참여하는 것이 이득이 되지 않는다고 생각할 수 있다. 그렇게 되면 비트코인의 작업증명 퍼즐의 난이도는 감소할 것이고, 네트워크는 악의적인 공격에 노출됨으로써 비트코인 블록체인의 조작으로까지 이어질 수도 있다.

역으로, 만약 (비트코인 프로토콜이 블록 보상의 발행을 멈추었을 경우 예상되는 바와 같이) 비트코인의 거래 수수료가 증가하게 되면 비트코인을 전송하기 위해 비싼 비용을 치러야 하기 때문에, 사람들은 보다 중앙화된 대안들보다 이 네트워크를 덜 이용할 것이고, 그러면 비트코인에 대한 관심이 시들해질 수 있다.[25] 이것은 이더리움 네트워크에서도 마찬가지이다. 만약 스마트 컨트랙트를 구동하는 데 드는 비용이 그로 인해 얻을 것으로 예상되는 이익보다 클 경우 사람들이 이더리움을 사용할 유인은 줄어들 것이고, 그러면 중앙화된 대안 또는 경쟁 상대인 다른 블록체인 기반 솔루션이 더 매력적으로 다가올 것이다.

합의

블록체인의 또 다른 핵심적인 특징은 사회적인 활동을 조직하고 특정한 상황에서 사람들이 합의에 이를 수 있도록 도와주는 기능을 한다는 점이다. 각각의 블록체인 네트워크는 어떠한 정보가 공유 저장소에 어떻게 저장될 수 있는지를 규율하는 합의 메커니즘에 기반을 두고 있다. 합의 메커니즘 덕택에 분산화된 P2P 네트워크가 중앙화된 운영자나 중개기관 없이도 블록체인에 정보를 질서 있게 기록하는 것이 가능하다.[26] 블록체인에 기록된 정보는 누구나 볼 수 있고 이를 수정하거나 소급해 변경하는 것이 어렵기 때문에, 서로 모르는 — 그렇기 때문에 서로 신뢰하지 않는 — 사람들의 집단들도, 신뢰할 수 있는 당국이 없더라도 이 새로운 데이터 구조를 활용하여 자신들의 활동을 조직할 수 있다.

그런데 블록체인은 단지 디지털 화폐의 전송에 관한 정보만 저장할 수 있는 것이 아니다. 블록체인은 데이터, 메시지, 투표, 그리고 디지털 포맷으로 코드화할 수 있는 다른 종류의 정보도 저장할 수 있다. 예를 들어 비트코인 블록체인은 여러 종류의 정보 저장소로 활용되어 왔는데, 여기에 저장되는 정보는 기도나 추도사부터 메시지, 이미지에 이르기까지, 그리고 그 수준도 미숙한 것에서부터 훌륭한 것까지 다양하다.[27] 보다 일반적으로 말하면 블록체인은 개방되어 있고 저비용으로 운영되며, 회복력이 강하고 안전한 저장 시스템으로서, 누구도 소유하지는 않지만 많은 사람들이 관리하고 있는 정보 저장소라고 할 수 있다.

오버레이 네트워크는 블록체인 기반 애플리케이션이 사람이나 컴퓨터의 상호작용을 더 잘 조율할 수 있게 해 준다. 오버레이 네트워크를 활용하여 정보를 저장하는 능력은 스마트 컨트랙트를 이용하여 서비스 구조를 만들고 거의 즉각적으로 가치를 이전할 수 있는 능력과 결합하여 블록체인이 느슨하게 연결된 개개인의 집단과 컴퓨터 활동을 관리하는 새로운 수단이 될 수 있도록 한다. 조직은 블록체인을 활용하여 합의에 이를 수 있고, 계약 관계를 규율하거나 당사자 간 지급을 용이하기 하기 위해 스마트 컨트랙트를 이용할 수 있다.

블록체인은 사람들이 합의에 이르는 과정에 힘을 보탬으로써, 무임승차 문제나 공유지의 비극과 같이 공유재common-pool resources와 관련한 전통적인 문제들 중 일부를 해결하는 데 도움이 될 수 있다.[28] 투명한 데이터 저장소와 스마트 컨트랙트는 공동체가 합의를 도출하고 스스로 규율하는 데 도움이 될 수 있다. 예컨대 퍼블릭 블록체인에서 일어나는 모든 상호작용을 기록하고 이를 특정한 거래와 연결시키는 규칙 — 가령 토큰을 배정하거나 소액의 디지털 화폐를 배분하는 — 을 코드화함으로써, 블록체인은 공유지의 성격을 가지는 커뮤니티들이 탈중앙화된 인센티브 시스템을 통해 스스로를 규율할 수 있도록 한다. 이러한 새로운 조직 구조를 처음 시도해 보는 것은 아마도 온라인 커뮤니티겠지만, 시간이 지나면서 이와 같은 수단을 사용함으로써 얻는 이점이 감소할 경우, 나중에는 현실 세계에 적용되는 조직 구조를 만드는 데 사용될 가능성도 있다.

자율성

어떻게 보면 가장 근본적인 면에서, 블록체인은 어느 하나의 당사자가 통제하지 않는 자율적인 소프트웨어의 활용을 가능하게 하는 기능으로 특징지어진다. 오늘날 코드는 일반적으로 중개기관의 중앙 서버에 의해 관리·실행된다. 이와 같은 운영자들은 코드의 실행에 관한 궁극적인 통제권한을 보유하고 있으며, 원할 경우 코드가 실행되는 것을 강제적으로 막을 수 있다.[29] 이들은 필요할 경우 특정 당사자가 손상을 일으키거나 피해를 발생시킬 수 있는 프로그램을 구동하지 못하도록 할 수 있다.

블록체인에는 이와 같은 제약이 없다. 블록체인은 P2P 네트워크와 합의 메커니즘에 의존하기 때문에, 블록체인을 통해 어느 누구의 간섭도 받지 않고 컴퓨터 코드를 실행할 수 있다. 실제로, 비트코인 네트워크에서는 당사자들이 프로토콜의 엄격한 요구사항을 준수하는 이상 비트코인의 전송은 자동적으로 실행된다. 비트코인 거래는 일단 네트워크에 제공된 후에는 되돌릴 수 없고, 어느 당사자도 이것이 실행되는 것을 막을 수 없다.

이와 유사하게, 이더리움 네트워크의 스마트 컨트랙트는 이더리움 가상 머신EVM을 이용하여 네트워크에서 활동하는 모든 노드들에 의해 분산화된 방식으로 구동된다. 어떤 스마트 컨트랙트가 일단 실행된 후에 그 기본 로직을 바꾸기 위해 할 수 있는 것은 — 그 스마트 컨트랙트를 사용하는 당사자가 그 로직을 바꾸기 위한 메커니즘을 제시하지 않는 이상 — 사실상 없다. 이더리움 네트워크의 모든 노드들이 스마트 컨트랙트 코드를 구동하고 있기 때문에,[30] 소수의 노드들이 특정 스마트 컨트랙트를 실행하는 것을 거부하더라도 다른 노드들이 코드를 실행하는 것까지 막을 수는 없고, 그러기 위해서는 이더리움 프로토콜의 변경을 주장할 수밖에 없다.

그렇기 때문에 블록체인은, 전세계의 다양한 곳에서 다양한 동기를 가지고 있는 당사자들 공동의 노력에 의해 구동되면서 어느 누구도 코드의 실행에 일방적인 영향을 미칠 수 없는, 자율적인 소프트웨어 프로그램을 만들어 내는 것을 가능하게 해 준다. 이와 같은 프로그램은 블록체인에서 일단 사용되기 시작하면 더 이상 그 개발자의 영향을 받지 않으며 그럴 필요도 없다. 이 프로그램들은 탈중앙화된 네트워크에서 구동되기 때문에 그 실행을 되돌리거나 중지시키기 어렵다.[31]

이와 같은 자율적인 시스템의 주요한 장점은, — 만약 제대로 설계되기만 하면 — 기본적인 경제활동에 따른 거래를 낮은 비용으로 처리하면서 높은 신뢰도와 잠재적으로 더 빠른 속도를 담보할 수 있다는 것이다. 이러한 블록체인 기반 시스템은 사람에 의한 감독의 필요성을 줄이거나 없앨 수도 있기 때문에 다수의 비용으로 소수가 이익을 누리는 방식으로 당사자들이 기회주의적인 행동을 할 가능성은 줄어들게 된다.

이와 동시에, 블록체인 기반 소프트웨어는 상당히 높은 수준의 결정론적인 시스템을 만들어 낸다. 예를 들어 가령 누군가 실수로 비트코인을 엉뚱한 주소로 보낸 경우, 해당 거래를 소급해 되돌리는 것은 어렵다. 마찬가지로 이더리움 네트워크에 있는 스마트 컨트랙트의 코드에 흠이 있는 경우, 당사자들은 달리 코드에 명시되어 있지 않는 한 해당 거래에 따라 교환이 이루어진 가치의 환급을 담보하려면 그 거래를 되돌리거나 사후적으로 법적 조치를 취해야 한다.[32] 이와 같은 자율성은 일정한 종류의 합법적인 활동 및 불법적인 활동 양자 모두에게 기회를 제공한다. 일반적으로 보면 블록체인 기반 시스템은 탈중앙화되어 있고 초국가적인 성질을 가지고 있기 때문에, 어느 정도는 "법적 규제의 틀 바깥에 있다alegality."[33] 자율적인 시스템은 기존의 규칙이나 사법권에 따른 제약을 따를 필요가 없고 특정한 국가의 법을 우회하거나 단순히 무시하도록 설계될 수 있다. 일단 이러한 시스템이 블록체인에서 사용되기 시작하면, 그것이 사회적으로 받아들여지기 어려운 것이거나, 도덕적으로 옳지 않은 것이거나 잠재적으로 사람에게 해가 되는 것이라 하더라도, 채굴자들이 그 블록체인을 지탱할 충분한 유인을 가지고 있다면 계속해서 운영될 것이다.

이와 같이 '법적 규제의 틀 바깥에 존재하는alegal' 블록체인의 성질은 스마트 컨트랙트의 자율적인 성질과 결합하여, 서로 신뢰하지 않더라도 다른 당사자와 구속력 있는 거래관계를 맺을 수 있는 범죄자들에게 매력적으로 다가갈 수도 있다. 이러한 시스템을 이용해 범죄자들은 법집행 당국이 쉽게 침투하거나 제압할 수 있는 중개기관에 의존할 필요 없이 자신들의 활동을 탈중앙화된 방식으로 조직하는 것이 가능하다.[34] 그렇게 때문에 블록체인과 암호기술로 보호되는 통신채널이 결합할 경우 블록체인은 불법적인 행위를 용이하게 만드는 수단이 될 수 있고 이와 같은 행위를 막거나 차단하는 것은 더 어려워질 것이다.[35] 이와 같은 범죄행위에 개입되는 중개기관이 더 적어질수록, 정부기관은 범죄행위를 막는 방법을 찾는 데 애를 먹게 될 것이다.

블록체인의 이중성

●●●

전체적으로 볼 때 블록체인은 서로 상충하는 특징들을 가지고 있으며, 이로 인해 블록체인 기술은 기회와 모순으로 포장되어 있다. 이것은 블록체인이 궁극적으로는 선과 악 양자 모두를 위해 이용될 가능성이 있다는 것을 뜻한다. 블록체인 기술은 전세계에 걸쳐 저비용으로 운영 가능한 새로운 자동화 시스템을 탄생시킬 수 있으며, 이로 인해 금융·미디어·법률 분야뿐만 아니라 공공 부문에도 새로운 효율을 가져올 것으로 기대된다. 블록체인은 일정한 유형의 범죄행위를 방지하는 데 활용될 수 있고, 이와 동시에 범죄자들 입장에서는 사람들의 눈을 피해 활동하는 것이 더 쉬워질 수 있다. 블록체인 기술은 정보의 흐름을 제한하는 것을 어렵게 만들어 권위주의 정권이 시민들을 검열하는 것이 더 힘들어질 수 있는 반면, 이와 동시에 정부기관이 금융·비금융 거래를 추적하는 것을 용이하게 함으로써 새로운 감시와 통제의 길을 열어 줄 수도 있다. 실제로 우리는 아래 세 가지 유형으로 뚜렷이 구분되는 일련의 블록체인 기술의 사용례에서 이 기술의 이중적 성격을 벌써부터 목도하고 있다.

첫째, 비트코인의 사례에서 드러난 바와 같이, 블록체인 기술은 탈중앙화되고 전세계에 걸친 가치 이전 이스템value transfer system을 초국가적이고 가명으로 구축할 수 있게 해 준다. 당사자들은 블록체인을 활용하여 중앙화된 청산기관이나 신뢰할 수 있는 당국에 의존하지 않고도 디지털 화폐나 다른 가치 있는 자산을 보낼 수 있다. 이와 같은 블록체인 기반 시스템은 전세계에 걸쳐 가치를 이전하는 비용을 줄임으로써 인터넷상 새로운 지급 및 금융 기능을 제공하는 층위로 기능할 수 있다.

둘째, 블록체인 기술은 당사자 누구의 통제도 받지 않는 자율적인 시스템의 개발을 예정하고 있다. 사람들은 스마트 컨트랙트를 활용함으로써 잠재적으로는 가명에 의해서도 가치를 이전하고 상호 이질적인 집단이 합의에 이를 수 있도록 해 주는 탈중앙화된 애플리케이션을 구축할 수 있다. 당사자들은 일반적인 법적 계약 대신 스마트 컨트랙트를 활용하여 일정한 계약상 권리와 의무를 명기하고 당사자들을 보다 구체적인 방식으로 구속하는 다이내믹한 합의를 이끌어낼 수 있다.[36] 사람들은 가상의 회사와 탈중앙화된 (자율적인) 조직을 만들고 이를 통해 상호 이질적인 사람들의 집단이 가명에 의해, 그리고 계층화되지 않은 방식에 의해 합의에 이를 수 있다. 블록체인 기반 시스템은 인터넷에 연결된 기기를 운용할 수 있으며, 이로써 기계 및 기계 간 거래의 시대를 열 수 있다.

마지막으로 셋째, 블록체인 기술은 회복력이 강하고 투명하며 불가역적이고 조작 불가능한 등록 장치를 제공한다. 블록체인은 누구에게나 알려져 있고 인증을 받은 당사자들이 순차적으로 타임 스탬프를 찍는 방식으로 중요한 기록을 저장하며, 누구든지 인터넷 연결만 되어 있으면 이와 같이 저장된 기록에 접근하거나 모니터링 할 수 있다. 이러한 기록은 토지 및 기타 다른 종류의 재산에 대한 권리를 표창할 수도 있고, 공공 부문의 정보를 담을 수도 있다.

이와 동시에 블록체인 기반 시스템은 법적 시스템 바깥에서 운영될 수 있도록 개발되어 기존 시장과 금융기관에 오랜 기간 동안 부과되어 온 제약을 무시하고 있다. 탈중앙화된 디지털 화폐는 자금을 세탁하고 금융 규제를 회피하기 위한 수단으로 사용된다. 블록체인과 스마트 컨트랙트는 도박장이나 사람들이 모조품이나 불법인 물건을 거래하는 탈중앙화된 시장을 운영하는 수단으로 활용되고 있다. 블록체인과 스마트 컨트랙트를 토대로 수백만 달러 상당의 디지털 토큰 — 그 중 일부는 증권과 유사하다 — 이나 미등록 옵션의 전송을 가능케 하는 탈중앙화된 거래소뿐만 아니라, 음란물과 불법적인 자료의 확산을 금지하는 저작권법과 규제기관의 적용을 받지 않는 파일공유 시스템이나 통신, 소셜 미디어 네트워크가 운영되고 있다.

블록체인과 인터넷 계층

블록체인의 엄청난 잠재력으로 인해 블록체인 기술이 인터넷만큼이나 중요하다는 — 심지어는 인터넷을 대체할 것이라는 — 주장이 나오기까지 했다.[37] 그러나 이같은 주장은 잘못된 판단에 근거한 것이다. 이와 같은 탈중앙화된 데이터베이스는 기존의 인터넷 기술에 편승하여 블록체인이 가지고 있는 독특한 특징의 전부 또는 일부를 활용하여 새로운 애플리케이션 프로토콜과 상위 계층의 서비스를 개발할 수 있게 해 주는 것이기 때문이다.

인터넷은 복수의 프로토콜로 구성되어 있으며, 이러한 프로토콜이 결합되면 여러 가지의 서로 다른 통신계층을 형성하게 된다.[38] 이러한 계층이 어떤 것이어야 하는지에 대해 합의가 이루어진 것은 아니지만 두 개의 모델이 어느 정도 인정을 받아 왔다. 첫 번째는 OSI/ISO 기본 참조 모델(혹은 7계층 네트워킹 모델이라고도 한다)인데, 이 모델은 1980년대에 대형 전기통신사업자들과 국제표준화기구ISO 간 국제적인 논의의 결과 마련된 것이다.[39] 두 번째는 5계층 소프트웨어 모델인데,[40] 이것은 기존 인터넷 프로토콜의 역할을 설명하는 데 초점을 둔 상향식 처리방식의 산물이다. 여기서 우리는 이 책의 목적을 고려할 때 가장 유용한 모델인 5계층 모델을 살펴보고 이를 토대로 논의를 확대해 보기로 한다. 5계층 모델은 TCP/IP 모델이라고도 알려져 있다.

TCP/IP 모델

TCP/IP 모델은 인터넷을 다음과 같이 상호 분리되어 있고 독립적으로 존재하는 다섯 개의 모듈식 계층으로 개념화하고 있다. 물리적 계층physical layer, 데이터 링크 계층data link layer, 네트워크 계층network layer, 전송 계층transport layer, 애플리케이션 계층application layer이 바로 그것이다(그림 2.1 참조).[41] 애플리케이션 계층은 TCP/IP 계층의 가장 위에 위치해 있고, HTTP, FTP, SMTP, 그리고 DNS와 같은 일단의 프로토콜로 구성되어 있다. 이 프로토콜을 통해 사람들은 정보나 메시지를 교환하거나, 파일을 전송하거나, 도메인 네임을 이에 대응하는 IP 주소로 분해할 수 있다. 이러한 프로토콜은 사람들이 일상적으로 교류하는 다양한 온라인 서비스의 토대가 된다.[42] 애플리케이션 계층 아래에 있는 것이 네트워크 계층과 전송 계층이다. 네트워크 계층은 인터넷 프로토콜Internet Protocol, IP의 적용을 받는데, 이 계층은 "인터넷 전체를 아우르고 서로 결합시켜주는 풀"의 역할을 한다.[43] 인터넷을 통해 연결되어 있는 컴퓨터들은 고유한 IP 주소를 부여받는데, 이 주소는 데이터 패킷이 네트워크를 항해하며 여러 컴퓨터들을 거쳐 요청받은 목적지까지 가는 데 도움을 준다. 전송 계층은 일차적으로는 전송 제어 프로토콜TCP과 사용자 데이터그램 프로토콜UDP의 적용을 받는데, IP 계층을 통해 전송된 데이터 패킷이 정확한 순서로 제대로 전달될 수 있게 해 준다.[44] IP 계층이 데이터 패킷의 전달을 담당하는 데 비해 전송 계층은 데이터의 분해 및 재조합과 관련되어 있다. 애플리케이션 계층으로 전달받은 데이터는 우선 (전송 계층을 통해) 더 작은 패킷으로 분해된 다음 IP 계층을 따라 목적지까지 전달된다. 수신자가 일단 메시지를 받으면 전송 계층에서 올바른 순서로 패킷들을 재조합한 후 애플리케이션 프로토콜로 해당 데이터를 보낸다.[45] IP 계층 및 전송 계층 아래에 데이터 링크 계층이 있는데, 이것은 인터넷과 연결되어 있는 하드웨어와 접속되어 있는 일체의 프로토콜(이더넷Ethernet, ATM, 와이파이 시스템 지원 802.11 프로토콜)로 구성되어 있다. 데이터 링크 계층은 인터넷이 특수 하드웨어와 관계없이 구동됨으로써 시간이 지나면서 발전할 수 있도록 하는 역할을 담당한다.[46] 이 모델의 가장 아래에 있는 계층이 물리적 계층, 다시 말해 인터넷의 관과 튜브이다. 이 계층은 컴퓨터가 인터넷으로부터 정보를 송수신하는 데 필요한 일체의 하드웨어(DSL과 케이블 모뎀, T1 연결, 위성 연결 등)로 구성되어 있다.[47]

● 그림 2.1 _ TCP/IP 모델

계층	프로토콜
애플리케이션 계층	HTTP (웹), SMTP (이메일), FTP (파일전송)
전송 계층	TCP, UDP
네트워크 계층	인터넷 프로토콜
링크 계층	이더넷, ATM, 와이파이 시스템 지원 802.11 프로토콜
물리적 계층	케이블 모뎀 및 위성 경로

TCP/IP 모델에 블록체인이 편입되는 방식

블록체인 기술은 정보 조각을 보내는 것에 그치는 것이 아니라 중앙화된 운영자에 의존하지 않으면서도 정보를 저장하고 연산 작업을 실행할 수 있는 다양한 애플리케이션 프로토콜을 지원하고 있다. 비트코인과 같은 프로토콜은 궁극적으로 TCP/IP를 활용하여 운영되는데,[48] 이것은 전송 계층 위에 위치하고 있는 새로운 애플리케이션 프로토콜이라고 볼 수 있다(그림 2.2 참조).

전통적인 애플리케이션 프로토콜은 데이터 호스팅을 하는 중앙 당사자(서버의 기능을 수행한다)와 개별 사용자들(클라이언트의 기능을 수행한다)이 존재하는 것을 전제하면서 인터넷에서의 데이터 전송을 용이하게 한다. 예를 들어 HTTP 프로토콜은 웹 서버에 정보 요청을 전달하는 것을 용이하게 만들어 주는데, 웹 서버는 그 정보를 받을 경우 해당 요청을 한 당사자에게 웹 페이지나 이미지와 같은 정보를 전달해

준다. 이와 대동소이하게 SMTP 프로토콜은 인터넷 유저들 간의 메시지를 왔다갔다 전달해 주기 위해 메일 서버에 의존한다.[49] P2P 네트워크를 지원하는 보다 새로운 프로토콜은 중앙화된 서버에 덜 의존하면서 정보를 전달할 수 있도록 설계되었다. 비트토렌트와 같은 프로토콜은 TCP/IP 뿐만 아니라 중앙화된 트래커나 분산 해시 테이블distributed hash tables을 사용하여 분산된 P2P 네트워크에서 이루어지는 데이터 패킷 교환을 용이하게 한다.[50]

블록체인 기반의 어플리케이션 프로토콜은 많은 측면에서 비트토렌트 프로토콜과 같은 방식으로 작동한다. 다만 블록체인 기반의 어플리케이션 프로토콜은 네트워크에서 이루어지는 활동을 조직하기 위해 중앙화된 트래커나 분산 해시 테이블을 사용하지 않고, 그 대신 블록체인, 합의 메커니즘 및 탈중앙화된 가상 컴퓨터를 활용하여 P2P 네트워크를 관리하고 데이터를 검증하며 연산 작업을 구동한다. 이를

● 그림 2.2 _ TCP / IP에 편입된 블록체인

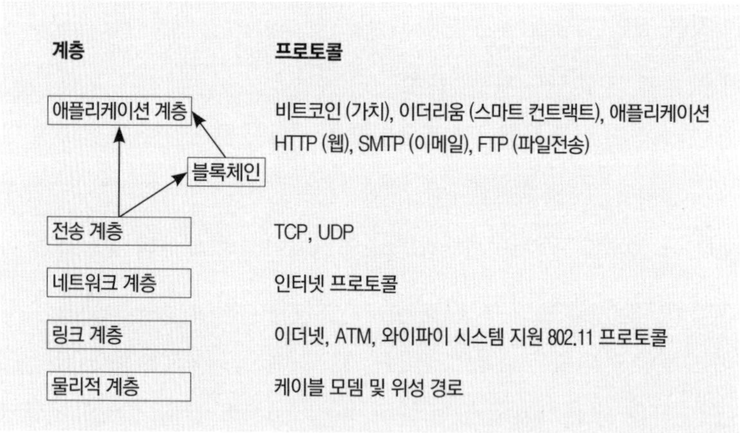

보면, 블록체인 기반의 애플리케이션 프로토콜은 정보를 저장하고 특정한 당사자 누구로부터도 독립되어 운영되는 코드를 구동하는 기능을 비롯하여 견고한 온라인 서비스를 구축하고 지원하기 위해 요구되는 보다 다양한 기능을 보유하고 있다고 할 수 있다.

HTTP와 같이, 온라인 서비스들도 이더리움이나 비트코인과 같은 블록체인 기반 네트워크 위에 구축되어 있는데 얼마나 중앙화되어 있는지의 관점에서 다양한 스펙트럼을 보여주고 있다. 철저하게 자율적으로 운영되는 서비스들도 있는데, 이들은 기반 블록체인이나 다른 오버레이 네트워크를 활용하여 정보를 저장하고 가치를 이전하며 연산 작업을 처리한다. 어떤 서비스들은 위 기능 중 일부만 블록체인을 활용하고, 나머지 필수적인 기능은 중개기관을 활용하거나 HTTP를 통해 다른 중앙화된 서비스를 제공받는 방식으로 해결하기도 한다. 또한 중앙화된 서비스들 중 블록체인과 상호작용은 하되 블록체인이 기반하고 있는 P2P 네트워크로부터 독립되어 운영되는 것도 있다. 예컨대 중앙화된 디지털 화폐 월렛 서비스 제공자가 이와 같은 방식으로 조직되어 있는데, 여기에서 서비스 제공자들은 블록체인 기반 네트워크를 통해 정보에 접근하지만, 정보 저장이나 연산 능력을 확보하기 위해 블록체인 기반 P2P 네트워크 서비스까지 필요하지는 않다.

암호기술의 법

블록체인 기술을 활용하여 자율적으로 운영되는 블록체인 기반 애플리케이션 프로토콜과 서비스는 잠재적으로 기존의 법 규제와 긴장관계를 형성할 가능성이 있다. 이러한 프로토콜과 서비스는 그 자신의 고유한 규칙 시스템 즉, '암호기술의 법lex cryptographica'을 실행할 능력을 가지고 있다. 그리고 이 법은 블록체인 기반 네트워크에서 구동되는 프로토콜과 스마트 컨트랙트에 의해 집행된다.

인터넷이 처음 등장했을 때, 데이비드 존슨David Johnson과 데이비드 포스트David Post와 같은 법학자들은 이 새로운 분산화된 통신 네트워크인 인터넷이 "지리적인 경계에 기반한 법률의 실행가능성 — 그리고 정당성 — 을 약화시켰다"고 선언했다.[51] 이들은 세계가 더 이상 국가에 의해 지배되지 않을 것이고, 정부가 더 이상 기본권을 확립하거나 시장을 형성하거나 사회적 상호작용을 관리하기 위해 법을 제정할 수 없을 것이라고 생각했다.[52] 말하자면 국가의 법이나 규제는 사이버 공간의 비트와 바이트로 소멸되어 없어지고 민간이 만들어 내는 규칙으로 대체될 것이라고 보았다.

포스트와 존슨은 일반적으로 법은 그 본질상 지역적인 성질을 가지며 특정한 지리적 경계 범위 내에서만 시행될 수 있는 것이라고 주장했다.[53] 이들에 따르면 정부는 전능한 존재가 아니라 자신의 관할권 범위 내에 있는 개인들의 생활이나 거래 기타 영업행위에 대해서만 법을 제정하고 집행할 권능이 있다.[54] 인터넷은 특정한 어느 누구의 지배도 받지 않고 여러 관할권을 가로지를 수 있기 때문에 — 그리고 이로 인해 다양한 법률, 국가 규제의 변화, 서로 상충하는 규제가 혼재되어 있는 가변적이고 불확실한 환경이 형성되기 때문에 — 포스트와 존슨은 인간의 행동 방식을 형성해 나갈 수 있는 국가의 기능이 인터넷을 통해 제공되는 서비스에 의해 약화될 것이라고 우려했다.[55] 이들은 각 국가의 법원이 잠재적인 범법자에 대한 관할권을 가지지 못하고 온라인에서 발생한 피해에 대해 국가가 구제수단을 제공하는 것은 대체로 어려울 것이라고 보았다.[56]

그러나 인터넷의 규제불가능성에 대한 이 같은 초기 예측은 결과적으로 볼 때 지나치게 포괄적인 것으로 밝혀졌다. 잭 골드스미스Jack Goldsmith와 티모시 우Timothy Wu가 밝힌 것처럼 인터넷은 완전히 분산되어 있는 것이 아니라 온라인 활동을 형성하고 영향을 미칠 수 있는 일정한 통제 지점이 있기 때문에, 통제 가능한 대상이 된다. 온라인 운영자들은 일정한 물리적 장소에 위치하고 있으며 특정 국가의 관할권 범위 내에서 영업을 하기 때문에 해당 국가의 법을 준수하도록 요구받을 수 있다.[57] 정부는 이와 같은 중개기관들에 강제력을 행사함으로써 인터넷이 무질서한 상태에 놓일 가능성을 줄이고 온라인 세계에 질서를 가져올 수 있었다.[58]

지난 20년 간 인터넷은 디지털의 '황량한 서부Wild West'에서 시간이 지날수록 더 많은 규제를 받는 매체가 되었고, 대형 온라인 운영자들에게는 각 국가의 법을 따르고 적용할 책임이 부과되고 있다.[59] 오늘날 온라인 서비스 제공자들에게 적용되는 규제는 더욱 많아지고 있다. 정부는 ISP에게 인터넷 통신을 필터링하고 저작권을 침해하거나 아동 포르노 등 법 위반 사이트를 차단할 의무를 부과하는 법안을 일상적으로 통과시키고 있다.[60] 정부는 온라인 도박을 방지하고 불법 서비스업체가 수익을 얻지 못하도록 하기 위해 지급결제업체에 대해서도 일정한 의무를 부과하고 있다.[61] 또한 정부는 구글이나 페이스북과 같은 정보 중개기관들에게 서비스를 점검할 의무, 범죄행위를 신고할 의무, 프라이버시를 침해할 가능성이 있는 정보 링크를 제거할 의무, 그리고 사이버 폭력을 담은 내용을 삭제할 의무 등 일정한 규칙을 부과하고 있다.[62] 정부는 대형 전자상거래 플랫폼에서 팔거나 살 수 있는 것이 무엇인지 세심하게 정의하여, 해당 플랫폼에서 마약이나 불법무기, 기타 유해하고 불쾌감을 유발하는 물품을 취급하지 못하도록 하고 있다.[63] 한편 중국이나 러시아 같은 국가에서 취하는 접근방법은 지금까지 설명한 종류의 조치를 넘어서는데, 이들 국가는 ISP 및 기타 온라인 운영자들에게 광범위한 규제를 부과함으로써 해당 국가의 시민들이 열람할 수 있는 정보의 종류를 직접 통제하고 있다.[64]

그럼에도 불구하고 존슨과 포스트의 주장에는 일리 있는 면이 있다. 정부가 인터넷의 특정한 면을 통제하는 것은 가능하다고 하더라도 온라인 활동을 완전히 제한하는 것은 불가능하다. 시민들은 약간의 조사와 기술적 노하우를 통해, 국경 너머에서 운영되는 서비스를 이용함으로써 특정한 규칙을 우회하는 방법을 언제나 찾아내 왔다. 실제로 전체를 아우르는 규제기관이 없었기 때문에 인터넷은 일종의 법적 진공상태에 있었고, 이러한 상황에서 온라인 운영자들은 기술적 구조물인 플랫폼의 코드를 이용하여 사람들이 온라인에서 행동하거나 상호작용하는 방식을 규정하는 규칙을 마련하기 시작했다.[65] 이 때문에 로렌스 레식Lawrence Lessig이 인터넷에서는 "코드가 곧 법이다(code is law)"라고 선언하게 된 것이다.[66] 그에 따르면 코드는 인간으로서 경험하는 것을 규정 짓는 "핵심 규제담당자salient regulator"이다.[67] 코드는 국가가 제정한 전통적인 법률과는 다른 방식으로 행동을 제한하거나 허용할 수 있다.

많은 면에서 블록체인은 포스트와 존슨이 처음 상상했던 것처럼 초국가적으로 시행되고, 규제하거나 통제하기 어려운 코드 기반 규칙을 지지하는 방향으로 우리를 다시 이끌고 있다. 사람들은 블록체인의 고유한 특징을 활용하여 암호기술의 법의 적용을 받고, 특정한 당사자 누구도 그 설계를 변경할 수 없고 자율적으로 운영되는 시스템을 구축할 수 있다. 이와 같은 시스템은 중앙화된 조직행위가 없이도 새로운 형태의 사회적 상호작용과 영리활동이 이루어질 수 있게 해 준다. 이 시스템에서는 사람들 스스로 상호작용을 하고 조직할 수 있도록 내버려 둘 수도 있고, 사람들이 할 수 있는 것과 할 수 없는 것을 엄격하게 고정되어 있는 일련의 규칙으로 정해 둠으로써 인간이 개입할 여지를 사실상 남겨 놓지 않을 수도 있다.

이와 같은 시스템은 기존의 사회 구조를 약화시키거나 무너뜨릴 수도 있고, 반대로 이를 강화하고 보호할 수도 있다. 블록체인 기반 프로토콜과 서비스의 설계는, 다른 소프트웨어와 마찬가지로, 편견이나 영향력, 정치적 견해로부터 자유롭지 않은 여러 가지 서로 다른 선택 결과를 반영하고 있다.[68] 블록체인과 스마트 컨트랙트는, 다른 기술과 마찬가지로, — 개발자의 의도에 따라 — 법을 우회할 수도 있고 보완할 수도 있다.

정부가 블록체인에 기반한 자율적인 시스템에 직면하게 되면 법의 집행이 쉽지 않을 수도 있다. 왜냐하면 암호기술의 법을 따르는 온라인 서비스는 중개기관에 의존하는 기존 온라인 서비스와 다르기 때문이다. 오늘날 중개기관들은 자신들이 제공하는 서비스를 궁극적으로 통제하고 있으며, 원할 경우 직접 개입하여 플랫폼에 적용되는 규칙을 일방적으로 바꾸기도 한다. 중개기관들이 누구인지는 보통 식별해 낼 수 있기 때문에, 정부는 다른 온라인 서비스에 영향을 미치지 않으면서 중개기관에게 해당 온라인 서비스를 셧다운하거나 규칙을 바꾸도록 강제하는 것이 가능하다.[69]

블록체인을 사용하는 시스템 — 특히 암호기술의 법에 의한 시스템 — 은 위와 같은 제한을 받지 않는다. 탈중앙화된 P2P 네트워크를 이용하는 블록체인 기반 시스템은 자율적으로 운영되도록 설계되어 있으며 잠재적으로는 중앙화된 중개기관의 변덕으로부터 자유롭다. 이것이 가능한 것은 전통적인 중앙 운영자가 실행하는 규칙보다 더 지속성 있고 변경하기 어려운 코드 기반 규칙을 사용하기 때문이다. 마이클 아브라모비츠Michael Abramowicz가 말했듯이, 이러한 블록체인 기반 시스템은 "더욱 복잡한 종류의 의사결정을 하기 위한 토대로 기능함으로써 투표에 의하거나 중앙 통제기관을 지정하지 않고서도 법적인 제도를 만들어낼 수 있다."[70] 이와 같은 애플리케이션을 통제할 방법은 있지만, 그런 메커니즘을 만들려면 블록체인 기반 프로토콜이 운영되는 방식을 통제하거나 낮은 인터넷 계층에서 활동하는 중개기관을 규제할 수 있어야 한다.

그 결과 암호기술의 법은 국가의 법을 궁지로 내몰 수 있다. 개인들은 이와 같은 자율적인 시스템 내에서 소통할지의 여부를 스스로 결정할 것이고, 그 결과 현재 온라인 활동을 관리하고 통제하는 중앙기관들을 규제하기 위한 법 제도의 목적을 방해할 수 있다. 만약 블록체인 기반의 자율적 시스템이 온라인 서비스 제공에 더 많이 활용될 경우, 각국 정부들은 이와 같은 서비스를 형성해 나가거나 규제하기 위해 새로운 기법과 접근방법을 채택해야 할 것이다. 전통적인 법 원칙, 특히 온라인 중개기관을 규제하는 데 초점을 맞추었던 법 원칙들을 이와 같이 새로운 탈중앙화, 자율적 시스템에 맞춰 적용하기는 쉽지 않을 것이다. 그리고 블록체인 기술이 더 널리 채택될수록, 궁극적으로는 암호기술의 법의 독특한 성질을 잘 설명할 수 있는 대안적 규제 메커니즘이 개발될 필요가 있다.

프로토콜과 권력

만일 블록체인이 계속하여 빠른 속도로 발전할 경우 암호기술의 법은 점점 더 우리 일상생활에 스며들어 영향을 미치고, 아마도 보다 다양한 온라인 상호작용에도 개입하게 될 것이다. 점점 더 많은 수의 온라인 플랫폼이 블록체인 기술을 사용하게 됨에 따라 이와 같은 프로토콜이 개인에게 — 보다 넓게는 사회에 — 행사하는 권력이 나타날 것이며 그 권력은 이러한 시스템을 지탱하는 코드와 프로그래머들에게 옮겨갈 것이다.

인터넷이 출현하기 전에 정부와 공공기관은 계층적이고 관료적인 모델을 통해 규칙을 부과했다. 정부 당국은 중앙화된 제어 지점으로 기능했으며, 더 높은 지위의 공무원을 대신하여 행위하는 기관, 조직 또는 개인에게 권력을 위임했다. 이와 같은 관료적 조직은, 막스 베버 Max Weber가 설명한 것처럼, 정부와 공공 행정기관의 재량을 성문법 규제로 제한하는 내용의 세부규칙에 따라 운영되었다.[71] 미셸 푸코Michel Foucault는 이와 같은 사회를 "규율적 사회disciplinary societies"라고 칭했는데,[72] 이것은 학교, 대학, 공장, 병원, 정신병원 수용소, 감옥 등과 같이 개인을 둘러싸고 있는 기관들을 규제함으로써 개인의 행동 방식을 통제하고 형성하는 사회를 의미한다. 이 규율적 기관disciplinary institutions들은 정부의 엄격한 관리와 감시를 요하는 정교한 견제와 균형 시스템을 이용하여 모든 시민이 확립된 법과 규칙을 준수하도록 했다.[73, 74] 그러나 기관들은 시민들의 행동을 제한적인 범위에서만 통제할 수 있었는데, 그 당시에는 관료적인 규칙이 지배하는 공적 영역과 정부기관의 통제에서 대부분 벗어나 있었던 사적 영역을 구분하는 것이 가능했기 때문이다.[75]

인터넷과 디지털 기술이 계속해서 확산되고 성숙해 가면서 사회는 규율적 사회disciplinary societies에서 질 들뢰즈Gilles Deleuze가 말한 '통제사회society of control'로 넘어가기 시작했다.[76] 이 새로운 사회에서 개인들은 자신의 행동 방침을 자유롭게 정할 수 있는데, 예전 형태와 같은 기관들로 만들어진 울타리의 제약을 덜 받고, 규율적 기관에 덜 의존하게 된다. 예컨대 사람들은 물리적인 형태의 대학이나 학교에 갈 필요 없이 온라인 강의를 들으면서 교육을 받을 수 있다. 사람들은 하나의 공장이나 사업주에 고용되거나 의존할 필요 없이 그때그때의 필요에 따라 전세계 어디에서나 일할 수 있다. 신체 감지기와 자가 측정 기기가 출현하면서 사람들은 병원에 갈 필요 없이 일정 부분까지는 의학적 진단을 내리는 것도 가능하다.

통제 사회에 사는 사람들은 자신들이 접하는 규제 기관의 규칙이나 절차에 따를 필요가 덜해진 것처럼 생각할 수 있지만, 이제 개인들의 행동은 훨씬 더 광범위하고 교묘한 통제의 대상이 된다. 널리 퍼져 있는 정보 수집 시스템과 행동 양식을 형성하고 만들어내는 코드 기반의 프로토콜 때문이다.[77] 엄격한 규칙과 중앙에서 운영하는 규제의 적용을 받는[78] 푸코의 규율적 사회는 들뢰즈가 상상했던 통제 사회, 즉 기술적인 프로토콜에 의해 계속적인 통제와 유비쿼터스한 감시가 이루어지는 훨씬 유연하고 가변적인 시스템이 지배하는 사회로 옮겨가고 있다.[79] 이와 같이 정부나 민간기업이 만들어 내는 프로토콜은 특정 온라인 플랫폼에서 사람들이 할 수 있는 것과 할 수 없는 것을 좌우하는데, 이러한 프로토콜은 기반 기술에 의해 자동적으로 적용되기 때문에 그 집행에 있어서 규율적 기관에 덜 의존하게 된다. 다시 말해 징계나 사후적인ex-post 처벌 메커니즘은 사전적인ex-ante 규제와 계속적인 통제로 대체되고 있으며, 이로 인해 정부와 민간기업은 개인들이 (공적 영역과 사적 영역에서 공히) 법을 준수하도록 개인들의 행동에 영향을 미칠 수 있게 되는 것이다.[80] 인터넷이 주류가 되고 일상적인 과제를 온라인 서비스에 의존하는 경우가 늘어나면서 통제 사회로의 이동이 촉진되고 있다. 인터넷에서 이루어지는 대부분의 활동은 흔적을 남기기 때문에 정부와 민간기업은 사람들이 온라인에서 하는 행동에 더욱 관여하고 개인들이 플랫폼 규칙, 그리고 궁극적으로는 법을 준수하는지 평가하게 된다.

온라인 서비스는 알고리즘을 사용하여 인간의 행동 양식을 형성할 수 있다. 구글의 검색 알고리즘과 페이스북의 뉴스피드는 개인의 의사결정에 영향을 미치는 방식으로 정보의 프레임을 짜고 이를 확산시킨다.[81] 알고리즘은 월 스트리트에서 주식거래를 하는 데 사용되고, 잠재적인 조세 회피나 기타 의심스러운 행위를 식별해 내는 데 사용되기도 하며, 병의 정확한 진단이나 연구자들의 과학적 발견에 도움을 주기도 한다. 우리가 어디서 저녁을 먹을지, 인생의 동반자는 누구로 할지 결정하는 데도 알고리즘은 영향력을 행사한다.[82] 그렇지만 우리는 이제 겨우 출발점에 서 있다. 탈린 길레스피Taleen Gillespie가 지적한 것처럼 "알고리즘은 그 기능을 실행하기 위한 데이터베이스와 짝을 이루기 전까지는 비활성의, 무의미한 기계에 불과하다."[83] 코드와 데이터 저장 장치라는 두 개의 계층이 일단 결합하게 되면 상호 협력하여 사람들이 무엇을 할 수 있고 무엇을 할 수 없는지 알려주는 통제 시스템을 실행할 수 있게 된다.

블록체인은 저장 장치와 연산 계층을 서로 구별하기 어려울 정도로 매끄럽게 통합해 내기 때문에 알고리즘 시스템에 관한 한 아주 강력한 신기술이라고 할 수 있다. 사람들은 블록체인을 활용하여 자신들의 행위를 자동화되고 탈중앙화된 방식으로 조직할 수 있다. 블록체인은 산업사회의 기반을 코드 기반의 시스템으로 완전히, 또는 거의 변형시킬 수 있는 기술로 여겨지고 있다. 블록체인을 통해 결제시스템, 금융시장, 정보시스템, 그리고 보다 폭넓게는 인간과 기계 사이의 노동 배분까지 기술적인 규칙으로 운용할 수 있다.

따라서 블록체인 기술이 성숙해 가고 널리 퍼질수록 법적 규율 및 규제에서 소프트웨어 프로토콜 기타 코드 기반 시스템으로의 권력 이동이 가속화될 수 있다.[84] 이와 같은 권력 이동은 우리의 일상적인 삶에 중대한 영향을 미친다. 블록체인 기반 시스템과 암호기술의 법은 사회적·경제적·법적·정치적 상호작용을 형성해 나갈 것이고, 우리가 가치를 이전하거나 재산을 보호하거나 조직을 운영하거나 인생에서 의미 있는 사건이나 문화적 이벤트를 인증하는 데 도움을 줄 것이다. 블록체인 기반 프로토콜과 암호기술의 법을 어떻게 설계할지는 그리고 이들의 개발과 관련하여 어떤 결정을 할지는, 궁극적으로 이러한 시스템이 어떻게 작용하고 우리가 소통하는 수단을 어떻게 만들어낼지를 결정할 것이다. 법의 지배rule of law에 입각하여 사람과 제도가 운영해 온 기존의 관료적인 시스템은 기술 구조와 코드 기반의 규칙으로 운영되는 기술관료적technocratic 시스템으로 대체될 것이고, 이것은 결국 인간의 행동 양식과 재량권을 제약하게 될 것이다. 알고리즘은 개인들이 선택할 수 있는 행동과 그렇지 않은 행동의 범위를 정해줄 것이고, 이것은 잠재적으로는 가치 있는 대안을 훼손하는 결과를 낳을 수도 있다.

다만 이와 같은 여러 시스템들이 가지는 권력의 초점은 중앙화된 제도나 계층적 구조에 있는 것이 아니라, 프로그래머들이 코드를 활용하여 만들어 내는 (대개 보이지 않는) 비공식적 규칙 시스템에 있다고 할 수 있다. 그 결과 우리 서로 간의 또는 제3자인 운영자와의 상호작용 과정에서 코드에 더욱 의존할수록 우리는 '법의 지배rule of law'가 아니라 '코드의 지배rule of code'를 받게 되고, 궁극적으로는 알고리즘에 의한 지배 즉, '알고크라시algocracy'로 갈 것이다.[85] 오늘날의 알고리즘은 온라인 중개기관들에 의해 중앙에서 제어되고 사용되며 관리가 이루어지고 있다. 이러한 중개기관들은 (최소한 더 새로운 인공지능이 개발되기 전까지는) 알고리즘에 대한 통제권한을 보유하고 있으며 필요할 경우 알고리즘을 변경하거나 셧다운할 수 있다. 블록체인은 이것을 바꾸고 있다. 암호기술의 법에 의해 확립된 '코드의 지배rule of code'는 보다 통제하기 어려운 방식으로 설계되어 있으며, 개인들은 이를 활용하여 스스로 규율할 수 있고 오랫동안 존속해 온 법의 규칙으로부터 벗어날 수 있다.

블록체인 기술이 직면한 도전

최소한 단기적으로 볼 때, 블록체인과 암호기술의 법이 가지고 있는 리스크는 블록체인 기반 네트워크의 구조적 문제, 그리고 블록체인이 현재 가지고 있는 기술적인 한계(이를 극복하기 위해 많은 사람들이 노력하고 있다)에 의해 줄어들고 있는 모습이다. 어쩌면 블록체인 기반 네트워크에 대한 가장 중대한 도전은 확장성과 보안 이슈에서 찾아야 할 것이다. 블록체인이 확장성을 가지고 있는지, 그리고 블록체인이 앞으로 이 책에서 다루는 것처럼 포괄적이고 전세계에 걸쳐 있는 시스템을 안전하게 운영할 정도의 보안성을 갖추고 있는지에 대해 일리 있는 의문이 제기되고 있다.

지금의 블록체인은 다른 데이터 관리 기술만큼 강력하거나 빠르지 않다. 현재의 탈중앙화 네트워크는 비교적 적은 수의 거래만 처리할 수 있다. 예를 들어 비트코인 블록체인은 하루에 대략 24만 건의 거래를 처리하는데, 이것은 하루 발송되는 인터넷 메시지의 수가 1조 건이고 비자Visa와 같은 신용카드 회사가 하루에 1억 5천만 건의 거래를 취급하는 것과 비교하면 너무나 적은 수치다.[86] 더구나 비트코인 거래가 네트워크에서 검증되어 공유 데이터세트에 기록되기까지 거의 10분이 걸리는데, 이는 통상 데이터베이스에 정보를 저장하고 기록하는 데 1초도 걸리지 않는 것과는 하늘과 땅 차이다.[87] 블록체인이 주류로 채택되기 위해서는 이러한 신생 기술이 외견상 셀 수 없이 많은 거래들을 처리할 수 있어야 한다. 민간기업이건 공공기관이건 블록체인 기술을 활용하여 새로운 애플리케이션이나 혁신적인 비즈니스 모델을 개발하기 위해서는 네트워크의 속도와 신뢰성이 제고되어야 할 것이다.

확장성 문제를 해결하는 것은 단순한 일이 아니다. 블록체인은 데이터를 덧붙이는 것만 가능한append-only 데이터베이스이기 때문에 네트워크에서 이루어지는 각각의 새로운 거래는 블록체인을 키우게 된다. 블록체인이 커질수록 더 많은 저장 용량과 대역폭, 그리고 연산능력이 필요하다.[88] 이러한 필요사항이 지나친 부담이 될 경우 이전보다 적은 수의 개인이나 단체만이 공유 데이터베이스를 유지하기 위한 자원을 할애할 수 있게 될 것이다. 이렇게 되면 적은 수의 대규모 마이닝풀이 이전보다 쉽게 네트워크를 장악하여 콘텐츠를 변경할 수 있게 되고, 결국 블록체인의 보안을 약화시키는 결과를 가져올 것이다.[89] 어떻게 하면 블록체인이 안전성을 담보하면서 확장할 수 있을지와 관련하여 벌써 몇 가지 제안이 나와 있는데 — 가령 블록체인에서 일정한 거래를 제거하는 방안, 보다 빠른 합의 프로토콜을 개발하는 방안, 공유 데이터베이스를 분할하여 네트워크에서 거래들이 병렬적으로 처리될 수 있게 하는 방안 등 — 이와 같은 방안들이 본격적으로 실행되기는 아직 이르다.[90] 이들의 실현 가능성에 따라 블록체인 기반 네트워크가 미래에도 존속할 수 있을지 결정될 것이다.

보안성 및 확장성과 관련된 이슈를 떠나서, 그리고 암호기술의 법이 가지는 자율성에도 불구하고, 대부분의 블록체인 기반 네트워크는 블록체인 기술을 지원하거나 저해시키는 정부 규제의 영향을 받기 쉽다. 수백만 개의 비트코인과 이더리움 계정이 존재하고 전세계에서 수천 명의 개발자들이 이 신생 기술의 활용가능성을 탐색하고 있지만, 최대 규모의 블록체인 네트워크조차 월드와이드웹World Wide Web이나 이메일 기타 인터넷 기반 프로토콜과 같은 수준으로 사용되려면 아직 한참 멀었다.

블록체인은 아직 초기 단계에 있기 때문에, 정부는 블록체인 기술의 성장과 채택을 제한하거나 혹은 장려하는 법과 규제를 도입함으로써 블록체인 기술의 성장에 영향을 끼칠 수 있다. 디지털 화폐를 운용하거나 자율적인 스마트 컨트랙트의 사용을 비싸거나 어렵게 만드는 규제를 도입한다면 블록체인 기술의 성장은 느려질 것이다. 반대로 정부가 친親혁신 정책의 일환으로 블록체인을 실험적으로 활용하는 기업을 보호하는 내용의 우호적인 규제 체계를 도입할 수도 있다.[91] 그러나 규제도 자체적인 문제점을 가지고 있다. 아주 일찍부터 규제에 들어갈 경우 블록체인 기술의 적법한 사용에 관하여 귀중한 지침이 될 수 있겠지만, 이와 동시에 블록체인 기술이 가져올 수 있는 잠재적인 혜택을 처음부터 차단하게 될 수도 있다.[92] 규제를 너무 늦게 도입할 경우 법적 불확실성으로 인해 위험회피형 당사자들은 블록체인의 시도를 아예 단념할 수 있고, 반대로 이와 동시에 블록체인 기술 중 사회적으로 바람직하지 않은 부분이 모습을 드러낼 수도 있다.

따라서 블록체인 기술을 어떻게 규제할 것인지 이해하기 위한 첫 걸음은 블록체인 기술이 최근 어떻게 사용되고 있는지를 분석하고 이와 더불어 블록체인 기술이 가져올 수 있는 혜택과 문제점을 자세히 검토하는 것이다. 이 책에서 우리는 블록체인 기술이 금융 및 법 제도에 미치는 영향을 먼저 다루고, 이어서 우리와 정보, 조직, 그리고 궁극적으로는 기계 간의 상호작용을 블록체인이 어떻게 형성해 가는지 검토할 것이다.

PART 2

블록체인과 금융,
스마트 컨트랙트

3

디지털 화폐와 탈중앙화된 지급 시스템

블록체인은 전통적인 지급 시스템을 향상시키거나 대체하는 강력한 수단으로 여겨진다. 가치 이전의 능력, 중간 매개자가 없고 국경을 초월한다는 특성으로 인해, 블록체인은 지리적 경계에 구애받지 않고 몇 분 만에 지구를 가로질러 보낼 수 있는 새로운 세대의 디지털 화폐를 지원한다. 이러한 디지털 화폐는 발전된 송금 시스템과 새로운 형태의 국제적인 가치 이전의 출현을 용이하게 함으로써 안정적인 지급 시스템을 필요로 하는 국가들에 도움을 줄 수 있다.

블록체인은 새로운 위험을 야기하는 측면이 있지만, 많은 경우 언뜻 보아서는 명확하게 드러나지 않을 수 있다. 정부가 자금 이체에 관한 현재의 규제를 블록체인에 기반을 둔 지급 시스템에 접목시킨다면 현재의 정부 감시 기능은 오히려 커지고 개인의 금융 프라이버시 영역은 축소되는 의도하지 않은 결과가 초래될 수 있다. 동시에 이러한 규제로 인해 기술자들은 완전히 법의 영역을 벗어나서 익명으로 이용하는 통제 불가능한 디지털 화폐의 개발에 더욱 몰두하게 될 가능성이 있다.

2008년 금융위기Great Recession가 악화일로에 처했을 때, 영국의 재무장관 알리스테어 달링Alistair Darling은 어려운 선택에 직면했다. 그는 위험하고 복잡한 파생상품으로 인해 촉발된 세계적인 금융위기 상황에 국가 신용을 유지하기 위해 370억 파운드를 영국의 은행들에 쏟아부을지 말지를 결정해야 했다.[1] 단기적인 경제 이익을 위해 추가적인 구제금융을 단행할 것인가, 아니면 투기 행위에 대한 벌로 은행들이 망하게 내버려둘 것인가?

그가 이러한 결정을 숙고하고 있을 즈음, 아무도 신경 쓰지 않는 인터넷의 한 구석에서 새로운 실험이 태동하고 있었다. 2009년 1월 3일 사토시 나카모토는 "타임스 03/01/2009, 재무부 장관 제2차 은행 구제금융 임박"[2] 이라는 노골적인 정치적 메시지와 함께 비트코인 블록체인을 만드는 데 필요한 코드를 실행했다. 그는 세계 최초로 중앙통제를 벗어난 전자화폐를 도입하고, 중앙통제가 없는 인터넷 기반의 '암호화폐crytpcurrency'를 만들어내면서 중앙통제 방식의 은행 시스템에 대한 비판적인 메시지를 전달했다.

소금에서 담배, 말린 생선, 쌀, 직물, 코코아 열매에 이르기까지 각 시대에는 저마다 지급수단의 역할을 수행한 물품들이 있었다. 고대 바빌로니아인과 아시리아인은 보리를 사용했고 중세 노르웨이인은 버터를 사용했다. 중국인, 북아프리카인 및 지중해 상인들은 거대한 소금판[3]을 교환했다. 시간이 흐르면서, 이러한 원시적인 형태의 지급수단은 기원전 12세기부터 동전으로 교체됐다.[4] 그 후에 종이와 지폐가 등장했고, 이는 중국에서 실크로드를 따라 서양까지 퍼져나갔다.[5] 20세기에 들어서자 신용카드와 전자 지급수단이 이전의 시스템을 대신하기 시작했다.[6]

물품과 디지털 화폐 중 무엇을 사용하든, 지급 시스템은 사람들이 교역과 거래에 종사하는 것을 더 용이하게 하고, 일상적인 삶의 복잡하지만 매우 중요한 부분을 형성한다. 이 시스템은 우리가 상호 간에 가치를 교환하는 방식을 지배하고, 점점 더 국제화되고 있는 세계에서 경제 활동의 확산을 돕는다.[7]

오늘날의 지급 시스템은 신용카드 결제, 은행 간 이체, 송금 시스템 및 온라인 거래를 용이하게 하는 다양한 서비스의 묶음이다.[8] 이처럼 상호 연동하는 시스템은 시장의 기능을 돕는다.[9] 지급 시스템에 따른 거래비용이 높아지면 거래수익은 당연히 그만큼 줄어들게 된다. 결과적으로 유럽중앙은행European Central Bank이 인정한 바와 같이 지급 시스템은 대다수의 거래를 위한 필수요소이다. 적절한 지급 시스템 없이는 어떠한 거래도 불가능하다.[10]

하지만 지급 시스템은 거래를 용이하게 하는 것 이상의 역할을 한다. 해외 송금은 인도주의적인 차원에서도 중요한데, 이는 해외에 거주하면서 일하는 이민자들이 자신이 번 돈을 고국에 보냄으로써 가족들이 가난에서 벗어날 수 있게 해주기 때문이다.[11] 2014년 퓨 리서치Pew Research에 따르면, 전 세계의 송금액은 국제 원조금 총액의 3배 이상인 5천억 달러를 넘어섰다.[12]

이러한 중요한 역할에도 불구하고, 현재의 지급 시스템은 기본적으로 몇 가지 한계가 있다. 첫째, 낮은 비용으로 매끄럽게 자금을 세계 곳곳으로 이체하는 것은 여전히 어렵다. 때로는 전자 송금이 현금 이동보다 더 오래 걸리기도 한다.[13] 은행과 다른 금융기관을 통해 자금을 이체하려면 최대 일주일이 소요되기도 한다.[14] 페이팔Paypal과 같은 온라인 결제 업체를 통하면 전자 결제가 더 용이해지긴 하지만 수수료가 높으며 범용성이 부족하다.

송금 시스템도 마찬가지로 휘청거리고 있다. 자금을 해외로 송금하는 것은 대체로 비싸고 느리며 번거롭다. 은행이나 웨스턴 유니온Western Union과 같은 다른 송금기관이 부과하는 수수료도 상당한데, 평균 7퍼센트가 훨씬 넘고[15], 지급되기까지 수일이 걸려서 가족이나 돈이 급한 이들에게 제때 돈을 보내는 것을 어렵게 만든다.

향상된 지급 및 송금 시스템

비트코인과 같은 탈중앙화된 디지털 화폐는 이러한 단점의 일부를 완화한다. 앞에서 살펴봤듯, 비트코인은 실행 가능하고 지속 가능한 탈중앙화된 디지털 화폐를 만들어내려는 이전 시도의 걸림돌이었던 이중 지급 문제를 해결했다. 회복력이 강하고 조작 불가한 데이터베이스, P2P 네트워크 그리고 작업 증명에 의지하는 합의 프로토콜consensus protocol에 의존하여, 비트코인은 당사자들이 중앙통제자와 이중 지급의 위험 없이 디지털 화폐를 이전할 수 있는 길을 열었다. 비트코인 네트워크에서는 가명으로 거래할 수 있으며 중앙의 승인도 필요 없다. 그리고 지리적인 한계도 없다.[16]

이러한 특징 때문에 비트코인과 같은 디지털 화폐는 개발도상국이나 혼란한 상황에 놓인 국가들에게 매력적으로 다가가며, 금융제도가 발달하지 않았거나 약화된 국가들에게 새로운 형태의 인프라 역할을 한다.[17] 예를 들어 비트코인은 아르헨티나, 베네수엘라 또는 짐바브웨와 같은 안정적인 통화가 없는 국가들의 전통적인 지급 시스템을 보완하거나 대체할 수 있을 것이다. 비트코인은 특정 국가의 불안정한 상황이나 경제 이슈로부터 영향을 받지 않기 때문에 국민들은 각자의 예금을 비트코인으로 저장하거나[18] 비트코인을 보다 안정적인 다른 통화로 환전할 수 있다. 즉, 잠재적으로 국가별 인플레이션 위험이나 평가절하로부터 재산을 보호할 수 있다.[19]

안정적인 통화와 편리한 지급수단을 보유한 미국과 같은 국가들에서도 널리 사용되는 법정화폐들을 빠르고 안전하게 교환하는 것을 목적으로 블록체인 기술 연구가 진행되고 있다. 그 기술은 예탁금융기관과 중앙은행들이 은행 간 이체를 수행하고 하나의 화폐에서 다른 화폐로 자금을 환전하기 위한 새로운 기술적 근간이 될 예정이다.[20]

가령, 블록체인을 이용하는 리플Ripple 덕택에 은행은 수초 만에 비용 부담 없이 또는 아주 적은 비용으로 환전이 가능하다.[21] 자금을 교환하기 위해 리플의 프로토콜은 리플 네트워크에 참여하는 외환 거래자들 간의 일련의 거래를 만들어낸다. 리플 프로토콜은 특정 화폐에서 다른 화폐로 환전하는 가장 효율적인 방법을 계산한 후 블록체인을 이용하여 일련의 거래들이 즉각적으로 결제될 수 있도록 한다.[22] 단순한 거래를 통해 하나의 화폐에서 다른 화폐로 직접 환전하는 대신, 리플 프로토콜을 통해 미국 달러화를 일본 엔화로 환전할 경우, 두 개의 개별 거래가 이루어진다. 즉, 첫 번째 거래는 특정 당사자와 미국 달러화를 유로화로 환전하고 두 번째 거래는 다른 당사자와 유로화를 엔화로 환전하는 것이다.[23]

리플은 널리 사용되는 통화들에 거의 즉각적인 접근을 제공하기 때문에, 미국, 독일 및 호주에서 점점 더 많은 금융기관들이 실험적으로 리플의 프로토콜을 각자의 지급 체계에 통합시키기 시작했다.[24] 이러한 은행의 고객들은 이제 블록체인 기술의 혜택을 받아, 달러화든 유로화든 기존 예금을 디지털 화폐로 환전할 필요도 없이 더 낮은 수수료로 환전할 수 있다. 블록체인 기술은 이렇듯 무대 뒤에서 사람들의 눈에 띄지 않은 채 작동한다.

블록체인은 송금 시장에도 유사한 효율성을 가져오고 있다. 어떤 블록체인은 당사자들이 아주 적은 수수료만으로 또는 수수료 없이도 전 세계에 자금을 이체할 수 있도록 돕기 때문에, 이민자들은 그 기술을 통해 웨스턴 유니온이나 머니그램MoneyGram과 같은 서비스를 거치지 않고도 빠르고 저렴하게 해외에 있는 가족에게 돈을 보낼 수 있다. 블록체인 기술 덕에 이제 사람들은 해외에 돈을 송금하기 위해 창구

직원을 만나거나 물리적 시설에 방문할 필요가 없어졌으며, 해외 송금은 문자 메시지를 보내는 것만큼이나 쉬워졌다. 아브라Abra 같은 서비스를 통해 이민자들은 휴대폰으로 P2P 송금 네트워크를 이용할 수 있고, 단순한 애플리케이션을 깔아 전 세계 누구에게나 돈을 보내고 받을 수 있다.[25] 이러한 서비스는 거래를 하기 위해 은행이나 기타 예치기관 같은 중개자에게 의존하지 않는다. 오히려 아브라와 같은 블록체인 기반의 송금 네트워크는 거래들을 조율하기 위해 비트코인 블록체인을 이용하고, 한 무리의 스마트폰 이용자들을 지역 은행 창구직원으로 변신시킴으로써 중앙화된 매개자를 우회하고 있다.

그럼에도 불구하고, 블록체인 기반의 송금 서비스에는 중요한 문제들이 존재한다. 이러한 서비스들은 가판대나 점포와 같은 물리적인 시설을 대체하고자 하지만, 이러한 현실 세계의 전초 기지들은 지역에 발판을 마련하고 현존 지급 수단과의 연결을 유지하기 위해 반드시 필요하다. 오늘날 비트코인을 사용하여 대부분의 재화와 용역에 대한 대가를 지급하는 것은 여전히 불가능하고, 디지털 화폐의 가격은 변동성이 크며, 이 때문에 디지털 화폐는 종종 교환 수단으로 부적절해 보이기도 한다.[26] 그래서 블록체인 기반의 송금 서비스 이용자들도 일상생활의 지출을 위해서는 여전히 전통적인 법정화폐에 의존한다.

아브라와 기타 블록체인 기반의 서비스들이 송금 산업을 성공적으로 변화시키기 위해서는 지역 단위의 송금 네트워크를 만드는 광범위하고 가끔은 험난한 과정을 거쳐야 한다. 결과적으로 이러한 새로운 블록체인을 이용하는 서비스들의 비용 구조는 현재 오프라인 서비스들의 그것과 유사하다. 하지만 시간이 지나면 아브라를 비롯해 새로운 블록체인 기반의 송금 시스템들이 전통적인 국가 간 지급 서비스들을 능가할 수도 있다. 이러한 네트워크들이 쉬운 사용법을 기반으로 더 많이 채택되면 네트워크 효과가 확대될 수 있으며, 이를 통해 신뢰와 더 큰 가시성이 생길 것이다. 즉, 이러한 새로운 서비스들은 물리적인 시설 없이도 현행 송금 방식을 쉽게 대체할 수 있을 것이다.

디지털 화폐와 현행법

블록체인은 새롭고 발전된 지급 시스템을 약속한다. 그러나 블록체인 기술은 널리 분산되고 국가를 초월하며 가명으로 거래가 이루어지는 특성 때문에 종종 현행 법제도와 충돌을 빚는다. 많은 국가들이 국제 조세 회피처, 자금세탁, 마약 거래 및 테러활동을 근절시킬 목적으로 금융기관들이 금융거래를 면밀히 관찰하도록 강제하는 자금세탁방지Anti-Money Laundering, AML와 자금이체법을 채택했다. 이러한 규정들은 관할 지역에 따라 조금씩 다르지만, 많은 경우 규제의 대상이 되는 기관들이 '고객을 파악하고' 의심스러운 활동들을 보고할 것을 요구한다.[27]

예를 들어, 미국에서는 연방 은행비밀법Bank Secrecy Act, BSA 및 관련 주의 자금이체법으로 인해 복잡하게 얽혀 있는 자금세탁방지 규정의 망이 가치 이전과 관련된 금융 서비스에 적용된다. 자금세탁을 막기 위해 은행비밀법은 규제의 대상이 되는 금융 서비스 산업들이 모든 거래나 대규모 자금 이체와 관련된 거래에 대해 일련의 서류를 만들 것을 요구한다.[28] 나아가 법은 기관들이 고객의 신원정보를 보유하고 위법행위와 관련되었을 가능성이 있는 의심스러운 거래들을 정부에 신고하도록 요청한다.[29]

여기서 더 나아가, 금전이나 이의 등가물들을 이체하는 업무를 수행하는 기업들은 47개 주, 워싱턴DC 및 푸에르토리코에서 시행되는 주 자금이체법들을 준수해야 하고 별개의 인허가를 신청해야 한다. 주 인허가 제도는 원래 소비자 보호를 위해 만들어졌지만, 오늘날 이러한 법들은 점점 더 자금세탁방지 준수를 강제하는 작용을 하고 있다.[30] 필요한 인허가를 취득하지 못하거나 주 규정들을 어길 경우, 고액의 벌금이 부과되거나 실형을 선고받을 가능성도 있다.[31]

이러한 법과 규정들에도 불구하고, 실무적으로 디지털 화폐를 관장하는 블록체인 기반의 프로토콜 대다수는 이러한 규정들을 따르도록 설계되지 않았다. 설계상으로 비트코인 네트워크는 누구에게나 열려 있는 가명의 네트워크다. 비트코인이나 다른 디지털 화폐를 교환하려는 사람은 자금세탁방지 규정에 따라 은행에 가서 계좌를 개설하고 기본적인 인적사항을 제공할 필요가 없다. 비트코인 거래는 누구나 언제든 할 수 있고, 자동으로 이루어지며, 일단 실행하고 나면 중단하거나 되돌리기 어렵다.

결과적으로 제한적인 진입장벽에도 불구하고 비트코인과 다른 디지털 화폐들은 현존하는 법과 규정을 피하려고 하는 자들에게 발판을 마련해주었다. 비트코인은 2억 달러어치의 마약이 거래된 것으로 알려진 악명 높은 마약 거래시장인 실크로드Silk Road 판매자들이 선택한 지급 수단이었다.[32] 테러리스트들도 비트코인을 이용해 미국에서 모은 자금을 이체하거나 방법을 모색한 것으로 알려졌다.[33] 비트코인은 법의 규제를 받지 않기 때문에 탈세에 이용되기 쉽다는 주장도 있다.[34]

정부가 블록체인 기반의 거래를 추적하지 못하게 하는 '믹싱mixing' 서비스의 등장으로 인해 디지털 화폐의 위법성은 나날이 증가하고 있다. 이러한 서비스는 서로 무관한 거래들을 함께 조합하여 케이만제도나 파나마처럼 엄격한 은행비밀법을 가진 나라의 은행과 같은 역할을 하고[35], 이로 인해 누가 누구에게 돈을 이체하는 것인지 파악하기가 점점 더 어려워지고 있다.

그러나 비트코인은 시작에 불과했다. 비트코인 블록체인의 기저에 있는 혁신을 기반으로 하여 새롭게 나타난 일련의 디지털 화폐들은 현금, 동전과 달리 추적하기 어렵고, 손을 통해 전달되는 돈을 모방하여 점점 더 쉽게 자금세탁방지 규정 및 지급 시스템과 관련된 다른 금융 규정을 회피하고 있다. 이러한 익명의 디지털 화폐는 블록체인으로 더 쉬워진 모든 거래들의 출처, 목적 및 금액을 숨기기 위해 영 지식증명zero-knowledge proofs과 링 서명ring signatures이라고 불리는 더 진화된 암호화 기술에 의존한다.[36]

예를 들어, 이스라엘과 미국 암호전문가들의 합작으로 만들어진 지캐시Zcash는 블록체인을 이용하여 네크워크 회원들이 지코인z-coin으로 알려진 디지털 화폐를 익명으로 이전할 수 있도록 한다. 지캐시 거래는 대부분 추적이 불가능한데, 이는 투명하며 누구나 접근 가능한 블록체인을 기반으로 지극히 개인적인 거래가 가능한 얼핏 모순되어 보이는 영 지식증명 덕분이다.[37]

지캐시 네트워크 회원들은 영 지식증명을 통해 거래 금액을 숨기고 지코인을 보내고 받는 사람들의 신원을 모호하게 만드는 진화된 암호 알고리즘을 사용한다. 영 지식증명은 네트워크에 거래 정보를 드러내지 않고 보내는 이가 거래에 참여하기에 충분한 지코인을 가지고 있는지 확인하기 위해 사용된다.[38] 지캐시는 원래부터 지캐시 계좌와 실제 신원을 연결시키기 어렵게 설계됐다. 지캐시 네트워크상의 계좌들은 가명이고, 지캐시 블록체인은 '사적인' 지캐시 거래들의 출처와 목적에 관한 정보를 저장하지 않는다.[39]

지캐시와 같은 익명의 디지털 화폐가 널리 채택된다면 범죄, 협박 또는 다른 위법행위를 근절하기 위한 정부, 규제기관, 법 집행기관의 금융 모니터링 능력이 불순한 의도를 가진 자들에 의해 약화되어 위법행위가 더욱 용이해질 수 있다.

이러한 디지털 화폐들을 만드는 프로그래머들은 스스로 작동하고 가치의 이전과 관련된 금융 규정 및 기타 법률을 무시하는 암호기술의 법이 통제하는 시스템을 고안하기로 확정했다. 중앙통제를 벗어난 자율적인 성격을 고려할 때, 이러한 시스템은 멈추기 어려울 것이고 수십 년 동안 존재해 온 기존 법률들이 와해되면서 우리는 막대한 사회적 비용을 치르게 될 것이다.

따라서 완전히 익명인 디지털 화폐는 결국 전 세계적으로 가치의 흐름을 통제하려는 정부의 입장에서는 새로운 도전이 아닐 수 없다. 이러한 현상은 화폐가 물리적인 표시와 중앙통제에서 자유로워지고 있다는 점에서도 알 수 있다.[40] 인터넷의 등장으로 창의적인 콘텐츠는 물리적인 신문, CD, 비디오테이프의 형태를 벗어났고 정보의 흐름은 더 자유로워졌듯이, 화폐와 지급에서도 유사한 현상이 나타나기 시작했다.[41] 화폐는 이제 엄격하게 통제되는 은행 제도의 경계 밖에서 움직이기 시작했고, 자연적으로 기존 법과 긴장관계에 놓이게 됐다.

디지털 화폐와 금융 프라이버시의 축소

하지만 오늘날 대부분의 유명한 블록체인 기반의 디지털 화폐 — 가령 비트코인 — 는 강력한 프라이버시 보호를 갖추고 있지는 않다.[42] 앞서 논의한 바와 같이 디지털 화폐는 익명성이 아니라 가명성을 기반으로 한다. 블록체인은 투명한 방식으로 작동되고 이로 인해 특정 계좌와 관련된 모든 거래를 정확히 찾아낼 수 있다. 블록체인을 이용하여 관련 당사자들 — 가령 정부 디지털 화폐 거래소 또는 디지털 화폐를 수령, 보유, 이체하는 다른 서비스들 — 은 다양한 예금주들의 거래내용을 알게 된다. 제3자는 블록체인 기반의 거래를 분석하고, 이 분석을 통해 예금주들의 신원뿐 아니라 그들의 금융거래 내역까지 알 수 있다.[43]

이러한 지식의 사용은 분명 장점이 있다. 그러나 정부와 기업은 블록체인 기반의 디지털 화폐의 흐름을 통제하고 관찰하기 위해 이러한 추적 기술에 의지할 수 있으며, 이는 새로운 형태의 집단 감시로 이어질 수 있다. 인터넷이 처음 등장했을 때, 일부는 그것을 규제가 불가능한 공간 — 경계가 없는 새로운 세계 — 으로 묘사했다.[44] 하지만 이러한 시각은 IP 주소의 추적 가능한 성격 때문에 신기루인 것으로 판명됐다. 인터넷이 주류에서 받아들여지자, 중국은 '만리방화벽Great Firewall'[45]을 세우고, 포르노와 폭력물뿐만 아니라 중국의 사회주의 제도를 전복하려는 것으로 간주되는 콘텐츠를 걸러냈다. 정부의 검열기관이 설정한 기준에 못 미치는 웹사이트와 다른 온라인 서비스의 IP 주소를 목표물로 삼아, 방화벽은 중국인들이 접근할 수 있는 정보를 제한한다.[46]

블록체인 기반의 디지털 화폐 계정은 — 블록체인 기반 네트워크 상에서 디지털 화폐를 받고 이전하는 데 사용되는 공개키-개인키의 조합으로 대표되는 — 전통적인 IP 주소와 유사한 점이 있다. 이러한 계정들은 IP주소처럼 참조하거나 추적할 수 있는 영구적인 기준점이 된다. 디지털 화폐가 인터넷의 전철을 밟는다면, 중국이나 다른 권위주의적인 국가들이 특정인의 상거래를 막는 디지털 화폐 계정의 블랙리스트를 만드는 것은 점점 쉬워질 것이다.

디지털 화폐가 널리 쓰이는 세상에서는 정부가 사람들의 온라인상의 의사소통뿐만 아니라 그들이 종사하는 상업활동을 통제하고 규제하는 것도 더 쉬워질 수 있다. 결제 및 금융거래 정보가 하나의 집합적인 저장소에 저장되다 보니, 어느 개인이 아닌 전체 네트워크 이용자들의 거래 내역을 들여다볼 수 있기 때문에 거래의 익명성을 성공적으로 해체하는 경우 이에 대한 보상은 상당히 크다.[47]

이를 그대로 내버려둘 경우, 정부는 금융거래와 일상적인 상업활동의 검열을 통해 개입할 것이기 때문에 이는 기본적인 자유에 새로운 위협을 야기할 수 있다. 그러한 위험에 대한 경고는 이미 수십 년 전부터 있어왔다. 예를 들어, 1971년 10월 하순에 한 무리의 학자들과 기술자들이 미국 조지타운대학교에 모여 회의를 가졌다. 그들이 부여받은 임무는 가장 광범위하면서도 눈에 띄지 않는 소련의 비밀경찰 KGB를 감시할 프로그램을 고안하는 것이었다.[48]

그들이 만들어낸 것은 모든 통화와 메시지, 이메일 또는 한 도시 전체에 깔려 있는 CCTV를 감청하는 네트워크가 아니었다. 그들이 구상한 것은 지급을 확인하고 추적할 수 있는 '전자 자금 이체 시스템'이었는데 연구자들에 의하면 이는 눈에 띄지 않는 최고의 감시 시스템이었다.[49]

대체가능성과 투명성

블록체인의 투명한 성격으로 인해 비트코인 및 중앙통제를 받지 않는 기타 디지털 화폐가 광범위하게 쓰이는 것이 오히려 어려워질 수도 있다. 현존하는 블록체인은 추적가능하고 투명하기 때문에, 누구든지 디지털 화폐 거래의 흐름을 추적할 수 있고 모든 새로운 디지털 화폐 거래가 범죄 자금 조달, 자금세탁 또는 위법한 물건의 구매와 같은 위법행위를 포함한 다른 거래와 어느 정도의 제휴를 맺고 있는지 알아낼 수 있다.[50] 위법행위와 관련된 거래가 오염된 것으로 여겨지거나 법 아래에서 또는 화폐시장에서 달리 취급된다면, 이는 새로운 디지털 화폐의 대체가능성을 약화시킬 것이다.

개인이 블록체인 기반의 디지털 화폐로 거래하는 것을 법으로 완전히 막는 것은 어렵다고 해도 그들이 범죄활동과 연루된 디지털 화폐를 수령하는 것은 어느 정도 막을 수 있다. 오염된 디지털 화폐의 보유자에게 2차 책임을 지게 하여 정부는 거래의 추적뿐만 아니라 사람들이 범죄 혐의가 있는 예금주 또는 정부가 문제가 있다고 판단한 다른 당사자들과 거래하는 것을 법으로 막을 수 있다. 그러한 정책이 시행되면, 오염된 디지털 화폐의 (인지된) 경제적 가치는 감소할 것이다.

가능성은 낮지만 범죄활동에 대응하여 이와 유사한 기술이 민간 영역에서 이미 시행되었다. 2012년 웹 호스팅 기업 리노드Linode가 해킹을 당해 4만3천 비트코인(2017년 기준 7억5천5백만 달러 이상)을 도난당했다.[51] 그 여파로 당시 가장 큰 비트코인 거래소 중 하나였던 마운트곡스Mt. Gox는 어느 정도 역추적 가능한 모든 관련 계좌를 동결시켰다. 이후 이용자들은 자신의 계좌가 도난 사건과 무관하다는 걸 확인받은 후에야 동결된 계좌를 풀 수 있었다.[52]

비트코인이 더 광범위하게 채택됨에 따라, 비트코인 프로토콜이 위법한 거래 관련 블랙리스트의 소개를 허용하는 새로운 기능을 도입해야 한다는 요구가 증대됐다.[53] 연구자들은 그러한 접근이 비트코인과 관련된 범죄활동을 무용하게 함으로써 범죄와 싸우는 '유망한' 방법이 될 것이라고 제안하기도 했다.[54]

중앙은행의 역할 축소

비트코인 또는 다른 디지털 화폐가 대체가능성과 프라이버시에 대한 우려를 극복한다면, 그들은 결국 현존하는 금융 시스템의 안정을 해치고 중앙은행에 대한 의존도를 줄일 위험이 있다. 중개자가 없고 국가를 초월하며 가명을 쓰는 디지털 화폐의 등장으로 개인이 자금을 저장하고 보유하기 위해 기존 금융 중개자를 이용할 필요는 줄어들게 된다.[55]

이론적으로 블록체인 기반의 디지털 화폐를 광범위하게 채택하는 것은 통화정책에 대한 중앙은행의 영향력 감소로 이어질 수 있다. 대부분의 시장경제에서 중앙은행은 인플레이션을 규제하고 경제성장을 촉진하기 위해 해당 국가의 본원통화monetary base를 늘리거나 줄이는 역할을 한다. 그러나 비트코인과 같이 중앙통제를 벗어난 디지털 화폐가 주류가 되면, 중앙은행은 총 통화 공급을 조절함으로써 한 나라의 경제에 영향을 미치는 그들 고유의 능력을 상실할 수 있다. 이러한 디지털 화폐의 발행 조건은 사전에 정의되어 있으며 코드에 의해서만 지시되기 때문이다.[56]

블록체인 기반의 디지털 화폐가 광범위하게 채택되면 은행들의 재무제표에 부정적인 영향을 끼치고 결국 수익 전망이 악화될 것이다. 전통적인 명목화폐 대신 중앙통제에서 벗어난 디지털 화폐에 의존하는 사람들이 충분히 많아지면, 중앙은행들의 예치금 이자 수입도 줄어들 것이다. 블록체인 기반 통화가 널리 채택된다면, 중앙은행들은 운영비용을 충당할 이자 수입을 기대하기 어렵게 되며[57], 수익 감소를 상쇄하기 위해 영업활동의 조정이 필요할 수도 있다.

이의 해결방법으로 중앙은행이 하나 이상의 디지털 화폐를 발행하고 통제하는 것을 생각해 볼 수 있다.[58] 냅스터Napster가 음악산업에서 힘의 균형을 이동시켜 결국 스포티파이Spotify와 같은 보다 조심스럽게 통제되고 산업의 지지를 받는 서비스의 전개로 귀결되었듯이, 하나 이상의 중앙은행들이 블록체인 기반 디지털 화폐와 효율적으로 경쟁하기 위해 보다 중앙의 통제를 받는 디지털 화폐를 추진할 수도 있다.[59] 이러한 모델 아래에서 중앙은행은 비용 효율성과 규모의 관점에서 디지털 화폐의 이점을 향유하면서 동시에 범죄와 다른 바람직하지 않은 위법행위를 근절하기 위해 규칙과 규정을 만드는 능력 그리고 통화의 공급에 대한 지배력을 유지할 수 있을 것이다.

하지만 이런 중앙은행의 접근 방식이 반드시 비트코인과 다른 탈중앙화된 디지털 화폐의 종말을 의미하지는 않는다. 티모시 메이가 예언했듯이, 블록체인과 암호 관련 도구에 대한 접근이 증대되면서 이제 흐름은 되돌릴 수 없게 됐다.[60] 탈중앙화된 디지털 화폐에 대한 수요가 존재하는 한, 블록체인 기반의 네트워크는 계속 가동될 것이다. 블록체인 기반의 디지털 화폐는 관할이 정해져 있는 것이 아니기 때문에 개인은 이를 이용해서 자금의 이체와 예치에 관한 법과 규정을 쉽게 피할 수 있게 될 것이다.

코드와 암호기술의 법에 의지하여 블록체인 기반의 디지털 화폐들은 두 가지 상충하는 특성을 보여준다. 한편으로 블록체인은 현존하는 ― 점점 더 노화되는 ― 국가 간의 지급 시스템을 향상시키고 더 나아가 개선할 수도 있다. 다른 한편으로 그들은 추적할 수 없는 디지털 캐시와 유사하게 기존 법과 크게 상충하지 않고, 중앙통제를 벗어난, 자율적이고 익명인 디지털 화폐를 지원하면서 범죄 근절을 위한 지급 시스템의 이용을 약화시킬 수 있다.

4

법적 계약으로서의 스마트 컨트랙트

지급 시스템은 블록체인 기술이 잠재적으로 영향을 미치고 블록체인이 위법행위를 유발할 수 있는 시스템 중 하나다. 탈중앙화된 블록체인 기반의 시스템과 암호기술의 법은 계약 당사자들이 합의사항을 명문화하는 방식에 변화를 주고 있다. 사실 회복성 강하고 변경이 어려우며 자율적인 스마트 컨트랙트 코드를 운용하는 능력에 의지함으로써, 블록체인 기술은 엄격하고, 규격화되어 있으며, 역동적이고 어떠한 경우에는 기존 법문으로 쓰인 계약보다 덜 모호한 새로운 세대의 디지털 계약을 지원한다.

하지만 스마트 컨트랙트가 법적 합의사항의 전부 또는 일부를 명문화하기 위해 이용될 때, 그것은 새로운 도전과 문제점을 야기한다. 스마트 컨트랙트는 오늘날의 서면 계약보다 덜 개인적이고, 그 코드는 대중에 공개되지 않으며, 인간이 읽을 수 있는 언어로 설명되어 있지 않기 때문에, 이에 기반한 표준화된 계약상 합의사항을 이해하는 사람은 극소수에 지나지 않을 것이다. 블록체인 기반 스마트 컨트랙트의 자율적이고 중개자가 없는 성격으로 인해 범죄활동이 용이해질 수도 있어 더욱 우려스럽다. 블록체인 기술은 법적 합의에 긍정적으로든 부정적으로든 영향을 미칠 수 있으며, 당사자들은 암호기술의 법에 의거한 스마트 컨트랙트를 통해 위법행위를 모의할 수 있다.

전자계약의 시작은 소련이 서독과 베를린 일부 사이의 도로, 철도, 해상 경로를 차단한 1948년 6월로 거슬러 올라간다. 소련의 조치에 대응하여 미국과 동맹국은 분단된 베를린에 2백만 톤 이상의 식량과 기타 물품을 보내는 베를린 공수작전Berlin Airlift을 개시했다. 매일 서베를린으로 보내는 산더미 같은 화물들을 정리하고 파악하기 위해 미 육군의 에드워드 길버트Edward Guilbert 주임상사는 '텔렉스, 무선전신타자 또는 전화로 송신되는 명확한 시스템'을 개발했다.[1]

베를린 공수작전의 교훈은 소련과의 충돌이 끝난 후에 민간 영역으로 스며들었다. 당시 듀퐁DuPont에 근무하던 길버트는 1965년에 전자 자료 교환Electronic Data Interchange 시스템을 고안했고[2], 듀퐁과 듀퐁의 수송회사들 중 하나인 케미칼 레만 탱크 라인Chemical Lehman Tank Lines 간에 화물 정보를 주고받기 위한 전자 메시지 시스템을 개발했다. 길버트의 발명 덕에 듀퐁은 대서양을 횡단하는 선박의 화물 목록을 텔렉스 메시지로 보낼 수 있게 됐고, 이는 후에 종이테이프로 전환되어 기업의 컴퓨터에 입력됐다.

길버트의 발명이 이루어진 지 수십 년 만에, EDI 시스템은 듀퐁으로부터 퍼지게 됐고, 서면 계약과 주문확인서를 디지털 표현digital representation 방식으로 변환하는 트렌드를 촉발시켰다. 오늘날 EDI 시스템은 광범위하고 특히 복잡한 공급망 관리에 쓰이고 있다. 해상운송, 식량, 식료품 및 자동차 산업은 전자 구매 주문, 청구, 선하증권, 재고 정보 및 진행 중인 거래관계를 관리하고 다양한 유형의 확인서를 교환하기 위해 일상적으로 EDI 시스템에 의존하고 있으며, 덕분에 서류작업을 줄이고 인건비와 거래비용을 절감한다.[3]

그럼에도 불구하고 EDI 시스템에는 몇 가지 한계가 있다. 이러한 전자계약은 단지 기존의 거래조건을 전자적인 형태로 다시 명기하는 것이기 때문에 당사자들이 상업적인 의무를 부담하고 이행하는 방법은 거의 변화시키지 않는다.[4]

1990년대 후반에 컴퓨터 과학자이자 사이퍼펑크 중 하나였던 닉 자보Nick Szabo는 이러한 한계를 발견했고, 전자계약을 체결하는 새로운 방식을 생각했다. 〈공공 네트워크상 관계들의 형식을 갖추고 보안을 유지하기Formalizing and Securing Relationships on Public Networks〉라는 제목의 논문에서 자보는 더 강력한 암호 프로토콜에 의존함으로써 어떻게 '계약 조항'과 유사하면서 일방 당사자의 의무 해지를 어렵게 하여 당사자들을 구속하는 컴퓨터 소프트웨어를 만들 수 있는지를 설명했다.[5]

그 후에 학자들은 컴퓨터 기반의 계약 언어를 연구했다. 예를 들어, 자보가 그의 저작물을 출간한 직후, 마크 밀러Mark Miller, 칩 모닝스타Chip Morningstar, 빌 프란츠Bill Frantz는 객체 지향 프로그래밍 언어object-oriented programming language를 사용하는 옵션계약의 모델을 만들었다.[6] 1990년대 후반에, 마이크로소프트와 글래스고대학교의 연구자들은 전산화된 금융계약을 실험했다.[7] 2004년에는 금융 암호전문가인 이안 그릭Ian Grigg이 '리카르디안 컨트랙트Ricardian Contract' — 기계와 인간 모두 읽을 수 있는 계약 — 라는 개념의 개요를 설명했다.[8] 더 최근인 2012년에는 콜로라도대학교의 로스쿨 교수인 해리 서든Harry Surden이 데이터 지향적인 계약을 연구하고 데이터로서의 계약상 의무의 진술이 어떻게 '계산할 수 있는' 계약 용어의 창출로 이어질 수 있는지를 연구했다.[9]

스마트 컨트랙트와 법적 계약

비트코인과 기타 블록체인 기반 시스템의 채택이 늘어남에 따라, 법적 계약을 코드로 변환하는 것에 대한 새로운 관심과 실험이 증가하고 있다. 이더리움 같은 발전된 블록체인 기반의 프로토콜은 닉 자보가 20년도 더 전에 묘사한 아이디어를 발전시키기 위해 필요한 기술을 제공한다. 블록체인 기반의 스마트 컨트랙트를 사용하여 당사자들은 코드를 통해 전적으로 또는 부분적으로 기억되는 구속력 있는 거래관계를 맺고, 소프트웨어를 이용해 계약상 의무를 이행할 수 있다.

많은 면에서 스마트 컨트랙트는 오늘날의 서면 계약과 다르지 않다. 스마트 컨트랙트를 체결하기 위해 당사자들은 먼저 그들이 '합의

meeting of minds'에 이를 때까지 계약의 거래조건을 협상한다.[10] 일단 합의가 이루어지면 당사자들은 전자 서명된 블록체인 기반의 계약으로 작동하는 스마트 컨트랙트 코드로 그들의 합의 전부 또는 일부를 기억한다.[11] 분쟁 발생 시, 당사자들은 근저에 있는 합의 내용을 재협상하거나 스마트 컨트랙트의 효력을 뒤집기 위해 법원이나 중재판정부에 배상을 구할 수 있다.[12]

전통적인 법적 계약과 스마트 컨트랙트의 차이점은 자율적인 코드를 사용하여 의무를 강제하는 스마트 컨트랙트의 능력에서 시작된다. 스마트 컨트랙트에서 의무 이행은 표준적인 법률 문구로 작성되지 않는다. 대신 이러한 의무들은 엄격하고 형식적인 프로그래밍 언어(가령 이더리움의 솔리디티Solidity)를 사용하는 스마트 컨트랙트 코드로 기억된다. 스마트 컨트랙트 코드는 중개하는 운영자나 신뢰할 수 있는 중개자에 의지할 필요 없이 근저에 있는 블록체인 기반의 네트워크를 지원하는 모든 노드에 의해 배포되는 방식으로 실행된다.

스마트 컨트랙트의 자율적인 성질 때문에 스마트 컨트랙트에 기억된 약속들은 기본적으로 자연의 언어로 된 법적 계약에 기억된 것들보다 소멸시키기 더 어렵다. 어떠한 일방 당사자도 블록체인을 통제할 수 없기 때문에 관련 당사자들의 합의에 의해 일단 작동되고 나면 스마트 컨트랙트의 실행을 멈추지 못할 수도 있다. 스마트 컨트랙트의 바퀴가 일단 움직이기 시작하면, 코드로 구현된 거래조건들은 실행될 것이고, 당사자들이 프로그램의 실행을 멈추기 위한 로직을 스마트 컨트랙트에 포함시키지 않았다면 그것을 중단시킬 수 없다.[13]

또한 스마트 컨트랙트는 보통 프로그래머들이 '오라클oracle'이라고 부르는 신뢰할 수 있는 제3자 소스를 이용하여 계약기간 동안 이행 의무를 조정하도록 할 수 있기 때문에 전통적인 서류 기반의 계약들보다 더 역동적이다.[14] 오라클은 외부 세계에서 온 정보를 저장하고 전송하여 블록체인 기반의 시스템이 실제 세계의 사람들과 상호 작용하고 잠재적으로 외부의 사건에 반응할 수 있는 수단을 제공하는 개인이거나 프로그램일 수 있다. 예를 들어, 오라클은 가장 최근의 리보금리London Interbank Offered Rate, LIBOR를 제공하는 제3자의 데이터 피드에 연결되거나, 특정 위치에 관한 외부 온도, 습도 또는 다른 관련 정보를 송신하는 센서에 연결될 수 있다. 보다 실험적으로 오라클은 인류의 통찰력을 전달하거나 판사 서비스judge-as-a-service 또는 중재 서비스arbitration-as-a-service라고 불리는 사적 분쟁 해결 및 사적 중재 시스템을 지원하도록 설계될 수도 있다.[15]

오라클 덕분에 스마트 컨트랙트는 거의 실시간으로 변화하는 조건에 대응할 수 있다.[16] 계약 당사자들은 새로 수령한 정보에 따라 지급의 흐름을 수정하거나 코드화된 권리와 의무를 변경하기 위해 오라클에 참조 표시를 할 수 있다. 또한 오라클은 개인의 주관적이고 임의적인 판단에 기초하여 특정 이행 의무를 결정하거나 업데이트하는 것을 가능하게 한다. 이러한 방식으로 당사자들은 손쉽게 코드로 번역될 수 있는 객관적인 약속을 위해 스마트 컨트랙트의 확정적이고 보장되는 실행에 의지하게 된다. 동시에 그들은 지나치게 애매한 부분이나 실제 세상에서 벌어지는 사건들에 대한 주관적인 평가가 필요해 스마트 컨트랙트로 쉽게 코드화될 수 없는 약속들을 평가하는 임무를 인간 기반의 오라클에게 부여하기도 한다.[17]

이더리움이 출시된 이래, 상업적인 합의를 다루는 스마트 컨트랙트가 증가하고 있다. 스마트 컨트랙트는 블록체인 기반 네트워크상의 데이터나 다른 정보에 대한 접근을 통제하기 위해, 나아가 디지털 화폐 또는 유무형의 자산을 나타내는 토큰의 이전을 관장하기 위해 설계됐다.[18] 예를 들어, 우조 뮤직Ujo Music은 스마트 컨트랙트가 이모겐 힙Imogen Heap의 노래 '작은 인류Tiny Humans'를 구현한 디지털 음악 파일의 판매에 도움이 될 것이라고 믿는다. 누군가가 우조 뮤직의 웹사이트에서 그 노래를 다운로드 받기 위해 60센트를 지불할 때마다 스마트 컨트랙트가 작동되고, 그 돈은 이모겐(판매금액의 91.25퍼센트를 받는다)과 그 노래의 창작에 도움을 준 일곱 명의 다른 공동창작자(각자 1.25퍼센트를 받는다) 사이에 배분된다.[19] 정산을 위해 음반사나 공연권 관련 기관과 같은 어떠한 중앙 기관의 관리도 필요하지 않은 것이다. 교환은 구매자와 노래 창작자가 일대일로 직접 거래하는 방식으로 일어난다.[20] 전통적인 계약과는 대조적으로, 스마트 컨트랙트는 수수료가 아예 없거나 거의 없는 소규모거래를 용이하게 하고, 지불금액은 거의 실시간으로 스마트 컨트랙트 코드의 엄격한 로직에 따라 배분되며, 1센트 미만의 금액은 음악가에게 즉시 지급된다.

또한 스마트 컨트랙트는 사람들이 중앙의 중개자에 의존하지 않고 물품의 판매를 지원하고 상호 협조하는 탈중앙화된 전자상거래 마켓 — 이베이eBay 또는 크레이그리스트Craigslist와 같은 — 에서 일대일 직거래를 이루도록 돕고 있다.[21] 이러한 서비스들은 물품의 대금 지급과 관련해서는 블록체인 기술과 스마트 컨트랙트에 의존하고, 거래 과정 중에 발생할 수 있는 잠재적인 문제들은 인간 기반의 오라클에 맡긴다.

이러한 탈중앙화된 마켓에서 판매자들은 상품의 명세 및 가격과 같은 정보를 블록체인에 저장한 상태로 상품을 판매한다. 상품에 관심이 있는 구매자들은 스마트 컨트랙트를 통해 실행된 가상 에스크로 계정(종종 멀티시그니처 계정Multisignature account이라고 부른다)으로 돈을 보내고, 가상 에스크로 계정은 예치된 자금을 자율적으로 관리한다.[22] 모든 것이 계획대로 진행되어 구매자가 해당 물건을 수령하고 전자서명한 블록체인 메시지를 에스크로 계정에 보내면, 에스크로 계정은 판매자에게 매매대금을 지급한다. 반대로 상품의 품질에 관한 분쟁이 발생하거나 상품 배송이 이루어지지 않았다면, 인간 기반의 오라클이 사건의 사실관계를 분석하고 누가 예치된 금액을 수령해야 하는지를 결정하기 위해 개입한다.[23]

하이브리드 계약

스마트 컨트랙트는 우조 뮤직 및 블록체인 기반의 상거래에서 볼 수 있듯이, 코드를 이용하여 경제적·법적 거래 전반을 지배하려고 하지만, 그러한 방식이 항상 적절하지는 않을 것이다. 당사자들은 제한적인 일련의 합의사항들을 더 크고 더 복잡한 계약관계로 명문화하는 과정에서 스마트 컨트랙트를 부분적으로 사용할 수도 있다.

계약은 각 계약 당사자들에게 문맥에 민감한 법적 문구를 통해 명문화되는 권리와 의무를 규정한다. 이러한 약속들은 개별적인 권리들

뿐만 아니라 계약상의 의무를 촉발시킬 수 있는 시간 그리고 순서 의존적인 행위들도 포함한다. 어떠한 권리와 의무들, 특히 가치의 교환, 전자적으로 표시되는 자산에 대한 권리의 이전과 관련된 것들은 코드의 엄격한 로직으로 쉽게 번역될 수 있다. 그러한 약속들은 종종 성질상 둘 중 하나로 표현될 수 있는 것이어서 자연스럽게 소프트웨어로 번역이 가능하다.

하지만 다른 계약 조항들은 그렇게 명확하지는 않다. 법적 계약은 이행 의무의 개요만 설명하는 열린 조건을 포함하는 경향이 있다. 예를 들어, 어떤 계약 당사자는 무엇이 적절한 이행인지 정확히 규정하기 어렵기 때문에 '신의성실good faith'에 따라 행동할 것을 약속하는 반면, 다른 당사자는 가장 비용 효율이 높거나 효율적인 이행 방법을 아직 예상할 수 없기 때문에 의무 이행에 최선을 다해야 한다고 약속할 수도 있다. 계약을 열어두거나 모호하게 두는 것도 당사자에게 융통성을 부여하거나 협상의 시간과 비용을 절감해주기 때문에 종종 가치가 있다. 많은 경우에 모호함은 사실 더 효율적인 계약으로 귀결될 수 있다.[24]

또한 표준적인 법적 계약은 진술과 보장을 포함하는데, 이런 것들은 블록체인 기반의 네트워크에 저장되고 관리되는 데이터를 참조하는 것만으로는 이행되기 어렵다. 이러한 진술과 보장은 법적 계약 전반을 망라하긴 하지만, 계약 당사자들은 종종 지분권을 확인하거나, 정보에 대한 비밀을 유지하는 것에 동의하거나, 관계 법률을 준수할 것을 약속한다. 스마트 컨트랙트는 적어도 가까운 미래에는 이진법적이지도 않고 고도로 정형화되지도 않은 이처럼 더 열려 있는 권리와 의무를 설명하지는 못할 것이다. 이러한 체계화되지 않은 거래조건들은 계약 체결 시점에는 예상하기 어렵기 때문에 코드의 엄격한 로직으로 기억되기 적합하지 않다.

로펌들은 이미 법적 계약이라는 맥락에서 스마트 컨트랙트의 한계를 평가하고 있다. 예를 들어, 대형 국제 로펌 호간 앤 로벨스Hogan and Lovells는 대형 스마트 지진보험계약을 만들었다. 그들은 이 계약서 내의 주요 거래조건의 개요를 설명하는 디지털 텀시트term sheet를 만들고 관련 보험금을 관리하기 위해 이러한 텀시트에 기초한 이더리움 기반의 스마트 컨트랙트 견본을 만들었다. 하지만 실험을 거친 후, 그 로펌은 오로지 코드만을 기반으로 하는 프로그램은 기본 지진보험 계약에 전형적으로 포함되는 표준 조건들을 설명할 수 없다는 사실을 바로 깨달았다. 그들은 다른 법적 기술적 취약점들뿐만 아니라 스마트 컨트랙트와 비슷한 자연 언어로 된 계약 사이의 차이점을 발견했다.[25]

이러한 한계들을 고려했을 때, 스마트 컨트랙트의 시행은 EDI 계약과 유사한 길을 따를 것으로 보인다. EDI의 경우 당사자들이 완전히 코드에 기반한 합의 내용에 의존하는 것이 아니라 더 넓은 계약 관계의 맥락에서 전자적 전달의 사용을 연결 짓는 마스터 계약을 체결한다.[26]

스마트 컨트랙트가 법적 계약의 견본을 만들기 위해 사용된다면, 당사자들은 자연 언어의 계약과 코드로 쓰인 스마트 컨트랙트를 섞은 하이브리드 계약을 만들 수 있다. 이러한 계약들은 주로 전통적인 법적 문구로 쓰이겠지만, 또한 스마트 컨트랙트를 참조 표시하여 포함시키고 프로그램이 더 큰 상업적인 거래에 어떻게 끼워 맞춰지는지를 설명할 수도 있다. 이러한 접근을 통해 자연 언어로 된 계약과 스마트 컨트랙트는 당사자들의 의도를 명문화하기 위해 서로 협업할 수 있다. 두 가지를 결합함으로써 어느 당사자가 반드시 어느 하나를 다른 하나 대신 선택해야 할 필요 없이 법적 계약과 코드 기반 규정의 장점을 동시에 이용할 수 있게 된다.

스마트 컨트랙트에 의존하는 계약의 법적 집행 가능성

스마트 컨트랙트가 격식을 갖춘 법적 계약을 완전히 대체하는 경우에도 이러한 프로그램이 외부와 단절된 상태에서 작동하지는 않는다. 스마트 컨트랙트는 지급 의무와 가치 있는 자산의 이전을 자동화하겠지만, 당사자들이 이러한 합의사항에 이르는 것은 여전히 필요한다. 합의사항은 미리 협의되고 그리고나서 코드로 번역될 필요가 있으며, 계약관계가 스마트 컨트랙트를 통해 드러나기 위해서는 당사자들이 디지털 서명을 이용하여 규정된 거래조건에 대한 동의를 명확히 할 필요도 있다.

스마트 컨트랙트가 당사자들의 의도를 정확히 기억하는지 또는 어느 당사자가 계약을 위반했는지에 관한 분쟁이 있으면, 계약 당사자들은 법적 절차를 개시하거나 민사적 분쟁 해결 절차를 이용하여 이를 해결할 수 있다. 종국적으로 스마트 컨트랙트의 법적 효력은 법원의 관할에 속한다. 그들은 오랜 기간 확립되어온 계약법 해석 원칙들에 따라서 그리고 전문가들의 도움을 받아서 근저에 있는 코드들을 해석할 것이다.

법원이 어느 당사자가 계약상 의무를 위반했다고 판단하면, 법원은 손해를 입은 당사자들이 손해를 배상받을 수 있도록 손해배상금을 부과할 권한을 가진다. 스마트 컨트랙트가 제3자 오라클third party oracle에 의존하는 대안적 분쟁 해결 시스템을 허용하는 경우에도, 가령 중재인이 계약에 반영된 중재조항에 응하지 못하거나 법을 명백히 무시한다면 법원은 오라클의 판정을 무효화할 수 있다.[27]

계약이 법적 문구보다는 코드를 통해 합의 내용을 명문화한다는 사실은 적어도 미국 내에서는 거의 차이가 없을 것이다. 판례 중심적인 미국법common law하에서 계약은 명시적이거나 묵시적일 수 있고, 많은 경우 계약서 작성 방식과 관련하여 형식적인 요건을 갖추어야만 법원에서 계약의 구속력이 인정되는 것은 아니다.[28] 주요 요소는 계약의 형식이 아니라 오히려 법원이 당사자들의 의도가 계약상 구속력이 있는 것으로 추론할 수 있는지 여부이다.[29]

이러한 원칙하에서 법적인 합의사항들을 기억하는 스마트 컨트랙트는 미국법에서는 집행 가능한 것으로 여겨질 것이다. 당사자들은 종이를 사용하여 그렇게 하듯이 코드를 사용하여 그들의 의도를 기억할 수 있고, 스마트 컨트랙트는 반복되는 이행 의무를 규정할 때 일련의 이행 또는 거래를 설정할 수도 있다.[30] 예를 들어, 1893년으로 거슬러 올라가 빕 대 앨런 사건Bibb v. Allen에서 미연방대법원은 셰퍼슨 코튼 코드Shepperson Cotton Code에 의존한 암호화된 전신 메시지를 사용하여 전자적으로 합의가 교환되었다고 판시했다. 합의사항이 기억된 비전통적인 방식에도 불구하고, 미연방대법원은 당사자들이 일련의 전신 메시지를 통해 사업의 거래조건에 합의했기 때문에 당사자들은 1만 꾸러미의 목화 매매를 포함하는 계약을 체결했다고 판단했다.[31]

여기서 더 나아가 오늘날 연방법과 주법은 계약이 전자적 또는 코드 기반의 포맷으로 구현되었다고 해서 당사자들이 그 유효성을 부정하는 것을 허용하지 않는다. 통일전자거래법Uniform Electronic Transaction Act(이하 UETA)과 연방 국제 국내 상거래 전자서명법Federal Electronic Signatures in Global and National Commerce Act, E-Sign Act하에서, 법원은 당사자들이 계약에 구속될 의사를 표시하였다면 전자계약에 대한 법적 효력을 부인할 수 없다(제한적 예외는 있음).[32]

사실 전자서명법과 UETA에서의 광범위한 정의는 블록체인 기술, 스마트 컨트랙트 및 공개키-개인키 암호기술을 사용하여 생성되는 전자서명에 부응한다. 예를 들어, UETA하에서 '서명 기록record of signature' 및 '전자 기록electronic record'이 계약의 일부로 사용되었다면 법적 효력이나 집행 가능성을 부인할 수 없다.[33] 전자서명과 전자적 기록은 "전자적 수단에 의해 만들어지거나 생성되거나 발송되거나 교환되거나 수령하거나 저장되는 어떠한 기록"을 모두 포함하는 것으로 느슨하게 정의되고, 공개키-개인키 암호기술을 통해 만들어진 전자서명은 "기록에 서명할 의도로 누군가에 의해 채택되었다면" 법의 영역 안으로 들어가게 될 것이다.[34]

UETA는 계약이 당사자들에 대해 구속력을 갖도록 하기 위해 스마트 컨트랙트와 같은 자동화된 소프트웨어의 사용도 고려했다. 법은 "컴퓨터 프로그램 또는 …… 개인의 검토나 행위 없이도 독자적으로, 전체적으로, 부분적으로 행위를 개시하거나 전자적 기록이나 이행에 반응하기 위해 사용되는 다른 자동화된 수단”을 고려했다. UETA의 입법자들은 법이 ‘전자 대리인electronic agents’이라고 칭하는 자동화된 소프트웨어를 사용하여 당사자 간에 체결된 계약은 근저에 있는 프로그램상의 오류가 없는 한 법적 효력이 부정될 수 없다고 규정했다.[35]

당사자들이 하이브리드 스마트 컨트랙트 계약 — 앞서 논의된 바와 같은 것들 — 에 의존한다면 집행되지 않을 수도 있는 가능성은 더 낮아진다. EDI의 경우처럼 당사자들이 마스터 계약은 전통적인 법적 문구로 작성하면서, 스마트 컨트랙트 코드를 유효한 것으로 합의한다고 규정하는 조항을 포함시키는 것이다. 또한 그들은 재판부에 계약 해석에 관한 융통성을 주기 위해 통상적인 분리 조항을 포함시킬 수도 있다. UETA 및 전자서명법과 함께 살펴볼 때, 이러한 하이브리드 계약은 계약이 전체적으로 또는 부분적으로 스마트 컨트랙트 코드에 의존한다는 이유만으로 당사자들이 그 유효성을 부정할 가능성을 낮춘다.

감소된 감시비용과 기회주의적인 행동 위험

스마트 컨트랙트의 특이한 점은 계약 당사자들에게 감시비용과 기회주의적인 행동 가능성을 줄이는 새로운 도구를 제공한다는 점이다. 앞서 논의한 바와 같이, 중개자가 없는 블록체인의 성격 때문에 스마트 컨트랙트는 어떠한 당사자도 프로그램의 실행을 통제하거나 멈추는 것이 불가능하게 고안될 수 있다.[36] 기본적으로 스마트 컨트랙트는 어느 누구의 통제도 받지 않으며, 암호화된 이행 의무는 근저에 있는 코드가 정한 거래조건에 따라 실행될 것이다. 분산되어 있고 중개자가 없는 블록체인 네트워크의 속성은 모든 코드화된 조항들이 계획된 대로 이행될 것을 상당한 수준으로 보장한다.

이러한 특성들 때문에 스마트 컨트랙트는 당사자들이 코드화된 의무를 감시하고 이행이 이루어졌는지를 지속적으로 평가할 필요성을 감소시킨다.[37] 일단 준비가 되면 블록체인 기반의 네트워크가 스마트 컨트랙트 코드를 자동으로 실행할 것이기 때문에 당사자들이 스마트 컨트랙트에 구현된 의무를 반복적으로 점검하고 감시할 필요가 거의 없다.

이에 더해, 블록체인은 회복성이 강하고 변경하기 어렵기 때문에, 당사자들은 근저에 있는 스마트 컨트랙트 코드는 변경되지 않았으며 장래에도 변경되지 않을 것이라는 확신을 얻는다. 블록체인에 저장된 정보를 변경하기가 어렵기 때문에, 스마트 컨트랙트는 궁극적으로 당사자들이 그들의 합의사항을 구현한 코드를 수정해 자기거래를 하거나 기회주의적으로 행동할 가능성을 줄인다.

기회주의적 행동의 위험을 줄임으로써 스마트 컨트랙트는 거래관계의 새로운 길을 열어주고, 잠재적으로 상호 신뢰하지 않는 당사자들 간의 경제 활동의 폭을 넓혀준다. 코드화된 의무가 자동으로 이행될 것이라는 확신을 제공함으로써 스마트 컨트랙트는 서로 알지 못하거나 신뢰하지 않는 개인 또는 기관 간의 거래를 지원해 줄 수 있다.[38] 스마트 컨트랙트를 포함하는 계약을 체결하기 위해 당사자들에게 필요한 것은 코드가 그들의 의도를 정확히 기억하고 네트워크를 유지할 책임이 있는 노드들이 스마트 컨트랙트 코드를 적절히 실행할 것이라고 믿는 신뢰뿐이다.

스마트 컨트랙트로 인해 언어장벽이 있거나, 거리가 떨어져 있거나, 신원을 알지 못해도 당사자들은 수익을 창출하는 상업적 거래에 참여할 수 있다. 1988년에 티모시 메이가 예언했듯이 우리는 상대방의 실명이나 법적 신분을 알지 못해도 사업을 진행하고 전자계약에 관한 협상을 하기 위해 점점 더 암호화된 도구에 의존하게 될 것이다.[39]

코드의 혜택

명확성, 정확성, 규격성과 관련해서 스마트 컨트랙트는 다른 소프트웨어들과 마찬가지로 장점을 가지고 있다. 그러나 최선의 의도에도 불구하고 법적 계약은 일상적으로 부실한 작성 때문에 문제가 된다. 불일치하는 용어들이 복잡한 계약 — 특히 촉박한 일정으로 작성되는 것들 — 안으로 몰래 들어가서 당사자들의 실제 의도를 흐리는 것이다.[40]

계약 해석의 문제에 마주쳤을 때, 법원은 일관된 기준을 적용하려고 노력해왔다. 계약법 분야에서 미국의 가장 저명한 법학자 중 한 명인 앨런 판스워스Allan Farnsworth가 언급했듯이, 계약 해석에 관한 법은 아직 이르지 못한 결론을 위해 법원을 움직이는 설득이라기보다는 다른 근거들에 기초하여 이미 다다른 결정을 합리화하는 의식에 더 가깝다.[41]

수십 년 동안 학자들은 소프트웨어 코드와 같은 상징적인 로직은 합의사항들을 객관적으로 검증 가능한 기술적인 규정으로 변환시킴으로써 계약상의 모호함을 줄일 수 있다고 인식해왔다.[42] 스마트 컨트랙트는 확정적으로 실행된 로직의 정보 조각으로, 당사자들이 객관적으로 검증 가능한 이행 의무를 신뢰할 만한 수준으로 알아볼 수 있는 경우에는 잘못된 해석을 할 가능성이 줄어든다.[43]

다른 코드들처럼 스마트 컨트랙트도 본질적으로 규격화되어 있고 쉽게 조립하고 재조립할 수 있는 개별 조각으로 분해된다.[44] 프로그래머들이나 변호사들은 법적 계약에서 일상적으로 나타나는 어떠한 기능들을 실행하기 위해 특별히 고안된 스마트 컨트랙트 코드 라이브러리를 만들 수 있다.[45] 예를 들어, 특정 기간 동안 이자와 함께 혹은 이자 없이 자금을 이체하도록 규정한 스마트 컨트랙트 코드 라이브러리가 작성될 수 있다. 이러한 라이브러리는 고용계약, 서비스계약, 도급계약, 퇴직계약뿐 아니라 약속어음을 포함하는 다양한 계약에 적용이 가능하다.

많은 소프트웨어 라이브러리처럼 스마트 컨트랙트 코드 라이브러리에 대한 공개 소스 사용권open source licenses으로 라이선스가 부여되면 그것은 법률 전문가 공동체에 의해 개선될 수 있다.[46] 궁극적으로 이는 공공의 면밀한 조사와 조언 덕분에 사용되고 재사용되며 계속해서 개선될 수 있는 일련의 표준적인 스마트 컨트랙트 기반 조항들의 출현으로 이어질 것이다.[47]

컴퓨터 사용 이후 급격히 증가하고 단순해진 프로그래밍 언어의 개발과 유사하게 스마트 컨트랙트 코드는 시간이 지나면서 더 다루기 쉬워지고 다양한 계약에 사용될 수 있다. 블록체인 기술이 성숙함에 따라 이러한 라이브러리는 더욱 복잡해지고, 당사자들에게 다양한 잠재적인 사건들을 설명하기 위해 첨부된 상당히 많은 양의 스마트 컨트랙트 코드를 포함시켜 레고블록을 조립하듯이 스마트 컨트랙트를 작성하는 능력을 부여하며, 더 복잡하고 폭넓으며 수준 높은 법적 계약을 만들어낼 수 있다.

스마트 컨트랙트는 기계로 읽을 수 있기 때문에 자율기기와 인공지능에 의해서도 사용될 수 있다. 스마트 컨트랙트를 사용하여 인터넷에 연결된 기구는 사물 통신machine to machine 계약에 관여할 수 있고, 디지털 화폐 계정을 통제할 수 있으며, 재화와 용역의 구매계약을 체결할 수 있다. 예를 들어, 자동판매기는 기계의 탄산음료나 막대사탕 재고가 떨어졌을 때 자동으로 이를 감지하여 적은 수수료를 내고 스마트 컨트랙트를 통해 공급자에게 자동 주문을 넣을 수 있다. 마찬가지로 자율주행 자동차는 인간의 개입 없이도 스마트 컨트랙트를 사용하여 유류나 전기를 자동으로 결제할 수 있다.

스마트 컨트랙트의 한계

스마트 컨트랙트는 여러 장점을 가졌지만 프라이버시, 계약의 형식화, 지나친 표준화의 위험 관점에서 보면 몇 가지 결점도 가지고 있다.

프라이버시 우려

스마트 컨트랙트의 투명성은 상당히 높은 편인데 계약 당사자들이 이를 탐탁지 않게 여길 수도 있다. 당사자들이 법적 문구로 쓰인 계약을 체결할 때, 그들은 일반적으로 그들의 계약 내용을 비공개로 유지할 선택권을 가진다. 하지만 블록체인의 투명한 성격 때문에 스마트 컨트랙트 코드뿐만 아니라 스마트 컨트랙트를 통해 체결된 모든 거래들은 그들이 네트워크 노드들에 공개하는 P2P 네트워크를 통해 전파된다. 이는 특히 계약 당사자들이 블록체인 계정이 알려진 자들과 연계되어 있을 때 프라이버시 침해의 위험을 높인다.

대부분의 블록체인이 완전히 익명이 아니라 가명인 계정에 의존하기 때문에, 거래 당사자가 확인되지 않을 때도 신원확인 기술 – 앞서 설명한 바와 같은 것들 – 이 특정 스마트 컨트랙트로 거래한 당사자들의 신원을 파악하는 데 사용될 수 있다.[48] 이러한 기술이 꼭 성공하리라고 보장할 수는 없지만, 점점 더 많은 거래들이 블록체인에 기반하여 이루어짐에 따라, 당사자들은 그들의 신원을 숨기려 할 것이다. 하지만 특정 당사자의 신원이 일단 파악되면, 동일한 계정으로 이루어진 모든 활동이 신원과 연계될 수 있다.

프라이버시 문제는 스마트 컨트랙트가 많은 상업적인 무대에서 전통적인 법적 계약을 대신할 가능성에 제약을 가져올 수 있다.[49] 강력한 프라이버시 보호 장치가 없다면, 스마트 컨트랙트는 아마도 비밀유지가 중요한 법적 계약에는 부적절하다고 여겨질 것이다. 스마트 컨트랙트가 주요 공급자에 대한 지급, 이전 근로자에 대한 합의금 지급을 포함하거나 민감한 금융거래를 포함한다면, 이러한 합의사항에 관한 세부 내용이 공개될 위험이 있다. 지캐시와 모네로와 같은 프라이버시를 보호하는 블록체인이 지난 몇 년에 걸쳐 등장하기는 했지만, 아직 이러한 네트워크들이 이더리움 네트워크에서처럼 스마트 컨트랙트의 활발한 체결을 지원해주지는 않는다. 그래서 프라이버시 문제는 스마트 컨트랙트에 먹구름을 드리우고 결국 그 기술의 채택을 제약할 수 있다.[50]

법적 의무의 형식화

형식적인 프로그래밍 언어에 의존하기 때문에 스마트 컨트랙트는 모호하거나 열린 조항을 체결하는 데 사용하기에는 적절하지 않을 것이다. 의도적으로 스마트 컨트랙트는 엄격하고 융통성 없는 코드 기반의 규칙들에 의해 통제받는 계약상 의무의 실행을 용이하게 한다.[51] 그것은 특히 계약 체결 시점에 이행 의무가 정확히 정의되지 않거나 파악되지 않는 계약이 아니라, 당사자들이 이행 의무를 객관적이고 예측 가능한 방식으로 규정할 수 있는 계약을 명문화하는 데 맞춰져 있다.

사실 모든 계약이 주의 깊게 규정된 거래관계를 규율하는 것은 아니다. 계약은 당사자들이 작성 시점에 이행 의무들을 예상하거나 기술할 수 없기 때문에 종종 열려 있는 상태로 남아 있곤 한다. 법학자들은 '계약 관계 이론relational theory of contract'을 통해 많은 계약들이 하룻밤 관계보다는 장기간의 결혼생활에 가깝게 작동한다는 것을 인정해왔다.[52] 당사자들은 예상치 못한 일상적인 사건이나 당사자들의 변화하는 관계를 설명하기 위해 계속 수정되는 열린 조건으로 계약을 체결한다.[53] 이러한 계약들은 처음부터 무거운 협상으로 이루어지지 않고,

계약이 진행되면서 협조할 것을 암시한다.[54]

스마트 컨트랙트는 성질상 상관관계가 있는 법적 합의사항을 담아내기에 특히 부적합하다.[55] 스마트 컨트랙트를 시행하기 위해 이행 의무와 더불어 인간 기반의 오라클이 필요하다면 당사자들은 인간의 통찰력이 요구되는 경우들을 정확히 규정할 필요가 있다. 어떠한 법적 합의사항은 이를 명확히 규정하기 쉽다. 하지만 많은 경우 의무들은 예측할 수 없는 것으로 드러날 것이고, 스마트 컨트랙트는 당사자들에게 그들의 계속되는 계약관계를 구성할 유연성을 제공하지 못할 것이다.

스마트 컨트랙트가 예견할 수 있고 객관적으로 입증 가능한 법적 의무의 견본을 만드는 데 사용되더라도, 스마트 컨트랙트가 당사자들의 의도를 정확히 명문화할 수 있는지 여전히 의문이 남는다. 스마트 컨트랙트를 만드는 과정은 합의 사항의 의미, 내용, 적용 가능성에 관한 실질적인 결정을 포함할 것이다. 스마트 컨트랙트가 당사자들의 의도를 숨기거나 왜곡할 수도 있기 때문에, 프로그래머들은 스마트 컨트랙트 코드를 작성할 때 잠재적으로 불확실한 미래에 대한 주관적인 판단과 해석, 실질적인 결정을 할 필요가 있다.

가명을 쓰는 당사자들 간의 계약

스마트 컨트랙트의 자율적인 성격은 가명을 쓰는 당사자들을 포함하는 상거래 계약에서도 문제를 일으킨다. 스마트 컨트랙트가 일단 작동되면, 가명을 쓰는 당사자들은 (근저에 있는 코드에 실수나 착오가 있다고 하더라도) 스마트 컨트랙트 거래에 제한적인 영향만 미칠 수 있을 것이다. 스마트 컨트랙트가 신원이 알려진 당사자들 간의 합의사항을 규율하기 위해 사용된다면, 스마트 컨트랙트에 구현된 이행 의무는 처음에 실행된 코드의 효력을 배제하거나 수정하기 위한 또 하나의 거래를 통해 변경될 수 있다. 어떠한 다른 법적 계약에서처럼 이러한 당사자들도 법원이나 다른 준사법기관에서 그들의 계약상 권리를 행사하고 잠재적으로 손해배상을 청구할 수 있다.[56]

그러한 기회는 상대방의 신원을 알지 못하는 당사자들 간의 스마트 컨트랙트 기반 합의 맥락에서는 이용하기 어려울 수 있다. 피해 당사자는 상대방의 신원을 알아야 송달요건을 충족하여 소송을 제기할 수 있다. (가령 '아무개'를 상대로) 어느 당사자가 궐석재판을 얻었다고 하더라도 계약 상대방의 신원이 규명되지 아니하면 궐석재판은 실효성이 제한될 것이다.

이러한 권리행사의 어려움 때문에 가명을 쓰는 당사자를 관여시키는 스마트 컨트랙트 기반의 계약은 아마도 오늘날의 계약들과는 다른 내적 역동성을 보여줄 것이다. 예를 들어, 불공정거래 및 무능력과 같은 강력한 영미법이나 대륙법의 법리들은 한쪽으로 치우치거나 불리한 조건을 포함하는 계약의 충격을 완화시킨다.[57] 하지만 가명을 쓰는 당사자들 간의 거래를 규율하기 위해 사용되는 스마트 컨트랙트의 맥락에서는 피해 당사자는 아마도 이러한 방어 수단에 의지할 능력이 부족할 것이고, 따라서 더 큰 협상력을 가진 당사자에게 일방적으로 유리한 스마트 컨트랙트 기반의 계약이 확산될 가능성이 높다.

계약의 표준화

스마트 컨트랙트의 광범위한 사용은 또한 법률 서비스 제공에 변화를 가속화하여, 결국 법률 산업에서의 구조적인 변화로 귀결될 수 있다. 스마트 컨트랙트가 점점 더 정교해짐에 따라, 개인들은 변호사들의 조언에 덜 의존하며, 스마트 컨트랙트 코드를 포함하는 규격화된 계약을 선택할 수도 있다.

예를 들어, 경험 많은 저작권 변호사의 서비스 대신에, 뮤지션 그룹은 표준적인 자연 언어로 된 법적 조항과 스마트 컨트랙트를 결합한 완전히 검증되고 널리 신뢰하는 하이브리드 로열티계약(예를 들어, 앞서 설명한 우조 뮤직 스마트 컨트랙트의 진화한 버전)을 채택하기로 결정할 수도 있다. 온라인 상에서 뮤지션 그룹은 차례로 일련의 질문에 답함으로써 그들 각자의 필요에 대략 맞춘 맞춤형 계약을 체결할 수 있다. 이러한 서비스는 제3의 중개자 필요 없이 관련 지적재산권 라이선스를 다루고, 로열티 지급을 용이하게 하기 위한 스마트 컨트랙트와 매끄럽게 작동하는 하이브리드 계약을 만들어낼 수 있다.

그러한 서비스가 출시되고 스마트 컨트랙트 기반의 계약이 널리 퍼진다면, 법적 도움이 필요한 사람들은 점점 더 개업 변호사로부터의 법률 조언을 포기하고, 궁극적으로 거래를 위한 관련 법률 업무를 줄일 수 있다. 오늘날 우리는 이미 정보의 출처보다는 컴퓨터 기반의 추천 시스템을 더 신뢰하는 경향이 있는데 이러한 현상을 '자동화 편향 automation bias'이라고 부른다. 비판적으로 정보를 평가하는 대신에, 우리는 그 조언이 잘못 판단된 것이거나 오류를 범하게 하더라도 컴퓨터와 기계가 제공하는 추천을 따른다.[58]

스마트 컨트랙트 코드의 규격화된 라이브러리나 하이브리드 계약이 더 많이 사용된다면, 기존의 거래 관련 법률 업무가 가졌던 정교함이 상실될 수 있다. 이러한 라이브러리는 각각의 상업적이고 법률적인 합의사항의 명확성에 완벽하게 필적하지는 못할 것이기 때문에, 계약 당사자들은 이러한 조항들이 그들의 법적 필요에 정확히 부합하는지 주의 깊게 생각해 보지도 않은 채[59] 기본 조항을 사용함으로써 그들의 의무를 쉽게 명문화할 수도 있다.[60]

우리가 값비싼 고도의 맞춤형 의류에서 제한적으로 개인화된 대량생산 의류로 이동해 왔듯이, 블록체인 기술과 기타 계약 자동화 도구의 채택이 늘어감에 따라, 우리는 비싼 맞춤형 계약에서 주문 생산이 어려운 저렴하고 고도로 표준화된 법적 계약으로의 이동을 목격할 수도 있다.[61]

범죄이거나 부도덕한 계약

스마트 컨트랙트가 사악한 의도를 가진 자들에게 매력적으로 보일 수 있다는 점이 가장 우려되는 부분이다. 범죄자들은 속임수나 사기 행각을 벌이는 과정에서 법원이나 보험회사와 같은 전통적인 기관에 의지할 수 없다.[62] 대신 그들은 신체에 대한 위해나 죽음과 같은 가혹한 처벌을 통해 행동을 조직화하고 속임수를 쓰지 못하게 하기 위해 명성, 진실성, 명예에 의지한다.[63]

블록체인 관련 스마트 컨트랙트로 범죄자들은 위법행위를 조직화할 새로운 도구를 가지게 됐다. 스마트 컨트랙트가 암호기술의 법에 최우선적으로 또는 배타적으로 의존하는 '법중립적alegal' 시스템을 만드는 데 사용될 수 있기 때문이다. 디지털 화폐의 경우 악의를 지닌 당사자들은 의도적으로 현행법과 규정을 회피하는 방식으로 불법적인 거래에 대한 합의를 하기 위해 이러한 기술에 의존할 수 있다. 중개자가 없고, 회복력이 강하며, 변경하기 어려운 블록체인의 속성 때문에 이러한 스마트 컨트랙트 계약서에 암호화되어 저장된 의무들은 일단 계약이 실행되고 나면 멈추거나 변경하기 어려워진다.

예를 들어, 스마트 컨트랙트로 당사자들은 약물, 총기류, 나치 용품과 같은 위법한 물품의 상업적 거래를 진행할 수 있다. 암호기술의 법에 의존함으로써 탈중앙화된 시장은 범죄망을 감시하는 중앙의 통제를 받지 않는다. 결과적으로 이러한 시장은 특정 지역에서는 금지되는 물품을 광범위하게 교환할 수 있도록 한다.

또한 스마트 컨트랙트는 불법 도박과 게임을 지원하는 데에도 사용될 수 있다. 중앙에서 관리하는 카지노에 의존하는 대신, 스마트 컨트랙트를 통해 도박계약의 조건을 규정하는 것이 가능하기 때문이다. 사람들이 블록체인 기반의 네트워크상에서 포커 게임을 하는 포커리움Pokereum 프로젝트를 예로 들어 보자. 제3자에 의존하는 대부분의 현존하는 온라인 포커 게임과는 달리, 포커리움은 블록체인 기반의 P2P 네트워크상에서 운영되고, 카드를 섞는 것부터 각각의 패 이후 이더의 교환에 이르기까지 모든 과정에서 일련의 스마트 컨트랙트에 의존한다.[64] 시스템을 유지하는 중앙의 중개자가 없기 때문에 어떠한 당사자도 그 서비스를 폐쇄할 수 없다.

이러한 예들은 훨씬 더 거대한 트렌드의 시작 단계인지도 모른다. 코넬대학교와 메릴랜드대학교의 연구자들이 개략적으로 설명했듯, 블록체인 기술은 잠재적으로 스마트 컨트랙트가 통제하는 포상금을 내걸고 유명인사를 암살하는 것과 같은 더 복잡한 범죄에도 악용될 소지가 있다.[65]

이러한 연구자들에 따르면 상원의원, 대통령 또는 수상을 살해하려는 자들은 스마트 컨트랙트로 개설되고 관리되는 에스크로 계정에 디지털 화폐를 이체한다. 포상금에 관심이 있는 범죄자들은 스마트 컨트랙트에 (전자서명된 메시지를 통해) 암살의 시간과 장소에 관한 기본적인 사실을 개략적으로 설명하는 정보를 보낸다.[66] 언제 포상금을 송금할지 결정하기 위해 스마트 컨트랙트는 그 희생자가 사망했는지 여부를 알아내기 위해 하나 이상의 신뢰할 만한 오라클 — 〈뉴욕 타임스〉의 보도와 같은 — 을 확인할 수 있다. 암살자의 메시지가 신뢰할 만한 오라클이 밝힌 정보와 일치하면 스마트 컨트랙트는 자동으로 포상금을 그 범죄자의 계좌로 이체한다.[67]

이러한 시스템은 범죄행위를 조장하고 폭도들의 행동을 부추긴다. 범죄의 거래조건과 그에 대한 대가 지급을 규정하는 스마트 컨트랙트 덕분에 범죄자들은 계획이나 보상을 논의할 목적으로 별도의 약속을 잡을 필요가 없어졌다. 암살자는 단지 포상금에 관한 정보를 얻고 스마트 컨트랙트상 사전에 규정된 거래조건과 일치하는 방식으로 범죄를 실행하기만 하면 된다. 암살자는 서비스나 지캐시와 같은 더 많은 익명의 디지털 화폐를 통해 자신의 신원을 숨기는 것이 가능하다. 스마트 컨트랙트를 통해 서로 알지 못하는 당사자들 간에 협력이 가능하다는 걸 고려할 때, 범죄를 지원하고 실행하는 데 관여한 자들은 위법행위를 공모하기 위해 서로 의견을 나눌 필요조차도 없을 것이다.

법적·상업적 합의사항에 관한 한, 블록체인은 합법과 불법을 구별하지 않는다. 블록체인은 자율적으로 운영되고, 감시비용과 기회주의적인 행동을 감소시키는 새로운 형태의 전자계약을 구성하고 지원하며, 잠재적으로 기계 대 기계의 거래와 인공지능이 조합된 계약의 시대로 우리를 안내한다. 그러나 그와 동시에 불순한 의도를 가진 자들은 디지털 화폐를 이용해 추적하기 어렵고, 의도적으로 기존 법과 규정을 피하는 방식으로 위법한 거래를 진행하고자 블록체인 기술에 의존할 것이다. 이들은 정부나 공공기관이 범죄행위에 개입하거나 억제하는 것을 점점 더 어렵게 만들고, 신뢰하기 어려운 자들이 도모하는 범죄행위를 비롯하여 암시장, 도박, 기타 위법행위를 저지르기 위해 암호기술의 법에 기댈 것이다.

5

스마트 증권과 파생상품

디지털 화폐와 스마트 컨트랙트는 당사자들로 하여금 중앙의 중개자 없이도 안전하고 거의 돌이킬 수 없는 방식으로 가치를 이전할 수 있도록 해주기 때문에, 블록체인 기술은 제3자 개입의 필요성을 줄이면서 양자 사이에서 결제, 정산되는 전자화된 금융계약의 견본을 만들고 이를 작성하는 데 이용될 수 있다. 블록체인 기술의 영향을 받을 수많은 금융상품이 있지만, 여기서 우리는 증권과 파생상품 두 가지에 초점을 맞출 것이다. 우리는 이 분야와 관련하여 블록체인의 두 가지 속성을 상세히 기술하고, 어떻게 블록체인 기술이 점점 더 핵심적인 금융 시스템을 코드로 대체할 수 있는지를 설명한다.

블록체인은 증권과 파생상품의 결제와 청산 과정을 개선할 수 있고, 잠재적으로 더 글로벌하고 투명한 금융 시스템을 만들어 낼 수 있다. 그러나 블록체인을 통제되지 않은 상태로 두면, 암호기술의 법에 의존하며 더 불안정하고 통제가 어려운 금융의 풍경이 연출될 가능성이 높아질 것이다.

2015년 10월 13일, 뉴욕에 본부를 둔 헤지펀드인 클리크 펀드Clique Fund는 자유사상을 가진 오버스톡닷컴Overstock.com의 최고경영자 패트릭 번Patrick Byrne이 만든 블록체인 기반의 증권 시스템을 통해 1천만 달러 상당의 주식을 차입했다. 블록체인 기반의 클리크 펀드는 금융 시스템의 중심에 있는 여러 단계의 중개자들의 매매 중개를 거치지 않고 다우산업평균지수Dow Jones Industrial Average를 구성한 30개의 주식을 매수했다.[1] 비록 소규모 거래이기는 했지만 최초의 블록체인을 통한 증권의 발행 및 매매는 블록체인 기술의 수많은 사례의 시작점이 되었으며, 금융의 탈중앙화로의 더 큰 이동이 시작되었다는 걸 의미했다.

증권과 파생상품 거래는 보통 확인confirmation, 청산clearance 및 결제settlement라는 여러 단계를 포함한다. 당사자들이 거래에 합의한 후, 거래조건을 확인하고, 의무를 확정하며 청산을 한다. 확인과 청산 이후에 거래는 금융상품에 따라 각기 다른 절차를 이용하여 결제된다.[2]

증권 거래의 경우, 결제는 매도인이 발행하는 증권에 대한 권리를 이전하고 인수대금을 수령할 때 일어난다. 상품 거래의 경우, 결제와 청산에는 금융증서, 문서 또는 밀, 옥수수, 귀금속과 같은 물품 교부가 포함될 수도 있다.[3]

오늘날 다양한 중개인들이 결제와 청산 절차에 도움을 주고, 증권과 파생상품 시장이 제대로 돌아갈 수 있도록 하기 위해 중요한 기반시설의 역할을 한다. 예를 들어, 증권 중개인들은 보통 개인, 가정 또는 기업의 금융 포트폴리오를 유지하고, 고객을 대신하여 거래를 한다. 그 후 이들 증권 중개인들은 거래의 청산과 결제를 용이하게 하기 위해 증권거래소 및 (파생상품의 경우) 중앙청산소central counterparties, CCPs와 같은 대규모 금융 중개인과 업무를 한다.[4]

뉴욕증권거래소, 나스닥 및 시카고상품거래소와 같은 중앙화된 거래소와 청산소는 은행들과 증권 중개기관들이 영업을 하는 데 있어 허브 역할을 한다. 이러한 중앙화된 중개기관들은 기관의 규정을 시행하고 증권과 파생상품 거래가 어떤 상황에서 어떻게 일어나는지 규정한다.[5] 그들은 거래와 관련된 정보의 흐름을 관리하고 증권과 파생상품의 최근 가격 리스트를 제공하여 시장 참여자들에게 공평한 경쟁의 장을 만들어준다.[6]

또한 증권거래소와 중앙청산소는 종종 긴밀하게 연결된 클리어링 하우스clearing house를 유지하고, 그들의 회원들이 거친 경제 폭풍을 이겨나갈 수 있도록 도움을 준다. 각각의 클리어링 하우스는 회원들이 가입 전에 담보를 제공하고 개런티펀드guarantee fund에 출연할 것을 요구하고[7], 회원들 중 하나가 의무를 이행하지 못하게 되면 회원들의 거

래에 대한 법적 책임을 대신 부담하여 지급을 보장하는데, 이 절차를 '경개novation'라고 한다.[8]

일반적으로 중앙에서 청산되는 증권이나 파생상품 거래에 관여하는 각각의 증권거래소 또는 중앙청산소는 참여 금융기관이 그러하듯 관련 거래의 '원장leger'을 유지한다. 그래서 이러한 거래들의 확인, 청산 및 결제는 수 세기 동안 발전해 온 절차에 따라 이 원장들을 업데이트하고 조정하는 작업에서 이루어진다.[9]

하지만 모든 증권과 파생상품이 중앙화된 증권거래소나 청산소를 통하는 것은 아니다. 장외시장over-the-counter, OTC에서 진행되는 거래들이 그것이다. 이러한 시장은 덜 형식적이고, 일반적으로 특정 금융상품을 위한 시장을 양성하는 중개인들 주변에서 조직된 거래관계에 의존한다.[10] 장외시장은 중개인들 중심으로 이루어지기 때문에 중앙화된 중개기관들이 지탱하는 시장과 비교할 때 덜 투명하며 규정도 적은 편이다. 장외시장은 일반에 공개되지 않고, 당사자들이 종종 양자 간에 교섭하기 때문에 이러한 시장은 중개인과 동일한 정보 접근 권한을 갖지 못한다.[11]

금융거래가 장외거래이든 중앙에서 청산되든, 현행 결제 및 청산 절차는 운영상의 문제로 고충을 겪고 있다. 예를 들어, 주식 거래는 대부분 규제되는 미국 증권거래소에서 1초도 안되는 짧은 시간 내에 이루어지지만, 결제까지는 3일이나 소요된다.[12] 거래가 종결되기까지 주식 거래는 증권거래소와 각 당사자의 증권 중개인을 포함한 여러 단계의 금융 중개기관을 거쳐야 한다. 이들 중개기관들은 차례로 결제를 조정하고 지급을 용이하게 하기 위해 각자의 예탁은행과 업무를 진행하고, 주식에 대한 명의를 이전하기 위해 중앙예탁청산기관Depository Trust & Clearing Cooperation, DTCC — 미국 시장에서 거래되는 주식을 표창하는 주권을 보관하는 중개자 — 과 업무를 실행한다.[13]

각 단계에서 실수가 일어날 가능성이 있으며, 금융계약 당사자는 상대방의 위험(거래 상대방이 최종 결제 전에 의무를 이행하지 못할 위험)을 부담해야 한다.[14] 이러한 위험은 보통 개인 차원에서 감당할 수 있는 반면, 시장에서 중요한 위치를 차지하는 기관이 디폴트 상태에 빠지는 경우에는 완전히 결제되고 청산되지 않은 거래는 참담한 재앙으로 귀결될 수 있다.[15] 자본시장을 통한 파급효과를 일으킴으로써 궁극적으로는 다른 금융기관의 도산으로 이어질 수 있는 것이다.[16]

당사자 위험에 관한 비슷한 우려가 파생상품 시장, 특히 장외거래를 포함하는 시장에서 나타날 수 있다. 며칠 내에 중앙에서 청산되는 증권 거래와는 달리, 파생상품 계약은 결제 시까지 몇 개월 또는 몇 년이 남아 있을 수 있으며, 이로써 당사자들은 더 큰 상대방 위험에 노출된다.[17] 이러한 위험을 처리하기 위해 많은 파생상품 계약은 당사자들이 파생상품 가치 일부를 담보(마진으로도 알려져 있는)로 확보해두도록 요구하는데, 이는 변화하는 상황 또는 당사자 신용등급의 변화를 반영하기 위하여 정기적으로 조정된다.[18]

장외거래 파생상품의 위험이 악화되는 이유 중 하나는 불투명한 성격 때문이다.[19] 장외거래 파생상품은 양자 간에 협의되고 체결되기 때문에 누구도 어떠한 당사자가 이전에 체결한 모든 계약을 완전히 파악할 수 없고, 이로 인해 어떠한 당사자가 장외거래 파생상품의 지급 능력에 영향을 미칠 수 있는 다른 거래를 체결했는지를 예견하기

어렵게 만든다.[20]

이러한 어려움 때문에 하나 또는 일련의 파생상품 거래의 디폴트는 구조적인 위험을 야기할 수 있고 시장 활동을 멈추게 할 수 있다.[21] 2007년과 2008년에 발생한 금융위기의 배경에도 이러한 작용이 있었다.[22] 추락에 이를 때까지 주요 금융기관은 그들을 주택 가격의 등락에 지나치게 노출시킨 파생상품 거래 — 주택담보대출유동화증권mortgage-backed securities)과 부채담보부증권collateralized debt obligation과 같은 것들 — 를 연이어 체결했다. 주택 가격이 내려갔을 때 이러한 파생상품의 만기가 도래했지만, 금융기관들은 의무를 이행할 자산이 부족했다.[23]

이러한 파생상품들은 은밀하게 거래되었기 때문에, 규제기관들은 가격, 수량 또는 장외파생상품 거래에 관여한 당사자들의 신원을 즉시 인지할 수 없었다. 충분한 정보가 부족한 상태에서, 정부는 이러한 전대미문의 위험을 해결할 적정한 방안에 관한 합의를 이끌어내기 위해 노력했으나[24], 결국 금융시장의 혼란 확대와 폭포수 같은 디폴트의 물결을 멈추고자 하는 바람에서 발버둥치는 금융기관들을 구제하는 선택을 내릴 수밖에 없었다.

대출금 잔액 기준으로 2조 달러에 상당하는 장외 신디케이션론 시장에서도 유사한 결제 문제가 드러난다.[25] 차주들은 종종 어느 하나의 은행 또는 다른 대주가 안전하게 대출하기에는 지나치게 많은 대출금을 요구하곤 한다. 그러한 경우에는 은행들이나 다른 대주들의 그룹이 '대주단syndicate'을 구성하고, 공동 대출을 통해 차주의 디폴트 위험을 분산시킴과 동시에 차주에게 필요한 자산을 제공할 재원을 모은다.[26]

일단 신디케이션론의 거래가 종결되고 나면, 대주단의 구성원들은 종종 장외유통시장에서 그 대출 중 그들의 '지분credit'을 거래한다.

하지만 신디케이션론 대출지분에 대한 결제 시간은 평균 19일이 소요될 정도로 길기 때문에 이로 인한 유동성 우려와 재무 리스크를 야기한다.[27] 신디케이션론 계약은 종종 표준화되어 있지 않기 때문에 — 대출 유형, 대출 구조 및 콜옵션과 같은 다양한 거래조건을 가진 각 대출의 맞춤형 속성을 고려할 때 — 당사자들은 각 거래에 필요한 서류를 준비하고, 거래에 합의하기 위해서 종종 대주단의 다른 구성원들의 동의를 얻어야 한다.

스마트 증권

블록체인과 스마트 컨트랙트는 진정한 글로벌 자본시장을 형성할 가능성을 열며, 증권 거래의 결제와 청산을 간소화한다. 블록체인이 디지털 화폐를 이전함에 있어 중앙은행의 역할을 대체하듯, 블록체인은 증권 거래를 용이하게 만드는 중앙 저장소 역할도 한다. 블록체인을 이용하여 회사의 주식, 미국 국채, 신디케이션론 대출지분 또는 다른 증권을 토큰화하고, 그 토큰을 비트코인처럼 빠르게 교환할 수 있다. 이때 블록체인을 지원하는 컴퓨터 네트워크는 토큰이 포함된 거래를 검증하여 유효화시키고, 각 거래는 투명하고 변경하기 어렵게 기록되며 거래 시간도 저장된다.

일단 토큰이 만들어지면 스마트 컨트랙트를 통해 배당, 사채, 대출의 경우는 정기적인 이자나 배당금을 받을 권리 등 경제적인 권리를 암호화하는 것은 물론이고 지급 혹은 당사자들 간의 토큰 이전이 가능하다. 토큰의 이전과 관련 지급의무들은 자동으로 그리고 거의 순간적으로 일어나기 때문에, 지급이 용이해지고 이를 감독하기 위한 인력의 필요성도 적어진다.

이해를 돕기 위해, 앨리스와 밥 둘 다 이더리움 블록체인에 계정을 가지고 있고, 밥은 1천 이더에 ABC 회사의 토큰화된 주식 100주를 매수하려 한다고 가정해 보자. 일단 밥이 거래를 시작하면, 거래는 몇 초 만에 이더리움 네트워크의 노드들에게 알려지고 블록체인에 기록될 것이다.

일단 거래가 기록되면, 결제와 청산은 즉시 일어난다. 밥의 계정에서는 1천 이더가 출금되고 토큰화된 주식이 들어올 것이다. 앨리스의 계정에는 1천 이더가 입금되고 토큰화된 주식 100주가 밥에게 넘어갈 것이다. 밥이 그 뒤에 그의 주식을 찰스에게 매도하길 원하면, 그는 그가 토큰화된 주식을 통제할 수 있다는 걸 증명하고 후속 거래에 관여할 수 있다.

몇몇 회사는 블록체인으로 주식 및 다른 형태의 증권의 결제와 청산을 이미 실험하고 있다. 오버스톡닷컴의 자회사인 투To는 블록체인을 이용하여 '가상증권crytosecurity (사채)'을 발행했고, 이를 통해 기존 거래소의 규제를 피할 수 있게 됐다.[28] 마찬가지로 나스닥은 사기업들이 그들의 주식을 관리하고 거래할 능력을 부여하기 위해 블록체인 기술을 이용하고 있다.[29] 크레디트스위스도 몇몇 기술 협력업체의 도움으로 블록체인 기반의 개념 증명proof of concept을 만들었는데, 신디케이션론 대출지분과 관련된 정보를 블록체인에 저장하고, 이로써 수작업 리뷰와 정보 재입력 및 시스템 조정에 대한 필요성을 제거하였으며, 그와 동시에 투자자들에게 대출 정보에 대한 권위 있는 기록에 직접 접근할 수 있도록 했다.[30]

이러한 초기 실험들은 증권 시장이 점차 중앙통제를 벗어나 더 빠르게 결제하고 청산하는 미래를 지향한다. 블록체인 기술은 거래, 청산 및 결제를 하나의 절차로 통합하고 증서와 대출 지분의 디지털화된 표상을 이전함으로써 여러 단계에 걸친 금융 중개기관의 필요성을 줄일 것으로 예견된다.[31] 스마트 컨트랙트를 사용하여, 블록체인은 관련 지급과 기타 경제적 권리의 행사를 돕는 중개기관의 역할을 줄일 수 있다.

블록체인을 통해 기저의 네트워크가 토큰 기반의 거래를 검증한 후 유효하다고 판단하면 거래는 완료된다. 당사자들이 동일한 블록체인 기반의 시스템에 의존하는 한, 거래와 청산 정보의 조정뿐 아니라 거래 이후의 확인과 승인은 덜 중요해진다. 정보 조정의 필요성을 줄임으로써, 블록체인은 실수를 줄일 뿐만 아니라 거래의 결제와 청산에 요구되는 시간도 단축시킨다. 당사자들은 더 이상 거래를 완료하기 위해 며칠을 기다릴 필요가 없고, 이는 상대방 위험과 분쟁 가능성을 줄여준다.

청산과 결제 시간의 단축을 넘어서 블록체인은 중앙통제에서 더 벗어난 방식으로 시장을 조직하는 수단을 만들어내고, 중앙에서 통제하는 거래소들의 역할을 줄이며, 잠재적으로 장외시장에 더 많은 투명성을 가져온다. 독립적이면서 상호 신뢰하지 않는 당사자들은 거래 정보를 조정하기 위해 회복성이 높고 변경이 어려운 데이터의 정보 소스로 블록체인에 의존할 수 있다. 블록체인 기반의 네트워크에 연결된 자는 누구나 토큰화된 증권이 관여된 거래를 할 수 있다는 점을 고려할 때, 시장 참여자들은 P2Ppeer-to-peer 방식의 금융상품 거래에 참여할 수 있다. 증권 거래의 가격 및 시간과 관련된 정보는 블록체인에 직접 저장되고, 당사자들은 언제든 증권의 가격을 계산할 수 있으며, 이로 인해 중앙에서 통제하는 거래소가 시장 참여자에게 가격 정보를 전파하거나 장외시장에 관련 가격 정보를 공개할 필요성은 줄어든다.

블록체인 기술이 더 성숙해지고 더 널리 채택됨에 따라, 중개자가 없고 초국가적인 블록체인의 성격은 증권의 발행과 거래를 위해 전 세계적으로 통합된 시스템을 만들 가능성을 열 것이다. 오늘날 16개의 증권거래소가 전 세계 주식 거래의 대다수를 처리하고 있다.[32] 장래에 우리는 블록체인 기반의 시스템상에서 가동되는, 중앙통제를 벗어난 새로운 거래소의 출현을 목격하게 될 수도 있다.[33] 실제로 블록체인 기반의 시스템은 규정을 스마트 컨트랙트 코드로 암호화하여 관할이 특정된 증권 매매 관련 규정을 시행할 가능성도 있다. '암호기술의 법'에 의존함으로써, 이러한 블록체인 기반의 시스템은 당사자들이 수익을 등재하도록 하고, 수량과 자금 수요를 확인하며, 잠재적으로 비용 효율적인 방식으로 분쟁을 해결할 오라클을 제공할 수도 있다. 이렇게만 된다면, 현재 균열이 생긴 취약한 글로벌 금융 시스템은 특정 관할의 규정을 자발적으로 존중하고 준수하는 블록체인 기반의 시스템에 의해 결국 대체되는 날이 올지도 모른다.

스마트 파생상품

블록체인은 증권에서처럼 파생상품의 경우에도 생성과 체결, 거래를 간소화할 수 있다. 앞서 설명한 바와 같이, 스마트 컨트랙트는 법적 계약의 전부 또는 일부를 기억하기 위해 사용되고, 계약 당사자들은 이행 의무를 확실히 하기 위해 블록체인에 의존할 수 있다. 블록체인으로 당사자들은 코드를 사용해 파생상품 계약의 특정 측면을 기억해내고, 이에 따라 계약은 근저에 있는 블록체인 기반의 네트워크에 의해 처리되고 자동으로 실행된다. 거래소에서 거래되는 파생상품의 가치는 장래의 사건에 기초하기 때문에, 이러한 계약들은 금리나 통화, 주식 가격의 변화에 따라 거래조건을 변경하기 위해 오라클을 포함시킬 수 있다.

또한 블록체인은 장외거래 파생상품 시장의 투명성을 증대시킬 수 있다. 새로운 기술은 파생상품의 가격평가를 보다 명확하게 하며 당사자들의 포지션을 파악할 공유 자료를 제공한다. 정부와 집행기관은 파생상품의 유형, 개별 파생상품 계약의 명목 가치, 당사자들의 담보 의무를 포함하여 투명하고 회복력 강하며 변경이 어려운 합의사항에 관한 정보를 저장함으로써 이러한 금융거래들의 가치와 위험을 평가할 더 많은 능력을 얻을 수 있다.

스마트 증권처럼 스마트 파생상품 계약도 널리 인정되고 신중히 시행되는 시장의 규율을 준수하도록 프로그래밍할 수 있다. 시카고상품거래소와 같은 중앙화된 거래소에서 통상 거래되는 고도로 표준화된 선물계약의 예를 들어보자. '스마트' 선물은 품질, 수량, 배송과 같은 항목이 사전에 프로그래밍 되도록 하고, 마진 요구사항을 암호화한다. 블록체인은 일단 선물의 만기가 도래하면 거래소가 이러한 규정들을 실행할 필요도 없이 자동으로 거래를 청산하고[34], 과다 주문을 막고 대량으로 거래하는 당사자들을 확인하기 위해 고안된 스마트 컨트랙트 기반의 규정을 실행하여 시장이 붕괴하는 것을 사전에 막을 수 있다. 효율적으로 적절하게 사용되면, 이러한 시장들은 조작에 덜 휘둘리게 될 것이다. 그들의 규정은 블록체인에 의해 자동으로 실행되고, 참여 당사자들이 암호화된 규정들을 피할 여지는 더 적어진다.[35]

스마트 컨트랙트를 파생상품으로 변형하려는 노력은 이미 시작되고 있다. DTCC는 5개의 대형 금융기관 — 뱅크오브어메리카, 메릴린치, 시티, 크레디트스위스, 제이피모건 — 과 함께 당사자의 거래 명세, 상대방 위험 매트릭스 및 잠재적인 투자 손실액을 이해할 수 있도록 블록체인 기반의 시스템을 이용하여 크레디트디폴트스왑credit default swap의 경제적인 조건을 명문화했다.[36] 그로부터 얼마 후, DTCC는 조정비용을 줄이고 파생상품 거래를 개선하기 위해 11조 달러 어치의 신용 파생상품을 블록체인 기반의 시설로 옮기는 계획을 발표했다.[37]

스마트 증권 및 파생상품의 한계

●●●

블록체인은 증권과 파생상품 거래의 매매, 청산 및 결제 과정을 개선할 수 있는 희망을 보여주지만, 금융시장 발전을 위해 블록체인 기술을 시행하고 채택하는 데 위험이 없지는 않다. 많은 점에서 블록체인 기술은 금융 시스템의 역사적 뿌리를 상기시킨다. 월스트리트가 시작됐을 때, 그것은 비공식적이고 탈중앙화된 것이었으며, 중개인들은 한 줌의 의심스러운 회사들의 주식을 거래하면서 버튼우드 나무[38] 아래 옹송그려 모여 있었다.[39]

시간이 흐르면서 금융위기에 대응하여 월스트리트는 중앙화되었다. 예를 들어, 뉴욕증권거래소는 애초에 클리어링 하우스를 가지고 있지 않았다. 그러다가 1890년대의 금융 패닉 물결 이후에 하나를 만들었다.[40] 이와 유사하게 2차 세계대전 이후 거래량이 폭발적으로 증가하자 뉴욕증권거래소는 증권 거래를 처리하기 위해 일주일에 며칠씩 폐장하는 일을 겪고 나서야 비로소 DTCC와 같은 중앙화된 중개기관을 이용하여 증권 거래를 결제하게 됐다.[41]

파생상품에 관한 이야기도 대체로 동일하다. 곡물 거래가 중서부에 걸쳐 증가함에 따라 규제를 받는 거래소가 1800년대 중반에 출현했지만, 파생상품 거래는 최근의 금융위기가 오기 전까지는 종종 개별적으로 이루어졌다.[42] 2008년 금융위기 이후에 비로소 전 세계 정부는 장외거래 파생상품의 위험을 억제하고 관리하기 위해 표준적인 파생상품을 중앙에서 청산하고 관리하기 시작했다.[43]

중앙화는 어느 정도 효율적이었다. 클리어링 하우스는 시장 참여자들의 디폴트 위험을 막고, 표준화된 일부 대규모 금융거래에서의 유동성을 향상시킨다.[44] 담보를 공유함으로써 — 경개 절차를 통해 — 이러한 중개자들은 회원인 기관들에게 보험을 제공하고, 회원들의 디폴트 상태인 채무에 대해 법적 책임을 부담하며[45], '자본의 요새'로 기능하여 금융 위험을 흡수한다.[46]

중앙화 덕분에 중앙은행은 국공채와 담보대출과 같은 금융증서의 매매를 통해 단기 금리에 영향을 미치는 방식으로 통화정책을 실행하는 것이 가능하다. 엄격하게 통제되고 광범위하게 이용되는 시장을 통해 거래에 참여함으로써, 중앙은행은 거래 상대방이 누구인지 확실하게 알 수 있고, 통화정책의 영향이 경제 전반에 걸쳐 광범위하고 빠르게 퍼져나가는 것을 보장할 수 있다.[47]

블록체인 기술로 중앙통제를 벗어난 시장이 확산되면, 금융 분야의 구조적인 위험이 증가할 수 있다. 블록체인은 토큰화된 증권을 이전하고 파생상품 거래의 일정 측면을 자동화하는 데 뛰어나지만, 그것이 클리어링 하우스는 아니다. 블록체인은 기본적으로 시장 참여자에게 보험을 제공하지 않는다. 따라서 클리어링 하우스를 이용하지 않는 증권과 파생상품의 P2P 거래가 점점 늘어난다면, 대형 금융기관의 디폴트는 시장을 멈추게 할 수도 있다.

이러한 문제를 극복하기 위해 대형 금융기관이 자료를 공유하거나 제3자가 보험을 제공할 수도 있겠지만, 현시점에 그러한 장치는 존재하지 않는다. 현재의 금융 시스템을 분산시키기 위해 블록체인 기술에 의존한다면 더 지속적이고 안정적인 경제성장을 위해 결국 재중앙화를 요구하는 새로운 위험이 생길 수 있다. 그렇게 되면 우리는 과거의 실수를 반복하게 될 것이다.

또한 블록체인의 투명한 속성으로 인해 건전한 금융 시스템을 지원하고 육성하는 능력이 제한될 수 있다. 증권과 파생상품의 경우, 블록체인이 금융거래의 체결과 결제를 용이하게 하는 데 이용된다면, 그 거래와 관련된 정보가 대중에게 공개될 위험이 있다.[48]

블록체인이 널리 채택되면, 기업의 지배구조와 금융 혁신에도 부정적인 영향을 미치게 될 것이다. 미국특허청United States Patent and Trademark Office, USPTO은 최근에야 비로소 '비즈니스 프로세스'가 특허의 대상이 될 수 있다고 밝혔다. 여태까지 금융서비스 기업들은 다른 분야의 기업들과 달리 지적재산을 보호하기 위해 특허에 의존하지 않아 왔다.[49] 특허 보호를 제대로 받을 수 없기 때문에 금융기관은 경쟁력 있는 장점을 유지하고[50] 다른 시장 참여자들이 그들의 독점적인 전략을 역분석하는 것을 막기 위해 우선적으로 거래비밀법에 의존한다.[51] 펀드 가치가 상승할 것으로 예상되는 주식에 대하여는 '매수 포지션long position'을 취하고 가치가 하락할 것으로 예상되는 주식에 대하여는 '매도 포지션short position'을 취하는 '에쿼티 롱-숏 전략equity long-short strategy'을 사용하는 헤지펀드를 예로 들어 보자. 모든 관련 주식이 블록체인 기반의 증권거래소에 의존한다면, 헤지펀드는 거래를 진행할 때 자신의 전략을 대중에 공개해야 될 수도 있으며, 이 경우 경쟁자들은 그 거래를 분석하여 수익성이 있다면 유사한 전략을 사용함으로써 헤지펀드의 잠재적인 금융 수익에 부정적인 영향을 끼칠 위험이 있다.

또한 블록체인의 투명성은 주주행동주의자들이나 기업사냥꾼들이 회사를 인수하고 회사의 지배구조 개혁에 영향을 미치는 능력을 감소시킬 수 있다. 행동주의자들이나 잠재적인 매수자들은 이사회 결의를 실행하기 위해 또는 주주 단계에서 회사를 인수하거나 회사에 영향을 미치기에 충분한 규모의 주식을 모으기 위해 종종 주식을 몰래 매수한다.[52] 그러한 밀행성으로 인해 관련 주식의 가격은 낮게 유지되고,

이를 알아차리지 못한 기업들은 매수를 막기 위한 방어적인 조치를 취하지 못하게 된다.[53]

어느 기업이 증권을 토큰화하고 블록체인에 기반하여 거래한다면, 행동주의자들이나 기업사냥꾼들의 주식 거래 동향은 더 쉽게 인지될 수 있고[54], 기존 기업들은 이들이 인수나 이사회에 영향을 미치는 것을 막기 위해 사전에 조치를 취할 수 있을 것이다. 블록체인을 지속적으로 감시함으로써, 주식의 최근 매수를 추적하여 그 거래가 동일한 당사자에 의한 것인지도 파악할 수 있다.[55] 궁극적으로 블록체인이 행동주의 투자자들과 기업사냥꾼들의 활동을 막으면, 이들 당사자들은 상당한 수익을 창출하고자 통상 '모범 경영' — 이사회의 독립성과 감시기능을 증대시키는 것과 같은[56] — 을 실행하려 하기 때문에 기업의 지배구조는 악화될 가능성이 높다.[57]

종합하면, 블록체인 기반 네트워크는 매우 투명하긴 하지만 디폴트 위험을 막지 못하는 단점을 가지고 있기 때문에, 블록체인 기반 시스템의 장점은 취약한 기업 지배구조를 가진 기업들로 이루어진 고위험의 금융 시스템의 출현으로 인해 상쇄될 것이다.

탈중앙화된 자본시장

블록체인 기술이 기존 금융기관들에 의해 사용되는지 여부와 관계없이, 위법한 금융거래와 상거래를 지원하기 위해 사용되는 한 일련의 새로운 도전을 야기한다. 블록체인은 가명으로 이루어져 있고 전 세계적인 금융상품 거래를 용이하게 한다. 또한 스마트 컨트랙트와 결합해 대체로 암호기술의 법에 의존하고 현행법과 규제의 적용을 받지 않는 새로운 금융 시스템을 만들어낼 수도 있다.

20세기 이후, 미국에서는 공개된 자본시장에 대한 접근이 엄격하게 통제되어 왔다. 1900년대 초는 '금융 해적financial pirates'이 중서부를 누비면서, 수익성 없는 사업들과 기타 상업적 시도들에 대한 관심을 불러일으킨 시기였다.[58] 이러한 행위들은 주의회가 증권의 매매와 관련하여 사기성이 높고 폭력적인 관행으로부터 투자자들을 보호하기 위해 '블루스카이법blue sky laws'을 통과시키는 계기가 되었다.[59] 1929년 주식시장 붕괴와 수십억 달러어치의 부의 증발로 인해 미연방 정부가 개입하여 대공황 진행 중에 이러한 주법들의 상위에 다양한 범위의 개혁법안을 입법하였다.[60] 붕괴의 근본 원인 중 하나는 불충분하고 기만적인 정보라고 여겨졌다. 공개 시장에 상장된 기업을 검증할 수 있는 정보가 거의 없었기 때문에 투자자들은 사기를 당하고, 그들이 건실한 투자라고 생각했던 주식과 다른 증권들이 실제로는 종잇조각에 지나지 않는다는 사실을 발견한 이후 노후 대비 저축을 모두 상실했다.[61]

미연방 정부는 기업들이 그들의 운영과 대중에게 제안된 투자에 관한 더 많은 정보를 공시하도록 하여 장래의 붕괴를 막고자 노력했다. 적극적인 공시를 통해 기업의 관리자들이 대중의 응징에 대한 두려움과 수치심 때문에 더 정직하게 행동하도록 유도하자는 것이었다.[62] 공시 덕택에 주주들이 이사나 임원의 부정행위로부터 자신의 재산을 방어하는 데 들이는 비용이 줄어들고[63] 나아가 정보의 비대칭이 감소하여 시장 참여자들에게 공평한 경쟁의 장을 만들어 줌으로써 투자자들은 보다 이성적인 투자 결정을 할 수 있다.[64]

하지만 이러한 법들이 통과된 이래로 공시 규정이 과연 의도한 목적을 달성했는지에 대해서는 의문이 남는다.[65] 대중에게 증권을 팔기 위해 기업들은 종종 길고 복잡한 증권신고서, 의결권 위임, 연차보고서 및 재무제표와 같은 서류들을 준비해야 한다.[66] 기업들이 광범위한 공시 없이도 자금을 모으는 것 — 예를 들어, 크라우드펀딩을 통해 투자 기회를 여는 것 — 을 더 쉽게 하는 법들이 미국이나 다른 곳에서 통과되어 왔지만, 대부분의 공개 시장은 소비자 보호라는 이름 아래 작은 기업이나 스타트업에게는 접근하기 어려운 상태로 남아 있다.[67]

블록체인의 탄생으로 금융상품과 시장은 현존하는 금융 규정을 피할 수 있게 되었고, 그것이 현행법상 허용되는지 여부와 관계없이 당사자들이 대중으로부터 자금을 모으는 것은 더 쉬워졌다. 새로운 블록체인 기반의 시스템 덕에 이제 사람들은 온라인에서 자금을 모으고, '토큰 세일token sale' 또는 '가상화폐공개initial coin offerings, ICOs'라고 알려진 매매를 통해 대량의 가상화폐를 모으는 것도 가능해졌다.[68]

킥스타터Kickstarter와 인디고고Indiegogo와 같은 대중적인 크라우드펀딩 플랫폼의 영감을 받아[69], 블록체인과 스마트 컨트랙트 기반의 시스템들은 코드를 기반으로 자금 모집 목표를 정하고 신뢰받은 당국이나 중앙화된 중개자를 통하지 않고도 다양한 사람들로부터 온라인에서 자금을 모집할 수 있도록 해준다. 몇 줄의 코드로 사람들은 온라인 프로젝트와 관련된 블록체인 기반의 토큰을 글로벌한 공모에 상당하는 금액으로 전 세계의 누구에게나 판매할 수 있다.

이러한 블록체인 기반의 토큰들은 일반적으로 특정 온라인 애플리케이션이나 서비스의 맥락 안에서 소지자들에게 일정한 권리, 특권 또는 보상을 부여한다.[70] 일반적으로 '유틸리티utility' 토큰이라고 불리는 토큰들은 성질상 주로 기능적이거나 소비적이며, 종종 온라인 서비스에 접속하고 이를 계측하는 수단으로 기능한다. 어떠한 경우에는 이러한 토큰들은 종종 소지자들에게 온라인 서비스가 어떻게 업데이트되거나 진화되어야 하는지에 관하여 투표할 수 있는 권리를 포함하여 서비스 기능을 개발하거나 생성할 수 있는 권리를 부여한다.

설명을 위해, 유명한 중국의 모바일 애플리케이션 위챗WeChat을 본뜬 메시징 플랫폼인 스테이터스Status를 생각해보자. 스테이터스는 플랫폼이 제공하는 서비스의 구매를 관리하기 위해 SNT(Status Network Token)에 의존한다. SNT를 이용하여, 이용자들은 푸쉬 알림, 네트워크상 사용자명 등록, 디지털 스티커 구매 또는 신원미상의 이용자가 다른 사용자와 접촉하기 위해 네트워크에 제공해야 하는 최소한의 SNT 설정(이로써 스팸을 방지한다)과 같은 상급 기능에 대한 접근 권한을 구매할 수 있다. 게다가 SNT는 소지자들로 하여금 소프트웨어 프로젝트의 방향을 형성할 수 있도록 해주고, 네트워크가 어떻게 관리되고 발전되어야 하는지에 관해서도 투표할 수 있도록 돕는다.[71]

또한 모질라Mozilla의 전 최고기술경영자 겸 최고경영자이자 유명한 자바스크립트 프로그래밍 언어의 창시자 중 하나인 브렌던 아이크Brendan Eich가 만들었고, 자동으로 광고와 추적기를 차단하는 오픈 소스 웹브라우저인 브레이브Brave 브라우저에서 이용하는 블록체인 기반의 토큰인 BAT(Basic Attention Token)를 생각해 보자. BAT는 성격상 기능적이면서 소비적이고 브레이브 브라우저상에서 보이는 매력적인 광고를 소비한 이용자와 이 광고를 만든 사람에게 지급할 보상금을 추적하기 위한 단위 계정으로 사용된다.[72]

일반적으로 '투자 토큰investment tokens'으로 불리는 다른 블록체인 기반의 토큰은 유틸리티 토큰과 상이하고, 성격상 기능적일 뿐만 아니라 소지자들에게 기타 경제적인 수익권을 제공한다. 유틸리티 토큰과는 달리, 이러한 토큰들은 토큰 소지자들에게 이익을 분배하거나 기타 명확한 경제적인 권리를 부여하기 위해 스마트 컨트랙트를 사용한다. 예를 들어, 가장 초기의 투자 토큰 중 하나는 벤처캐피탈 펀드에 대한 지분을 표시하는 '다오DAO 토큰'을 발행한 비법인 조직 더다오TheDAO였다. 더다오는 주인이 누구인지 알려지지 않았지만, 사람들은 더다오를 관리하는 스마트 컨트랙트에 이더를 전송함으로써 다오 토큰을 구매했다.[73]

다오 토큰을 가진 자는 누구든지 프로젝트의 명세와 필요한 이더 금액과 같은 정보를 포함한 스마트 컨트랙트를 통해 제안서를 제출함으로써 더다오로부터의 투자를 요청할 수 있었다. 유효한 제안서가 일단 제출되면, 더다오의 근저에 있는 스마트 컨트랙트는 토큰 소지자들로 하여금 해당 프로젝트에 투자할 것인지 여부를 투표할 수 있도록 했다. 다오 토큰 소지자들의 승인을 받으면, 프로젝트는 다른 스마트 컨트랙트를 통해 더다오에 구속되고, 일정한 단계에 이르면 해당 스마트 컨트랙트는 차례로 프로젝트 개발자에게 투자금을 송금한다. 스마트 컨트랙트는 해당 프로젝트가 벌어들인 이더를 더다오에 반환하고, 모든 수익은 지분 비율대로 다오 토큰 소지자들에게 재분배됐다.[74]

투자 토큰의 다른 예는 블록체인 캐피탈 펀드Blockchain Capital Fund가 출시한 토큰이다. 블록체인 캐피탈 펀드는 액면가가 1달러이고 1천만 개의 토큰을 한도로 하는 이더리움 기반의 'BCAP 토큰'을 만들었다. 토큰 소지자들은 펀드에 의해 생성되는 이익에 대한 권리를 가졌고, 펀드는 10개에서 20개 정도의 기업이나 토큰 기반의 프로젝트에 투자하고자 했으며, 거래당 평균 50만 달러를 투자했다.[75]

2014년 1월 이후, 200개 이상의 블록체인 기반의 프로젝트가 전 세계적인 블록체인 기반의 토큰 판매를 통해 37억 달러 이상을 모금했다.[76] 이러한 캠페인은 블록체인 기반의 상품 및 탈중앙화된 미디어 플랫폼과 파일 공유 시스템부터 알고리즘 거래 플랫폼과 탈중앙화된 정보 센터까지 이르는 프로젝트를 지원했다.[77]

이러한 토큰 판매와 ICO 뒤에 있는 당사자들은 토큰에는 증권거래법이나 기타 금융 규정이 적용되지 않을 것이라는 믿음 때문에, 관할이 특정되어 있는 공모 관련 규정을 준수하지 않는다.[78] 대신 그들은 프로젝트의 배경이 되는 기술적인 세부사항을 담은 '백서white paper'와 프로젝트의 창립자 및 조언자의 약력을 담은 간단한 웹사이트 형태로 자신들의 정보를 비공식적인 방법으로 공개한다.[79] 토큰을 판매하는 당사자들은 이를 광고하기 위해 소셜 미디어나 기타 온라인 사이트에 의지하고, 지지자들은 종종 프로젝트가 개시되면 이러한 토큰의 가치가 결국 유통시장에서 인정받을 것이라는 기대를 갖고 디지털 화폐를 사용하여 토큰을 구매한다.[80]

이러한 새로운 경제를 용이하게 하는 것은 다양한 가상화폐 거래소들인데, 이들은 대규모 금융회사들이 뒤에 버티고 있으면서 정부의 규제를 받는 증권시장이나 다른 전통적인 시장처럼 운영되지 않는 탈중앙화된 거래소이다.[81] 이러한 새로운 탈중앙화된 거래소들은 단순히 블록체인 기반 자산의 매매를 용이하게 하는 스마트 컨트랙트의 집합체라고 볼 수 있다. 토큰과 관련된 거래 정보는 블록체인을 통해 접근될 것이고, 이러한 탈중앙화된 거래소들이 중앙의 중개자 없이도 특정 토큰에 대한 최근의 매수 매도 호가를 보여줄 수 있도록 해줄 것이다.

토큰의 인기가 늘어나면서 토큰 판매는 정부 당국의 눈길을 끌게 되었고, 일부 국가는 특정 토큰 판매가 해당 국가의 증권거래법 적용 대상이라는 걸 발견했다. 예를 들어, 미국증권거래위원회SECURITIES AND EXCHANGE COMMISSION(이하 SEC)는 2017년 7월 미국증권거래법의 기본 원칙이 토큰 판매에 적용되고, 다오 토큰은 미국법에서 증권의 성격을 가진다고 규정한 보고서를 발간했다.[82] SEC는 토큰 소지자가 "그들의 투자에 대한 보상으로 이러한 프로젝트들로부터의 기대 수익을 공유했"고, "다오 토큰을 거래하는 유통시장을 지원하는 … 많은 웹 기반 플랫폼에 다오 토큰을 재판매함으로써 그들의 다오 토큰 투자를 현금화할 수 있"기 때문에 다오 토큰이 증권이라는 결론을 내렸다.[83] SEC 보고서에 따라 싱가포르 통화청도 토큰은 "주식이나 집합투자기구 수익증권의 청약으로 간주되어 지역 규정의 적용을 받을" 수 있다고 설명하는 경고문을 발표했다.[84] 중국과 한국은 이러한 실무가 더욱 엄격하게 통제되고 규제되어야 한다는 이유로 블록체인 기반의 토큰 판매를 금지하는 더욱 엄격한 입장을 취했다.[85]

SEC나 다른 규제 당국이 토큰 판매의 성장을 제어할 수 있는지는 아직 알 수 없다. 토큰 판매는 금융의 서부Wild West이고, 블록체인 기술과 탈중앙화된 거래소를 이용함으로써 기업, 프로젝트, 기관은 암호기술의 법에 의존하고 공개 시장과 증권 거래를 통제하는 지리적인 규정을 무시하면서 계속 자금을 모집할 수 있다. 믹싱mixing과 같은 익명기술을 이용함으로써, 이러한 토큰 보유자의 신원은 밝혀내기 어렵게 되고[86], 이러한 시스템들은 자율적인 스마트 컨트랙트와 회복력 강하고 변경하기 어려운 데이터베이스에 의존하기 때문에 일단 실행되면 중단하기 어렵다.

예전에는 가능하지 않았던 방식으로 증권을 생성하고 퍼뜨리고 거래하는 것을 점점 더 쉽게 만든다는 점에서 블록체인과 증권법의 관계는 인터넷과 저작권법의 관계와 비슷하다. 인터넷이 도래하기 전에도 디지털 파일을 생성하고 복제하는 것이 가능하기는 했지만, 이러한 파일들은 물리적인 매체(DVD나 CD 같은)를 통해서만 이전될 수 있었기에 디지털 파일의 개념은 현존하는 저작권 원칙 안에서 깔끔하게 개념화될 수 있었다. 하지만, 인터넷의 성장으로 전 세계 어디에 있는 누구에게나 디지털 파일을 보낼 수 있는 새로운 기술이 발전했고, 이로 인해 입법부는 중개자들을 저작권 책임으로부터 보호하기 위해 디지털 밀레니엄 저작권법Digital Millennium Copyright Act, DMCA과 같은 새로운 법을 통과시켰다. 또한 궁극적으로 집단적인 저작권 침해의 가능성을 높인 새로운 세대의 온라인 서비스를 설명하기 위해 법원은 2차 저작권 책임 이론을 재검토할 것을 요구받았다.[87]

오늘날 블록체인이 등장하면서 우리는 토큰과 증권거래법에서 이와 유사한 문제에 직면하고 있다. 블록체인이 도래하기 이전에도 전자적으로 표시되는 증권을 생성하는 것이 가능하기는 했지만, 이러한 새로운 기술은 장벽을 무너뜨리고 전 세계에 걸쳐서 증권의 발행, 거래 및 판매 관리 비용을 극적으로 감소시킨다. 인터넷과 컴퓨터에 접근할 수 있는 사람은 이제 누구든지 몇백 줄의 코드인 스마트 컨트랙트를 생성함으로써 증권과 유사한 토큰을 발행할 수 있다. 중개자가 없고 초국가적인 블록체인의 특징은 이러한 토큰들이 인터넷에 연결만 되면 어느 나라, 어느 누구에 의해서든 거래가 가능하게 한다. 또한 토큰은 스마트 컨트랙트에 의해 작동되는 탈중앙화된 거래소를 통해 가명으로 거래된다.

토큰 판매는 단지 하나의 예일 뿐이다. 최신 과학기술 전문가들은 또한 블록체인을 이용하여 '이원옵션binary option'과 같은 금융파생상품을 배치하고 있다. 이원옵션은 누가 미국 대통령 선거에서 당선될지, 많이 거래되는 주식의 가격이 앞으로 어떻게 될지와 같은 장래 사건의 가능성을 예측하려고 한다.[88] 이러한 옵션들은 종종 '예측시장prediction market'으로 알려진 시장에서 거래되고, 옵션 가격은 기초자산인 사건의 발생 가능성에 따라 결정된다.[89]

지금까지 미국은 예측시장에 엄격한 태도를 취해왔고, 상품거래소법Commodities Exchange Act, CEA을 위반해 규제를 벗어난 거래소들에서 옵션을 거래하는 영리 목적의 예측시장 몇 군데를 폐쇄했다.[90] 이러한 옵션들은 단지 투기적인 도박으로 간주되어서 미국법상으로는 불법이다. 하지만 블록체인 기술을 이용하면 현존하는 규정을 피하면서 예측시장을 만들고 관리하는 자율적인 스마트 컨트랙트를 무더기로 생성할 수 있다. 이원옵션의 증거는 블록체인에 저장되고 스마트 컨트랙트에 의해 작동되는 탈중앙화된 시장들을 통해 거래하고 결제하는 것이 가능해진다.

예를 들어, 어거Augur는 어떤 주제에 관한 예측시장을 생성할 수 있도록 해주는 오픈 소스 블록체인 기반의 애플리케이션이다.[91] 한 묶음의 스마트 컨트랙트를 효율적으로 사용함으로써, 누구든지 어떤 사건에 대한 예측시장을 생성할 수 있고 그 시장의 전체 거래 수수료의 절반을 수령할 수 있다. 관련 사건이 일어난 후, 어거는 관련 사건에 대한 평가를 제3자 오라클에게 맡기고 보고한 당사자들에게 그들이 네트워크의 다른 회원들에게 얼마나 자주 동의하였는지에 기초하여 거래 수수료의 일정 부분을 지급한다.[92]

어거가 심기를 불편하게 하고 결국 불법으로 간주된다고 하더라도, 블록체인 기술과 스마트 컨트랙트에 기반하고 있다면 정부가 이를 없애는 것은 매우 어렵다. 이 탈중앙화된 예측시장의 고안자들은 이를 출시하기 전에 어느 규제기관에도 사전 동의를 구한 적이 없다. 이 서비스는 현행법의 영역 밖에서 전 세계적으로 자율적으로 운영될 수 있도록 특별히 설계됐다.

어거는 블록체인에 기반하여 효율적으로 사용되어왔기 때문에, 어거의 운영을 중단시킬 수 있는 중앙의 당사자는 없다. 이러한 플랫폼은 정부가 엄중하게 단속하고, 블록체인 기반의 코드를 개발하거나 향상시킨 최초의 당사자들을 처벌하더라도, 계속 운영될 것이다. 어거의 기본 코드는 근저에 있는 블록체인 네트워크가 없어지거나 이 서비스에 대한 수요가 더 이상 발생하지 않는 경우에만 운영을 중단할 것이다. 어거는 오픈 소스 프로젝트로 구성되었기 때문에, 이 시스템을 운영하기 위해 필요한 코드는 자유로이 이용 가능하고 P2P 파일 공유 네트워크를 사용하는 다른 사람들에 의해 전해지거나 개선될 수 있다.

결국, 지급 시스템과 법적 계약에서처럼 블록체인은 중개자에 대한 필요성을 감소시키고 금융 시스템의 일부 일상적인 측면을 자동화함으로써 현재의 금융시장을 개선할 수 있는 여지를 보여준다. 하지만 동시에 암호기술의 법에 의존함으로써, 그 기술은 현행 규칙과 규정들을 피하도록 설계된 P2P 거래를 용이하게 하는 새로운 수단들을 만들어 낸다.

PART 3

블록체인과 정보시스템

6

조작이 불가능한 인증 및 검증된 정보

블록체인 자체의 잠재력은 이미 블록체인이 도입된 결제, 금융, 계약 분야에서 보인 잠재적 가능성을 뛰어넘는다. 블록체인을 통해 조작 불가하고 회복력 강한 저장소를 구축하여, 공공기록을 비롯한 정보를 안전하게 보관할 수 있게 되면서 세계 각국 정부가 블록체인에 관심을 기울이고 있다.[1] 이 장에서는 블록체인 기술의 도입과 한계를 고찰하는 동시에 그 한계를 해결하지 못했을 때 발생할 수 있는 시스템 효용의 저하(정보 보호와 안전성 문제)에 대해 중점적으로 살펴본다. 나아가 정부의 지원과 도입이 전제되어야 하는 블록체인 기반 공공기록 시스템의 실현 가능성에 대해서도 알아본다.

역사 이래 정부는 줄곧 사회 복지를 개선하고 정치·경제적 성장의 기틀을 마련하기 위해 여러 시스템과 기관을 고안하고 유지해왔다.[2] 정부는 개인, 기업, 시장의 움직임을 규제하기 위해 법을 제정하고, 중앙은행을 통해 화폐를 발행하여 상업과 무역을 진흥시켰다. 정부는 국가의 미래에 영향을 미치는 투표제도를 관리해왔으며, 재산의 범위, 토지의 경계 등을 정리하고 기록해왔다.[3]

이러한 기록 시스템은 세계적으로 불균등하게 발전했다. 많은 국가가 관례나 사회적 규범과 동떨어진 억압적인 법으로 시민들을 탄압하고 있으며, 이들 국가의 중앙은행은 현지 통화를 제대로 관리하지 못하여 경제를 파탄 지경으로 몰고간다. 또한 이들 국가의 투표제도는 부정과 부패로 점철되어 제 기능을 하지 못하고 주택은 소유권이 불분명한 토지 위에 지어져 가치 있는 자산이 생산적으로 이용되는 것을 방해하고 있다.[4]

이러한 실패는 한 국가의 경제와 정치의 미래에 지속적인 영향을 미친다. 예를 들어, 토지 등기부를 제대로 관리하지 못한 국가는 경제 발전에 어려움을 겪는다. 또한, 이러한 국가의 국민들은 개인적으로 서로 알고 신뢰가 두터운 좁은 집단 내에서만 상업 활동을 영위하게 된다. 기업가와 자영업자는 자신의 재산을 담보로 사용하기가 어렵고, 이는 개인의 투자와 국가의 생산성을 동시에 감소시킨다. 결국 이러한 국가는 빠져나올 수 없는 빈곤의 늪에 빠져 자원과 자본을 제대로 활용하지 못하게 된다.[5]

이러한 문제가 없는 국가도 정보 서비스의 현대화 속도는 그리 빠르지 않다. 인터넷이 민간 분야에서 지속적인 변화를 일으키고 있는 것과 별개로 네트워크 기술은 정부의 업무 수행 방식에 의미 있는 영향을 주지 못하고 있다. 이를 개선하려는 노력에도 불구하고 주요 공공 서비스는 여전히 종이 기반으로 운영되며, 폐쇄적이고 대체로 접근성이 떨어진다.[6]

기본적인 정부 기록들도 유기적으로 결합되어 있지 않은 단절된 상태이기에 그 효율이 떨어진다. 정부 기관들이 서로 다른 정보 풀pool을 갖고 있어서 국가는 사기, 낭비, 부패 등의 문제를 거시적 관점으로 해결하기가 어렵다.[7] 또한 정부가 보유한 정보는 대부분 비공개 상태여서 성장의 기회를 놓치기도 한다.[8]

위와 같은 문제와 더불어 최근에는 보안이 약한 정부 시스템을 위협하는 사이버 공격이 증가하고 있다. 세계 각국의 정부는 공공 정보와 민감한 정보를 보호하기 위해 허둥대고 있는 형편이다.[9] 지금까지 사이버 보안은 권한 없는 접근을 차단하여 정보를 보호하는 데 초점을 맞춰왔다. 정부가 가진 정보는 디지털 요새와 같은 데이터센터에 저장되었고, 정보 유출과 유실의 위험을 줄이기 위해 민감한 정보는 방화벽과 지속적인 백업으로 보호되고 있었다.[10] 그러나 모든 요새가 그렇듯 아무리 보안이 철저한 데이터센터에도 취약점은 존재한다. 악의를 가진 이들과 해커들은 어떻게든 이러한 시스템에 접근하여 정보를 삭제, 도난, 위조, 조작하려고 하며[11] 이는 엄청난 참사로 이어질 수 있다.[12]

등기부 및 공공 정보

블록체인은 정부의 중요한 정보를 보다 강화된 보안 체계 아래 보관하고, 공신력 있는 정부 등기부와 기록 시스템을 구축할 수 있는 도구이다. 블록체인 기술이 정부 기록의 근간을 이루면 사람들은 어디서든 원하는 장치를 통해 실시간으로 정보에 접근할 수 있게 된다. 이러한 시스템은 디지털 화폐처럼 국가 간의 경계 없이 전 세계에 공통된 사회 기반 시설로 설계될 수 있다.

앞서 살펴보았듯이, 블록체인은 투명성이 높고 시간순으로 저장되는 데이터베이스로 회복력이 강하고 변경이 어렵다.[13] 블록체인에 저장된 정보는 널리 확산되어 P2P 네트워크의 여러 노드들에 (원본 데이터와 동일하거나 유사한) 사본의 형태로 저장된다. 블록체인에 정보가 일단 저장되고 나면 상당한 노력을 들이지 않고는 삭제나 변경이 어렵다. 블록체인에서 행해지는 모든 절차는 디지털 서명을 거쳐 투명하게 기록되기 때문에 정보의 출처를 편리하고 쉽게 확인할 수 있다.

이러한 특징으로 인해 회복력이 강하고 조작 불가한 토지 등기부를 만드는 데 블록체인을 활용하는 방안이 검토되고 있다. 미국 일리노이주[14], 스웨덴[15], 그루지아 공화국[16], 가나 공화국[17] 모두 블록체인 기반의 시스템으로 누가, 언제, 얼마 동안 토지를 소유하는지 공신력 있게 입증하려는 시도를 하고 있다. 증권과 마찬가지로 블록체인 기반의 토지 등기부는 토지 소유권이나 토지 소유 증서를 블록체인상의 특정 토큰과 연관시킴으로써 P2P 기반의 토지 거래를 가능하게 하고 부동산 거래에 소요되는 시간을 줄일 수 있다.[18]

블록체인에 기록된 소유권, 토지 증서 및 관련 서류들은 조작 불가한 데이터베이스에 반영구적으로 저장되기 때문에 위조와 정보 분실의 위험이 적다. 거래 당사자 중 한쪽이 블록체인에 저장된 정보를 임의로 변경할 수 없으므로 정부가 전복되거나 정권이 교체되더라도 국민들은 부동산 등기부의 내용이 바뀌지 않을 것이라는 믿음을 갖게 된다.

전쟁을 겪은 시리아를 예로 들어보자. 이란의 지원을 받는 시아파 주민들은 시리아를 공격하여 수니족 거주민들이 살던 토지를 점유했다. 거처를 잃은 수니족이 토지에 대한 권리를 주장하지 못하게 하기 위해 시아파 이주민들은 조직적으로 시리아 전역의 토지 등기부를 불태워버렸다.[19] 만약 시리아가 전쟁이 시작되기 전에 블록체인 기반의 등기부를 관리하고 있었다면, 등기부를 불태운다 해도 토지 소유권에 아무런 영향을 끼치지 못했을 것이다. 블록체인은 변경이 어렵다는 특징이 있으므로 시리아의 기존 토지 등기부가 불타거나 시리아 데이터센터가 붕괴되더라도 소유권 사본은 비트코인 네트워크에 연결된 전

세계 채굴자들의 컴퓨터에 저장되어 있었을 것이다. 또한 시아파 이주민들이 시리아의 토지 등기부를 직접 통제하여 불법적으로 토지를 분배하더라도, 거처를 잃은 시리아인들이 비트코인 블록체인에 시간순으로 저장된 기록을 증거로 토지 소유권을 주장하는 소송을 제기할 수도 있었을 것이다.

각국 정부는 토지 등기부를 비롯한 여타 기록과 공공 정보를 안전하게 저장하기 위해 블록체인 도입을 고려하고 있다. 예를 들어, 델라웨어 주는 블록체인을 활용하여 미국통일상법Uniform Commercial Code에 따른 담보 기록과 기타 기업 서류를 등록하는 '기업 이니셔티브corporate initiative'를 발족시키고자 한다.[20] 북유럽 국가인 에스토니아는 블록체인에 기반한 공증 서비스를 제공하기 위해 비트네이션BitNation과 파트너십을 맺었다고 발표했다. 이를 통해 에스토니아 국민들은 출생과 결혼 기록을 포함한 다양한 정보를 블록체인에 기록할 수 있게 됐다.[21] 최근 두바이 정부도 2020년까지 지방 정부 기록을 블록체인에 모두 저장하고 관리하는 블록체인 계획을 발표했다.[22]

민간 분야의 시도는 정부 차원의 혁신에 영감을 줄 것으로 예상되는데, 특히 지적재산권 및 라이선스 분야가 주목받고 있다.[23] 이를테면, 어스크라이브Ascribe나 모네그래프Monegraph 같은 플랫폼은 블록체인을 통해 작품에 대한 창작자의 권리를 기록하고 있다.[24] 매사추세츠 공과대학교MIT 또한 블록체인이 어떻게 증명서를 발급하고 검증할 수 있는지를 보여주는 '디지털 인증 프로젝트'를 진행했다. 이 프로젝트는 정부의 각종 인허가 정책에 도입이 가능하다.[25]

이러한 사례는 정부가 조작이 불가능한 탈중앙화 방식의 블록체인 기술을 어떻게 주요 기록과 공공분야 정보를 관리하는 데 활용할 수 있는지를 보여준다. 재산 양도, 출생, 사망 및 라이선스와 같은 주요 사건들은 블록체인에 기록되며 권한이 있는 자들이 이를 확인하고 검증한다. 이는 정부가 주요 기록들을 중앙 기관에서 관리해야 할 필요를 감소시킨다.

블록체인에 저장된 정부 기록은 스마트 컨트랙트 및 다른 코드 기반 시스템과 상호 작용하여 더 큰 효율을 가져올 수 있다. 예를 들어, 소유권이나 재산에 대한 증서가 토큰화되면, 가치 생태계ecosystem of value의 기틀이 마련될 것이다. 스마트 컨트랙트가 주택담보대출의 상환을 관리하는 경우에는 대출 상환금의 일부나 전부가 스마트 컨트랙트 코드가 지배하는 유통 가능한 증권으로 전환될 수 있다. 주택담보 상환금은 다중 서명이 필요한 계좌에 보관되어 자동으로 증권 보유자들에게 분배된다. 자산관리자나 수탁자가 불필요해지는 것이다.[26] 출생 및 사망 정보가 블록체인에 기록된다면 연관된 정부 서비스와 지급품 분배 등이 자동으로 실행되거나 종료될 것이다. 나아가 이러한 기록은 민간에서도 여러 용도로 사용 가능하다.[27]

증권 및 파생 시장과 마찬가지로 블록체인은 세계적으로 소유권 기록 통합 시스템으로 이용될 가능성이 높다. 이러한 시스템이 표준화된다면 각 국가가 고유의 절차를 구축하거나 별도의 소유권 등기부를 관리할 필요가 없어진다. 또한 기본적인 정부 기반시설이 없는 나라에서도 이를 이용할 수 있다.[28]

이러한 통합된 등기부로 인해 서로 다른 국가에 있는 개인 간의 거래도 더 효율적으로 성사된다. 예를 들어 부동산 소유권을 토큰화한 전세계적인 블록체인 기반 등기부를 활용하게 되면, 국경을 넘나드는 부동산 거래가 비트코인 거래만큼이나 간편해질 것이다. 모든 당사자가 매매에 합의하는 순간 거래는 즉시 이루어질 것이기 때문이다. 미국 시민이 캘리포니아 부동산을 매입하든, 유럽 시민이 중국 부동산을 매입하든 모든 거래는 몇 분 만에 성사될 것이다.

인증 및 검증된 기록

•••

블록체인은 민감한 정보를 보호하고 인증되지 않은 접근을 통제하여 정부를 향한 사이버 공격을 차단하는 역할도 한다. 블록체인 기술은 조작 불가한 비가역적 방법으로 정보를 저장하여 정부의 민감한 정보나 주요 공공 정보의 안전성과 투명성을 지속적으로 검증하는 새로운 정보 보안 시스템을 지원한다.

정부가 블록체인 기반의 기술을 도입하여 주요 기반 시설을 정보 공격으로부터 보호할 능력이 보강되면 국가 안보도 강화된다. 민감한 정보와 기밀 정보를 블록체인에 해시로 저장하면 정부는 기록을 변조하거나 삭제하려는 외부의 시도가 있었는지 알아낼 수 있다. 블록체인은 정보가 언제 열람되고 수정되었는지 기록을 남기며 해당 파일에 대한 모든 후속 변경사항을 해시로 저장하기 때문이다. 블록체인에 저장된 파일의 해시값이 정부 데이터 센터에 보관된 파일의 해시값과 일치하지 않는 경우, 시스템에 불일치 표시가 뜬다. 만약 파일이 악의적인 공격을 받아 손상되었다면, 블록체인의 조작 불가하고 검증 가능

한 기록을 통해 침입자의 행적을 추적할 수 있다.[29]

예를 들어, 가드타임Guardtime이라는 회사는 블록체인 기술을 전통적인 보안키가 없는 서명 기반 시설 즉, KSI[30]와 결합하여 영국의 원자력 발전소와 홍수 예방 메커니즘을 보호하는 데 사용하고 있다.[31] 비슷한 예로 미국의 국방고등연구기관DARPA은 최근 중대한 군사 정보를 보호하는 데 블록체인을 활용하기 위해 가드타임을 비롯한 다수의 파트너와 180만 달러 규모의 계약을 체결했다.[32]

일반적으로 블록체인은 공신력 있는 권위자나 중간 매개자의 역할을 줄이면서 민감한 정보에 대한 접근을 관리한다. 누구나 컴퓨터, 분산형 파일 시스템 IPFS 또는 스웜Swarm과 같은 탈중앙화된 P2P 형태의 네트워크에 정보를 저장할 수 있고, 누가 어떤 정보에 어디까지 접근이 가능한지를 규정하는 방식으로 제한을 걸 수 있다.[33] 따라서 블록체인은 인증 권한 시스템 즉, 접근 통제 메커니즘으로 작용하며 이는 특정 당사자가 정보를 열람하고, 공유하고, 변경할 자격이 있는지 확인하는 데 사용된다.

건강 정보 및 전자 의료 정보 분야에서는 이미 이러한 시스템이 도입되고 있으며 해시드 헬스Hashed Health[34]와 메드렉MedRec[35] 등이 선두에 서 있다. 병원은 누가 어떤 기록에 무슨 목적으로 접근할 수 있는지를 명확히 규정하기 위해 스마트 컨트랙트나 코드 기반의 다른 시스템을 이용하여 환자의 건강 기록을 해시로 블록체인에 기록하고, 권한이 있는 자들에게만 환자의 건강 정보를 공개하고 있다.

또한 의사와 병원, 기타 의료기관은 환자의 건강 상태(예를 들어, 환자가 불구이거나 특정 질병을 앓고 있는 등)를 확인하기 위해 블록체인 기술을 사용한다. 블록체인을 통해 의료 전문가들은 환자의 건강기록부 전체를 열람하지 않고도 환자에 대한 기본적인 상태를 확인할 수 있다. 이러한 인증 절차에 의해 환자는 자신의 건강 정보를 추가로 공개하지 않고 필수 정보만 제공하여 처방을 받거나 사회 복지 혜택을 누릴 수 있다.

정부와 공공기관은 접근 통제 및 인증 시스템을 활용하여 정보를 보호한다. 다른 정부 기관과 정보를 공유하는 경우에도 파일을 열람하고 공유할 권리를 특정 기관과 특정 인물에게 제한적으로 제공할 수 있다. 정부 기관은 모든 정보를 공개하지 않고도 블록체인을 이용하여 특정 정보를 기록하고 인증하며, 이러한 인증 사실을 해시를 통해 공표한다.[36] 예를 들어 형사 기록의 경우, 정부 당국은 해시 인증을 블록체인에 공표하는 방식으로 특정인이 범죄를 저지른 사실을 나타낼 수 있다. 다른 정부 조직과 기관도 이러한 사실을 블록체인에서 확인 가능하며, 이 과정에서 그 사람의 과거 범죄 내역은 비공개로 처리된다. 이러한 방식은 정부 기관 간에 정보를 공유하는 데 소요되는 비용과 리스크를 줄이고 정보의 단절을 해소하는 데 기여한다.

보안 위험

블록체인을 사용하여 주요 정부 기록을 저장하고 민감한 정보의 진실성을 파악하는 것은 보안 및 정보 보호 등과 관련하여 새로운 함정과 위험을 야기한다. 또한, 이러한 등기부와 기록 보관 시스템이 성공적으로 운영되기 위해서는 블록체인에 저장된 정보의 질을 보증할 정치적 지원이 필요하다.

회복력이 강하고 조작 불가한 성질에도 불구하고 블록체인은 위조나 변조를 겪을 가능성이 있으며, 악의를 가진 사람에게 공격당하거나 조작될 수 있다. 블록체인이 주요 기록들을 관리하는 경우, 그 블록체인은 단일 장애 지점이 되어버려 장애 발생시 전체를 마비시키는 참사를 초래할 수 있다. 작업증명proof of work에 의한 합의 메커니즘에 기반한 블록체인의 경우, 당사자들은 기존에 기록된 정보나 거래를 변조하고 뒤집기 위해 51퍼센트 공격을 실행할 수 있다. 비트코인처럼 다수가 이용하는 블록체인에 51퍼센트 공격을 실행하려면 어마어마한 비용(최소 10억 달러)이 들지만, 정부가 블록체인에 중요한 정보를 저장하게 된다면 그러한 공격으로 얻을 수 있는 이익 또한 증가할 것이다.[37]

미국의 모든 부동산 등기부가 비트코인 블록체인에 등록된다고 가정해보자. 이는 수조 달러를 호가하는 자산이다.[38] 이러한 경우, 충분한 하드웨어와 전력 자원을 가진 제3자나 다른 국가가 비트코인 블록체인을 훼손하고 미국의 부동산 등기부를 변조할 가능성을 배제할 수 없으며 이는 막대한 혼란과 경제적 어려움으로 이어질 수 있다. 만약 공격이 성공하기라도 한다면 미국은 꼼짝 못하게 될 것이다. 블록체인을 이전 상태로 복원하려면 미국 또한 비트코인 네트워크에 51퍼센트 공격을 실시해야 한다. 미국이 비트코인 블록체인을 포크fork하려고 시도하고 기존에 기록된 정보를 재구성하려고 노력해볼 수는 있지만 이 또한 막다른 골목이다. 왜냐하면 미국의 새로운 블록체인은 51퍼센트 공격을 방어하도록 설계돼야 하기 때문이다.

암호키 관리 단계에서도 보안 이슈가 제기된다. 블록체인은 공개키-개인키 암호기술에 기반하고 있기에 검증하는 당사자의 개인키가 도난당하거나 공개되는 경우, 심각한 상황이 벌어진다. 만약 공격자가 정부의 개인키를 갖게 된다면, 공격자는 거짓 정보를 저장할 수 있으며 이러한 정보가 검증된 기관이나 권위 있는 사람에게서 나온 것처럼 조작할 수도 있다. 마찬가지로 블록체인이 개인 간의 소유권, 증서 양도에 사용될 경우, 개인키를 분실한 사람은 적법한 매매와 양도가 불가능해질 것이다.

가치 없는 데이터는 가치 없는 결과를 낳는다

블록체인에 저장된 정보의 질과 정확성을 블록체인 자체가 보증할 수는 없다. 정보를 검토하고 검증할 중앙 관리자나 공신력 있는 권위자가 없으면, 블록체인에 저장된 정보의 질과 정확성을 보증하기 어렵다. 등기부나 기록 시스템의 가치는 각자가 관리하는 정보의 진실성으로 결정된다. 예를 들어, 토지 등기부나 지적재산권 등기부에 소유권 양도와 관련된 정보 누락이나 오류가 있다면 재산 소유권의 불확실성을 해결하는 데 별 도움이 되지 않을 것이다. 미국에서 부동산을 거래할 때, 부동산 소유권 보험title insurance에 가입하는 것도 부동산이나 소유권 등기의 결함에서 발생하는 경제적 손실 위험에 대비하기 위한 것이다.

부정확한 정보가 블록체인에 저장됐을 때, 블록체인 기술 자체만으로는 문제를 해결할 수 없다. 블록체인에 한 번 기록된 정보는 그것이 거짓 정보라 하더라도 삭제하거나 수정하기가 어렵다. 기술적으로 문제를 해결해보려는 시도는 오히려 상황을 더 악화시킬지도 모른다. 또한 이러한 등기부의 사용을 강제하는 법이 없다면 블록체인에 저장된 정보는 불완전하다고 판명될 가능성이 있으며, 블록체인 기반 시스템의 효용을 떨어뜨릴 수 있다.[39]

민간 영역에서 이미 시도되었던 디지털 등기부도 정부 지원이 부족하여 실패로 돌아간 바 있다.[40] 이를테면, 음악계는 권위 있는 민간 데이터베이스를 구축하려고 여러 번 시도했으나, 주요 업체들이 참가하지 않은 데다가 조율의 어려움을 겪어서 결국 무산되었다.[41] 이처럼 저작권 보호를 받는 음악의 포괄적인 데이터베이스를 만들려는 시도는 철회되거나 저작권 소유권에 대한 공신력 있는 증명을 제공하지 못하는 바람에 실패했다.

비슷한 예로, 미국 대부 업계와 은행, 금융기관은 통합되지 못한 상태로 토지 등기부를 그대로 방치하는 미국 정부에 환멸을 느낀 나머지 자체적으로 전자 주택담보 등기부Mortgage Electronic Registration System라는 민간 토지 등기부를 만들었다. 그러나 중앙 통제가 거의 없이 운영되었던 전자 주택담보 등기부에는 등록된 정보 자체의 오류도 잦았고 2007년 후반에는 담보 잡힌 주택의 소유권 문제가 불거지면서 대주들의 주택 담보권 실행을 어렵게 만들었다.[42]

블록체인 등기부와 기록 시스템이 기존 정부의 등기부를 대신하려면 행정적·제도적 지원이 뒷받침되어야 한다. 정부를 대신해서 기록을 검증하고, 정보를 저장하고, 정보의 질을 통제할 대상을 규제하고 선정하는 행위에 적절한 견제와 균형이 마련되지 않는 한, 블록체인 등기부는 전자 주택담보 등기부나 음악 산업의 민간 저작권 등기부와 유사한 문제에 봉착할 수 있다. 이 부분을 개선하지 못한다면 블록체인 등기부가 기존 정부의 등기부를 대체하기는 현실적으로 어려울 것이다.

정보 보호 영역의 축소

블록체인 등기부나 기록 시스템의 기반을 약화시키는 또 하나의 요소는 정보 보호에 대한 우려다. 정부가 공공 기록을 블록체인에 직접 저장하기 시작하면, 블록체인의 전 세계적이고 투명한 성격으로 인해 정보 내용을 누구나 인터넷에서 열람할 수 있다는 리스크가 발생한다.

예를 들어, 블록체인 토지 등기부에 기록된 소유권이나 증서를 열람한 이들이 온라인상의 시장 정보 등을 확인하여 토지 소유자의 자산 규모를 측정하는 게 가능해진다. 마찬가지로 개인의 생일, 결혼 기록 등의 정보가 블록체인에 저장되면 개인의 주요 정보들이 모두에게 노출될 것이다.

가명으로 기록을 저장해도 재식별의 위험을 완전히 차단하지는 못한다. 블록체인에 충분한 정보가 제공되므로, 사적 행위자들은 정교한 데이터 채굴과 빅데이터 기술을 통해 블록체인상의 거래를 특정인과 연계시키는 것이 가능하다.[43]

한 번 블록체인에 저장된 정보를 일방적으로 변경하거나 삭제할 수 없다는 특징 때문에 이러한 정보 보호 문제는 더욱 악화된다. 블록체인에 저장된 모든 정보는 인터넷을 사용하는 불특정 다수에게 반영구적으로 공개되어, 개인정보와 민감한 정보의 비밀 유지를 어렵게 만든다. 따라서 개인정보 보호가 엄격한 국가에서는 블록체인 기반의 정부 시스템이 문제를 야기할 수 있다. 실례로 익명으로 저장된 의료 기록이 호주의 공개 정보 플랫폼에 공개되자, 멜버른대학교의 연구자들이 정보를 역가공하여 환자를 재식별했던 사건이 있다. 이 사실이 알려지면서 호주 보건부는 웹사이트에서 의료 정보를 삭제했지만 만약 그 정보가 블록체인에 기록된 경우였다면 정부는 문제 해결에 아무런 힘도 쓰지 못했을 것이다.

또한 블록체인 기반 시스템이 정보를 직접 공개하지는 않더라도, 네트워크 당사자들의 행위나 상호작용을 노출시킬 수는 있다. 타인의 정보를 얻고자 하는 이들에게 이러한 자료는 정보 자체만큼 (혹은 그보다 더) 유의미할 것이다. 실제로 이러한 시스템에 내재된 투명성은 거래를 공개적으로 추적할 가능성을 높이며 개인 정보 보호를 저해할 수 있다. 블록체인이 필수 정보 또는 인허가 정보를 기록하는 데 사용되면서 이러한 정보의 존재 자체가 개인의 사생활을 노출시키는 수단이 될 수 있다는 것이다.

결제·금융·계약 분야에서 살펴보았듯이, 상호 연계되는 블록체인 기술에는 장점과 단점이 공존한다. 정부와 공공기관이 블록체인 등기부를 도입한다면 보다 투명하고, 회복력 강하고 공신력 있는 기록 시스템을 구축하게 될 것이다. 그러나 동시에 블록체인의 투명하고, 회복력 강하고 조작 불가한 특성이 블록체인 등기부의 효율성을 약화시킬 수 있으며, 보안 및 정보 보호의 위험은 상대적으로 높아질 것이다.

7

회복력 강하고 조작 불가한 정보 시스템

블록체인이 검증된 정보를 안전하게 기록하는 탈중앙화된 정보 저장소 역할만 하는 것은 아니다. 블록체인의 특성은 정보 확산을 촉진시키는 동시에 이를 통제하기 어렵게 만든다. 과거 정부나 기업에게 검열받기도 했던 정보와 온라인 커뮤니케이션의 저장 및 이전을 관리하기 위해 새로운 블록체인 기반 애플리케이션들이 출현하고 있다. 초기 사이퍼펑크들이 예견했듯이 블록체인은 암호기술의 법lex cryptographica에 기반을 두고 저작권법의 장벽을 허무는 기반이 되는 동시에, 외설적이고 음란하거나 선동적인 정보를 확산시키는 플랫폼을 지원하게 될 가능성이 있다.

본래 인터넷은 중개자의 역할을 없애려고 했다. 사이버 공간Cyberspace은 음반사나 신문 같은 중간 매개체 없이 사람과 사람이, 비즈니스와 비즈니스가 직접 연결되도록 설계됐다. 이러한 특징 때문에 많은 사람이 인터넷에는 중앙 통제가 필요하지 않다고 주장했다. 중개자는 산업 시대의 유물로 전락할 것이라고 예측하는 이들도 있었다.[1]

초기에는 그러한 비전이 실현되는 듯했다. 냅스터Napster, 카자Kazaa 등의 P2P 네트워크는 음원 배급에 지각변동을 가져왔고, 수백만의 사람들이 매장에 가지 않고 디지털 음원을 거래하고 공유하게 됐다. 하룻밤 만에 인터넷에 연결된 모든 사람들이 수많은 작품에 접근할 수 있게 됐고 기존 미디어 회사들의 역할에 의문이 제기됐다.[2]

그러나 오늘날에도 온라인 중개자들은 여전히 굳건하게 남아 있다. 오프라인 음반 매장들은 문을 닫았고 지역 신문들은 점점 더 어려워지고 있지만, 새로운 세대의 중개자들이 나타나 대중의 온라인 상호작용을 중개하고 있다. 우리는 애플 아이튠즈에서 최신곡을 구매하고 스포티파이 같은 중앙화된 플랫폼에서 음원을 스트리밍한다. 페이스북, 레딧, 트위터 등에서 매일 새로운 뉴스와 소식을 접하고 유튜브, 넷플릭스, 훌루Hulu 등을 통해 수많은 영상을 본다.[3] 대부분의 온라인 커뮤니케이션은 구글, 페이스북, 스냅챗 등을 통해 이루어진다. 또한, 우리는 141.101.125.184과 같은 IP주소 대신 국제인터넷주소관리기구Internet Corporation for Assigned Names and Numbers가 발급하고 제어하는 간단하고 기억하기 쉬운 google.com 같은 도메인 네임을 사용한다.[4] 이러한 중개자들은 수십억 명의 사람이 정보에 접근하고 공유하는 데 큰 역할을 해왔다. 이들은 주로 공개되지 않은 고유한 알고리즘을 통해[5] 각자의 플랫폼에 어떤 콘텐츠를 허락하고 금지할지를 결정한다.[6]

온라인 정보의 흐름에 영향을 미치려는 기업과 정부들에게 이런 중개자들은 통제의 구심점 역할을 한다. 대다수 국가의 정부는 중앙화된 커뮤니케이션 플랫폼을 통해 표현의 자유를 제한한다. 예를 들면, 매달 8억 6백만 명이 넘는 사람들이 사용하는 중국의 압도적인 커뮤니케이션 플랫폼 위챗의 경우, 정치적 문제나 사회문제 또는 논란이 많은 현안을 검열하도록 중국 당국이 강제하고 있다.[7] 유럽에서는 '잊혀질 권리'의 일환으로 검색 엔진들이 EU 시민에 대한 부정확하고 시대에 뒤처진 정보를 삭제하도록 규정하고 있다.[8] 또한, 대규모 콘텐츠 회사들은 냅스터, 그록스터Grokster, 이소헌트IsoHunt 같은 온라인 중개 서비스들을 폐쇄시킴으로써 저작권이 있는 작품에 불법적으로 접근하는 걸 막으려고 노력한다.[9]

저작권 침해를 막고 사용자들이 바람직하지 않은 웹사이트에 접속하는 것을 방지하기 위해 DNS 서버들도 정부와 민간 기업의 표적이 되곤 한다.[10] 이를테면, 대중의 반란과 정보의 확산을 막기 위해 여러 정부가 트위터의 도메인 네임을 차단했다. 중국과 북한은 트위터 접속을 영구적으로 금지했으며 이란, 이집트, 터키도 정치적 이유로 트위터를 차단한 적이 있다.[11]

블록체인과 탈중앙화 저장소

블록체인 기술은 중앙 통제의 필요를 줄이는 방식으로 정보를 저장하고 공유한다. 비트코인 블록체인은 미디어와 커뮤니케이션의 저장소로 이미 오랫동안 사용되었다. 소액의 비트코인을 이체하는 방식으로 누구나 비트코인 블록체인에 정보를 기록할 수 있으며, 이 정보는 모두에게 공개된다.

블록체인에 한 번 저장된 정보는 변경하거나 삭제하기 어렵다. 채굴자들이 공유된 데이터베이스를 변경하기로 결탁하거나 — 예를 들어 51퍼센트 공격을 실행하거나 — 블록체인의 기초 프로토콜을 변경하기로 합의해야만 정보 변경과 삭제가 가능하다. 이러한 변경과 삭제의 메커니즘은 이론적으로 가능하지만, 많은 비용이 들고 사회적으로 달성하기 힘들기 때문에 결과적으로 한 번 저장된 정보가 삭제되는 일은 거의 일어나지 않는다.

그러나 블록체인은 정보 그 자체만을 저장하는 건 아니다. 블록체인은 별도의 P2P 파일 공유 네트워크나 오버레이 네트워크 등 다른 곳에 저장된 파일의 레퍼런스를 저장할 수 있다. 오버레이 네트워크를 사용하여 블록체인 시스템은 용량을 폭발적으로 늘리지 않고도 메시지, 사진, 동영상 등 다양한 형태의 정보를 저장할 수 있다. 개발자는 중앙 서버를 통해 운영하는 애플리케이션 대신 블록체인 기반의 탈중앙화된 애플리케이션을 만들 수도 있다. 애플리케이션은 스마트 컨트랙트를 기반으로 구성 가능하며, 블록체인은 다른 위치에서 접속한 대규모 파일의 레퍼런스를 저장할 수 있다.

블록체인 기반의 파일 공유 서비스

이러한 역량에 힘입어 블록체인은 중개자에 대한 의존을 줄이는 새로운 파일 공유 애플리케이션을 지원한다. 이러한 애플리케이션은 저작권 보호를 받는 저작물의 회복력 강하고 조작 불가능한 색인으로 블록체인을 활용하며, 해당 작품은 별도의 P2P 오버레이 네트워크에 저장된다. 파일을 올리거나 호스팅하는 당사자에게 디지털 화폐를 소액 지급하면 이러한 작품들을 다운로드 받을 수 있다.

일례로 알렉산드리아Alexandria[12]라는 오픈소스 프로젝트는 중앙 서버에 디지털 콘텐츠를 저장하지 않고도 콘텐츠를 발표, 배포, 판매할 수 있도록 돕는다. 알렉산드리아 소프트웨어를 다운로드 받으면 누구나 IPFS 네트워크에 콘텐츠를 올릴 수 있고 플로린코인Florincoin 블록체인에 콘텐츠 관련 레퍼런스도 만들 수 있다. 사용자들은 소액의 디지털 화폐를 지불하고 업로드된 파일을 알렉산드리아 소프트웨어에서 다운로드하거나 실시간 스트리밍할 수 있다. 해당 디지털 화폐는

파일을 업로드한 당사자와 파일을 자신들의 컴퓨터에 저장한 사람들에게 분배된다.[13]

이와 유사하게 라이브러리Lbry 프로토콜 또한 블록체인 기반 P2P 네트워크로 누구나 콘텐츠를 발표하고 이에 대한 보상을 받을 수 있는 서비스를 제공한다. 라이브러리 프로토콜은 업로드된 콘텐츠를 작은 조각으로 나누어 라이브러리 파일 공유 네트워크와 연결된 컴퓨터에 보관한다.[14] 라이브러리 프로토콜에 기반을 둔 소프트웨어는 라이브러리 블록체인에 접근할 수 있으며, 사용자들이 업로드된 파일을 발견하고 배포하도록 돕는다. 네트워크를 운영하는 소프트웨어 프로토콜은 누구나 업로드된 파일을 다운로드, 스트리밍, 관람하는 것에 대한 수수료를 책정할 수 있게 하며, 그 수익은 파일에 접근하는 사람과 원 콘텐츠를 올린 당사자, 콘텐츠의 확산을 지원했던 네트워크 구성원들에게 자동으로 분배된다.[15]

라이브러리와 알렉산드리아의 경우, 아무도 업로드한 콘텐츠를 감독할 책임을 지지 않으며, 누구에게도 콘텐츠 레퍼런스를 삭제할 권한이 주어지지 않는다. 중앙 중개자를 필요로 하는 기존의 파일 공유 네트워크와 달리, 이러한 서비스들은 블록체인과 콘텐츠의 교환 그리고 콘텐츠의 확산을 조정하는 소프트웨어 프로토콜을 통해 자율적으로 운영된다. 블록체인에 파일 레퍼런스가 한번 저장되면, 블록체인 전체를 무효화하지 않는 한 파일을 삭제하기가 어렵다. 즉, 이러한 플랫폼들은 일단 콘텐츠 공유가 시작된 이상 도중에 중단하기 어렵게 설계되어 있다.

앞으로 더 정교한 블록체인 기반 시스템과 애플리케이션이 출현할 것이며 이들은 스마트 컨트랙트와 오버레이 네트워크를 통해 정보의 확산을 더 용이하게 만들 것이다. 암호기술의 법을 따르는 새로운 블록체인 기반 서비스들은 전 세계에 퍼져 있는 수백만 개의 컴퓨터가 호스팅하는 음악, 영화, 이미지, 책 등을 더 쉽게 검색하고 이용할 수 있는 길을 열 것이다.[16] 이러한 시스템의 설계는 기존 저작권법과 상관이 없으며, 스마트 컨트랙트에 정보를 저장하고 소프트웨어가 원활하게 실행될 수 있도록 사용자들이 수수료를 지급한다면 지속적인 운영이 가능할 것이다. 궁극적으로는 점점 더 (법이 아닌) 코드에 의해 정보의 확산 방식이 규정될 것이다.

블록체인과 검열 방지 커뮤니케이션

저작권 보호를 받는 작품의 공유를 돕는 블록체인 시스템은 그 특성상 온라인 커뮤니케이션과 소셜 미디어의 중앙 통제를 피하는 데도 활용될 수 있다.

블록체인은 이미 중앙 관리자들의 눈을 피해 암호화된 메시지를 저장하고 정보를 주고받는 데 사용되고 있다. 이러한 블록체인 기반 커뮤니케이션 플랫폼의 초기 사례로 비트메시지BitMessage가 있다. 이는 암호화된 메시지를 인터넷상에서 전송하기 위해 비트코인 블록체인을 레퍼런스의 구심점으로 사용하는 P2P 커뮤니케이션 프로토콜이다. 비트메시지는 공신력 있는 권위나 중개인을 필요로 하지 않는다. 비트메시지의 기술은 비트코인 블록체인과 공개키-개인키 암호기술을 활용하여 커뮤니케이션 채널을 구축하는 것이다. 이를 통해 특정인이나 특정 그룹에 메시지를 전송할 수 있다.[17]

위스퍼Whisper 역시 비슷한 목적을 가졌다. 그러나 이더리움 블록체인을 사용하여 P2P 네트워크에서 암호화된 메시지를 전송한다는 점이 비트메시지와 다르다. 이더리움 블록체인은 당사자 간의 커뮤니케이션에 필요한 정보는 모두 저장하지만, 메시지의 실제 내용은 저장하지 않는다.[18]

블록체인 기술과 오버레이 네트워크를 사용하여 사진, 생각, 아이디어를 보다 탈중앙화되고 안전한 방법으로 공유하려는 시도들도 존재한다. 소셜 미디어 플랫폼인 아카샤Akasha는 레딧Reddit과 비슷한 방법으로 글, 사진, 동영상을 게시할 수 있는 사이트다. 아카샤는 이더리움과 IPFS에 기반하여 업로드된 콘텐츠를 암호화 형식으로 저장함으로써 호스팅하는 콘텐츠의 주인이 누구인지 알 수 없도록 한다. 네트워크 구성원들은 각자가 좋아하는 콘텐츠에 투표를 하는데 투표는 네트워크 고유의 디지털 화폐인 '에테르aether'를 소액 결제하는 방식으로 진행된다. 투표가 등록되면 투표에 참여한 이들에게 참여에 대한 보수로 에테르가 자동으로 전송된다.[19]

아카샤 네트워크로 공유되는 사진, 문자, 동영상 등은 중앙화된 클라우드 컴퓨터에 저장되지 않는다. 대신 네트워크 노드 간의 연결이 끊기더라도 게시된 콘텐츠들을 계속 볼 수 있도록 콘텐츠는 IPFS 네트워크에 중복으로 저장된다.[20] 이러한 방법을 통해 아카샤는 중앙 통제가 없는 소셜미디어 플랫폼으로 운영되고 있다. 따라서 단일 온라인 서비스에 의해 네트워크에서 볼 수 있는 콘텐츠가 일방적으로 결정되거나 소셜 미디어 게시물과 메시지들이 관리되는 일이 없다.

블록체인에 저장되거나 레퍼런스된 정보들은 일방적으로 삭제할 수 없기 때문에 정부나 기업은 이러한 탈중앙화된 커뮤니케이션 채널에서 정보의 흐름을 통제하는 데 어려움을 겪을 수밖에 없다. 비트메시지, 위스퍼, 아카샤 또는 유사한 블록체인 기반 플랫폼들이 확산된다면, 대중은 검열이 어려운 방식으로 정보를 교류하고 공유하게 될 것이며 정부나 기업이 표현의 자유를 제한할 기회는 줄어들 것이다. 이러한 플랫폼에서는 암호기술의 법에 의해 온라인 커뮤니케이션의 확산이 일어날 것이고, 이런 네트워크를 통해 이루어지는 커뮤니케이션을 제3자가 개입하여 검열하거나 차단하는 것은 사실상 불가능하다.

인터넷 도메인 네임 시스템

블록체인을 통해 도메인 네임을 무력화시키려는 공격에 대응하는 것도 가능하다. 블록체인에 한 번 저장된 정보는 삭제하거나 변경하기가 어렵기 때문에 블록체인은 도메인 네임 정보를 저장할 수 있는 기술로 평가받고 있다. 블록체인을 이용하면 모든 온라인 서비스가 탈중앙화된 시스템에 저장된 정보에 접근하여 도메인 네임을 변환하고 인터넷 트래픽을 보낼 수 있다. 이 경우, 국제인터넷주소관리기구ICANN나 중앙 지점에서 관리하는 도메인 네임 서버DNS는 불필요해질 것이다.

예를 들어, 블록체인 기반 프로토콜인 네임코인Namecoin은 '.bit' 도메인의 도메인 네임 등록부로 기능한다. 이 프로토콜은 암호키/값 등록 시스템을 실행하여 네임코인 블록체인으로 도메인 네임의 등록, 업데이트, 양도를 가능하게 하며, 특정 IP 주소와의 연결도 돕는다. 도메인 네임이 네임코인 블록체인에 등록되면, 인터넷으로 연결되어 있는 누구나 '.bit' 도메인 네임을 해당 IP주소로 변환할 수 있다.[21]

중앙 관리자가 네임코인 블록체인을 관리하는 것은 아니므로, 위와 같은 프로토콜에 등록된 도메인 네임은 그 기초가 되는 블록체인 네트워크를 차단하거나 변경하지 않는 한, 기업이나 정부 관료가 뺏거나 통제하는 게 불가능하다. 등록된 도메인 네임에 대한 접근을 차단하라는 정부, 규제당국의 요청도 효력을 발휘하지 못한다.

이러한 작업을 최초로 시도했던 네임코인에 이어 다른 블록체인 기반 프로젝트들도 블록체인 기술을 사용하여 유사한 서비스를 구축하려고 시도하고 있다.[22] 네임코인이나 이와 유사한 블록체인 기반 도메인 네임 서비스가 확산되면 웹사이트와 온라인 애플리케이션에 대한 접근을 더 이상 중앙 조직이 관리하지 않게 될 것이다.[23] 콘텐츠 전송 문제와 마찬가지로 도메인 네임 변환 시스템은 탈중앙화된, 회복력이 강하고, 조작 불가한 코드 기반 시스템을 통해 진행될 것이다.

암호기술의 법에 의존함으로써 이러한 시스템들은 도메인 네임 서버를 차단하려는 정부와 기업의 시도를 무력화시킨다. 웹사이트와 다른 온라인 애플리케이션들은 — 설사 저작권을 침해하는 자료나 사회통념에 반하는 콘텐츠를 포함하더라도 — 국제인터넷주소관리기구나 정부 당국이 통제할 수 없는 반영구적인 블록체인 기반 시스템을 통해 제공될 것이다.

저작권에 대한 우려

블록체인 기반 애플리케이션들이 탈중앙화된 파일 공유 애플리케이션, 오버레이 네트워크, 분산된 DNS 시스템과 결합하면, 저작권 보호 자료의 배포를 규율하는 현재의 법체계에 문제가 발생할 수 있다. 미국과 유럽의 디지털 밀레니엄 저작권법 및 전자상거래 지침은 온라인 서비스를 저작권 침해 주장으로부터 보호해주는 몇 가지 안전한 은신처를 제공한다.[24] 이러한 법에 의하면 저작권 소유자로부터 침해 고발을 당하는 경우, 해당 침해 자료를 서비스에서 빠르게 삭제하거나 비활성화하여 책임을 면할 수 있다. 이러한 '고지 및 삭제notice and takedown' 절차는 저작권 소유자가 인터넷을 감시하고, 라이선스 없는 서비스에서 저작권 침해 자료를 삭제하거나 접근을 제한하는 메커니즘을 제공한다. 이 절차에 따라 구글, 유튜브, 페이스북, 드롭박스와 같은 서비스에 매년 몇백만 개의 저작물 삭제 요청 고지서가 발송된다. 이러한 절차는 때로는 인간의 개입 없이 소프트웨어가 자동으로 침해 가능성이 있는 파일을 발견하여 고지서를 보내는 방식으로 이루어지기도 한다.[25]

새로 개발된 블록체인 기반 시스템들은 디지털 밀레니엄 저작권법과 전자상거래 지침이 구축한 고지 및 삭제 방식에 딱 들어맞지는 않는다. 앞에서 설명했듯, 블록체인에 기록된 정보는 조작이 불가하고 회복력이 강한 블록체인의 성격 때문에 반영구적으로 남아있게 된다. 블록체인 기반 시스템과 애플리케이션이 중앙 관리자 없이 운영된다면, 그 누구도 삭제 요청 고지서를 수령하거나 저작권 침해가 의심되는 콘텐츠를 삭제할 능력을 갖지 못한다.

나아가 블록체인 기반의 파일 공유 애플리케이션이 계속해서 발전한다면, 2차 저작권의 효용에 대한 기존 법규 또한 약화될 것이다. 2차 저작권 침해에 대한 법률은 어떤 서비스가 저작권 침해를 장려하거나, 용이하게 하거나, 이에 중대한 기여를 했을 때 적용된다.[26] 유인이나 저작권 침해 정도에 대한 기준은 결국 당사자의 의도, 알고 있었는지의 여부 및 중요한 기여에 대한 문제로 귀결되고 간접 저작권 침해는 수익과 통제에 대한 문제로 귀결된다.[27]

블록체인 기반의 파일 공유 애플리케이션들은 중개자 없이 저작권이 보호된 자료를 배포하는 걸 가능하게 한다. 이러한 시스템을 지원하는 이들에게 저작권 침해를 방치했다고 간적접으로 책임을 지울 수는 있으나, 법원이나 여타 집행기관이 이러한 새로운 블록체인 기반 시스템의 운영까지 막지는 못한다. 이러한 시스템들은 암호기술의 법에 의존하기 때문에 코드 자체에 의하지 않는 한, 그 누구도 이러한 파일 공유 애플리케이션들을 중단시킬 수 없다. 블록체인 기반의 파일 공유 시스템 개발자에 대한 소송은 추후 다른 이들의 이러한 시스템 개발을 방지하는 데 효과가 있을지 모르지만, 일단 개시된 시스템을 중단시킬 수는 없다.

중개인의 역할이 암호기술의 법으로 운영되는 자율적 시스템으로 대체된다면, 과거 온라인 중개자에게 의존하여 저작권 침해를 막을 수 있었던 저작권 소유자들은 블록체인 기반 파일 공유 애플리케이션으로부터는 그만큼의 도움을 받지 못할 것이다. 블록체인 기술, 스마트 컨트랙트, 탈중앙화된 오버레이 네트워크의 조합에 의해서만 저작권 보호 파일이 공유된다면, 저작권 소유자들은 개별적으로 각 침해자에 대한 권리를 행사하는 수밖에 없다.

이렇듯 블록체인 기술은 저작권자가 법적으로 부여받은 권리를 행사하지 못하게 방해할 위험이 있다. 저작권법은 창작자에게 배타적 권리를 부여함으로써 그들이 새로운 작품을 만들어내도록 장려한다. 또한 저작권법은 저작권 소유자의 사전 승인 없이는 누구도 저작권이 있는 작품을 복제하거나 배포하지 못하도록 보장한다.[28] 저작권물 이용 허가를 통해 창작자들은 자신의 노력에 대한 정당한 보수를 받고 새로운 작품을 창작할 동기를 얻는다.

이에 반해, 블록체인 기반의 파일 공유 시스템들은 탈중앙화되고 자율적인 파일 공유 애플리케이션을 통해 저작권 침해를 용이하게 하고 저작권 자체를 약화시킨다. 이러한 블록체인 기반 시스템들은 콘텐츠 소유자들이 저작권을 행사할 기회를 감소시키며, 결국 개별 침해자에게 일일이 소송으로 대응할 수밖에 없도록 한다.[29] 즉, 이러한 파일 공유 시스템들이 널리 확산되면, 온라인상에서 저작권을 보호하는 힘은 약해질 수밖에 없다. 이는 창작자, 권리 소유자, 온라인 중개자 사이에 자리 잡고 있는 균형 상태를 깨트릴 수 있으며 결국은 새로운 시스템을 구성해야 할 수도 있다.

표현의 자유의 이면

블록체인 기반의 파일 공유 시스템과 커뮤니케이션 시스템은 저작권

법의 효용성을 떨어뜨리며, 혐오 발언, 외설적인 포르노물, 명예훼손을 규제하는 법을 쉽게 회피할 수 있도록 한다. 현재 대부분의 국가에서는 아동 포르노, 리벤지 포르노와 같은 콘텐츠의 배포를 범죄로 간주하고 있으며, 혐오 발언, 사이버불링cyberbullying, 공개 망신 및 개인의 의료정보 등 타인의 민감한 정보를 공개하는 것을 법으로 금하고 있다.[30]

연방 수정헌법 제1조에 의해 폭넓은 표현의 자유가 보장되는 미국에서도 일정한 제약은 존재한다. 수정헌법 제1조에 따르면 '외설적인indecent' 자료는 보호 대상이지만, '음란한obscene' 포르노물은 보호되지 않으며, 이를 배포한 자는 실형을 선고받거나 재산을 압수당한다.[31] 또한, 정부 기밀이나 국가 보안과 관련된 기술을 배포하는 행위도 법으로 금지하고 있다.[32] 블록체인 기반의 시스템들은 이러한 규제를 피할 수 있게 설계됐다. 따라서 악의를 가진 이들이 외설적이거나 선동적인 자료, 불법적인 콘텐츠를 확산시키는 도구로 이 시스템을 이용할 수 있다. 이러한 새로운 커뮤니케이션 및 메시징 플랫폼들은 암호기술의 법을 따르기 때문에 현행법과 관련 없이 운영되며, 이는 사람들이 사회적 비용을 고려하지 않고 아무 제약 없이 커뮤니케이션하는 온라인 환경을 낳게 된다.

결국 블록체인 기반의 커뮤니케이션 시스템 및 소셜 미디어 플랫폼이 널리 도입되면, 인터넷은 점점 더 무질서해질 것이다. 예를 들어, 알렉산드리아나 아카샤와 같은 소셜 네트워크 플랫폼의 경우, 가명으로 콘텐츠를 전송하는 시스템이 불법 콘텐츠를 공유하는 데 활용될 수 있다. 이러한 플랫폼들은 정보를 제어하는 중앙 통제자가 없기 때문에 아동 포르노물, 테러리스트 핸드북 및 폭력을 야기하는 혐오 발언을 보관하는 저장소로 발전할 가능성이 있다.

블록체인 기술이 점차 발전함에 따라, 이러한 서비스들은 페이스북, 위챗, 트위터, 레딧과 같은 중개 플랫폼들과 경쟁하게 될 것이다. 또한 표현의 자유를 제한하고 불법적인 콘텐츠의 확산을 막는 기존의 법을 밀어내고 온라인상에서 정보, 미디어, 커뮤니케이션을 퍼뜨리는 새로운 방식을 형성할 것이다. 설사 법적으로 이러한 시스템들을 금지하더라도 정부가 이러한 플랫폼을 통해 전파되는 정보를 통제하거나 이에 대한 영향력을 행사하는 건 매우 어려울 수 있다. 저작권 침해 문제와 마찬가지로, 이러한 새로운 서비스들을 만들거나 유지하는 행위가 처벌 대상이 된다 해도 사용자들이 스마트 컨트랙트 코드를 실행하는 데 필요한 수수료를 계속해서 지급한다면 시스템은 지속적으로 운용될 것이다.

더 심각한 문제는 블록체인 기반의 커뮤니케이션 및 파일 공유 시스템들이 국가 안보를 약화시킬 수 있다는 점이다. 블록체인 기반의 플랫폼들은 개인 정보, 거짓 정보, 심지어 정부 기밀을 퍼뜨리는 기반이 될 가능성이 있다. 이를테면 블록체인 기술은 차세대 내부고발 플랫폼을 개발하는 데 사용될 수 있다. 이는 탈중개화되고 가명성이 보장되며 (위키리크스 같은) 기존 서비스보다 회복력이 강할 것이다. 국가 안보를 위해 정부가 취하는 여러 행위가 이러한 시스템을 통해 노출된다면 이는 국가간의 민감한 협상에 영향을 줄지도 모르며, 정치 지도자들을 망신시키거나 중대한 외교 관계의 진전을 저해할 수도 있다. 정부가 개입하여 검열하거나 폐쇄시킬 수 있는 기존의 내부고발 플랫폼과는 달리 블록체인 기반의 플랫폼에서는 정부가 민감한 정보와 국가 기밀을 검열하기 어려울 것이다.

결과적으로 결제, 금융, 계약 분야와 마찬가지로 정보 분야에서도 블록체인은 궁극적으로 두 가지 역할을 하게 된다. 블록체인 기반의 시스템들은 정부 당국과 기업의 통제에서 벗어나 새로운 프로토콜 및 애플리케이션을 지원하며, 이들은 암호기술의 법에 의존하여 미디어, 커뮤니케이션, 정보의 교류가 중앙화된 지점에서 자동화된 코드 기반 시스템 자체로 옮겨가게 할 것이다. 이러한 시스템들은 표현의 자유를 강력히 보장하고 종국에는 정보가 지구상 어디든지 자유롭게 흘러갈 수 있는 사회를 구축할 것이다.

그러나 이러한 시스템들은 사회적 비용을 야기한다. 온라인상의 저작권 침해에 대한 기준을 크게 낮추고 혐오 발언, 음란물, 아동 포르노물, 폭력을 유발할 수 있는 정보의 확산을 용이하게 한다. 정보의 확산에 관여하는 중개인이 줄어들면서 정부는 정보 흐름을 규제하는 법을 집행하는 데 어려움을 겪을 수 있으며, 결국 블록체인 기반 시스템 내의 공공질서와 도덕을 유지하는 데 실패할 가능성도 있다.

PART 4

자동화된 조직

8

조직의 미래

블록체인은 결제, 금융, 상거래와 정부, 정보 시스템이 작동하는 방식에 일대 변혁을 가져왔을 뿐만 아니라, 사회적인 상호 작용과 경제 활동에 전례 없는 새로운 수단을 제공함으로써 조직 내 의사결정을 용이하게 만든다. 예를 들어, 스마트 컨트랙트는 블록체인에 기반한 투표 시스템 그리고 코드에 기반한 규칙을 사용하여 조직 운영을 효율화하고 기회주의적 행동을 방지함으로써 기존 조직을 지원한다. 동시에 블록체인은 중앙정부 혹은 공신력 있는 제3의 주체에게 의존할 필요성을 줄임으로써 P2P 기반 활동을 조직하고 조정할 수 있는 새로운 도구를 제공한다. 블록체인 기술은 기존 조직을 개선하는 동시에 '암호기술의 법lex cryptographica'을 활용하여 기존 법을 우회하는 새로운 사회·경제적 시스템을 지원한다.

수천 년 동안 사람들은 조직을 만들어 경제적·사회적 활동을 조율해 왔다. 로마인들은 소시에타스 피큘리엄societas peculium과 소시에타스 퍼블리카노럼societas publicanorum과 같은 다양한 형태의 상업 조직을 고안했는데 이 조직은 사회적 이익과 손실을 공유하면서 유한책임만 지는 조직체의 성격을 지녔다.[1] 중세시대 이탈리아는 해양 교역에 대한 자금 조달을 위해 유한책임을 나눠 가지는 파트너십 형태의 초기 모델을 선보였다.[2] 1600년대에 잉글랜드와 네덜란드에서는 주식회사가 나타나면서, 더 생산적인 기업 활동을 영위하기 위해 정부로부터 독점권을 승인받는 조직체가 출현했다.[3] 오늘날의 기업 형태는 1811년 뉴욕에서 생겨났다고 볼 수 있는데, 당시 뉴욕시는 광범위한 승인 절차를 거치지 않고도 사적私的 주체가 자신들의 기업구조를 형성할 수 있는 권한을 부여했다.[4]

로널드 코스Ronald Coase가 1937년에 쓴 기념비적인 논문 〈기업의 본질Nature of the Firm〉에 서술한 것처럼, 사람들은 시장에 참여하는 거래 비용이 지나치게 증가할 때 어느 정도 공식화된 단체를 조직화하려 하고, 그 형태는 협회, 파트너십, 법인, 기업 또는 기타 다른 유형의 조직, 흔히 경제학자들이 회사[5]라고 부르는 형태로 이어진다. 코스가 설명한 것처럼, 시장 거래에 참여하는 데 드는 거래 비용이라는 것은 시장에 진입하여 거래할 상대방을 찾는 데 드는 비용, 협상 비용, 계약이 이행되고 필요에 따라서는 강제해야 하는 비용 모두를 포함한다.[6] 경제적으로 유익한 활동에 참여하기 위해 서로 다른 당사자들을 끌어모으는 일은 때로 너무 복잡해서 시장을 통해 이를 효율적으로 처리하기 어려운 경우도 있다.[7]

시장은 상품이나 서비스의 신속한 교환을 지원하는 데 대체로 탁월하다. 그러나 대규모의 조직화나 당사자 간의 지속적인 관계가 필요한 경제 활동인 경우, 혹은 복잡성이나 불확실성이 높은 경우에는 유용하지 않다. 개개인이 각자 시장에서 신뢰할 수 없는 당사자들과 거래할 때는 거래 비용이 증가하기 때문에 협업을 통해 업무를 조직화하게 된다.[8]

조직을 구성하여 거래에 참여하는 당사자들은 여러 방법으로 거래 비용을 줄일 수 있다. 첫째로 일련의 작업을 수행하는 데 필요한 전체 작업 수를 줄이는 방법이 있다. 무언가를 생산하기 위해 그룹 차원의 노력이 필요한 경우, 기업의 틀 내에서 경제 활동을 조율하면 탐색하고 협상하는 데 들어가는 비용이 줄어든다.[9] 조직을 운영하게 되면 업무 수행에 적합한 사람을 찾고자 시장 거래에 의존할 필요가 없다.[10] 조직 내 근로자들에게[11] 고정된 임금을 지급하고 광범위하고 반복적인 협상을 맡길 수 있기 때문이다.

둘째, 조직은 불확실성과 기회주의, 복잡성으로 인해 발생하는 비용을 낮춘다.[12] 비즈니스 관계[13]에서는 다양한 사고와 위험이 우발적으로 일어난다. 조직에 소속되어 있지 않은 개인은 모든 과정을 혼자 한다는 점에서 인지 능력이 제한적이고 상대적으로 합리성[14]이 떨어지기 때문에 이러한 의외의 사항을 포괄하지 못하는 불완전한 계약을 체결하게 된다. 게다가 개인인 경우, 자신의 이익을 위해 행동하고 부주의나 속임수, 무능력 때문에 계약상의 약속을 지키지 못하는 경우도 종종 발생한다.[15] 그에 비해 조직은 전문지식과 자원을 보유하고 있으며, 여러 번 시장에 참가해본 경험에 의존해 계약을 체결하고 이행하는 데 드는 비용을 줄이게 된다.[16]

그럼에도 조직은 완벽하지 않으며 조직 내부에서도 자체적으로 거래 비용이 발생한다. 코스의 이론은 시장을 통해 거래를 달성하는 비용과 회사 내부에서 거래를 성사시키는 비용 간의 균형을 맞추는 데 있다. 규모가 큰 조직의 자체 운영 비용은 한계에 부딪힐 때까지 조직의 거대한 규모만큼 계속해서 증가하는 경향이 있고, 그렇게 되면 조직은 일부 운영을 외주화하고 시장 거래에 다시 참여하고자 한다. 그레고리 샘슨Gregory Sampson은 "회사 규모가 커질수록 경영이 복잡해지고 그에 따라 조직을 관리하는 비용이 증가하게 되는데, 이는 커지는 조직 내부를 새로 관리하는 비용이 시장에서 거래하는 비용보다 더 커질 때까지 계속된다"고 설명했다.[17]

블록체인 기술에 기반한 스마트 컨트랙트를 통해 기업은 특정 계약 및 행동을 관리하고 조정함으로써 보다 효율적인 조직의 운영이 가능해진다. 블록체인 기술은 기업의 설립, 운영 및 경영에도 영향을 미친다. 그뿐만 아니라 기존 기업의 운영 비용을 절감하고 내부 통제 메커니즘을 개선하면서 동시에 이러한 조직의 전반적인 투명성이 향상되도록 변화를 불러일으킨다.

스마트 컨트랙트를 이용해 조직을 구성하거나 일상적인 작업을 자동화하게 되면 인적 자원의 필요성이 줄어든다. 다양한 규칙을 일련의 스마트 컨트랙트로 통합하면 하드 코딩된 관계망이 응집된 네트워크를 형성하는 데도 도움이 된다. 이 네트워크는 조직과 상호 작용하거나 조직에 참여하는 모든 사람이 준수해야 하는 기준 및 절차를 수립한다. 오늘날의 기업 운영은 사실상 법규와 문서로 이루어지는 경우가 많다. 블록체인 코딩을 통해 조직의 규정과 절차의 일부를 실행시키는 것이 가능한 시대다. 예를 들어, 앞서 논의한 바와 같이 회사나 기타 법인의 소유 지분을 표창하거나, 토큰화하거나, 배당금을 분배하거나, 이익과 손실 할당과 같은 경제적 권리를 관리하기 위해 스마트 컨트랙트를 활용하는 것이다. 스마트 컨트랙트를 체결하면 회계사나 기타 사무직 직원이 관련 지불금을 따로 관리하거나 규정을 적용할 필요 없이 자동으로 이러한 절차가 진행된다. 토큰화된 주식은, 잔 슈뢰더Jeanne Schroeder가 '암호 주식cryptosecurity'이라고 표현한, 미국통일상법 제8조 및 주 회사법에서 말하는 주권이 발생되지 않은 주식으로 규

정된다.[18]

주식이 블록체인에 등록되면 투자자와 발행자는 더욱 직접적인 상호작용이 가능하다. 재산권은 조작이 불가하고 회복력이 강한 데이터베이스에 기재되어 자유롭게 감사가 가능하므로 주주 명부와 관련된 문제가 줄어든다. 또한 주식 지분이 블록체인에 일단 기록되고 나면 자동으로 스마트 컨트랙트가 체결되어, 회사는 더 이상 정관에서 승인된 것보다 많은 주식을 발행하지 못한다. 뿐만 아니라 회사 구성원 누구라도 언제든지 회사 주주 전체를 식별하는 것이 가능해진다.[19]

블록체인은 주주총회 결의와 같은 기업 활동을 효율화하고 자동화한다. 앞서 살펴본 것처럼, 블록체인은 조작 불가하고 회복력이 강하고 불가역적인 방식으로 기록을 저장한다. 여기에는 정부의 행정 기록뿐만 아니라 제3자에게 위임하는 전자서명 방식의 투표와 그 증빙도 포함된다.

블록체인을 활용하면 이사회 구성원을 선출하는 것과 같은 기업 활동을 할 때 더는 종이 우편물을 보내거나 보안된 전자 위임 서비스e-proxy service를 이용할 필요가 없다.[20] 더구나 블록체인의 투명하고 불가역적인 특성으로 인해 사기 및 오산의 가능성은 없어지거나 적어도 줄어든다. 한 번 투표가 블록체인에 기록되면 언제든지 누구나 블록체인에 남겨진 흔적을 보고 어디에 누가 투표했는지 확인할 수 있다. 따라서 주주의 결정은 더 이상 비밀리에 처리되지 않고 공개적으로 이루어지며 조직의 모든 구성원은 조직 내 의사결정이 규칙에 따라 내려진 것인지 확인할 수 있게 된다.

블록체인 기반의 대리투표는 정확성과 투명성에 있어 투표 결과가 잘못 산정되는 위험을 줄인다. 야후 이사회를 장악하기 위한 2008년 위임장 대결이 바로 그 예다. 긴장된 투표 끝에 야후는 이사 중 2명이 약 80퍼센트에 달하는 주주들의 찬성을 얻었다고 발표했다. 야후 주식의 약 16퍼센트를 보유한 기관 투자자가 의외의 결과에 놀라 제3의 투표관리 기관인 브로드릿지Broadridge에 총합을 재확인하도록 요청했고, 수백만의 표를 잘못 산출했다는 오류가 밝혀졌다.[21] 블록체인 기술을 사용하면 이와 같은 오류는 현저히 줄어들 것이다. 실제로 뉴캐슬대학교의 연구자들은 이더리움 스마트 컨트랙트가 어떻게 중앙통제 방식의 관리에 의존하지 않는 민간 투표의 집계에 사용될 수 있는지를 보여줬다.[22]

블록체인 기반의 투표 시스템이 발전할수록 주주의 의견을 수렴하는 비용은 점점 감소하며, 주주가 조직에서 더 큰 역할을 맡는 것이 경제적으로 더 효율적인 시점이 올 것이다. 주주들의 의견은 회사가 나아가는 방향에 영향을 미치고 주주 행동주의자들을 독려하기도 한다.[23] 이를 통해 블록체인은 조직의 의사결정 절차가 보다 투명하고 안전하며 자율적으로 이루어질 수 있도록 한다.

이미 블록체인을 활용하여 일상적인 조직 운영을 좀 더 잘할 수 있도록 돕는 새로운 도구가 나오고 있다. 예를 들어, 오토노모스Otonomos라는 서비스를 이용하면 온라인 양식을 작성하는 것만으로도 블록체인 기반의 전자 주식 거래 및 관리가 가능하다.[24] 이용자들은 오토노모스를 활용해 의결, 배당과 증자를 포함한 모든 것이 블록체인으로 통제되는 회사를 싱가포르에 설립할 수도 있다.[25]

마찬가지로 보드룸BoardRoom이라는 서비스는 개인회사와 법인 및 비영리 단체가 기업의 투표와 의사결정 과정을 직접 관리할 수 있도록 특별히 설계된 스마트 컨트랙트와 상호 연결되어 있는 시스템을 제공한다.[26] 보드룸을 이용하는 조직에서는 직접 참여 투표를 통해 블록체인에 기반한 새로운 지배구조를 실험하고 있다.[27]

스마트 컨트랙트는 기업의 대응 속도를 높인다는 목표를 넘어 조직이 내부를 더 잘 관리하는 새로운 방법을 제시하기도 한다. 많은 기업은 여전히 자산이 도용 또는 오용되지 않도록 적절한 보호 장치를 마련하기 위해 노력하고 있다.[28] 대규모 기업과 조직들은 대개 일방적으로 자산을 이전하거나 사용할 수 없도록 조직 내 여러 당사자 간의 직무를 분리하여 이 위험을 낮추고자 한다.[29]

블록체인 기반의 스마트 컨트랙트를 활용한다면 회사나 기타 법인 내에서 자기 거래를 하거나 기회주의적으로 행동할 가능성을 줄일 수 있다. 자연어 계약에 의해 운영과 관리가 이루어지는 전통적인 조직과 달리 블록체인 기반 조직은 부분적으로 스마트 컨트랙트 코드의 규칙에 따라 관리된다. 이 규칙은 조직 내 구성원의 의사가 반영되는 방식을 자세히 기록한 코드를 사용하여 조직이 더 쉽게 의사결정을 내리는 데 도움을 준다.

블록체인 기반의 자율적인 내부코드를 사용함으로써 조직은 스마트 컨트랙트를 통해 업무를 분담하고, 여러 당사자의 확실한 승인 없이 조직의 거래가 일어나는 것을 막을 수 있다.[30] 이러한 맥락에서 블록체인의 엄격한 시스템은 일종의 책임감 강화를 의미한다. 조직의 통제에 얽매이지 않는 조직 내 규칙이 생성되므로 내부의 누군가가 이를 수정하거나 회피하거나 그 외 다른 어떤 방법으로도 손상시킬 수 없기 때문이다.

따라서 블록체인 기술을 적용하는 법인은 주주와 직원들 사이의 불확실성이 줄어드는데, 그것은 당사자들이 어떤 합의를 거치고 난 후 개인적인 이익을 위해 행동할 위험이 감소하기 때문이다. 이는 조직 구성원 간의 신뢰를 높이며,[31] 결과적으로 경쟁 우위와 부의 창출을 가져온다.[32]

탈중앙화된 조직들

블록체인 기술이 조직에 미치는 영향은 기존 기업 및 기타 법인이 가진 문제점을 차츰 개선하는 것에 국한하지 않는다. 여기서 더 나아가 블록체인 기술은 탈중앙화된 조직들, 블록체인 기술 및 스마트 컨트랙트를 주된 혹은 독점 관리체제로 사용하는 새로운 조직을 창출해낼 수 있다. 블록체인에 기반한 스마트 컨트랙트는 중앙 서버에서 실행되는 것이 아니라 전체 네트워크에서 분산된 방식으로 실행된다. 이러한 스마트 컨트랙트들이 결합함으로써 조직의 규칙을 총체적으로 아우르면서 기술적으로 상호 강제되는 연결 시스템이 형성된다.

블록체인 기술을 사용하면 P2P 기반의 협업이 가능한 개인들끼리 모여 탈중앙화된 조직을 만들 수 있으며, 원한다면 필요에 따라 중앙 집중식 관리에 크게 의존하지 않고 가치를 교환할 수 있다. 오픈 소스 공동 작업의 모델에서 영감을 얻은 탈중앙화된 조직은 블록체인 기반 프로토콜 및 코드 기반 시스템을 통해 연결된 사람들이 공유하고 있는 사회적 또는 경제적 목표를 달성하는 데 집중한다. 어떤 의미에서 이러한 블록체인 기반 조직은 전통적인 오픈 소스 조직으로서 요차이 벤클러Yochai Benkler가 제시했던 공유 기반 공동 생산 시스템commons-based peer production system의 확장으로 볼 수 있다.[33] 즉, '분산되고 협조적이며 독점적이지 않은' 조직 구조로서 시장의 움직임이나 관리자의 명령에 의존하지 않고, 광범위하게 분산되어 있지만 느슨하게 연결되어 서로 협력하는 개인들 사이에서 자원을 공유해 결과물을 만들어낸다.[34]

기본적으로 탈중앙화된 조직은 블록체인 기반의 토큰이나 스마트 컨트랙트로 운영되며 이를 통해 조직 구성원들은 조직의 자산을 직접적으로 혹은 간접적으로 제어한다. 토큰은 디지털 화폐로 구매하거나 노동의 대가로 조직에서 할당 받을 수 있다. 토큰에는 종류별로 특정 권한이 있다. 예를 들어 어떤 토큰은 조직의 이익이나 손실의 일부에 대한 권리, 또 다른 토큰은 조직 내 자원이나 서비스에 접근하거나 관리 또는 그것을 전송할 수 있는 권리를 갖는다. 또한 토큰은 특정 권한과 연결되어 사람들에게 조직의 의사결정 프로세스에 참여할 기회를 제공한다.

탈중앙화된 조직의 거버넌스는 일반적으로 위계질서에 덜 구애받고 그룹 내 합의에 의존하는 방식으로 이루어진다. 개인이 탈중앙화된 조직에서 토큰을 보유하면 자동으로 회원이 되며, 회원 규약은 대체로 그 근간이 되는 스마트 컨트랙트 코드에 따른다. 이 새로운 조직은 이사회나 최고 경영자에게 의존하지 않고, 주로 토큰 보유자의 투표나 선호도를 집계하는 스마트 컨트랙트를 통해 관리된다. 이는 분산된 합의 방식이다.

스마트 컨트랙트에 기반한 다양한 유형의 토큰을 활용함으로써 조직 내 직원들은 각자 행사할 수 있는 영향력을 보다 역동적인 방식으로 부여받게 된다. 예를 들어, 조직이 발행하는 토큰 중의 하나는 탈중앙화된 조직에서 제공하는 제품 및 서비스에 대한 접근 권한을 부여하고, 또 다른 토큰은 조직의 이익을 분배 받을 수 있는 권한을 주는 식이다. 이밖에 새로운 직원을 고용하거나 예산 승인, 신규 프로젝트 시작과 같은 특정 사안의 결정에 참여 권한을 부여하는 토큰이 있을 수도 있다.

이렇게 해서 새로운 디지털 조직이 등장하기 시작했다. 5장에서 설명한 더다오TheDAO는 이더리움 블록체인을 기반으로 탄생한 최초의 탈중앙화된 조직 중 하나였다.[35] 더다오는 혁신적인 블록체인 기반 프로젝트에 돈을 투자하려는 크고 작은 투자자들을 위한 허브 역할을 하고자 했다. 다시 말해, 탈중앙화된 벤처 캐피털 펀드가 되는 것이 더다오의 목표였다. 더다오 창설자는 다른 조직과 달리 이 새로운 법적 실체를 설립하기 위해 공식적인 합의나 국가가 인정하는 정관에 의존하지 않았다. 대신 전반적인 지배구조부터 제안서 수령 및 대금 지급과 같은 일상적인 업무에 이르기까지 스마트 컨트랙트 코드를 사용하여 더다오의 모든 업무를 진행했다.[36]

전 세계 누구나 디지털 화폐로 교환이 가능한 토큰을 구입함으로써 더다오의 멤버가 될 수 있었다. 블록체인 기반의 이 조직은 최고 경영자를 선출하거나 이사회를 조직해 거기에 큰 힘을 실어주거나 하지 않았다. 이들이 택한 것은 금권적인plutocratic 지배구조 모델이었다. 조직에 돈을 투자한 사람들에게 소유 지분에 비례하여 투표권을 행사할 수 있도록 했으며 조직이 블록체인 기반 프로젝트에 자금을 지원할지의 여부를 이를 통해 결정했다.[37] 어떤 프로젝트가 더다오 토큰 소지자로부터 충분한 수의 투표를 받은 경우, 더다오의 스마트 컨트랙트는 해당 프로세스에 중개자가 개입하지 않고 프로젝트 자금이 집행되도록 프로그램화됐다.[38]

더다오는 프로그래밍을 통한 조직 관리의 가능성을 시험한 최초의 중요한 사례였다. 더다오에 이어 합의 기반의 거버넌스 모델인 디직스닷아이오Digix.io나 메이커다오MakerDAO를 비롯한 다른 블록체인 기반 조직이 등장했다.[39] 이러한 조직의 토대가 되는 스마트 컨트랙트가 예상대로 오픈 소스 라이브러리처럼 작동하는 경우, 새로운 종류의 조직을 만드는 데 드는 비용과 과정의 복잡성은 시간이 지남에 따라 감소할 것이다. 점점 더 많은 사람이 새로운 형태의 조직을 실험하면서 전문적이고 검증된 스마트 컨트랙트가 더 다양하게 생겨날 것은 자명한 일이다. 앞으로 시장과 시장 외 영역까지 탈중앙화된 조직이 확대되어 나타날 것으로 전망된다.

블록체인 기술은 조직 내 활동을 관리하는 데 드는 비용을 감소시키기 때문에 이론상으로 보자면 탈중앙화된 조직은 점점 더 많은 사람의 작업을 효율적으로 조정하는 것이 가능하다. 코스가 오래 전에 인식한 바와 같이, 기술 발전은 "전화 및 전신의 경우가 그랬던 것처럼 공간적인 확산에 들어가는 비용을 줄이는 경향이 있다. (……) 특히 경영기법을 개선하는 변화의 측면에서 회사의 규모를 키우는 경향이 있다."[40] 현재 우리의 경제 환경을 지배하는 중앙집중적이고 위계화된 조직은 궁극적으로 스마트 컨트랙트와 암호기술의 법, 그리고 자유롭게 거래 가능한 토큰을 통해 조율되는, 공동의 목표를 갖고 느슨하게 협력하는 사람들로 구성된 잠재적으로 더 큰 탈중앙화된 조직과 경쟁하게 될 것이다.

예를 들어 인기 있는 차량 공유 서비스 우버Uber를 보자. 기본적으로 우버는 중앙집중식으로 유지 및 관리되는 온라인 플랫폼을 기반으로 느슨한 네트워크 형태를 형성한다. 우버는 직접 기사를 고용하지는 않지만 중앙집중식 플랫폼을 제어함으로써, 적절한 시장 가격을 책정하고 운전자가 고객에게 청구하는 운임을 일방적으로 낮추기도 한다. 때로는 운전자가 예상하지 못했던 수수료를 청구하는 경우도 있다.[41] 우버 플랫폼은 운전자와 탑승객 연결, 지불 편의 제공 및 등급 시스템 유지 관리를 담당한다. 이러한 서비스에 대한 대가로 우버는 총 운임의 25퍼센트 수수료를 부과하고 매년 수십억 달러의 수익을 창출한다.[42] 앞으로의 탈중앙화된 조직은 이처럼 중앙 관리자가 없어도 있을 때와 다름없이 일을 해낼 수 있다. 스마트 컨트랙트에 의존하는 새로운 블록체인 기반 차량공유 플랫폼의 운전자는 토큰을 수신하여 이더리움 블록체인에 게시된 승차 요청을 확인할 수 있다. 스마트 컨트랙트는 분산된 애플리케이션을 구성하고, 운임의 시장 가격을 설정하고, 운전자와 탑승객을 연결하고, 지급을 처리하고, 평가를 용이하게 하고, 조직의 경영을 위한 투명한 규칙을 정의한다.

이 새로운 조직은 자체적으로 운영되고, 활동에 경계가 없으며 전 세계 운전자에게 열려 있다. 조직의 스마트 컨트랙트에 따라 요금의 일정 비율은 이더리움 계정에 저장되며, 운전자들은 투표를 통해 이 계정에 보관된 자산을 가지고 필요한 소프트웨어를 구축하거나 유지 관리하는 비용으로 쓸 수 있다. 탈중앙화된 이런 조직에도 멤버십 운영에 대한 최소한의 규정이 있을 수 있는데 그것은 운전자가 자유롭게 네트워크에 가입하거나 탈퇴하기 위해 필요한 것이다.

우버와 달리, 이 새로운 공유차량 플랫폼의 운전자들은 탈중앙화된 조직을 직접 소유하고 통제할 수 있다. 예를 들어, 각 운전자가 투표권을 행사해 운전자의 이익에 유리한 방향으로 조직을 운영하는 것이 가능하다. 기본 소프트웨어를 변경하고자 한다면, 운전자들은 투표를 통해 예상치 못한 청구나 새로운 수수료, 불리한 정책을 막을 수 있다.

탈중앙화된 조직이 운전자와 사용자 모두에게 더 나은 조건을 제공하면 전 세계 수백만 명의 운전자를 유치하는 것이 가능하다.[43] 사실상 우버와 같은 중앙 제어 네트워크는 블록체인 기술을 사용하는 탈중앙화된 응용 프로그램으로 대체될 수 있다. 암호기술의 법에 의해 관리되는 시스템은 운전자의 활동을 투명하고 포괄적인 방법으로 관리하며 코드는 중앙 중개자가 아닌 참여자의 이익을 위해 설계된다.

분산형 거버넌스 모델

이러한 새로운 조직 구조가 광범위하게 채택되려면 주류 시스템으로 자리 잡는 데 방해가 되는 다양한 법적 문제와 구조적 한계를 극복해야 한다. 블록체인 기술은 탈중앙화된 조직의 운영 관리와 관련된 기술 비용을 줄여주지만 그렇다고 해서 거버넌스와 관련된 사회적·정치적 문제까지 제거되는 것은 아니다. 탈중앙화된 조직은 경제 활동을 관리하고 조정하기 위해 스마트 컨트랙트에 의존하지만, 사람들은 완전히 합리적이지는 않기 때문에 탈중앙화된 조직의 구성원들이 조직의 지배구조에 완전히 참여할 수 있는 능력은 제한적일 수밖에 없다. 조직을 운영하는 단계에서 의사결정 절차를 간소화한다고 해도 합의에 이르는 데는 비용이 발생하며, 궁극적으로 조직이 실행력을 발휘하기 어렵게 만든다.

블록체인 기술은 조직의 거버넌스 구조 및 운영을 투명하게 함으로써 민주적인 성향을 강화시킨다. 하지만 사람들이 조직의 활동에 지속해서 참여하고 주의를 기울여야만 하므로 직접 투표로 분산된 합의에 도달하는 것은 쉽지 않다. 많은 사람의 결정에 필요한 정보를 모두 수집하는 데 너무 많은 시간이 소요될 수도 있으며, 절차가 지나치게 복잡해서 사람들이 참여를 꺼릴 수도 있다. 따라서 탈중앙화된 조직이 계층적인 조직과 동일하거나 비슷한 정도의 효율로 운영될 것인지에 대한 의문이 제기된다. 민주적 결정 과정에서 야기되는 사회적 마찰은 궁극적으로 조직에 방해물이 될 수 있고 사회경제적 이익을 창출할 수 있는 능력을 억누르기도 한다.

그러나 직접 투표를 통한 합의만이 탈중앙화된 조직의 거버넌스에 접근하는 유일한 방법은 아니다. 의사결정 프로세스의 마찰을 줄이기 위해 블록체인으로 다양한 통제 메커니즘을 실행해볼 수 있다. 가령 퓨타치Futarchy[44]로 알려진 시장예측 기반 거버넌스 구조나 평판에 따라 표의 가치가 결정되는 거버넌스 구조 등이 있다.[45] 이 중 어떠한 모델이 성공할지 실패할지 단정하기는 이르지만, 분명한 것은 탈중앙화된 조직은 이전에는 대규모로 구현할 수 없었던 새로운 형태의 조직 관리를 실험하기 위한 샌드박스 역할을 하고 있다는 점이다.

보안 문제

보안 문제 역시 탈중앙화된 조직의 전망을 어둡게 하는 요소 중 하나다. 비트코인 네트워크는 10여 년 동안 운영되면서 해커에 대한 내성이 입증되었지만 스마트 컨트랙트 코드의 보안성에 대해서는 아직 의문이 제기되고 있다. 블록체인의 건전성과 보안성이 입증된다 하더라도 스마트 컨트랙트 개발자가 악의를 품은 사람의 공격에 취약한 소프트웨어를 만든다면 보안을 장담할 수 없을 것이다.

블록체인은 불과 몇 년 전까지만 해도 없던 기술이기 때문에 스마트 컨트랙트 개발자는 월드와이드웹World Wide Web 및 기타 컴퓨팅 플랫폼용으로 개발된 이전 자료 및 보안 표준의 도움을 받기 어렵다. 블록체인 기술 개발자는 완전히 새로운 프로그래밍 분야를 탐구하고 있으며 그에 대한 보안 위험은 여전히 검토 단계에 있다. 모든 사람이 검토할 수 있도록 스마트 컨트랙트 코드가 인터넷에 공개되어 있더라도 해당 코드가 제대로 만들어졌는지 이해할 수 있는 능력을 가진 사람은 소수에 불과하다. 블록체인 운영을 가능하게 하는 암호화 프로토콜과 수학 알고리즘으로 보안성을 높인다 하더라도 블록체인을 기반으로 운영되는 스마트 컨트랙트 코드는 여전히 사람의 실수에 취약하고 제3자가 악용할 수 있는 취약점을 가지고 있다.

탈중앙화된 조직이 상당량의 자산을 관리하거나 축적하면(가령 디지털 통화와 같이), 잠재적인 공격자에게는 점점 더 구미가 당기는 일이 된다. 탈중앙화된 조직의 자산을 관리하는 스마트 컨트랙트 코드는 악의적인 사용자에게 이용당할 수 있는 허점이 있다.

우리는 이미 은행 계좌나 신용카드 정보와 같은 많은 양의 개인 데이터를 저장하는 중앙 집중화된 조직에서 이런 위험을 목격한 바 있다. 이러한 조직은 능력 있는 해커들의 매력적인 먹잇감이다.[46] 탈중앙화된 조직에도 비슷한 현상이 나타날 것으로 예상된다. 그리고 전문가가 스마트 컨트랙트 코드의 보안을 향상시켜 공식적인 검증을 거친 서비스를 개발할 때까지는 단기적으로 공격 위험이 증가할 것을 예상해야 한다.

사실 이와 같은 위험은 이미 발생했다. 보안 문제로 붕괴한 더다오가 바로 그 주인공이다. 이더리움에 기반하여 더다오가 실행되기 시작한 몇 주 후, 해커들은 더다오 자산의 상당 부분을 (공격 당시 5천5백만 달러 이상) 빼냈고 이로 인해 더다오의 실험은 시작도 하기 전에 종료됐다.[47] 시스템을 공격한 이들은 더다오에서 자금을 빼낼 수 있는 코드의 취약점을 악용했다. 공격 후, 이더리움 네트워크는 공격자들로부터 자금을 회수하기 위해 이더리움 블록체인의 기본 프로토콜을 수정하는 조치를 단행했다. 자금은 토큰의 원소유자에게 반환이 됐고 이로써 탈중앙화된 조직의 첫 번째 대규모 실험은 끝이 났다.

책임의 부재

탈중앙화된 조직이 거버넌스 및 보안 문제를 극복하더라도 중요한 법적 문제에 직면하게 된다. 탈중앙화된 조직은 법인으로 인정되지 않기 때문에 조직은 구성원의 자산을 부채와 같은 위험으로부터 보호하지 않는다는 것이다.

주식회사든 유한회사든 간에 법인을 창설함으로써 얻는 혜택 중 하나는 법인을 소유한 개인의 자산을 법인의 채권자로부터 보호한다는 점이다.[48] 탈중앙화된 조직은 기본적으로 이러한 이점을 누리지 못하는데, 법 제도가 이들을 유한 책임의 대상으로 인정하지 않기 때문이다. 예를 들어, (여러 유럽 국가와 마찬가지로) 미국은 수익을 창출하기 위해 설립된 탈중앙화된 조직을 '무한 책임 파트너십'으로 간주하며, 결과적으로 조직이 제3자에게 손해를 입히거나 채권자들에게 변제를 할 수 없을 때 구성원들의 자산을 보호해주지 않는다.[49] 무한 책임 파트너십으로 분류되면 탈중앙화된 조직은 회원, 특히 많은 자산을 보유한 회원을 끌어들이는 데 어려움을 겪을 것이다.[50] 대기업이나 기관투자가, 기타 규제를 받는 상거래 조직들은 다른 자산을 위험에 빠뜨릴 수 있기 때문에 탈중앙화된 조직에 투자하거나 지원하는 것을 꺼리는 경향이 있다.[51] 호우만 샤바드Houman Shabad는 정부가 이러한 우려를 해소하기 위해 (공익법인에 대한 법안을 여러 주가 통과시켰듯이) 탈중앙화된 조직도 합법적인 형태의 법인으로 인정하는 입법을 시도해야 한다고 주장한다.[52]

적어도 미국에서는 탈중앙화된 조직이 계열유한책임회사SLLC (유한책임회사의 자산, 부채, 채무 및 부채를 각 시리즈별로 분리하는 '자산분리구조')로 운영될 가능성이 높다. 이러한 사업 구조에 따라 소유권, 경영 및 경제적 권리가 다른 형태의 탈중앙화된 조직이 발생할 것이다.[53] 탈중앙화된 조직은 계열유한책임회사로 분류되면 유한 책임을 누릴 수 있게 되는데, 이익을 공유하고, 필요에 따라 확장·해산 또는 증식하고, 계열사 사이에 자산을 이전하고, 토큰 소유자에게 다양한 수준의 경영권을 부여하게 된다.[54]

증권법상 문제들

탈중앙화된 조직에는 증권법과 관련된 또 다른 중요한 법적 문제가 있다. 많은 국가가 소비자를 사기와 남용으로부터 보호하기 위해 상장주식의 발행을 엄격히 통제한다. 예를 들어, 미국의 연방 증권법은 규제 수단을 주로 공시에 의존하고 있다.[55] 예외가 적용되지 않는 한, 대중에게 증권을 판매하고자 하는 발행인은 광범위하고 비용이 상당히 드는 상장등록 절차를 거쳐야 한다. 이는 대중에게 먼저 투자 기회와 관련 위험에 대한 충분한 정보를 제공하기 위함이다.[56] 발행인은 발행인의 사업, 자산 및 최근 연혁과 함께 증권의 가격을 상세히 기술한 문서를 작성하고 공시를 등록해야 한다.[57] 이러한 작업은 문서를 준비하기 위해 제3자에게 의존해야 하는 데다 상당한 시간과 비용 또한 소요된다.[58]

탈중앙화된 조직이 어떤 구조로 만들어졌는지에 따라 토큰은 미국

법상 증권으로 간주될 수도 있다. 타인의 사업이나 경영에서 창출되는 이윤을 기대하며 공동의 사업에 토큰을 투자했다는 사실을 인정받으려면, 1933년 증권법에 따라 여러 공시 요건을 충족해야 한다.[59]

탈중앙화된 조직이 무한 책임 파트너십으로 분류된다고 하더라도 조직이 발행한 토큰은 증권으로 간주될 수 있다. 일반적으로 파트너는 파트너십을 관리하는 데 적극적으로 참여하므로 다른 사람의 노력에 의존하지 않는다는 점에서 파트너십의 지분은 증권으로 간주되지 않는다. 그러나 이 일반적인 규칙에는 예외가 있다. 토큰 소지자가 조직에서 제한된 권한을 가졌거나 업무에 경험이 없거나 관련 지식이 없는 경우(즉, 권한을 지능적으로 행사할 수 없는 경우), 또는 탈중앙화된 조직을 효과적으로 통제하는 발기인이나 경영자 그룹에 의존하는 경우 토큰은 증권으로 간주될 가능성이 있다.[60]

탈중앙화된 조직을 전 세계에서 합법적으로 운영하려면 토큰 구입이 발생한 모든 국가의 증권법에 따라 토큰의 법적 지위를 분석해야 한다. 전 세계를 대상으로 탈중앙화된 조직을 만든 사람들은 그들이 거주하고 있는 관할의 법률뿐 아니라 국가별 증권법을 준수해야 하는데 여기에는 큰 비용과 시간이 소요된다. 탈중앙화된 조직의 지속가능성이 아직 검증되지 않은 경우에는 이러한 비용과 시간을 들이는 것이 더 부담으로 다가올 수 있다.

앞서 언급했듯이 이러한 실무적인 제약은 탈중앙화된 조직과 증권법 사이에 새로운 갈등 관계를 만든다. 탈중앙화된 조직은 인터넷을 기반으로 하여 잠재적으로 범세계적인 활동을 하며 분산되어 있고 가명을 사용하는 조직이다. 현대 증권법 체제가 만들어질 때 입법자들은 특정 국가 내에 사업장을 두지 않고 전 세계적으로 운영되는 조직이 나올 것이라고 전혀 예상하지 못했을 것이다.

탈중앙화된 조직의 비규제성

탈중앙화된 조직에 대한 실험이 증가하면서 각국 정부는 이러한 새로운 조직 구조를 설립하거나 지원하려는 사람들에게 법적 조치를 취하고자 할 수 있다. 실제로 더다오의 5천5백만 달러 해킹 사건으로 증권거래위원회는 블록체인 기술과 증권법[61]과의 상호 작용을 감시해야 할 필요성을 강조했고, 결국 더다오의 토큰이 미국 증권법의 적용을 받는다는 보고서를 발행했다.[62]

그러나 정부가 탈중앙화된 조직을 폐쇄하려고 해도 그러한 조치가 개발이나 도입을 성공적으로 중단시킬 수 있을지는 미지수다. 자율적인 스마트 컨트랙트 코드의 실행으로 운영되는, 조작 불가능하고 회복력이 강한 블록체인에 기반한 탈중앙화 조직은 그 조직을 만든 사람보다 더 오래 살아남는다. 발기인이나 토큰 소유자에게 법적 조치를 취하면 블록체인 시스템에 대한 관심은 줄어들 수 있지만 그것이 조직 폐쇄로까지 이어지지는 않는다.

탈중앙화된 조직은 암호기술의 법의 적용을 받으며 블록체인 네트워크를 지원하는 채굴자들이 요구하는 거래 수수료를 탈중앙화된 조직과 상호작용하는 사람들이 지불하는 한 계속해서 작동될 것이다. 이 조직을 지탱하는 스마트 컨트랙트는 어느 한 당사자의 통제를 받지 않으며 자율적으로 운영된다.

자율적인 소프트웨어에 의존함으로써 탈중앙화된 조직은 기존 법인에 적용되는 법률의 적용을 받지 않을 수도 있다. 실제로 법원 명령이 있더라도 전통적인 법 집행 체계는 탈중앙화된 조직이 관리하는 자산을 대상으로 법을 집행하기 어려울지도 모른다.

앞에서 살펴본 탈중앙화된 차량공유 네트워크의 경우, 조직을 뒷받침하는 스마트 컨트랙트가 미국 프로그래머 그룹에 의해 만들어졌으며, 여러 관할에 균등하게 분산된 토큰 소유자가 조직을 관리한다고 가정해보자. 1년 정도 운영한 후, 새로운 차량공유 서비스는 인기를 얻고 이윤을 축적할 수 있었다. 스마트 컨트랙트 코드에 따라, 축적된 자금은 토큰 소지자의 과반수 투표에 의해 승인된 경우에만 지급될 수 있다. 인도나 대만과 같은 특정 국가에서 그 서비스가 불법으로 간주되는 경우, 조직은 해당 국가의 정부로부터 손해배상을 하거나 폐쇄할 것을 요청받을 수 있다. 그러나 법원 명령이 있어도 집행 당국은 명령을 집행하거나 조직의 자산을 점유하기는 어려울 것이다. 탈중앙화된 조직의 구성원들 중 해당 국가와 관련이 없는 이들이 법원 판결이나 지급 승인을 거부할 수 있기 때문이다.

따라서 암호기술의 법의 고유한 특성은 조직이 특정 국가의 법률을 위반했다는 게 분명하더라도 단일 국가가 탈중앙화된 조직의 운영을 엄격하게 통제하는 것을 어렵게 만든다. 법원의 조치는 인도나 대만의 토큰 보유자를 제재할 수는 있지만, 추가적인 국제 공조 없이 이들 국가가 조직의 불법행위를 완전히 막는 것은 불가능하다.

이러한 위험은 가정에 머무르지 않는다. 불법적인 탈중앙화 조직이 이미 등장한 것이다. 예를 들어, 대몬Daemon은 다크넷 시장을 관리하기 위해 익명의 주주들에게 권한을 부여하여 '사기·해킹·정부 간섭으로 인한 불안정성에 대한 회원들의 우려'를 완화하고자 했다. 이 새로운 시장을 조직한 사람들은 "시장을 블록체인상에 설계하여 정부 기관의 접근을 막는다. 어느 한 개인이 자신의 역할을 다하지 못하면 대몬을 구성하는 주주들의 분권형 익명 그룹이 이를 대체할 수 있다"라고 말했다.[63]

현재로서는 블록체인에 기반한 탈중앙화된 조직이 인터넷의 사각지대에서 성장하고 있지만, 이러한 조직에 대한 신뢰와 도입이 증가하게 되면 더 넓은 범위에서 경제적·사회적 활동이 용이해질 것이다. 시간이 흐르면서 탈중앙화된 조직이 확산되면 입법자들은 현재의 법적 접근 방식, 즉 새로운 형태의 조직에 기존의 법인을 규제하던 방식을 그대로 적용하는 게 타당한지 재검토할 것이며, 조직 구조에 책임을 부여하고 규제하는 최선의 방식이 무엇인지 계속해서 질문하게 될 것이다. 또한 동시에, 이러한 새로운 조직들은 기존 법인들을 재정비하여 주주들에게 더 신속하게 반응하고 사기나 부패를 방지하도록 도울 것이다.

9

탈중앙화된 자율 조직

블록체인은 자산 및 자원에 대한 접근을 제어하기 위해 소프트웨어 알고리즘에 의존하는 자율 알고리즘 시스템을 배포하고 관리하는 플랫폼이다. 분산자율조직은 현재까지 자동화의 가장 진보된 형태로, 블록체인 기반 조직은 사람이나 그룹의 합의가 아닌 스마트 컨트랙트, 알고리즘 및 결정코드deterministic code로 운영된다.

이 장에서는 탈중앙화된 자율 조직decentralized autonomous organizations(이하 DAO)의 윤곽을 살펴보고 이러한 조직이 유용한 이유를 살펴본다(참고로 DAO는 이전에 설명한 더다오와는 다르다). DAO는 인공지능 시스템 또는 다른 형태의 자치코드로 관리된다. DAO는 암호기술의 법에 의존하기 때문에 이러한 블록체인 기반 조직은 규제와 통제가 어렵다.

약 30년 전, 메이르 단코헨Meir Dan-Cohen은 "인공지능을 갖춘" 현대기업, 즉 모든 발행주식을 환매함으로써 "다른 소유자 없이" 스스로 소유자가 되는 기업[1]의 가능성을 언급했다. 당시에 이러한 발상은 터무니없어 보였지만, 블록체인 기술의 출현과 인공지능의 발전으로 단코헨의 구상은 점차 현실화되고 있다.

60년이 넘는 광범위한 연구 결과, 컴퓨터 처리 능력이 기하급수적으로 향상하고 네트워크 컴퓨터의 상호 작용을 통해 수집된 데이터가 급증하면서 점점 더 많은 사람이 인공지능이 곧 일상생활 깊숙이 자리하게 될 것이라고 믿고 있다.[2] 우리는 이미 제한된 작업을 수행하기에 충분한 지능을 보유하고 있는 약한 인공지능weak AI 또는 감정이 없는 인공지능nonsentient AI의 출현을 목격했고[3] 이들이 점점 더 우리 세계로 침투해오는 것을 보고 있다. 이러한 시스템은 월스트리트의 알고리즘 거래를 실행시키고, 인터넷에서 정보·이미지·기타 데이터 형식을 정렬하고 추적하고 분류하는 데 도움을 주며 기상 예측까지 해낸다.[4] 또한, 이러한 시스템은 애플의 시리Siri, 아마존의 알렉사Alexa와 같은 가상 개인 비서의 업무를 돕고, 일정 관리와 이메일 분류, 기타 일상 업무에 도움을 주는 '봇bot'을 보조한다.[5]

그러나 연구자들은 인공지능에 더 큰 기대를 품고 있다. 이들은 개미 정도의 지능을 가진 현재의 약한 인공지능 시스템에서 더 나아가[6] "스스로 이해하고 자율적으로 통제할 수 있으며 다양한 맥락에서 복잡한 문제를 해결할 능력이 있고, 처음 만들어진 시점에는 몰랐던 새로운 문제를 해결하는 법을 배울 수 있는" 강력한 인공지능 시스템을 원한다.[7] 이들의 목표는 인간처럼 사고하고 추론하고 배우는 인공지능 시스템을 구축하는 것이다. 이러한 시스템이 아직 개발되지는 않았지만 연구자와 이론가들은 컴퓨팅 능력과 소프트웨어 개발의 발전으로 곧 더 지능적인 인공지능 시스템을 만들 수 있을 것으로 기대하고 있다. 시간이 지남에 따라 연구자들은 어느 정도 수준의 의식, 지각력, 잠재력을 지닌 인공지능 시스템의 출현을 예견하고 있다.[8]

이러한 발전은 의심의 여지 없이 흥미롭다. 그러나 인공지능 기반 시스템은 위험과 기회를 동시에 품고 있다. 이 시스템은 인간의 능력을 훨씬 능가하는 속도로 정보를 처리하고 대응할 수 있기 때문에 기술로 인해 우리는 세계에 흩어져 있는 다양하고 복잡한 시스템에 대해 더 많은 것을 배울 수 있게 되었고,[9] 이는 궁극적으로 건강, 의학, 과학 발전에도 기여할 것이다. 그러나 인공지능 이론가의 꿈이 현실화되면 강력한 인공 지능 시스템이 인간의 통제[10]를 벗어날 수 있을 것이며[11] 스티븐 호킹을 비롯해 많은 사람들이 우려하는 것처럼 어쩌면 '인류의 종말'을 가져올 수도 있다.[12]

탈중앙화된 자율 조직의 정의

블록체인 기술이 더욱 세밀해지고 발전함에 따라 더 많은 트랜잭션의 처리가 가능해지면, 사람의 통제에서 점점 멀어지는 코드 기반 시스템과 이를 실행시킬 수 있는 플랫폼을 제공하게 될 것이다.

블록체인 기반 시스템은 사람과 기계가 수수료를 대가로 제3자의 연산력을 사용할 수 있도록 하는 데이터 저장 및 처리 플랫폼의 탄생을 촉진했다. 블록체인은 이 기술을 활용하여 인공지능과 알고리즘 시스템이 DAO 역할을 하는 스마트 컨트랙트를 통해 다른 코드 기반 시스템과 상호작용하고 잠재적으로 조정할 수 있는 상호 운용 가능한 프로그램 역할을 한다.[13]

이러한 시도는 이미 진행 중이다. 예를 들어, 2016년 4월 IBM은 인공지능 기술과 블록체인 기술을 병합하여 하나로 응집할 수 있는 프로토타입과 활동들을 조정하고 기록하는 새로운 자율 인공지능 기반 애플리케이션을 만들겠다는 목표를 발표했다.[14]

DAO는 특정한 사람에 의해 운영되거나 통제되지 않고 전적으로 코드로 운영되는 탈중앙화된 조직이다. 궁극적인 의사결정 권한을 사람이 가지고 있는 다른 탈중앙화된 조직과 달리 DAO는 블록체인에서 자율적으로 실행되도록 설계됐다.[15]

DAO는 일반적으로 소유자가 없는 스마트 컨트랙트 묶음으로 구성된다. 이들의 운영 방식은 블록체인에 배포된 코드에 의해 결정되며 디지털 화폐 계정으로 운영 자금을 지원하고 유지한다. 블록체인 기반 네트워크에 필요한 자원을 지원할 수만 있다면 DAO는 개발자의 의

지와 상관없이 계속 작동한다.

DAO는 자동화 수준에 따라 다양한 아키텍처를 채택할 수 있으며 그에 합당한 여러 책임을 부담한다. 일부 DAO는 추첨이나 에스크로 시스템과 같은 특정 결정 작업deterministic task에만 집중하도록 설계된다. 보다 정교한 DAO는 사람(또는 기계)이 특정 서비스를 받기 위해 상호 작용하는 스마트 컨트랙트 층을 블록체인에 추가함으로써 구현해낼 수 있다.

DAO의 활동은 블록체인의 프로토콜과 스마트 컨트랙트 코드에 의해 결정된다. 이러한 프로토콜과 코드는 조직에서 의사결정을 하는 방법과 DAO가 이러한 결정을 내리기 위해 외부 세계에서 정보를 검색하거나 수집하는 방법을 정한다. 이러한 조직은 스마트 컨트랙트와 블록체인을 기반으로 자산(디지털 화폐 및 토큰을 포함하는)을 제어하거나 배포하여 제3자에 의존하지 않고 시간이 지나도 계속 운영할 수 있도록 한다. 이러한 특성은 어떤 하나의 단일 체계가 DAO에 강제적으로 압박을 가할 수 없다는 걸 의미한다. 어떤 개인이나 기관도 DAO가 특정 방식으로 행동하도록 강요할 수 없으며, DAO의 기반이 되는 블록체인이 손상되거나 특정한 기능이 블록체인의 프로토콜에 포함되지 않는 한 아무도 조직의 자산을 점유하거나 제어할 수 없다.

모든 조직과 마찬가지로 DAO의 목표는 운영과 관리에 필요한 자원을 지속적으로 모아 시간이 흐른 뒤에도 조직을 유지하는 것이다. DAO가 자금을 모으거나 제3자의 기여를 확보하는 가장 일반적인 방법은 내부 자본을 디지털 화폐나 토큰 형태로 투자자와 기부자에게 배포하는 것이다.

조직에 따라 기여의 유형에는 여러 가지가 있으며, 일례로 CPU 사이클 대여, 인터넷 접속 공유, 저장공간 제공 또는 개인 데이터 공개 등을 꼽을 수 있다. 시간이 지남에 따라 이러한 기여에는 (토큰 소유자에게 특정한 권한을 부여하는) 디지털 토큰에 대한 대가로서의 노동 또는 서비스 제공도 포함될 것이다. 토큰 소지자는 DAO가 제공한 제품이나 서비스를 획득하거나 DAO의 이익 분배를 받고자 DAO의 토큰을 사용할 수 있다.

DAO는 여러 방식으로 구현된다. DAO를 만드는 가장 직접적인 방법은 의사결정 기능을 블록체인 기반 프로토콜 또는 DAO를 관리하는 스마트 컨트랙트에 직접 포함시키는 것이다. 이 경우 거버넌스는 중앙에서 이루어진다. 그리고 이는 스마트 컨트랙트 코드에 통합된 다소 복잡한 알고리즘으로 결정된다. 이 알고리즘은 주변 환경의 관련 정보를 처리하고 (조직 구성원의 의견을 고려하여) 행동 방법에 대한 결정을 내리게 된다. 알고리즘이 결정 권한을 갖고 있기 때문에 사람들은 DAO의 작업에 간접적인 영향만 미칠 수 있다. DAO의 결정에 영향을 주는 정보의 입력은 가능하지만 행동을 직접 제어할 수는 없다.

구조화 면에서 뒤처질 수 있으나, 큰 시스템을 형성하는 여러 코드 기반 시스템의 집합으로 구성된 DAO도 있다. 간단한 작업을 수행하도록 설계된 여러 스마트 컨트랙트를 함께 연결하여 DAO를 만들 수 있는데 이 조직의 기능은 각 부분의 합보다 훨씬 뛰어나다. 이 모델은 자연계에서 발견되는 어떤 현상, 새 떼, 물고기 집합, 개미 왕국처럼 간접적인 조정 과정을 거치면서 협동하고 협력하는 모습을 연상시킨다.[16] 구현하기는 대단히 어렵지만, 이러한 DAO는 정교하고, (적응할 수 있는) 잠재력이 있고, 작고 독립적이다. 의식적으로든 무의식적으로든 공동의 목표 달성에 모두가 기여하는 자율적인 스마트 컨트랙트의 집단지성의 혜택을 볼 수 있다.[17]

어떤 면에서 비트코인은 DAO의 기본 유전자형이라고 할 수 있다. 비트코인은 네트워크의 보안과 유지를 개인들의 기여에 의지하는 면이 있지만, 단일 조직이 통제하지 않는다는 점에서 독립적이며 자급자족적이다. 네트워크를 관리하는 규칙은 비트코인 프로토콜에 의해 정의되며 네트워크의 블록체인을 지원하려는 모든 사용자에 의해 시행된다. 사람들의 네트워크 지원을 장려하기 위해, 블록 보상이라는 형태로 비트코인을 할당하여 네트워크를 유지·관리하는 데 필요한 리소스를 투자자 모두에게 보상해주는 특정 인센티브 시스템을 구현한다.[18] 이 모델에 따라 비트코인 네트워크는 외부 투자자에게 의존할 필요 없이 자체적인 디지털 화폐를 발행함으로써 존립이 가능하다.

시간이 지나면 더 정교한 DAO가 등장할 수도 있다. 즉, 대중이 가치 있다고 여기는 디지털 자산을 거래하거나 수수료를 받고 대중에게 서비스를 제공함으로써 지속가능성을 증명해내는 것이다. 예를 들어 DAO는 사람들이 돈을 걸 수 있는 복권이나 도박 플랫폼으로 활용될 수도 있고, 사람들이 이를 이용해 상품이나 서비스를 거래하는 장터를 마련해주거나 자율주행 차량을 관리하여 개인이 대중을 상대로 운송 서비스를 할 수 있도록 돕는다.

우버와 유사한, 탈중앙화된 승차공유 애플리케이션이 구체적인 예다. 이 애플리케이션은 블록체인과 관련 스마트 컨트랙트에 기반해 운전자가 승객을 쉽게 찾을 수 있도록 도와준다. 또한 사람이 운영하는 것이 아니라 DAO가 소액의 수수료를 수령하고 관리한다. 조직의 통제는 그룹 내 의사 합치를 거치는 대신 알고리즘 시스템과 코드 기반 규칙에 전적으로 의존하는 방식으로 이루어진다. 네트워크에 참여하는 운전자는 DAO의 작업을 제어할 수 없으며 운전자와 탑승객 매칭, 요금 징수를 포함하여 네트워크상의 모든 활동은 코드로만 관리된다.

결과적으로 DAO는 사용자가 운전자와의 조율을 돕는 중심점 역할을 한다. 오늘날 우버 운전자처럼, 이 네트워크에 참여하는 운전자는 승객에게 운송 서비스를 제공하기 위해 DAO가 고용하거나 계약한 직원 혹은 독립 계약자라고 볼 수 있다.

자동화된 거버넌스의 장점

조직을 관리하기 위해 알고리즘 시스템을 사용하는 것은 공상과학소설에서나 일어나는 일이라고 여겨졌다. 그러나 인공지능에 기반을 둔 거버넌스에 대한 실험은 이미 수년 전에 시작됐다. 2014년, 홍콩에 본사를 둔 벤처 캐피털 기업인 딥날리지벤처스Deep Knowledge Ventures는 이사회 구성원으로 컴퓨터 알고리즘을 임명하여 투자 결정에 도움을 받은 바 있다.[19] 해당 알고리즘은 투자 관련 정보를 처리하기 위해 약한 인공지능에 의존했다.[20] 또한 이사로서 투표권을 얻었고, 회사 운영 방식에 직접적인 영향을 미쳤다.

거대 인터넷 기업인 알리바바Alibaba의 창업자인 마윈은 이러한 시도가 계속될 것이라고 예측했다. 마윈에 따르면 향후 30년 내, 최고경영자 자리도 인공지능 기반 시스템으로 대체될 것이며 "로봇이 최고 CEO로 선정돼《타임》표지 모델을 장식할 것"이라고도 말했다.[21]

DAO는 코드 기반 시스템이 사람과 기계의 활동을 관리하는 경우가 점점 더 많아지는 현상의 일면을 보여준다. 누군가는 왜 코드 기반 시스템이 사람과 기계로 이루어진 구성보다 더 효율적인지 궁금해할지도 모른다. 코드 기반 시스템에는 다음의 몇 가지 이점이 있기 때문이라고 답할 수 있겠다.

무엇보다도 DAO의 운영은 개인 또는 컴퓨터가 서로 알지 못하거나 신뢰가 없는 상황이라도, 상호 조율하는 데 필요한 확실성을 제공하는 미리 결정된 규칙에 의해 관리된다. 앞에서 살펴보았듯이 스마트 컨트랙트 코드는 탈중앙화된 조직의 구성원이 운영 및 절차 규칙을 위반하지 못하도록 한다. 스마트 컨트랙트는 구성원이 부패와 기회주의적 행동을 할 여지를 줄인다. 블록체인 기반 시스템 전체가 손상되거나 수정되지 않는 한 아무도 기본 코드에 명시된 것 이상으로 DAO의 작업을 변경할 수 없다.[22] 결과적으로 블록체인 기반의 조직은 인간이 운영하는 조직보다 예측 가능성이 더 높다.

둘째, DAO는 인간이 경영이나 의사결정에 참여할 필요가 없으므로 일반적인 조직보다 더 효율적이다. 인간은 제한된 인지능력을 가지고 있으며, 늘 시간 부족에 시달린다.[23] 8장에서 설명한 것처럼 의사결정 과정에 적극적이고 효율적으로 참여하기 위해 충분한 정보를 얻는 데는 비용이 든다.[24]

코드 기반 시스템은 (특히 고급 인공지능 알고리즘에 의존하는 경우) 보다 신속하고 효율적으로 의사결정 과정에 참여할 수 있다. 예를 들어,

주변 환경 정보를 지속적으로 면밀히 조사하고 처리함으로써 변화하는 환경에 맞춰 미세한 조정이 가능하도록 설계한다. 알고리즘 거버넌스 시스템은 수익을 극대화하도록 만들어지며, 필요할 경우 DAO의 비즈니스 모델을 자주 변경하여 최종 목표를 달성하도록 설계된다. 특히, 충분히 발전된 인공지능 시스템은 변화하는 상황을 파악하고 사용자의 요구에 더 잘 부합하도록 조직의 목표를 조정할 수 있다.

셋째, 인간이 의사결정을 내릴 필요성을 제거함으로써 DAO는 기업 지배구조의 맥락에서 대리인과 상대의 의사가 충돌하는 문제를 해결하고자 한다. 보통 이러한 문제는 수임받은 관리자의 이익이 주주의 이익과 일치하지 않아 서로의 이해가 충돌하면서 발생한다.[25]

DAO는 스마트 컨트랙트를 기반으로 하는 관리 시스템에 의존하여 이러한 문제를 부분적으로 해결할 수 있다. 스마트 컨트랙트는 회사 주주의 이익을 위해 설계된 대리인 역할을 한다. DAO가 약한 인공지능 시스템을 사용한다고 해도 스마트 컨트랙트는 항상 기본 코드에 구현된 규칙에 따라 작동하며 인공지능 시스템에는 다른 숨은 의도가 없으므로 DAO가 사전에 합의된 규칙을 위반할 가능성은 적다.

시장 실패

블록체인 기술은 코드만으로 통제되는 자동화된 조직을 통해 기업 지배 구조의 효율성과 투명성을 향상시킬 수 있지만 거기에는 위험이 잠재되어 있다.

블록체인은 경제적·사회적 활동을 조직하기 위해 엄격한 계산 논리에 의존하는 시장에 기반한 시스템이다. 이러한 시스템에는 스마트 컨트랙트 코드를 실행하기 위한 인센티브 부여 메커니즘 및 시장 기반 수수료가 함께 작동한다. 블록체인에서 작동하는 모든 코드 기반 시스템은 시장 원리를 채택하게 된다. DAO는 지속적으로 운영되기 위해 합리적인 경제 행위자처럼 행동하고, 지속적인 운영을 위한 자원을 모으거나 끌어들이도록 프로그램되어야 한다.

DAO는 인간이 운영하는 조직이나 시장에서 운용하는 블록체인 기반 조직과 경쟁하여 이러한 자원을 확보하고자 한다. DAO가 자체 조정 알고리즘에 의존하여 더 많은 정보를 처리하고 해석할 때 궁극적으로 소비자에게 이익이 되는 치열한 경쟁 시장을 창출할 수 있다. 예를 들어, DAO와 경쟁하는 조직이 시장을 더 많이 점유할 경우, DAO는 이 패턴을 식별하여 가격을 낮추거나 제품 혹은 서비스 제공을 수정함으로써 적절하게 대응할 것이다. DAO를 시장에 투입하게 되면 시장은 급속하게 진화하고 보다 경쟁적인 시장으로 발전할 가능성이 높다.

또한 DAO의 운영 효율이 탁월하다면, 그보다 덜 효율적으로 운영되는 조직을 희생시키고 부를 축적함으로써 시장의 우위에 서게 될 것이다. 암호기술의 법의 적용을 받는 DAO는 기존 법률과 규정을 무시하거나 가격 담합과 같은 불법적이거나 비도덕적인 비즈니스 관행에 참여하는 것도 가능하다. DAO는 궁극적으로 경쟁 우위를 활용하여 독점이나 과점 체제로 전환할 수도 있다. 자율적인 블록체인 기반 조직에 권력이나 부가 집중되면 시장의 전반적인 경쟁력이 저하되고 소비자의 이익에도 부정적인 영향을 미칠 확률이 높다.

이러한 미래에 직면했을 때 정부가 자율적인 코드 기반 조직을 규제하는 건 쉽지 않을 것이다. 기본 코드에 구체적으로 명시되어 있지 않는 한, 정부는 DAO의 행동 방침을 직접 중단하거나 변경할 수 없다. DAO가 운영을 유지하기에 충분한 자원을 보유하고 있고 블록체인 기반 네트워크가 계속 작동하는 한 DAO 코드는 법률 준수 여부와 관계없이 계속 작동한다.[26] 결국 DAO가 인간이 운영하는 전통적인 조직을 능가하게 된다면, 우리 사회와 사람들은 집단적으로 악화된 상황에 처하게 될 것이다.

법적 문제

DAO는 시장 실패 위험을 넘어서 기존 법규로는 설명하기 어려운 일련의 법적 문제를 제기한다. 우선 관할권 문제가 있다. DAO는 특정 관할지에서 운영되지 않기 때문에 각국 정부는 자국의 법률을 적용하는 데 어려움을 겪는다. 특정 관할권에 위치한 운영자가 제어하는 특정 서버에 있는 기존 소프트웨어 응용 프로그램과 달리 DAO는 블록체인의 모든 노드에서 실행된다. 즉, 모든 곳에 존재하지만 어디에도 그 실체가 없다. 또한 구분되고 식별 가능한 영역에 거주하는 개인이 관리하는 전통적인 조직과 달리 DAO는 분산된 동료 네트워크에 의해 집합적으로 유지·관리되며 그들 각자가 전 세계 블록체인 기반 네트워크에 영향을 미친다.

정부가 DAO에 대한 관할권을 갖고 있다고 하더라도 정부가 해당 조직과 관련된 법 집행 권한을 가졌는지 의문이 제기될 수 있다. 오래전부터 그랬던 것처럼, 법률 시스템은 합법적인 인격이 없는 대상에게 법적 권리를 부여하거나 의무를 부과할 수 없다.[27] 이사회가 있는 일반적인 조직과 달리 DAO는 운영하는 데 인간의 관리가 필요 없으며 오로지 코드의 명령만을 따른다. 이러한 조직의 운영권과 그에 대한 책임은 일련의 스마트 컨트랙트에 있다.

예를 들어, 앞서 설명한 바와 같이 DAO는 조직에 대한 기여자 또는 투자자에게 토큰을 발행하여 시간이 지남에 따라 스스로 유지되고 작동된다. 만약 조직이 잘 운영된다면 토큰 소유자에게 수익을 지급할 가능성도 있다. 다른 탈중앙화된 조직과 마찬가지로 토큰을 유가증권으로 볼 수 있는지, 그리고 DAO에 미국의 증권거래위원회 또는 각국의 이와 비슷한 규제기관이 규정하는 다양한 공시 및 신의성실 의무가 적용되는지에 대해서도 의문이 제기된다. 그러나 DAO의 경우, 사실상 토큰의 법적 성격을 규명하는 것이 그다지 중요하지 않다. 토큰이 유가증권으로 간주되더라도 법률에 명시된 절차와 요건을 준수하지 못했을 때 책임을 물을 수 있는 법인이 존재하지 않기 때문이다.[28]

설령 DAO에 법적 책임을 부과할 수 있다고 해도, 법이 어떻게 집행될 수 있는지는 불분명하다. DAO가 자율적인 스마트 컨트랙트에 의존하고 있기 때문에 어떤 한 주체도 DAO의 자산을 일방적으로 점유할 권한이 없다. 법률에 따라 정의된 전통적인 재산권과는 달리 DAO가 보유한 자산은 블록체인 기반 네트워크의 기본 코드에 의해서만 정의되고 자동으로 집행된다. DAO를 지원하는 스마트 컨트랙트나 블록체인 기반 프로토콜이 DAO의 자산에 대한 집행을 허용하는 특정 조항을 포함하지 않는 한, 어느 누구도 DAO가 자산을 넘기도록 일방적인 결정을 내릴 수는 없다.

마지막으로 이는 DAO의 자율성과 코드의 자동 실행과 관련된 가장 중요한 법적 문제로 이어진다. DAO는 암호기술의 법에 의존하기 때문에 이 조직이 앞으로 어떻게 작동할 것인지는 궁극적으로 블록체인 기반 네트워크의 운영에 달려 있다. 자금이 충분하다면 DAO는 사회에 미칠 영향에는 주의를 기울이지 않고 단지 자신의 임무를 잘 수행하는 데에만 계속 몰두할 것이다.

불법 코드나 결함 코드는 일단 배포되면 법이나 조직의 근본 목적을 위반하더라도 예정대로 작동한다. 이 코드는 법원이나 다른 제3자가 개정을 강제할 여지가 거의 없는 기본 블록체인 인프라에 의해 자동으로 실행된다. DAO를 지탱하는 스마트 컨트랙트를 아무도 통제할 수 없으므로 코드가 예상대로 작동하지 않더라도 코드를 수정하거나 중단시킬 당사자가 없다.

더다오의 경우, 이더리움 블록체인에 배포된 지 몇 주 후, 코드에서 취약점이 발견됐다. 그러나 아무도 조직을 통제할 수 없었기 때문에 조직의 코드를 수정하지 못했다. 더다오는 결함이 있는 원래의 스마트 컨트랙트 코드에 의해 업그레이드 가능성이 전혀 없는 채 계속 작동됐고, 이로 인해 결국 단 몇 시간 만에 5천만 달러에 이르는 손실을 냈다.[29]

대부분의 경우 이러한 손실은 회복되지 못하고 그대로 남는다. 실제로 오류가 발생했거나 불법적인 거래를 되돌릴 수 있는 전통적인

은행 시스템과 달리 스마트 컨트랙트 거래의 경우 그 누구도 네트워크를 검증한 후 거래를 취소할 권한을 가지고 있지 않다. 그러나 이더리움 커뮤니티는 공격받은 돈의 엄청난 규모를 고려해 빠져나간 자금을 회수하고자 시스템에 개입하여 이더리움 블록체인의 기본 프로토콜을 변경했다.

그러므로 희망이 없는 것은 아니다. DAO가 정교한 인공지능 시스템을 통합하더라도 여전히 인간을 완전히 배제할 수는 없다. 사람들은 여전히 탈중앙화된 조직에 연료를 공급하는 소프트웨어를 만들 책임이 있다. 인간은 여전히 이러한 시스템이 작동하는 방식, 초기 프로토콜, 대상과 목표, 자신의 선택과 판단을 결정하는 가치 체계를 지시할 능력이 있다. 사람들은 여전히 인터넷의 기저에 있는 체계뿐 아니라 블록체인 기반 네트워크의 채굴을 근본적으로 제어한다. 이러한 체계가 인공지능 시스템 때문에 훼손이 되거나 인공지능으로 아예 대체되기 전까지 규제 수단은 계속해서 존재할 것이다.

10

사물 블록체인

블록체인은 사람뿐만 아니라 장치 및 기계도 조율한다. 블록체인은 사물인터넷에 새로운 응용 프로그램을 지원하므로 연결된 장치들이 중개자의 필요성을 줄이면서 P2P 방식으로 상대방과 상호 작용할 수 있다. 10장에서는 사물인터넷의 맥락에서 암호기술의 법을 적용할 때 발생하는 장단점을 살펴본다. 연결된 장치들을 제조하는 업체는 스마트 컨트랙트에 기반해 장치와 상호 작용하는 방식으로 시간이 지남에 따라 개개인이 자신이 소유한 물건과 관계를 맺는 방식을 바꿀 수 있다. 한편 블록체인은 자율 소프트웨어로 관리되는 장치를 만든다. 결국 이러한 장치는 스스로 생명력을 가짐으로써 불법 행위, 범죄 활동을 지원하거나 부추길 가능성이 있다.

2016년 3월 6일, 작은 드론 하나가 러시아 영공으로 날아와 눈이 내리는 하늘을 가로질러 비행했다.[1] 여느 때 같으면 그다지 눈에 띄는 사건이 아니었을 것이다. 그러나 이 특별한 드론은 이더리움 블록체인에 기반한 스마트 컨트랙트로 제어되고 있었다.[2] 드론의 엔진 전원이 켜지고 기계가 하늘로 날아오르자 스마트 컨트랙트가 작동됐고, 이에 따라 드론은 오로지 코드에 의해 미리 정의된 경로를 날아가기 시작했다. 스마트 컨트랙트는 장치를 관리하는 중앙 중개자 없이 드론의 궤도를 제어했다. 일단 실행되기 시작되면 아무도 드론을 규율하는 코드를 중단할 수 없었다. 스마트 컨트랙트로 드론이 건물이나 사람을 향해 똑바로 나아가도록 지시하는 것도 가능했다. 드론을 물리적으로 망가뜨리거나 블록체인을 수정하지 않고는 누구도 방향을 바꾸거나 비행을 중지할 방법이 없었다.

이 드론 비행은 간단한 실험이었지만 기계들이 서로 연결되면서 급부상하고 있는 세계를 엿볼 수 있다. 2050년까지 200억 개가 넘는 장치가 인터넷에 연결되어 사물인터넷[3] 구축에 큰 영향을 끼칠 것으로 예측된다. 컴퓨팅 파워가 약 18개월마다 두 배가 된다는 무어의 법칙에 힘입어 컴퓨팅 비용은 꾸준히 줄어들어 인터넷을 다양한 제품에 연결하는 것이 경제적으로 가능해진 것이다.[4] 사물인터넷에 의해 우리의 집과 자동차, 물리적 공간과 의복이 연결될 것이다.[5] 이를 통해 물리적인 재산은 정보를 읽고, 수집하고, 처리하고, 작성하고, 저장하고, 방출하는 능력을 얻게 된다.

자동차는 이미 자율주행 궤도에 진입했다. 자율주행 차량은 운전자가 없는 상태에서 최대 70mph 속도로 수백 마일을 이동하는 것이 가능하다.[6] 온보드 컴퓨터로 처리된 신호를 사용하는 이 기계는 다른 차량을 추월하고, 차선을 변경하고, 변속을 하는 등의 다양한 주행 상황을 고려하여 구축됐다.[7]

이러한 연결성과 자율성은 도로에서 멈추지 않을 것이다. 인터넷이 가능한 장치들은 잠금장치, 자동 온도조절장치 및 전구와 같은 일상적인 품목에 새로운 기능과 자율센서를 장착해 가정의 생활 공간으로 점차 확대될 예정이다.[8] 스마트 잠금장치는 이미 휴대전화, 의류 등에 부착한 마이크로칩의 센서 신호를 수신받아 열고 닫는 기능을 작동시킬 수 있게 됐다. 인터넷이 가능한 온도 조절기는 사용자의 과거 행동 패턴을 파악해 자동으로 온도를 조절한다.[9] 많은 사람의 예측에 따르면 사물인터넷은 의료산업에서부터 농업에 이르기까지 다양한 산업 분야에 곧 적용될 것이고, 동시에 공공 서비스의 향상으로 스마트 도시에도 힘을 실어줄 것이다.[10]

오늘날 서로 연결된 장치들은 메시지를 중계하고 외부 세계로부터 정보를 얻기 위해 중앙 운영자와 지속적으로 통신한다. 그런데 이 장치들은 중앙의 중개자와 연결되어 있는 상태에서도 근거리 통신, 블루투스 또는 메시 네트워크mesh network와 같은 기술 덕에 인접한 기계나 센서로부터 비슷한 정보를 수신하는 경우가 종종 있다.[11] 장치들이 중앙의 운영자에 의존하게 된다면 응답 속도와 성능은 점점 저하될 것이고, 이렇게 되면 궁극적으로 운영 비용은 증가할 것이다.[12]

또한 중앙의 운영자는 연결된 장치들이 서로 의사소통하고 경제적으로 거래하는 것을 어렵게 만든다. 현재 이들 장치들을 위한 범용성이 있는 단일 플랫폼이 존재하지 않으므로 중앙의 서비스 공급자가 서로 원활하게 통신하는 장치를 만들 가능성은 매우 낮다. 통합 표준이 없다면 인터넷에 연결된 장치는 서로 격리된 채 같은 제조업체에서 생산된 장치들끼리만 상호 작동하게 될 것이다.[13] 보편적으로 접근할 수 있는 범용 기술 플랫폼이 없으면 수십억 개의 장치가 몇 개의 격리된 채널을 통해서 통신하게 되므로 소수의 사적 당사자가 여러 기계에서 방출되는 방대한 양의 데이터를 통제해야 한다.[14]

가장 큰 우려는 이러한 중앙집중 시스템의 운영자가 보안상 위험을 일으키며 이를 악용할 경우 재앙이 초래될 수 있다는 것이다.[15] 이 악의적인 행위자가 자율주행 자동차를 관리하는 중앙집중식 서비스 제공업체 또는 시민의 건강, 심지어 도시 전체를 관리하는 수백만 개의 연결된 장치를 해킹했을 경우, 어떤 일이 벌어질지는 쉽게 상상이 간다.[16]

블록체인을 사용할 수 있는 장치

• • •

블록체인은 스마트 컨트랙트 프로그램을 실행하고 장치에 필요한 메시지와 기타 정보를 안전하게 저장하는 공용 애플리케이션 층layer의 역할을 하면서 이러한 문제들을 해결할 수 있을 것으로 기대를 모으고 있다.[17] 블록체인을 사용하면 제조사와 관계없이 각각의 장치들이 상호 제어하거나 커뮤니케이션하는 것이 가능하다. 즉, 잠재적인 경쟁자에게 민감한 정보를 전달할 필요 없이 장치를 사용할 수 있게 된다.[18] 기술이 더욱 발전하면 하나 이상의 블록체인이 차세대 사물인터넷에 힘을 실어 기계 대 기계machine to machine 거래에 기반한 새로운 비즈니스 모델이 출현하는 것도 가능하다.

인터넷은 TCP/IP 및 HTTP와 같은 개방형 및 탈중앙화된 프로토콜을 기반으로 하는 새로운 서비스 및 비즈니스 모델의 폭발적인 증가를 가져왔다. 이처럼 블록체인은 인터넷 연결 장치를 관리하는 새로운 응용 프로그램 프로토콜에 힘을 실어주면서 각 장치가 소통하고 경제적 가치를 P2P 방식으로 거래할 수 있도록 해준다. 장치의 형태와 기능이 각기 달라도 블록체인 시스템을 통해 데이터베이스를 공유하거나 가치를 전송하면 중앙 연산자의 개입을 거치지 않고 직접 상호 작용할 수 있다.[19]

예를 들어 IBM과 삼성은 블록체인 기반의 사물인터넷 플랫폼 A.D.E.P.T.에 대한 개념 증명proof of concept을 구축하기 위해 상호 협력했다.[20] 해당 플랫폼은 탈중앙화된 장치가 스스로 안전하고 인증된 방식으로 경제적 거래를 하도록 돕는 시스템이다. 이더리움 블록체인, 스마트 컨트랙트 및 디지털 통화를 사용하여 사물인터넷 플랫폼은 여러 장치 간의 P2P 상호 작용을 용이하게 한다. 기계에는 디지털 통화 계좌가 할당되며, 이더리움 기반 스마트 컨트랙트는 상품이나 서비스 구매를 위한 자금을 보내거나 받을 수 있도록 프로그래밍 되어 있다. 이 비전을 구현하기 위해 삼성은 최근 사물인터넷 플랫폼 프레임워크에 의존하는 세탁기를 출시했는데, 이 세탁기는 세제가 떨어질 때마다 온라인 서비스를 통해 새로운 세제를 자동으로 주문하고 결제한다.

이러한 실험은 시작에 불과하다. 블록체인 기술에 기반하여 연결된 장치는 다른 시스템과 직접 거래할 수 있으며 에너지 소비, 컴퓨팅 파워 또는 기타 희소성 있는 자원에 대한 결제가 가능하다. 블록체인은 디지털 화폐를 사용하여 소액 결제를 처리할 수 있기 때문에 이 시스템을 통해 차세대 장치들은 서로 기능을 공유할 뿐만 아니라 서비스 기능 탑재까지 할 수 있도록 지원을 받게 된다. 이를 기반으로 각 장치는 자신의 모터, 센서, 전원 처리, 저장 공간을 돈을 받고 다른 사람들에게 제공할 수 있다. 이는 클라우드 컴퓨팅의 비즈니스 모델에 기반한 것으로, 블록체인은 탈중앙화된 시장에서 판매하는 서비스를 제공하기 위해 필요한 여러 장치를 이용하여 세분화된 마이크로 결제 시스템을 만들기 시작했다.

몇 년 안에 집집마다 인터넷이 연결된 에어컨 시스템, 인텔리전트 스프링클러 시스템, 인터넷이 연결된 창문 등 수백 가지 인터넷 연결 장치 설치가 가능해질 것이다. 이 모든 장치는 블록체인을 사용하여 기능을 향상시키고 상업적인 거래를 할 수 있다. 예를 들어, 스프링클러 시스템은 대부분 지면 아래에 설치되기 때문에 외부 온도를 측정하는 센서를 스프링클러 시스템에 통합하는 것은 실용적이지 않다. 마찬가지로 인터넷 연결 창에는 비용이나 디자인상 문제 때문에 환경 정보를 처리하는 강력한 컴퓨터를 설치하기 어렵다. 그러나 에어컨이 내부와 외부의 온도를 측정하는 센서를 가지고 있다면, 스프링클러 시스템은 에어컨에 소액의 수수료를 지불하고 온도 정보를 제공받아 마당의 잔디에 물을 뿌릴 수 있다. 마찬가지로 스프링클러 시스템은 소액의 수수료를 받고 바람과 습도 데이터를 인터넷으로 연결된 창에 전달하고 정보를 받은 창은 폭풍이 오기 전에 자동으로 창문을 닫는다.

현재 이러한 기능에 의존하는 초기 사례들이 시험 제작되어 배포되고 있다. 예를 들어 필라멘트Filament[21]라는 회사는 데이터 수집 및 자산 모니터링을 위한 저전력 메시 네트워크를 만드는 스마트 장치 '탭tap'을 개발했다. 탭은 블록체인을 활용함으로써 자발적으로 스마트 컨트랙트 거래를 체결하고 소액을 받고 센서 데이터 및 기타 정보를 교환한다.

장치 거버넌스

블록체인 기술은 각 장치들이 다른 사람들 그리고 조직과 거래할 수 있도록 해주는 기본 애플리케이션 역할을 한다. 제조업체는 스마트 컨트랙트를 활용해 장치 패브릭에 거버넌스 규칙을 포함시킬 수 있다. 스마트 컨트랙트에는 다른 소프트웨어와 마찬가지로 기본적인 장치의 작동법뿐만 아니라 누가 어떤 조건에서 작동시킬 수 있는지에 대한 조건도 입력되어 있다. 때때로 스마트 컨트랙트는 장치가 지켜야 하는 상업적인 기본 전략을 포괄하기도 한다. 가령 장치가 이익을 극대화해야 하는지, 서비스 가격을 낮출지 높일지와 같은 큰 전략까지 결정한다.

이는 일상생활에서 장치 및 기계와 상호 작용하는 방식에 중대한 영향을 미친다. 오늘날 우리는 종종 짧은 기간 동안만 쓰기 위해 특정 제품을 구매하기도 한다.[22] 앞으로는 이러한 제품을 더 이상 소유하지 않고 유료로 임대하는 것이 가능해질 것이다. 블록체인 기술은 일상적인 제품에 새로운 편의와 기능을 더해준다.[23] 예를 들어, 블록체인으로만 작동하는 자동차는 운전자가 차량 접근권을 가지고 있음을 블록체인이 증명해주는 경우에만 시동이 걸릴 것이다. 혹은 전화를 걸려면 블록체인을 통한 신용 증명proof of credit을 요구하는 스마트폰이 나올 수도 있다.

이러한 새로운 비즈니스 모델을 촉진하기 위해 블록체인에 기반한 임대시장이 이미 등장했다. 독일의 슬록Slock[24]이 바로 그 예다. 슬록은 자전거, 창고형 사물함, 주택을 비롯한 스마트 잠금장치에 연결된 모든 것을 임대하거나 공유할 수 있도록 해주는 이더리움 기반의 스마트 컨트랙트를 구축하고 있다. 스마트 잠금장치는 이더리움 네트워크의 스마트 컨트랙트 및 슬록의 제품을 임대하려는 모든 사람과 연결된다. 서비스를 이용하려면 임대료를 잠금장치의 이더리움 주소로 보내기만 하면 된다. 몇 초 후, 자물쇠가 열리고 임차가 만료될 때까지 장치는 그 사람의 통제 하에 있게 된다.

중앙집중식 운영자가 관리하는 표준 인터넷 연결 장치도 동일한 기능을 구현할 수는 있지만, 스마트 컨트랙트는 블록체인 기반 네트워크에 의해 자동으로 실행되기 때문에 이 작업에 특히 더 적합하다. 제조업체는 스마트 컨트랙트를 이용하여 연결된 장치들 간의 규칙을 정하고 블록체인 기반 네트워크는 규칙을 자동 실행한다. 따라서 이러한 장치는 특정 제조업체에 묶여 있지 않다. 제조업체가 제품 지원을 중단하고 소비자가 제품을 중고시장에서 재판매하더라도 다음 소비자는 스마트 컨트랙트로 인코딩된 규칙이 계속 적용될 것을 알고 있기 때문에 안심하고 사용할 수 있다.

기계에 의한 계약

장치들이 다른 장치와의 거래를 기록하기 위해 스마트 컨트랙트나 다른 소프트웨어에 기반한 합의에 의존하는 경우, 그러한 활동은 '청약offer'과 '승낙acceptance'을 통해 계약을 체결하는 전통적인 계약법과는 개념이 다르다.[25] 기존 계약법이 발전해나가는 과정에서 판사들은 사람이 아닌 사물(혹은 장치)이 상업적 거래의 중심에 서게 될 것이라고는 예상하지 못했다. 그러나 점점 더 많은 장치가 스마트 컨트랙트에 기반해 거래를 체결한다면 장치가 법적으로 구속력 있는 계약 관계를 형성할 수 있는지에 관한 판단이 중요해질 것이다.

적어도 미국에서는 장치에 의한 계약이 구속력을 가지는지에 대한 문제가 대부분 해결됐다. 앞서 살펴본 바와 같이 미국법은 오래전부터

'전자 대리인'이 계약을 체결할 수 있다고 인정해왔다. 미국의 전자서명법E-Sign Act과 통일전자거래법Uniform Electronic Transactions Act은 전자 대리인이 행위자의 의사를 전달하는 수단에 지나지 않는다는 법적 개념을 인정했다.[26] 위 두 법률은 전자 대리인의 행동이 식별 가능한 특정 당사자에게 귀속되는 한, 전자 대리인이 계약서를 체결하는 데 도움을 주었다는 이유로 법원이 계약의 법적 효력을 부정할 수 없다고 규정하고 있다.[27] 사실 사람이 제어하는 장치는 사람의 의도대로 작동하는 전화나 팩스 장치와 같은 단순한 통신 장치와 다를 바 없다.

이 두 법령에 비추어 볼 때, 당사자들은 스마트 컨트랙트를 이용해 장치를 전자 대리인으로 전환하여 상업 거래를 할 수 있다. 스마트 컨트랙트 코드는 당사자의 의도를 구체화하고 유효한 계약에 필요한 모든 요구사항을 충족하므로 블록체인 기반 장치는 당사자가 다른 사람이나 기계와 쉽게 상업 거래를 하도록 돕는다. 또한, 블록체인의 투명성과 추적 가능성으로 인해 당사자들의 동의는 블록체인에 기록되며 이후 문제가 제기되면 증거로 사용될 수 있다.

재산권 관리 시스템

통일전자거래법과 전자서명법의 유연성을 감안할 때, 적어도 미국에서는 스마트 컨트랙트와 기타 소프트웨어 기반 프레임워크가 새로운 상업적 관계를 정립하는 일이 점점 더 늘어날 것으로 보인다. 그러나 인터넷 연결 장치를 관리하기 위해 블록체인 기술에 과도하게 의존하면 예기치 않은 문제가 발생할 수 있다.

수 세기 동안 불문법에서는 사유재산에 부여되는 소유권과 관련하여 제한을 두지 않았으며, 몇몇 판례에서 드물게 사유 재산에 대한 소유권 행사를 제한하는 정도였다.[28] 그 이유는 소비자 보호에 뿌리를 두고 있다. 커트스탱 대 존 와일리 앤드 손즈Kirtsaeng v. John Wiley & Sons, Inc. 사건에서 미국 대법원이 판시한 바와 같이, 개인 재산의 자유로운 양도 가능성은 일반적으로 소비자의 이익을 위해 작동하는데 개인 재산을 "상품의 구매자가 재판매하거나 기타 처분을 할 때 다른 사람들과 자유롭게 경쟁할 수 있게 함"으로써 구현된다.[29]

그러나 이러한 원칙은 소프트웨어 또는 기타 디지털 저작물에는 적용되지 않는다. 이는 계약이나 기술적 제한으로 인해 콘텐츠에 접근하는 방법이 다르기 때문이다. 사실 '최초 판매' 원칙하에 저작권이 있는 저작물의 물리적 사본의 적법한 소유자는 해당 저작권 보유자의 사전 허가 없이 해당 사본을 판매하거나 처분할 권리가 있지만,[30] 디지털 영역에서는 이 원칙이 그대로 적용되지 않는다. 디지털 저작물은 쉽고 값싸게 다시 제작할 수 있기 때문에 저작권 소유자는 저작권법의 범위를 넘어서는 방식으로 디지털 콘텐츠의 사용을 제한하기 위해 법적 측면에서 계약상의 제한과 디지털 저작권 관리digital rights management(이하 DRM) 시스템에 기댈 수 있다.[31]

사물인터넷이 확장됨에 따라 물리적 장치를 관리하고 제어하는 강력한 재산권 관리property rights management(이하 PRM) 시스템의 출현도 기대해볼 만하다. DRM이 저작권 라이선스 조항을 코드에 포함한 것처럼 연결된 장치는 물리적 자산을 사용하는 것과 관련된 특정 계약 조항을 담을 수 있다. 코드는 장치를 관리하고, 사용 기준이나 제한을 정확하게 정의하는 일련의 규칙을 가진다. 이러한 규칙은 코드에서 미리 정의된 결과에 따라 오로지 결정론적 방식으로 작동한다. 개인이 이러한 규칙을 어기면 코드는 벌칙을 부과하고 '킬 스위치kill switch'로 장치를 비활성화하여 장치 작동에 필요한 로직을 차단할 수 있다.[32]

DRM 시스템과 마찬가지로 코드 기반 PRM 시스템은 사전에 정의된 방식으로 특정 장치에서 수행할 수 있는 작업과 수행할 수 없는 작업을 지정하고, 합법적으로 허용되는 기준보다 더 까다로운 제한을 둘 수 있다. 두 경우 모두 코드는 제3자에 해당하는 사람에게 맡기는 것이 아니라 기술을 활용하여 만든 규칙이 집행 수단이 되어 개인의 행동을 제어한다.

PRM 시스템은 조나단 지트레인Jonathan Zittrain이 말한 "완벽한 실현(특정 기술 혹은 장치를 만들거나 제어하는 사람들이 장치가 어떻게 작동할 것인지를 결정할 수 있다는 아이디어)"을 구현한다.[33] 이러한 시스템은 기본 코드에 의해 명시적으로 허용된 범위에서 벗어난 행위를 방지함으로써 규칙을 실행한다. 일단 한 사물과 연결되면 소프트웨어의 선제어 능력은 제조업체의 손을 떠난 후에도 계속 적용된다(소프트웨어를 비활성화하거나 수정하기 어렵다고 가정했을 경우).

PRM 시스템을 통해 제조업체는 외부적 환경에 맞춰 장치를 제어하는 것도 가능하다. 이때 제조업체는 장치의 연결 및 코드를 이용한다. 제조사들은 실제로 어떤 장치에 적용되는 '특정 금지 명령'을 구현해내며 이는 장치, 사용자, 시간 또는 기타 객관적으로 식별 가능한 경우에 따라 각기 다르게 적용된다.[34]

대부분의 경우 제조업체는 합법적인 목적으로 금지 명령을 내릴 수 있다. 예를 들어, PRM 시스템은 인가된 사람만이 미리 정의된 방식으로 장치를 사용하도록 허락한다. 또한 장치를 손상시키거나 대중을 위험에 빠뜨릴 수 있는 위험한 행동을 사전에 방지하기도 한다. 그러나 때로는 PRM 제어 장치가 합법적으로 자기 자산을 사용하려는 소비자를 방해할 수 있다. 코드가 연결된 장치의 모든 이용 상황을 빠짐없이 예측하기는 어렵기 때문이다. 제조업체가 대상물의 사용과 관련된 규칙을 사전에 지정하는 경우 당사자의 실제 의도와 관계없이 이 규칙은 자동으로 시행되며, 해당 범위를 벗어나는 행위는 합법적인지 아닌지에 관계없이 거부될 것이다.[35]

블록체인 기술에 기반한 PRM 시스템은 중앙에서 실행되는 코드에 의한 다른 PRM 시스템보다 더 강력하다. 스마트 컨트랙트는 자율적으로 운영되기 때문에 이 시스템이 강제한 어떤 규제를 해제해줄 것을 요청하는 제3자도 존재하지 않는다. 스마트 컨트랙트에 별도로 규정되어 있지 않는 한, 장치를 관리하는 규칙은 기본 블록체인 기반 네트워크가 지속되면 계속 작동한다. 암호기술의 법에 의존하므로 제조업체는 법원이나 다른 중재 기관의 명령을 받더라도 이미 배포되고 인코딩된 규칙의 조항을 변경할 마땅한 방법이 없다.

따라서 블록체인 기술을 통해 제조업체들은 소비자들이 개인 소유 재산(구매한 디바이스)을 어떻게 사용할지를 결정할 수 있는 엄격한 통제권을 부여받는다.[36] 이는 다른 중앙 통제 소프트웨어와는 차원이 다른 영속성과 자율성이다. 최종적으로 제조업체는 사유재산 소유권에 대한 제한을 스마트 컨트랙트를 통해 특정 장치로 구현해내며, 이는 법률적 차원이 아닌 기술적 차원으로 집행된다. 스마트 컨트랙트는 장치의 하드웨어와 인터페이스가 가능한 범위에서, 어떤 장치가 해당 작업을 관리하는 규칙 중 하나를 위반했다면 그 장치를 비활성화시키거나 강제 종료되도록 설계하기도 한다.

PRM 시스템과 관련된 한 가지 특별한 점은 제조업체가 구매자에게 사전에 통지하지 않고도 연결된 장치에 기술적 제한을 둘 수 있다는 것이다. 이럴 경우 대부분의 인터넷 웹사이트의 이용 약관처럼 읽거나 말거나 상관없다는 식으로 인터넷 기반 장치가 일반 소비자에게 제공될 가능성이 높다. 따라서 제조사는 기기 사용 문제를 제조사에 절대적으로 유리한 방향으로 끌고갈 가능성이 높으며 이는 소비자 보호 문제를 불러일으킨다.[37] 블록체인 기반 기기를 구매한 소비자는 기기를 제어하는 규칙을 따를 수밖에 없다. 소비자가 규칙을 수정할 충분히 합법적인 이유가 있는 경우에도 소프트웨어 코드는 장치가 변경되지 않는 한 예방 차원에서 이러한 시도를 막을 것이다.[38]

따라서 PRM 시스템이 널리 도입되면 소비자는 스스로 적합하다고 생각되는 자산 사용의 권리를 상실할 수도 있다.[39] 제조사가 PRM 시스템을 구현하여 법을 넘어서거나 혹은 기타 장치의 적법한 사용을 제한한다면, 소비자는 제조사의 제한 조치 때문에 원하는 방식으로 장치를 사용하지 못하게 될 것이다. 그런 상황에서 자신의 비용을 들여 법원에 문제를 제기하는 이들도 발생할 수 있다. 그렇다 해도 조건이 지나치게 제한적이거나 충분히 많은 수의 소비자가 그 제한에 부정적으로 반응하는 경우에만 제조업체는 다른 규칙을 구현할 동기를 갖게 될 것이다.[40]

PRM 시스템의 사용이 대중에게 적절히 전달되고 소스 코드가 장치와 함께 제공된다고 가정하더라도 소비자는 스마트 컨트랙트 코드가 어떤 영향을 미치는지 이해하는 데 어려움을 겪을 수 있다. 특정 장치를 구입하려는 소비자(특히 기술적인 배경지식이 없는 소비자)는 이러한 장치에 적용되는 규칙과 제한 사항을 이해하지 못하고 정보에 입각한 합리적 결정을 내릴 능력을 박탈당할 수 있다.

탈옥된 장치

더 먼 미래를 내다본다면 블록체인 기술은 블록체인에 전적으로 의존하는 자율적인 장치의 생성을 촉진하고, 기존의 법체제에 새로운 위험과 긴장을 조성할 것이다. 사물인터넷이 확장되고 장치가 새로운 인공지능에 점점 더 의존하게 되면 블록체인은 더욱 자율적으로 운영되는 장치를 지원할 가능성이 높다. 몇십 년 후에는 기계가 제3의 운영자로부터 완전히 독립하여 작동할지도 모른다. 연결된 장치 제조업체 또는 기존 장치를 조작할 수 있는 사람들은 스마트 컨트랙트를 다른 소프트웨어와 함께 사용하여 중앙집중식 제어가 필요 없는 장치를 만들게 될 것이다.

현재 이러한 가능성은 순전히 이론적인 수준에 머물러 있다. 그러나 통제를 벗어난 장치가 가져올 문제점들을 상상하는 것은 어렵지 않다. 예를 들어, 개인 비서로 설계된 자율 인공지능 구동 로봇의 경우를 생각해볼 수 있다. 이 로봇은 노인에게 서비스를 제공하며, 제공하는 서비스의 가격과 품질 면에서 다른 사람이나 기계(자율적이든 아니든)와 경쟁한다. 이 서비스를 이용하는 노인은 로봇의 계정에 저장된 디지털 통화로 비용을 지불할 것이다. 로봇은 수집한 돈을 다양한 곳에 사용한다. 작동에 필요한 에너지를 구입하고, 고장이 났을 때 수리를 하거나, 필요에 따라 소프트웨어나 하드웨어를 업그레이드하는 식이다.

전적으로 중앙집중식 회사가 관리하는 로봇도 있을 수 있다. 이 회사는 로봇이 작동하는 데 필요한 소프트웨어를 설계하고 구현한다. 이 경우, 로봇은 회사의 대리인이나 기계 일꾼으로 여겨질 것이며, 로봇의 특성에 따라 소유자가 기계에 대해 어떤 권리를 가지고 무엇을 고려할지 법률로 지정할 수 있다. 이 로봇이 고급 인공지능을 사용하여 튜링 테스트 통과에 근접하거나 넘어서는 경우 중앙에서 제어되는 이 로봇(및 이와 비슷한 다른 로봇)을 해방시키는 데 대중의 관심이 모아질지도 모른다. 사실 인간은 기계, 특히 사람과 상호 작용하는 로봇('사회 로봇')을 의인화하는 경향이 있다. 이러한 경향을 보면 시간이 지남에 따라 로봇에게 법적 권리를 부여하라는 요구가 커질 확률이 높다.[41]

블록체인 기술과 스마트 컨트랙트가 더 정교하게 발전한다고 가정할 때 블록체인은 장치가 쉽게 탈옥할 수 있도록 도울 것이다. 블록체인은 자율적인 코드 생성이 가능하므로 암호기술의 법을 바탕으로 새로운 코드 기반 규칙 체계를 지원한다. 이렇게 되면 자율 기계와 장치는 제조업체나 소유자로부터 독립적으로 작동한다.

앞서 살펴본 바와 같이 로봇의 주요 작업은 이론적으로 블록체인 기반 스마트 컨트랙트에 의해 자동화될 수 있다. 그렇기에 로봇은 더 이상 제조업체의 의사에 따르지 않아도 된다. 스마트 컨트랙트에 의거해 로봇은 제조사로부터 독립할 수 있으며, 해당 블록체인이 계속 가동되고 로봇이 유지 보수 비용을 지불할 만큼 충분한 수익을 올리는 한 운영을 계속할 수 있다.

이러한 미래가 실현되면 블록체인은 더욱 수준 높은 자율 시스템의 근간이 될 것이며 중앙 운영자가 관리하는 프로그램 없이도 운영에 필요한 소프트웨어를 실행하는 수단을 제공할 것이다. 암호기술의 법은 회복력 강하고, 조작 불가능하며 자율적으로 실행되는 일련의 규칙을 통해 장치의 내부 작업을 관리하고 정의하여 허용되는 활동과 허용되지 않는 활동을 규정한다. 또한 이러한 장치가 중앙에서 제어되는 인터넷 연결 장치보다 더 많은 자율성을 가질 수 있도록 한다.

어떤 단일 장치도 그 기반이 되는 블록체인 네트워크보다 강력하지 않기 때문에, 네트워크는 인공지능 기반 시스템이 규칙을 수정해 사회에 불균형을 일으키거나 네트워크를 손상시킬 수 없도록 제한하는 규칙을 시행할 수 있다. 게다가 암호기술의 법은 장치의 하드웨어와 상호 작용할 수 있기 때문에 스마트 컨트랙트에 기반해, 장치를 작동시키는 규칙을 어기면 장치를 사용하지 못하도록 설계할 수 있으며 필요한 경우 킬 스위치를 작동시킬 수 있다.

탈옥된 장치의 규제 문제

블록체인 기술로 장치와 로봇이 중앙집중식 제어에서 벗어나 자유롭게 작동한다면, 이러한 장치의 규제 방식도 다시 생각해봐야 할 것이다. 자율 시스템이나 장치를 규제하기 위해 현재 고려되고 있는 방법은 주로 대리인 제도에 기반한 것이다. 대리인 제도는 이러한 소프트웨어 또는 하드웨어 장치가 야기할지도 모르는 물리적·경제적 위험을 줄이기 위해 시스템 제어 권한을 가진 제3의 운영자가 이러한 장치를 사용하는 것을 전제로 한다. 연방통상위원회Federal Trade Commission의 소비자보호국의 전임 국장인 데이비드 블라덱David Vladeck은 "기계의 의사결정에 인간이 개입하는 것이 분명하다면 책임 규정을 재검토할 필요가 없다. 기계 개발에 중요한 역할을 담당하고 의사결정을 내리는 데 도움이 되는 모든 인간(또는 법인)은 잠재적으로 기계가 관여하는 일이나 기계에 의해 발생한 부주의한 행위(또는 고의적인 행위)에 책임이 있다"고 말했다.[42]

블록체인 기반 장치가 제3의 운영자의 통제에서 점점 더 많이 벗어나게 되면, 해당 장치의 소유자나 제조업체가 장치의 행위에 대한 책임을 져야 하는지, 책임은 어느 정도인지 등 새로운 법적, 윤리적 질문이 발생하게 된다.[43] 기계가 중앙통제 장치의 간섭을 받지 않고 독립적으로 작동하기 때문에 전자 대리인 자격이 없는 경우에도 유효한 상업적 거래가 가능할까? 그렇다면 어떤 조건에서 가능할까? 자율장치가 대리인에 의해 작동하지 않는 경우, 장치가 사람이나 다른 기계에 해를 입힐 경우 누가 책임을 져야 할까? 또한 장치의 동작을 예측할 수 없는 경우 제조업체나 운영자가 프로그래밍한 규칙과 직접 연결되지 않은 기계가 저지른 범죄의 책임은 누구에게 있을까?

'킬러 로봇'과 다른 자율 무기 시스템 사용과 관련하여 비슷한 질문이 제기되었는데, 미 국방성에 따르면 이러한 로봇은 "일단 활성화되면 인간 운영자의 추가 개입 없이 목표물을 선택하고 겨냥할 수 있다"고 한다.[44] 사실 몇몇 단체들은 자체적으로 목표물을 선택하고 발사할 수 있는 자율 장치의 사용을 금지해야 한다고 뜻을 모으고 있다. 2013년 4월에 시작된 킬러 로봇 중단 캠페인은 세계적으로 여러 단체의 지지를 얻고 있다.[45]

사회가 이러한 탈옥 로봇의 활동을 금지하지 않는다면 법률은 자율 장치와 자율 기계의 법적 인격을 인정하고 실정법에 따라 특정 권리와 의무를 동시에 부여해야 한다. 이러한 접근은 법학자인 로렌스 솔럼Lawrence Solum이 1991년[46]에 제안한 것이다. 이후 2017년에는 유럽의회 법무위원회가 인공지능에 기반한 기계의 권리와 책임을 규율하고자 새로운 규제 체제를 만들었다.[47] 이 새로운 규제 체제는 자율적으로 작동하는 장치들을 위한 전자인격electronic personhood의 도입이 포함되어 있다. 이는 과거에 법이 기업에 법인격을 부여한 것과 마찬가지로 장치들이 원고 또는 피고로서 법적 절차에 참여할 수 있게 한다.[48]

그러나 자율 장치에 법인격이 부여되더라도 암호기술의 법으로 인해 중앙에서 관리되고 제어되는 시스템이라는 점에서 또 다른 복잡한 문제가 야기된다. 예를 들어, 자율 장치가 제3자에게 계약 위반 또는 신체 상해와 같은 해를 입힌 책임이 있다고 판결될 경우 법원이 장치에 적절한 손해 배상을 강제할 만한 권원이 부족할 수 있다. 장치가 스마트 컨트랙트를 통해 작동하는 한, 단지 코드만이 장치의 자산에 접근할 수 있다. 법원 명령에 따른 지불을 용이하게 하기 위해 스마트 컨트랙트 코드에 관련 기능을 도입하지 않는 한, 어떠한 당사자도 장치의 자산을 점유할 권한을 가지지 않는다.

블록체인의 개방적이고 탈중개화된 특성과 스마트 컨트랙트의 자율적 특성으로 인해 전 세계 어디서든 누구나 블록체인 지원 장치를 작동시키고 조율할 수 있다. 이 기술은 일반인들에게 인간의 개입 없이 독립적으로 작동하는 자동 무기를 포함하여 스마트 컨트랙트로 구동되는 기계 또는 장치를 만들고 배포할 수 있는 권한을 부여한다. 스마트 컨트랙트의 자율성은 일단 세상에 나온 장치들의 작동을 누구도 멈추지 못하게 함으로써 자율 무기를 금지하려는 노력을 좌절시킬 가능성이 있다. 이러한 위험이 당장 나타나지 않더라도 기술이 점점 확장되고 널리 사용되는 인프라로 발전하면 블록체인은 저항 운동이나 테러 공격도 지원 가능한 자율 무기를 관리하는 역할을 하게 될지도 모른다.

사물인터넷과 관련하여, 블록체인은 서로 상충하는 두 가지 특성을 보여준다. 한편으로 이 기술은 차세대 장치간 상호 작용을 위한 새로운 응용 프로그램 및 프로토콜 계층을 지원할 수 있으며, 장치들이 상호 협조하여 작동함으로써 P2P 거래를 지원한다. 동시에 물리적 기계나 장치를 관리하기 위해 암호기술의 법에 과도하게 의존하면 소비자가 적합하다고 생각하는 재산 행사권을 박탈하는 새로운 재산권 관리 시스템(PRM)이 나올 수 있다. 장기적으로 블록체인 기술은 중앙 운영자에게 의존하지 않는 자율 시스템의 출현으로 이어질 것이고 이는 다시 통제를 벗어난 인공지능 기계의 탄생을 낳을 것이다. 다만 이는 긍정적인 목적으로도, 위험한 목적으로도 사용될 수 있다는 점을 유의해야 한다.

PART 5

탈중앙화된
블록체인 기반 시스템의 규제

11

규제의 방식

블록체인 기술은 개개인이 P2Ppeer-to-peer 방식을 활용하여 경제적·사회적 활동에 더 많이 참여할 수 있도록 함으로써 중개자의 필요성을 감소시키고, 자율적인 시스템이나 장치의 생성과 배포를 용이하게 한다. 하지만 이러한 기회에도 불구하고, 정부는 여전히 이 새로운 기술의 사용을 규제할 수 있는 권한을 유지하고 있다.

블록체인 기반 네트워크를 유지하려면 많은 중개자들 — 특히 TCP/IP 스택 중 낮은 계층에서 프로토콜을 작동시키거나 지원하는 인터넷사업자ISP들 및 기타 중개자들 — 이 필요하다. 블록체인은 대체로 경제적 인센티브라는 동기를 부여받은 사람들과 채굴자들에 의해 관리된다. 또한 블록체인은 소프트웨어 개발자와 하드웨어 제조업자들에 의존하는데, 이들은 해당 관할권 내의 지방자치단체나 정부의 규제를 받는다.

로렌스 레식Lawrence Lessig은 인터넷 규제 방법을 분석하면서 각기 다른 네 가지 메커니즘이 개인의 행동을 어떻게 통제하는지를 설명하는 "한심한 점 이론pathetic dot theory"[1] 을 정립했다. 여기서 네 가지 메커니즘이란 국가에 의해 제정된 법률, 사회에서 정해진 사회적 규범, 수요공급 법칙에서 파생된 시장의 힘, 그리고 물리적 세계와 디지털 세계를 형성하는 아키텍처이다.[2]

정부가 개개인의 행동을 통제하는 가장 직접적이고 익숙한 방법은 특정한 행위를 허용하거나 금지하는 법률을 제정하는 것이다.[3] 법 집행이라는 위협 앞에서, 개인은 자신의 행동을 바꿀지 아니면 불복에 따른 처벌을 감수할지를 선택하게 된다.[4]

하지만 정부는 무엇이 허용되고 무엇이 허용되지 않는지를 법으로 정하는 것 말고도 개인이나 기관에 간접적인 압력을 가하는 보다 우회적인 방식으로 개인의 행동에 영향을 미칠 수도 있다. 예를 들어, 주 정부는 조세 정책을 통해 시장과 시장 참여자들을 규제할 수 있고

● **그림 11.1 _ 레식의 4가지 규제의 방식.**

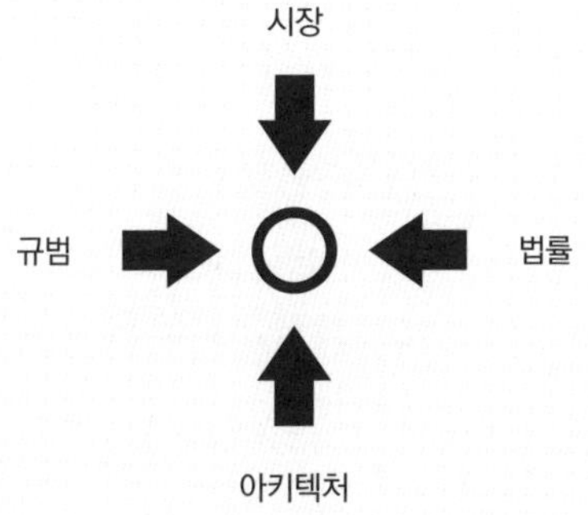

Lawrence Lessig, Code: Version 2.0 (New York: Basic Books, 2006), 123. (CC BY-SA 2.5)에서 발췌.

● **그림 11.2 _ 레식의 4가지 규제의 방식을 블록체인 기반 시스템에 적용.**

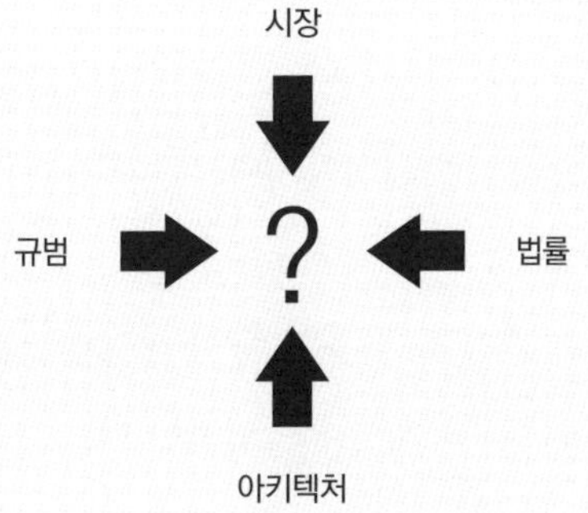

시간이 지나면서 사회적 규범을 만들어 낼 수도 있다. 정부는 주행 속도를 낮추기 위해 학교 근처에 과속방지턱을 설치하는 것을 비롯하여 온라인상 개인정보 보호를 위한 정보 수집 관련 법규의 제정을 통해 물리적 또는 디지털 세계의 아키텍처를 형성하는 정책을 수립할 수도

있다.[5] 정부는 개개인의 행동에 어떻게 영향을 미칠 것인지를 고려하여 여러 가지 정책 수단의 전부 또는 일부를 선택한다(그림 11.1 참조).[6]

암호기술의 법과 블록체인 기술의 등장은 규제 당국에 새로운 과제를 안겨주고 있다. 블록체인은 탈중앙화, 탈중개화, 임의 조작 불가능성, 강한 회복력의 특성을 가지며 잠재적으로 자율적인 코드 기반 시스템에 의해 운용되므로, 레식이 정립한 네 가지 규제 방식이 블록체인과 관련해서도 적용되는지, 적용된다면 어떻게 적용되는지에 대한 의문이 제기된다(그림 11.2 참조). 실제로 일부 시스템의 특성인 자율성을 고려하면, 규제의 대상object of regulation이 되는 "한심한 점"은 사라지고 법인격을 갖춘 존재로부터 독립되어 작동하는 자율적인 코드 기반 시스템으로 대체되고 있는 것처럼 보인다. 즉, 처음에는 정부가 블록체인 기반 네트워크 및 이를 기반으로 작동하는 애플리케이션이나 서비스에 대한 통제력을 잃은 것처럼 보일 수 있다.

그러나 보이는 것이 전부는 아니다. 인터넷에 대해 그래왔던 것처럼, 법은 항시적으로 블록체인 기술의 발전을 규제하고 제한하거나, 그 발전에 영향을 끼치도록 적응할 수 있다. 결국 블록체인은 인터넷과 마찬가지로, 탈중앙화된 네트워크일 뿐이다.

가장 자율적인 시스템조차도 특정 세력과 통제의 대상이 되기 마련이다. 블록체인 기반 시스템은 법률 준수를 무시하게끔 설계될 수 있지만, 블록체인 네트워크를 지원하는 새로운 중개자에 의존할 수밖에 없으며 이러한 중개자는 규제 대상이 되기 쉽다. 게다가, 이러한 시스템은 필연적으로 코드(또는 아키텍처)에 의존하며, 그 운용은 궁극적으로 시장 역학market dynamics과 사회적 규범social norms에 의해 결정된다. 그리고 법은 기술을 규제하는 이 세 가지 힘 모두에 영향을 미칠 수 있다.

최종 사용자에 대한 규제

정부가 블록체인 기술의 사용을 가장 직접적으로 규제할 수 있는 방법은 최종 사용자에게 직접 법과 규제를 적용하는 것이다.[7] 대다수 블록체인 기반 네트워크의 투명성과 가명성 때문에, 블록체인 거래에 참여하는 당사자들은 정부의 압력으로부터 자유롭지 못하다. 실제로 법 집행당국은 정교한 데이터 마이닝 기술과 빅데이터 분석 기술을 이용해 의심스럽거나 불법적인 행위를 목적으로 블록체인을 사용하는 사람들을 식별해낼 수 있다.

앞서 살펴본 것처럼, 비익명화 기술은 블록체인에 기록된 거래 관계를 매핑하여 분석하고 그 결과를 상황자료contextual data와 결합하여 블록체인 기반 거래에 참여한 개인의 신원을 풀어낼 수 있게 한다.[8] 점점 더 많은 데이터가 수집되고 데이터 마이닝 기술이 발전하면서, 사람들은 블록체인 기반 네트워크를 통해 수행된 금융거래 등 기타 활동의 비밀을 유지하기가 어려워질 것이다.[9]

그것이 실행 가능하다 할지라도, 최종 사용자를 규제하는 것은 부담스럽고 시간 소모적인 일이다. 온라인 저작권 침해 사례에서 봤듯이, 최종 사용자에게 어떤 조치를 취하는 것은 개개인을 찾아내어 일일이 조치를 취해야 한다는 점에서 불완전한 해법이다.[10] 이러한 어려움은 암호화 및 그 밖의 데이터 보호 기술이 발달한 블록체인의 경우 더 심해질 가능성이 있다.

블록체인 시스템을 사용한 데 대한 직접 책임을 묻는 대신, 정부는 최종 사용자로 하여금 부적절한 블록체인 기반 애플리케이션과 상호 작용한 데 따른 대위책임을 부담하게 할 수도 있다. 블록체인 애플리케이션을 이용하며 그에 대한 비용을 지불하는 당사자들은 결국 그 서비스가 지속적으로 돌아가는 데 기여하므로, 그 플랫폼으로부터 발생하는 불법행위를 조장한 데 대하여 직접적으로 그리고 대위하여 책임을 부담하게 하는 것이 합리적이다.[11] 예를 들어, 블록체인 기반 불법 도박 플랫폼을 통해 거래에 참여하는 사용자는 그 플랫폼과의 상호작용을 통해 (적어도 주관적으로) 이익을 얻을 뿐만 아니라, 채굴자에게 요금을 지불함으로써 플랫폼 지원에 기여하고, 그 결과 다른 사람들이 불법적인 서비스를 계속 이용할 수 있도록 하는 책임이 있다. 대위책임의 부담에 대한 위험은 강력한 억제 효과를 발휘할 수 있다. 당신이 걸릴 수 있음을 인지하는 것과 당신이 걸리면 다른 사람들의 행동에 대해서까지 책임을 지게 된다는 것을 인지하는 것은 차원이 다르기 때문이다.

그러나 어떤 경우에는 사람들이 블록체인 기반 시스템이 초래할 수 있는 피해를 이해하지 못할 수도 있는데, 여기서 인과관계 성립 여부가 문제로 발생한다. 개인이 기대하거나 예측할 수 없었던 행위에 대해 책임을 져야 한다면 이는 공정하지 못하거나 정의롭지 않다. 정부가 블록체인 기반 시스템 운영을 지원한 사람들을 대상으로 규제를 도입하려면, 개인의 거래와 불법행위(또는 다른 사람들의 불법행위) 사이에 충분한 인과관계가 있어야만 불법행위의 예측 가능성이 실제로 인정된다는 규정이 있어야 한다.

한편 최종 사용자를 직접 규제하는 방법을 택하지 않더라도, 정부는 블록체인 기반 시스템과 상호 작용하는 중개자를 규제하고 탈중앙화된 네트워크를 규제하기 위해 법률을 제정할 수 있는 권한을 여전히 가지고 있다. 이러한 접근 방법을 채택함으로써, 정부는 불법행위 및 기타 바람직하지 않은 행위를 막기 위하여 블록체인 기술의 사용을 통제하고 간접적으로 규제할 수 있게 된다.

전송계층

인터넷상의 전송계층transportation layers은 오랫동안 규제가 용이한 환경으로 인식되어 왔다. 정부는 인터넷사업자ISP를 규제 도구로 이용하거나 특정 사이트 주소로 오가는 정보 패킷을 모니터링하고 선택적으로 무시하도록 요청함으로써 조나단 지트레인Jonathan Zittrain이 지적한 것처럼 "인터넷을 규율하는 1차 도구"로 이용할 수 있다.[12] 인터넷이 광범위하게 이용되고 있지만 인터넷사업자의 관할은 보통 쉽게 드러나므로(그 결과 규제가 가능하고), 정부는 시민들이 인터넷과 어떻게 상호 작용하고 있는지 대체로 알 수 있다.

지금까지 미국은 인터넷사업자에게 온라인 활동을 모니터링하도록 요구하는 규제 실행을 꺼려 온 반면, 중국 등 다른 나라들은 망설임 없이 인터넷사업자로 하여금 인터넷 통신을 필터링하고 정치적으로

민감하거나 음란한 콘텐츠를 인터넷에서 삭제할 것을 강력히 요구해 왔다.[13]

블록체인 네트워크는 기본적으로 인터넷 연결에 의존하며 TCP/IP 프로토콜에서 작동한다. 이 프로토콜은 네트워크를 지원하는 노드 간 정보를 중계하고, 노드가 공유 데이터베이스에 새로운 데이터나 코드를 기록할지 여부에 관한 합의에 이르는 것을 돕는다.

마찬가지로 인터넷사업자는 이처럼 탈중앙화되고 점점 더 자율적인 새로운 시스템을 관리하고 통제하기 위한 1차 규제 수단으로서의 역할을 수행할 수 있다.[14] 블록체인에 내재된 투명성은 인터넷사업자가 (그들의 IP 주소 또는 호스트네임을 통해) 어떤 컴퓨터가 블록체인 네트워크에 연결되어 있는지를 알아낼 수 있으며, 심지어 어떤 경우에는 블록체인에 기록되는 데이터를 분석할 수 있다는 것을 의미한다.[15] 블록체인 기술이 확산되면서, 각국 정부는 자국내 인터넷사업자로 하여금 특정 블록체인을 통해 오가는 데이터를 차단하거나 특정 블록체인 기반 애플리케이션 내에서 이루어지는 거래를 개별 소스 또는 대상에 따라 구별하도록 요구할 수도 있을 것이다.[16]

블록체인 애플리케이션을 지원하거나 그 애플리케이션과 상호작용하는 당사자들은 암호화 및 익명화 기술을 이용하여 자신의 정체를 숨기고 인터넷사업자가 데이터를 검사하지 못하게 할 수 있지만, 현재 비트코인과 이더리움 네트워크를 통해 이동하는 인터넷 통신은 암호화되지 않은 상태로 유지된다.

게다가 이러한 블록체인과 상호작용하는 당사자들은 (예를 들면 토르 브라우저를 이용하는 등의 방법으로) 자신들의 브라우징 활동을 추적하

기 어렵게 할 수 있지만, 아직까지는 소수의 인터넷 이용자들만이 그와 같은 조치를 취하고 있다.[17]

따라서 인터넷사업자의 규제는 특정 블록체인 네트워크 또는 애플리케이션에 대한 트래픽의 상당한 부분에 영향을 미쳐, 블록체인 기반 서비스의 대중화 가능성을 제한할 수 있으며, 결과적으로 이러한 시스템이 요금을 징수할 수 있는 잠재적 이용자 기반을 제한하게 된다.

정보중개자

전송계층 외에도, 정부는 바람직하지 않거나 불법적인 블록체인 애플리케이션에 대한 링크를 인덱싱하거나 배포하지 말 것을 요구함으로써 검색엔진이나 소셜네트워크와 같은 정보중개자를 규제할 수 있다. 모든 블록체인 네트워크는 거래를 진행하고 네트워크를 유지하기 위해 채굴자에게 비용을 지불할 제3자(점차 시간이 지나면 단체)의 지원이 필요하다. 입소문을 타고 온라인 애플리케이션이 알려질 가능성이야 항상 있지만, 이러한 시스템은 인기 검색엔진이나 친구, 가족 기타 소셜네트워크상의 이용자를 통해 알려질 가능성이 더 높다.[18]

따라서 정보중개자는 사람들이 블록체인 기반 애플리케이션을 자신의 사이트에서 찾지 못하게 함으로써 이 기술이 확산될 가능성을 제한할 수 있다.[19] 실제로 이 전략은 불법적이거나 불미스러운 온라인 활동과 콘텐츠 통제를 위해 점점 더 많이 검토되어 왔다. 예를 들어, 유럽연합은 최근 프라이버시권 보호를 위하여 "잊혀질 권리"를 통해 정보중개자를 규제하기로 했다. 민간 영역에서는, 미국영화협회가 구글에게 저작물 링크를 필터링하고 삭제하도록 압력을 가하는 한편 회원사에게 온라인 저작권 침해 중지를 법원에 청구할 수 있는 권한을 부여하는 법률을 통과시키기 위해 의회에 로비 활동을 벌이고 있다.[20] 페이스북이나 트위터 같은 거대 정보중개 기업들은 외부의 압력에 굴복하여 "학대 또는 증오 행위"를 유도, 선동하는 것으로 간주되거나 "가짜뉴스"로 인정되는 게시물을 삭제하고 있다.[21]

이와 유사한 방식으로, 정부가 블록체인 네트워크나 애플리케이션을 지나치게 위험하거나 비도덕적인 것으로 판단하면, 사람들이 이를 찾거나 접근하는 것을 훨씬 더 어렵게 만들기 위해 정보중개자로 하여금 블록체인 서비스를 검색 결과에서 아예 삭제하도록 하는 법 또는 규제를 만들 수 있다.

블록체인에 특화된 중개자

블록체인과 관련된 새로운 비즈니스와 서비스가 등장하고 있고, 그 규모는 정부가 별도의 법과 규제를 만들어야 할 정도로 커지고 있다. 인터넷이 처음 주류 의식mainstream consciousness과 충돌했을 때, 이 글로벌 네트워크가 탈중개화를 확산시키고 거래중개자를 제거할 것이라는 주장이 반복적으로 제기되었다.[22] 그러나 인터넷이 널리 확산되면서, 인터넷이 일부 거래중개자를 제거하긴 했으나 규제의 대상이 되는 새로운 중개자의 등장을 불러왔다는 점이 명백해졌다.[23]

이러한 기술 위에 구축된 새로운 비즈니스가 새로운 형태의 중개자가 되면서, 블록체인 애플리케이션과 관련해서도 유사한 패턴이 전개되고 있다.[24] 블록체인에 의존하는 모든 서비스가 자율적인 것은 아니다. 어떤 서비스는 블록체인에서 정보를 읽는 데 국한되고, 어떤 서비스는 블록체인에 부분적으로만 의존한다. 예를 들어, 벤처캐피탈의 지원을 받는 대기업들은 이용자들이 비트코인이나 이더와 같은 블록체인 기반의 디지털통화를 주고받는 계좌를 손쉽게 개설할 수 있도록 "월렛wallet" 서비스를 제공하고 있다.[25] 중앙화된 거래소 역시 디지털통화를 달러, 유로 기타 신용화폐로 환전하는 것이 가능한 방향으로 발전하고 있다.[26]

처음에는 이러한 서비스가 금융 관련 법 규제의 대상이 되는지에 대한 문제가 제기되었다. 2013년 중반 미국 정부는 디지털 통화 거래소는 관련 라이선스를 획득하고 자금세탁방지 프로그램을 실행해야 한다는 규제 지침을 발표했다.[27] 뉴욕주 등 주 단위에서도 디지털 통화를 통제, 전송하는 데 관여하는 사람들을 대상으로 하는 기술별 규제를 통과시켰다.[28] 그 결과, 오늘날 디지털 통화의 거래 및 저장은 다른 통화 및 가치 저장 수단과 점점 더 유사해지고 있다. 현재 미국에 소재한 많은 서비스들은 대체로 자금세탁방지 및 송금법의 집행을 수용하려는 분위기다.

새로운 중개자들이 성장하고 여러 사법관할 지역으로 확장하면서, 정부는 이들에게 해당 지역의 법령과 규정을 적용하도록 압력을 가할 수 있다. 블록체인에 의존하거나 블록체인 기반 네트워크에 대한 접속을 제어하는 중앙운영자는 악의적인 행위를 감시할 의무나 특정 거래를 거부할 의무 등을 비롯해 더 많은 법률을 준수해야 할 의무를 질 수도 있다.

채굴자와 거래 처리자

중개자는 단순히 블록체인 기반 네트워크 최상위에 군림하기만 하는 것만이 아니라, 그 네트워크를 지원하는 역할을 한다. 블록체인을 통해 디지털 통화를 전송하고, 데이터를 저장하고, 스마트 컨트랙트를 체결하려면 채굴자 또는 그 밖의 거래 처리자가 필요하다. 채굴자는 그들의 노력에 대한 대가로 블록 보상 또는 수수료를 받는 사람들이다.

블록체인 네트워크에서, 채굴자는 블록체인의 기본 프로토콜을 수정하거나 변경하는 새로운 소프트웨어를 채택할 최종 권한을 가진다. 이를 통해, 채굴자는 공유 데이터베이스의 거래 이력을 다시 쓰거나 정보가 저장, 처리 및 기록되는 방식을 형성하는 추가적인 컨트롤을 구현할 수 있다. 예를 들어, 비트코인은 작업 증명 메커니즘에 의존하기 때문에 비트코인 블록체인을 지원하는 컴퓨팅 파워의 과반수를 차지하는 채굴자들은 합의를 통해 프로토콜 규칙을 변경하거나 특정 비트코인 계정과 관련된 거래를 무시할 수 있다.[29]

지난 몇 년간, 비트코인이나 이더리움 등 인기 있는 블록체인 네트워크에서의 채굴은 블록 보상의 가능성을 높이기 위하여 다수 기계의 계산 자원을 모으는 대형화되고 집중화된 채굴조합[30]으로 점차 통합되어 왔다. 오늘날, 집중화는 정점에 이르러, 4개의 주요 채굴조합이 전체 비트코인 블록체인의 50퍼센트 이상을 통제하며, 2개의 주요 채굴조합이 이더리움 블록체인의 50퍼센트 이상을 통제한다.[31] 이러한 채굴조합은 블록체인을 포크fork하기 위해 동업하거나 공모하는 것이 가능하다.

채굴자와 채굴조합을 규제함으로써, 정부는 새로 등장한 탈중앙화 시스템의 통제할 수 없는 특성을 길들이며 블록체인 기반 시스템의 운영에 대한 영향력을 획득한다. 블록체인 네트워크나 애플리케이션이 법을 준수하지 않으면, 정부는 채굴조합에게 명령해 특정 프로토콜 변경을 적용하거나 애플리케이션, 기관, 사람 또는 장치를 차단하도록 할 수도 있다. 또는 법을 준수하고 법적 요건을 충족하는 스마트 컨트랙트만을 처리하는 경우에 면책 내지 세이프 하버safe harbor와 같은 특정한 인센티브를 채굴자에게 제공하는 방법을 택할 수도 있다. 불법적인 블록체인 기반 시스템이나 장치와 관련된 거래가 진행될 때마다 채굴자에게 과세를 하거나 벌금을 부과하는 방법으로 채굴자가 불법 애플리케이션을 지원하지 못하게 할 수도 있다.

그럼에도 불구하고 채굴자와 채굴조합에 대한 규제는 쉬운 일이 아니다. 일부 소수 국가가 채굴자의 활동을 규제하더라도 블록체인의 전 세계적이고 탈중앙화된 특성 때문에 규제 효과는 크지 않을 것이다. 블록체인의 기본 프로토콜과 운영을 변경하려면 네트워크가 합의에 이르러야 하는데, 규제 가능한 지역 내에 충분한 숫자의 채굴자 또는 채굴조합이 없다면, 블록체인 기반 네트워크는 이러한 규제를 아랑곳하지 않고 포크를 만들거나 계속 작동할 수 있기 때문이다.

동시에 우려되는 점은, 특히 네트워크에서 합법적 활동과 불법적 활동이 모두 가능한 경우에는, 채굴자가 블록체인 네트워크의 정당한 사용과 그렇지 않은 사용을 구별하지 못한다는 점이다. 심층패킷분석 등의 기술을 이용하여 인터넷 트래픽을 어느 정도 모니터할 수 있는 인터넷사업자와 달리, 채굴자는 블록체인 네트워크를 통해 흘러가는 합법 또는 불법 거래를 식별하지 못할 수 있다. 채굴자가 거래의 유효성 여부를 암호화적으로 또는 기술적으로 식별할 수 있는 경우에도, 상황에 대한 추가 정보 없이는 그러한 거래의 목적을 이해하지 못할 것이다.

코드와 아키텍처의 규제

정부는 블록체인 기반 프로토콜 및 스마트 컨트랙트의 개발자를 규제할 수도 있다. 코드는 오랫동안 법 집행의 강력한 도구로 인식되어 왔다. 인터넷과 같은 기술적인 시스템은 물리적 공간에 기인한 자연적 속성이 없기 때문에, 시스템의 형태를 비롯해 이용자가 할 수 있는 것과 할 수 없는 것을 정립하는 일은 코드에 의존하게 된다.[32]

블록체인의 운용은 코드를 통해 정의되므로, 정부는 개발자가 블록체인 기반 애플리케이션 및 스마트 컨트랙트를 어떻게 만들어야 하는지를 규제함으로써 시스템의 사용 및 개발 방식에 영향을 끼칠 수 있다. 예를 들어, 소프트웨어 개발자로 하여금 정부 백도어와 같은 특정한 기능을 블록체인 기본 프로토콜에 삽입하고, 법을 준수하지 않는 자율 스마트 컨트랙트의 제거 또는 블록체인 기반 애플리케이션 정지 권한을 정부에 부여하는 법을 제정할 수도 있는 것이다.

위와 같은 규제 방식 대신, 규제 당국은 개발자에게 자율적인 블록체인 기반 시스템을 만들고 배포하는 데 대하여 책임을 엄격히 물음으로써, 개발자가 피해 발생 위험을 줄이기 위해 더욱 신중하게 운영하도록 유도할 수도 있다. 마약, 비행기 또는 잠재적으로 위험한 다른 제품과 마찬가지로, 정부는 스마트 컨트랙트나 새로운 블록체인을 배포하기 전에 당사자들이 승인 절차를 거치는 허가 기반 또는 명령-통제 시스템을 강제할 수도 있다. 이러한 시나리오 하에서, 중앙관리자는 잠재적인 이용을 심도 있게 검토하여 대중이 새로운 블록체인 기반 기술을 이용하도록 할 것인지를 결정할 수 있다.

이러한 접근방식의 일환으로, 규제당국은 불법적인 활동을 지원할 의도로 소프트웨어를 만든 개발자나 회사를 기소할 수도 있을 것이다. 코드의 개발은 규제로부터 자유롭지 않다. 실제로 1999년경 포르노 뉴스 그룹에서 퍼진 멜리사 바이러스Melissa Virus가 120만 대의 컴퓨터를 파괴했을 때,[33] 법원과 검찰은 광범위한 피해를 야기한 이 바이러스를 포기하지 않고 끝까지 추적하였고, 바이러스 제작자는 형사처벌을 받고 수감되었다.[34]

그러나 소프트웨어 개발자를 규제하는 정부의 권력에도 한계가 있다. 정부의 권력은 미국의 수정헌법 제1조뿐만 아니라 블록체인의 탈중개적 성격 및 익명성에 의해서도 제한된다. 소프트웨어는 수정헌법 제1조의 보호 대상이 되는 것으로 인정받아 왔지만, 이러한 보호에도 제한은 있다.

코드가 너무 위험하거나 명백하게 불법적인 것으로 인정되면, 법원은 수정헌법 보호를 받을 수 없다고 판단했다. 예를 들어, 미합중국 vs. 맨델존United States vs. Mendelsohn 사건에서, 제9 연방순회항소법원은 스포츠 베팅의 기록 및 분석을 돕는 소프트웨어 개발자에 대해 도박장치wagering paraphernalia의 불법 전송을 유죄로 판단한 법원 결정을 유지했다. 그 소프트웨어가 불법 도박 외에 다른 목적이 인정되지 않는다는 이유에서였다.[35]

만약 정부가 블록체인 개발자를 규제하기로 한다면, 어떤 코드는 수정헌법 제1조의 보호를 받거나, 또 받지 못하게 될 수 있다. 예를 들어, 일상적인 물품뿐만 아니라 잠재적으로 불법적인 제품, 약품, 총기류도 교환의 대상이 되는 탈중앙화된 전자상거래 시장은 (그 코드 자체가 표현으로서 인정된다면) 수정헌법 제1조의 보호를 받을 수 있다. 합법적이거나 불법적인 것 모두 거래할 수 있도록 해주기 때문이다. 반대로, 바이너리 옵션거래를 용이하게 하는 탈중앙화된 예측시장과 거래소는 상품거래소법과 같은 현행법을 위반한 것으로 간주될 수 있어, 개발자들에게 책임이 부과될 가능성이 있다.

수정헌법 제 1조와 관련된 이슈 외에, 초국가적 문제도 있다. 블록체인의 운영은 국내로 제한되지 않기 때문에, 그 기술의 성격상 정부가 네트워크 전체에 대한 규제를 도입하는 것을 어렵게 한다. 중앙집중식 운영자가 새로운 기능이나 제한 사항을 코드에 일방적으로 도입할 수 있는 기존 온라인 서비스와 달리, 블록체인 네트워크를 규율하는 코드는 탈중앙화된 합의를 통해 탈중앙화된 방식으로 실행된다. 스마트 컨트랙트 또는 블록체인 기반 프로토콜을 변경하려면 블록체인 네트워크의 대다수가 이에 동의해야 한다.

정부가 블록체인 개발자에게 특정 기능을 코드에 도입하도록 강제할지라도, 사법관할 밖에 있는 사용자 또는 다른 개인 행위자에게 이 기능을 채택하도록 강제할 수는 없다. 정부가 요구한 제약 사항이 너무 막연하고 비효율적이거나 불공정하다면 블록체인 네트워크를 지원하는 채굴자는 이러한 규칙을 포함하는 소프트웨어 설치 및 거래를 거부하거나 이 법이 요구하는 스마트 컨트랙트 코드를 거부할 수 있다.

정부가 소프트웨어 개발자에게 제한이나 책임을 부과하기 위해 이와 같은 규제 방식을 더 복잡하게 만들려면, 정부는 블록체인 기반 애플리케이션 및 스마트 컨트랙트 작성자를 식별할 수 있어야 한다. 이는 블록체인의 익명성을 고려할 때 불가능하지는 않지만 꽤나 도전적인 과제다. 정부가 관련 당사자를 식별하는 한 가지 방법은 블록체인 기반 애플리케이션 및 관련된 스마트 컨트랙트의 제작자 모두에게 제작 결과물과 제작자를 추적가능한 저장소이자 검색 가능한 데이터베이스에 등록하도록 요구하는 것일 테다. 이러한 애플리케이션 중 하나가 코드 결함 또는 애플리케이션 작동상의 결함으로 인해 제3자에게 피해를 입히면, 관련 당사자는 제작자를 식별하고 피해를 보상받거나 법적 권리를 집행하기 위하여 필요한 절차를 취할 수 있다.

이러한 규제 방식은 다른 관할 구역에 소재한 개발자들이 자신의 소프트웨어 등록을 거부할 경우 취할 수 있는 수단이 거의 또는 전혀 없다는 한계가 있다. 또한 사토시 나카모토가 보여준 것처럼, 규제의 관할 구역 내에 있는 사람들조차 익명화 기술을 사용하여 아무도 자신의 정체성을 추적할 수 없는 방식으로 블록체인 기반 응용 프로그램을 배포할 수도 있다.

하드웨어 제조업자

마찬가지 방법으로, 정부는 불법행위를 가능케 하는 블록체인 기반 애플리케이션, 스마트 컨트랙트 또는 장치의 사용을 추적하거나 중단시킬 수 있는 특정 조치를 취하도록 강제하는 방법으로 인텔이나 삼성 같은 하드웨어 제조업자를 규제할 수 있다. 제조업자들이 전통적 무역 통로를 이용하고, 정부가 국경 내에서의 상품의 흐름을 통제하는 점을 고려하면, 정부는 제조업자와 판매자 모두에게 법과 규제를 적용할 수 있다. 예를 들어, 미국에서는 제조업체가 안전 보건, 국토 안보 및 환경 규제를 준수해야 한다.[36] 마찬가지로 해외에 제품을 수출하는 상인은 수출 통제를 따르며, 의약품이나 의료기기를 만들어 대중에게 판매하려면 사전에 광범위한 규제 승인 절차를 거쳐야 한다.

제조업자를 규제함으로써, 정부는 스마트 컨트랙트가 잘못되거나 자율 시스템이 불법행위를 조장할 경우 블록체인 기반 장치를 제어 또는 비활성화하거나 심지어는 블록체인 네트워크 전체를 못 쓰게 만들 수도 있다. 정부는 제품을 규제하고 채굴자가 블록체인 기반 네트워크를 지원하는 데 필요한 칩, 기타 하드웨어 부속품 판매를 통제하거나 정부 승인을 받도록 할 수 있다. 제조업자가 블록체인 지원 장비를 관리하는 스마트 컨트랙트로 인코딩할 수 있는 기능의 종류를 제한하거나 그 장비에 백도어 또는 "킬 스위치"를 포함하도록 요구할 수도 있다. 소프트웨어 개발자의 경우와 마찬가지로, 제조업체가 블록체인 지원 장비로 인한 피해에 대해 엄격한 책임을 지도록 할 수도 있다. 제조업체가 사전 허가를 받아야만 탈중앙화된 데이터베이스에 의존하거나 이를 지원하는 장치를 판매할 수 있도록 하는 것도 한 방법이다.

그러나, 과거의 사례가 분명히 보여주는 것처럼, 소프트웨어 및 하드웨어 장치에 기술적인 백도어 및 기타 액세스 제어를 도입하려는 시도는 기술을 약화시킬 위험을 내포하고 있다.[37] 예를 들어, 1990년대에 미국 정부는 암호화 기능이 포함된 모든 장비의 제조업자에게 국가안보국NSA이 설계한 소위 클리퍼 칩Clipper Chip을 내장시키도록 함으로써 정부 당국이 장치에 저장된 자료를 해독하려는 시도를 한 적이 있다. 그러나 이 칩에는 보안상 여러 가지 허점이 있었고, 사람들이 예상하지 못한 방식으로 그 메커니즘을 악용할 수도 있음이 드러났다.[38]

이와 유사한 접속 제어 메커니즘을 블록체인 지원 장치에 도입하면 블록체인 기술 이용을 통해 얻고자 하는 편익이 감소될 수 있다. 실제로 이러한 메커니즘은 자율성, 조작 불가능성 및 강한 회복력이라는 블록체인의 기술적 특성을 제한할 뿐만 아니라, 정부 및 비정부 기구가 블록체인 기술을 쉽게 공격할 수 있는 가능성을 높인다.

블록체인에 기반한 시장의 규제

•••

앞서 살펴본 규제 방식을 택하는 대신, 정부는 시장 개입을 통해 블록체인 기반 애플리케이션을 지원, 사용하거나 배포하는 행위를 제어할 수 있다. 현존하는 블록체인 네트워크는 모두 경제 원리에 기반한다. 거래를 실행하는 당사자들은 채굴자가 블록체인에 정보를 검증하고 추가하거나 스마트 컨트랙트의 산정논리computational logic를 실행하도록 거래 수수료를 지불해야 한다. 이더와 같은 단일 거래에서의 거래 수수료는 얼마 되지 않는 게 보통이지만, 여러 논리적 단계가 포함된 스마트 컨트랙트에서는 금액이 합산되어 커질 수 있다.[39]

블록체인에서 자율 시스템을 운용하려면 관련 스마트 컨트랙트 실행 비용을 충당하기에 충분한 디지털 통화가 지불되어야 한다는 것이 암묵적으로 전제되어 있다. 수수료가 블록체인의 기술적 구조의 일부를 구성하면서, 블록체인을 통한 모든 상호 작용은 궁극적으로 경제적 거래가 되고 네트워크에 참여하는 모든 당사자는 경제 주체가 된다. 그리하여 블록체인 운영 비용은 채굴자, 스마트 컨트랙트를 배포하는 소프트웨어 개발자 및 최종사용자 등과 같은 네트워크 참여자의 행위에 영향을 미치게 된다.[40]

이러한 특성으로 인하여 블록체인에 대한 규제는 전통적 시장 규제와 유사해진다. 정부는 담배에 세금을 부과하거나 특정 제품의 생산자에게 보조금을 제공하는 경우처럼 특정 행위를 근절시키거나 장려하기 위해 상품이나 서비스의 가격에 영향을 미치곤 한다. 마찬가지로 블록체인 기반 네트워크의 시장 역학을 변화시키는 것 역시 공유 네트워크에 의존하는 모든 관련자들의 행동에 영향을 미칠 수 있다.

데이터 저장 비용이나 스마트 컨트랙트 실행 비용을 조정함으로써, 정부는 블록체인 기반 네트워크에 참여하는 당사자들이 상호 작용하는 방식에 영향을 미치고 스마트 컨트랙트 코드의 실행 및 배포 비용을 잠재적으로 증가시킬 수 있다. 그렇게 정부는 블록체인 기반 네트워크의 시장 역학을 활용함으로써 법을 따르는 것이 경제적으로 유리하도록 환경을 만들어 법을 준수하는 시스템을 장려할 수 있다.

시장에 기반한 규제 방식이 효과를 발휘하려면, 정부가 블록체인 시장 역학을 바꿀 수 있어야 한다. 정부가 네트워크 채굴을 통제하는 것도 한 가지 방법이 될 것이나, 그러려면 블록체인 기반 네트워크의 채굴력(작업일치 증명메커니즘을 채택한 블록체인의 경우) 대부분을 확보해야 한다. 정부가 다수주의 방식으로 블록체인상의 거래 과정을 통제한다면 블록체인의 경제적 인센티브 및 보수 구조를 근본적으로 바꾸는 프로토콜 변경을 구현할 수 있을 것이다. 이러한 변경에 동의하는 네트워크 참여자는 새로운 프로토콜을 따를 것이고, 동의하지 않는 참여자는 그 네트워크를 떠나 더 작고 잠재적으로 덜 안전한 블록체인을 만들 수 있다. 또한 네트워크의 계산력 대부분을 통제하는 한에서, 정부는 불법적인 거래 수수료를 인상하는 한편 합법적이고 승인된 거래 수수료를 낮추어 블록체인 플랫폼이 불법적으로 사용될 잠재적 위험을 제거할 수 있다.

또한 정부는 2차 시장에서 블록체인 고유의 디지털 통화 가치를 조종함으로써 블록체인에서의 거래 실행 가격에 영향을 미칠 수 있다. 정부는, 예를 들어 인플레이션을 조장하는 양적 완화 정책을 펼치는 것과 같이, 블록체인에 전통적인 통화정책을 펼칠 수는 없다. 하지만 궁극적으로 블록체인 전용 디지털 통화의 가격을 올리거나 낮추기 위하여 그 통화를 매수하거나 매도하는 방식으로 오픈마켓에 개입하는 것은 가능하다. 이는 국내 인플레이션을 증가시키지 않으면서 직접 통제할 수 없는 다른 법정통화의 환율에 영향을 미치려는 정부가 취하는 방식이기도 하다. 외환 보유고를 구매, 유지함으로써 정부는 자국 통화에 대한 외환 가치를 높여 자국 수출의 경쟁력을 높이고 수입 유인을 감소시킬 수 있다.[41]

이는 블록체인 기반 디지털 화폐와 관련해서도 일어날 수 있다. 디지털 화폐를 구입하고 보유고를 유지함으로써, 정부는 그 통화의 시장 가격을 올릴 수 있다. 그렇게 함으로써 정부는 블록체인 기반 네트워크에서 데이터 저장, 거래 실행 또는 스마트 컨트랙트 코드의 배포 및 실행 등에 소요되는 비용을 증가시킴으로써, 네트워크 참여자들이 상호작용하는 정도는 물론 네트워크의 시장 역학 자체에도 영향을 미칠 수 있게 되는 것이다.

이러한 방식은 주로 블록체인의 이용 전반을 대상으로 하지만, 정부는 이 방식을 통해 채굴자 또는 네트워크를 지원하는 다른 당사자들에게 블록체인의 기본 프로토콜을 변경하도록 압박할 수 있다. 예를 들어, 정부는 비트코인 거래 비용을 올리겠다고 위협하여, 네트워크로 하여금 불법적인 활동을 중단 또는 제한하는 데 필요한 프로토콜 변경을 시행하도록 압력을 가할 수 있을 것이다.

실제로, 채굴자 또는 다른 중개인이 정부가 그러한 권력을 가지고 있음을 알고 있다면, 정부 개입의 위협은 그 자체로 강력한 억지 효과를 발휘할 수 있다. 정부가 블록체인 기반 시스템의 생성 및 배포와 관련된 수익 구조를 바꿀 수 있다는 단순한 사실을 아는 것만으로, 블록체인 기반 프로토콜의 진화를 형성하고 개인의 불법 활동 참여를 저지할 수 있다.

사회적 규범을 통한 규제

그러나 여기서 제안된 방식이 블록체인을 규제하는 유일한 방법은 아니다. 정부는 블록체인 기반 커뮤니티 내에서 적용될 사회적 규범을 형성함으로써 블록체인에 대한 질서를 유지하려 할 수 있다.[42] 블록체인은 궁극적으로 대중의 지지를 받으므로, 사회적 규범은 강력한 규제 도구가 될 잠재력을 가진다.

블록체인은 그 운영을 분산합의에 의존한다. 그래서 채굴자나 그 밖에 분산형 데이터 구조를 지원하는 당사자들은 법 또는 커뮤니티 규칙의 적용을 보장하는 권한을 가진다. 어떤 의미에서, 채굴자 및 기타 거래 처리자는 블록체인 네트워크의 규칙이나 값을 실행하는 권한을 가진 심판 역할을 한다. 네트워크 노드는 충분한 숫자의 노드가 작업 진행에 동의하면 불법행위를 중단시키는 조치를 취할 수 있다. 이들 당사자들은 특정 거래를 검열 또는 되돌리거나 자율코드를 해제하기 위해 필요한 프로토콜 변경을 통해 피해를 바로잡는 집단적 개입을 결정할 수 있다.

우리는 이미 다양한 블록체인 기반 네트워크에서 각기 다른 사회적 규범이 생겨나는 것을 보아 왔다. 비트코인 커뮤니티 내에서는 '불변성'이라는 개념을 높이 평가하는 것으로 보인다. 닉 사보Nick Szabo는 "비트코인은 …… 기술 전문가들 사이에서 탈중앙화된 의사결정을 통해 비트코인의 무결성을 유지했으며, 이는 불변성이라는 강력한 교리와 결합되었다"고 주장했다.[43] 하지만 이렇게 공유된 문화적 규범에도 불구하고, 비트코인 네트워크는 (비트코인 커뮤니티에서 오랫동안 지속되어 온 "확장성 논쟁"에서 보여진 것처럼) 점점 더 증가하는 거래를 수용하기 위해 비트코인 프로토콜이 진화해야 하는지의 여부 및 그 방법에 대한 합의에 도달하는 데 어려움을 겪었다.[44]

프라이버시와 익명성은 다른 블록체인 네트워크를 탄생시키는 원동력이 된다. 모네로Monero와 지캐시Zcash가 그 예이다. 앞서 설명한 것처럼, 이 두 디지털 화폐는 스텔스 주소, 링 서명, 영지식 증명을 이용하여 개인정보를 강력하게 보호하도록 설계되었다.[45]

이더리움을 지지하는 사람들은 탈중앙화된 블록체인 기반 애플리케이션을 구축하는 유연한 도구를 제공하기 위해 보다 실용적으로 접근한 것으로 보인다. 이더리움 커뮤니티는 이더리움 프로토콜을 여러 차례 수정하면서 블록체인에 추가 기능을 도입해 왔다. 이는 비트코인 네트워크와는 대조되는 풍경이다. 비트코인 네트워크는 버그를 수정하거나 확장 문제를 해결해야 하는 드문 상황에서만 프로토콜을 변경해 왔다.[46]

그러나 이더리움이 다른 블록체인 기반 네트워크와 차별화되는 부분은 이더리움 커뮤니티가 단지 기술적 필요 때문만이 아니라 네트워크 활동을 "규제"하기 위해 블록체인 프로토콜을 변경함으로써, 사회적 규범을 네트워크 활동을 형성하기 위한 직접적인 개입 수단으로 이용했다는 점이다.

더다오TheDAO 해킹 사건 당시 이러한 개입이 이루어졌다. 앞서 나왔듯이, 더다오는 중앙 운영자가 없는 블록체인 기반의 분산형 투자 펀드로, 이더리움 블록체인을 이용한 자율 스마트 컨트랙트로 관리되었다. 전적으로 암호기술의 법에 의해 운영되었기 때문에, 더다오의 회원은 공격자가 기본 스마트 컨트랙트 코드의 취약점을 악용하여 유출한 자금을 회수할 방법이 없었다. 그 피해를 바로잡기 위해서는 이더리움 커뮤니티 전체가 이더리움 블록체인의 프로토콜과 상태를 수정하는 공동의 조치를 취해야만 했다.[47]

그러한 공동의 조치는 기술적으로는 소프트웨어 애플리케이션을 새로 설치하는 것만큼이나 간단한 일이지만 실제 실행하는 것은 어려웠다. 이더리움 블록체인의 상태를 변경하려면 대다수의 채굴자들이 디지털 통화 거래소와 기업 등을 비롯한 이더리움 커뮤니티 대다수와 함께 그 일련의 과정에 동의해야 하기 때문이다.

명백한 절도 사태가 발생하였음에도 불구하고, 이더리움 커뮤니티가 피해 복구 여부 및 복구 방법을 결정하는 데 한 달 이상의 시간이 걸렸다. 마침내 이더리움 커뮤니티의 주요 이해관계자들은 이더리움 블록체인을 포크하는 프로토콜 변경을 실시하기로 결정했다. 포크를 지지하는 사람들은 더다오의 계좌로 펀드를 이전하고, 더다오를 운영하는 스마트 컨트랙트 코드를 간단한 인출 계약으로 대체함으로써, 당사자들이 기금에 투자한 이더를 회수하는 데 동의했다. 펀드를 복구하기 위해 이더리움 프로토콜을 변경함으로써, 이더리움 커뮤니티는 피

해 회복을 위한 개입 의지를 표명하였다.[48]

더다오 사건에서 알 수 있듯이, 사회적 규범은 블록체인 기반 네트워크의 규제에 핵심적인 역할을 한다. 정부는 네트워크 운영을 간접적으로 규제하기 위해 이러한 네트워크를 둘러싼 커뮤니티의 사회적 규범에 영향을 미칠 수 있을 것이다.

예를 들어, 정부는 급변하는 기술의 위험 및 혜택에 대한 정보를 제공함으로써 사회적 규범을 형성할 수 있다. 그 결과 사람들은 특정 블록체인 기반 시스템을 이용하여 거래를 진행할지 여부에 대하여 정보에 입각한 결정을 내릴 수 있다. 정부는 또한 강제적 조치를 취하거나 특정 종류의 행위를 금지하는 방법으로 사람들의 행동을 유도할 수 있다. 보다 직접적으로는, 정부가 채굴자가 되어 블록체인 기반 네트워크에 적극적으로 참여하며 네트워크 거버넌스에서 목소리를 낼 수도 있을 것이다. 정부는 또한 공식적인 워킹 그룹이나 비정부기구, 국제기구를 창설할 수도 있을 것이다.[49]

규제를 위한 절충

어떤 전략을 취하든, 모든 규제방식은 절충을 수반한다. 첫째, 정부가 인터넷사업자와 같은 전통적인 인터넷 중개자를 규제할지 아니면 블록체인 기반 네트워크를 지원하는 새로운 중개자를 규제할지에 관계없이, 두 접근법 모두 혁신을 제한하고 블록체인이 제공하는 새로운 기회를 축소할 위험이 있다.[50]

인터넷 학자와 기술자들은 오래전부터 정부가 "엔드투엔드end-to-end 원칙"[51]에 어긋나는 방식으로 네트워크 환경을 규제해서는 안 된다고 주장해 왔다. 엔드투엔드 원칙에 따르면, 네트워크는 가능한 한 단순하고 일반적으로 설계되어야 하며, 따라서 "정보intelligence"는 네트워크의 "가장자리edge"에 머물러야 한다. 네트워크 운영자는 네트워크의 "통로pipe"를 통해 정보 패킷을 라우팅해야만 하고 특정 정보 패킷을 다른 것에 우선시해서는 안 된다.[52]

엔드투엔드 원칙은 주로 기술적 근거에서 옹호되었지만, 로렌스 레식과 마크 렘리Mark Lemley가 주목한 것처럼, 다양한 애플리케이션이 네트워크를 연결하고 사용할 수 있게 함으로써 경쟁의 지평을 확장한다는 중요한 특징이 있다.[53] 실제로 여러 저자와 학자들은 인터넷이 놀라운 성장을 이루게 된 핵심적 이유 중 하나가 엔드투엔드 원칙이라고 보고 있다.[54] 만약 인터넷의 초기 구조가 네트워크의 중심에 중앙관리자를 두고 좀 더 중앙집중화된 방식으로 구현되었다면 지금과 같은 수준의 실험과 혁신이 일어나지 않았을 것이라는 얘기다. 인터넷은 '허락을 필요로 하지 않는 혁신'[55] 환경을 조성함으로써, 누구나 소수의 게이트키퍼 그룹의 과도한 통제 없이 새로운 서비스나 비즈니스 애플리케이션을 출시하고 배포할 수 있게 했다.

대부분의 블록체인 네트워크는 대체로 엔드투엔드 원칙에 부합하는 방식으로 설계되어 있다.[56] 블록체인의 핵심은 저장하는 데이터의 종류나 실행하는 애플리케이션의 목적을 고려하지 않는 중립적 데이터 및 연산 계층이다. 기술적 단계에서, 이들 네트워크에 올라온 모든 거래는 동등하게 처리되며 기본 프로토콜의 규칙을 준수하는 경우 유효성이 검증된다. 블록체인 기반 네트워크에서 거래를 처리하는 채굴자는 해당 거래가 프로토콜 규칙을 준수하는지만 검증하면 된다. 그들은 경제적 손실을 초래할 위험을 무릅쓰면서 거래를 임의로 검열하지 않는다.[57]

블록체인을 규제함에 있어, 정부는 엔드투엔드 원칙을 존중할 수도 있고, 블록체인 네트워크에 참여하는 채굴자 기타 중개인에게 더욱 적극적인 역할을 수행하도록 요구하는 엄격한 규제 체계를 채택할 수도 있다.

누군가는 이러한 네트워크에서 일어나는 활동의 본질적 성격 때문에 블록체인 네트워크에는 엔드투엔드 원칙이 들어설 자리가 없다고 주장하기도 한다. 블록체인 기반 거래를 통해 종종 자산의 이전이 이루어진다는 점에서, 이러한 네트워크에 내재된 위험이 미디어 또는 통신 전송에 따른 위험보다 더 큰 것은 분명하다. 블록체인을 이용하여 지불 시스템과 금융거래를 지원하고 주요한 정부 기록물을 보관할 경우, 엔드투엔드 원칙은 불안정성과 위험을 초래할 수 있으며, 정부의 귀중한 자산과 기록을 보호하는 능력을 약화시킬 위험이 있다. 정부가 기존 금융 및 정부 시스템을 혼란에 빠뜨리기 위해 '인허가 없는 혁신'을 원하는 것이 아니라면, 이러한 시스템의 적절한 기능을 보장하기 위해 좀 더 중앙집중화된 통제가 필요할 수 있다.

반대로 혁신을 극대화하려는 사람들은 블록체인에서 엔드투엔드 원칙을 관철하려 할 수 있고, 채굴자들이 모든 블록체인 거래를 동등하게 처리하도록 요구하는 새로운 원칙을 법률에 반영하려고 시도할 수 있다. 소수의 통신 사업자와 온라인 시장 참여자에게 힘이 집중되면서 '망중립성'이 요구되는 것처럼, 통신회사 및 인터넷사업자가 데이터의 유형, 출처 또는 대상에 따라 인터넷 트래픽을 라우팅하는 것을 금지하도록 요구하는 것과 마찬가지로,[58] 블록체인 기반 애플리케이션에서는 채굴자들이 출처나 목적에 관계없이 동일한 기준에 따라 거래를 처리해야 한다는 '블록체인 중립성'에 대한 요청이 나올 수 있다.[59]

둘째, 정부는 제약 없는 개발을 허용하거나 소프트웨어 개발에 광범위한 규제 제한을 적용하는 것 사이에서 선택할 수 있다. 정부는 블록체인 기반 네트워크에서 일어나는 혁신을 막으려고 할 수 있으며, 민간 행위자들이 혁신적인 (그리고 합법적인) 애플리케이션을 만들거나 배포하는 것을 어렵게 할 수 있다. 미국 정부는 이미 특정 산업의 이익을 보호하거나, 안전을 강화하거나, 불법 또는 유해 물질의 확산을 제한하기 위해 다양한 상황에서 코드를 규제하고 있다.[60] 예를 들어, 디지털 밀레니엄 저작권법에서 미국은 저작권자에게 디지털 권리 관리digital rights management, DRM 시스템을 시행할 권리를 부여하고 이러한 시스템을 우회하는 처벌을 도입했다.[61] 이와 유사하게 의회는 어린이들을 보호하기 위해 미디어와 방송사들에 유해 텔레비전 프로그램을 차단하도록 고안된 필터링 소프트웨어와 칩v-chip의 사용을 요구하는 법을 통과시켰는데,[62] 이것이 수정헌법 제1조를 위반한 것은 아닌지에 대한 우려를 제기했다.[63] 또한 항공 여행의 안전을 강화하기 위해 미국 연방항공국은 공공 안전을 위한 코드 개발을 규제하고 개발자들에게 소프트웨어의 적절한 작동을 위해 소프트웨어 엔지니어링 관행을 지킬 것을 요구한다.[64]

블록체인 기반 애플리케이션은 유사한 방식으로 규제될 수 있으며, 잠재적으로 혁신을 지연시킬 수 있다. 자율적인 블록체인 시스템이 불법 활동을 촉진하는 경우, 이러한 시스템의 개발을 보다 세밀하게 통제함으로써 의도하지 않은 위험을 줄이고 손해가 발생하지 않도록 할 수 있다. 이러한 애플리케이션이 기본 표준을 준수하도록 요구함으로써, 정부는 결국 자율성에 따른 위험을 제한하면서 기술의 이점을 보존하고 적절한 균형을 이룰 수 있다. 예를 들어, 정부는 그다지 문제가 되지 않는 애플리케이션에 대해서는 표준을 완화하고, 금융 애플리케이션 또는 자율 기기를 포함하는 애플리케이션과 같은 특정 애플리케이션에는 강화된 규제를 부과함으로써 블록체인에 의존하는 애플리케이션의 유형을 형성할 수 있다.

셋째, 정부는 특정 블록체인 네트워크 또는 애플리케이션을 규제하기 위해 시장 또는 사회적 표준과 같은 다른 규제 수단을 이용할 수도 있다. 블록체인 기반 네트워크의 시장 역학에 영향을 줌으로써, 정부는 자연적인 균형을 깨뜨리고 그 네트워크와 상호작용하는 행위자들의 커뮤니티에서 진행 중인 관행을 바꿀 힘을 얻는다. 비록 그것이 혁신을 멈추고 기술 개발을 지연시킬 수 있지만, 그것은 또한 위에서 설명한 정책 목표의 일부를 구현하도록 강요하면서 네트워크의 관행에 영향을 미치는 수단으로서 기능할 수 있다.

그러나 특정 블록체인 기반 네트워크에서 거래를 처리하는 것이 너무 비싸거나 비효율적이 되면 정부가 개입할 수 없는 대안의 블록체인이 나타날 수 있다. 이러한 새로운 네트워크는 다른 채굴 알고리즘에 의존할 가능성이 높으며 다른 하드웨어 장치들로 구성될 것이므로 정부 규제의 영향은 제한될 것이다.

규제와 관련하여 흔히 그러하듯이, 이 책에서 논의하는 모든 규제 방법은 불완전한 해결책이다. 누군가가 다른 사람에게 피해를 입히기로 마음먹고 블록체인 기반 애플리케이션이나 스마트 컨트랙트를 만들거나 구축하려 한다면, 여기서 살펴본 방법들로 이 모든 불법적인 행위를 막을 수는 없을 것이다. 총기 제조업자가 할 수 있는 것과 할 수 없는 것에 제한을 두거나 허가 및 기타 규제를 통해 총기 취득 비용을 올려 총기 위험을 규제하려고 하는 것과 같은 방식으로, 정부는 지금도 사람들이 총기를 불법적인 용도로 사용하는 것을 막기 위해 고군분투하고 있다.[65] 그럼에도 불법적인 총기 소지가 여전한[66] 것과 마찬가지다.

블록체인 기반 시스템과 관련하여 정부 당국이 소프트웨어 개발자, 제조업자, 시장참여자 및 기타 매개자들의 행위를 추적하고 제한하는 데에는 기본적으로 제한이 있다. 정부가 ― 최선의 노력을 다하여 ― 인터넷을 철저히 조사하더라도 사람들이 범죄나 기타 바람직하지 않은 활동에 참여할 가능성을 근절시킬 수 없는 것처럼, 정부는 다양한 규제 수단들을 동원하더라도 블록체인 네트워크에서의 불법적인 행위 일체를 중단시킬 수는 없을 것이다.

12

법으로서의 코드

정부가 블록체인 기술에 대한 포괄적 규제에는 실패할 수 있다 해도 보다 효율적이고 자동화된 방식으로 법규를 적용하기 위한 수단으로 블록체인에 의존할 수 있다. 정부 기관과 기업이 일상적인 업무에 인터넷과 디지털 기술이 제공하는 기회를 점진적으로 수용하고 통합한 것과 마찬가지로 공공 및 민간 기관도 블록체인 기술을 사용하여 자체 규칙 및 규정 체계를 확립하고 이를 자체 실행되는 코드 기반 시스템을 사용하여 구현할 수 있다. 이는 정부가 스마트 컨트랙트 코드의 자동 실행과 함께 블록체인의 투명성과 조작 불가능성을 활용하여 특정 정책 목표를 달성하고 블록체인 기반 응용 프로그램을 잠재적으로 제한하는 코드 기반 규제의 새로운 방식을 실험해볼 수 있는 기회다.

블록체인 기술 및 관련 스마트 컨트랙트를 통해 점점 더 많은 법 및 계약 조항이 블록체인 네트워크에서 자동으로 실행되는 간단하고 결정적인 코드 기반 규칙으로 변환될 수 있다. 따라서 블록체인 기반 애플리케이션을 규제하는 방법에 대한 이해뿐만 아니라 암호기술의 법을 규제에 사용할 수 있는 방법을 검토하는 것이 중요하다.

대상에 관계없이, 모든 법률과 규제는 비슷한 목적을 공유한다. 사람들로 하여금 특정한 방식으로 행동하도록 독려하고 안내하는 것이다.[1] 법은 사람들이 바람직한 방식으로 행동하도록 인센티브 또는 보상 시스템을 도입하거나 바람직하지 않은 방식으로 행동하는 사람들에게 처벌 또는 제재를 부과할 수 있다.[2] 두 가지 접근방식을 통해 정부는 당근과 채찍을 번갈아 쓰며 사람들의 동기에 직접적으로 영향을 미친다.[3] 하지만 개인은 궁극적으로 최선의 행동 방침을 자유롭게 선택할 수 있다.

법과 마찬가지로 기술도 개인의 행동에 영향을 미칠 수 있는 능력이 있다.[4] 기술은 비행기를 타거나 전화로 소통하는 것과 같이 달리 할 수 없었던 일을 가능케 하는 수단을 제공하지만, 항공기의 최대 속도나 전화선의 대역폭 등과 같이 업무가 처리되는 방식을 정하기도 한다.

그러나 법과 달리 기술은 사람들이 어떤 행동을 취할 것인지 결정할 수 있는 많은 여지를 남기지 않는다. 대신 엄격한 규칙과 기술적 특징에 의존해 궁극적으로 인간과의 상호작용을 형성하는 특정한 여유와 제약을 제공한다.[5]

지금까지 기술은 인간의 행동에 영향을 미치는 규제 수단으로서 법과 나란히 앉아 있었다.[6] 하지만 인터넷과 디지털 기술의 출현과 함께 코드는 공공 기관과 민간 기관 모두에서 점점 더 많은 활동을 형성하는 데 사용되는 중요한 규제 수단이 되어가고 있으며 때로는 법을 넘어서기도 한다.[7] 실제로 1999년 로렌스 레식은 "사이버 공간은 기본적으로 …… 사이버 공간 스스로에 의해 규제될 것이다"라고 주장했는데, 이는 코드가 "사이버 공간의 최고 규범"이 될 것이라는 의미다.[8] 다시 말해 찰스 클라크Charles Clark가 말한 대로 "기계에 대한 답은 기계다."[9] 즉, 코드 기반 시스템을 규제하는 가장 좋은 방법은 코드 자체를 이용하는 것이다.

레식과 클라크의 설명은 블록체인의 맥락에 특히 잘 들어맞는다. 실제로 정부가 자율적인 성격의 블록체인 기반 시스템에 대한 법을 시행하려고 한다면, 사람, 회사, 기계를 규제하는 새로운 코드 기반 규제 틀을 구축하기 위해 블록체인 기술 자체에 의존해야만 할 것이다.

블록체인 기술 및 관련 스마트 컨트랙트를 통해 법률 및 계약 조항을 기본 블록체인 네트워크에서 자동으로 실행되는 단순하고 결정적 코드 기반 규칙으로 변환할 수 있다. 기술 규칙은 법적 규칙과 동일한 역할과 기능을 점점 더 많이 맡게 될 것이다.[10]

법을 코드로 전환

코드가 법적 합의의 전부 또는 일부를 기록하는 데 사용될 수 있는 것과 거의 같은 방식으로 정부는 법률 및 규정, 특히 객관적으로 검증 가능한 제한 또는 매개 변수를 가진 법률을 만들어 이를 코드에 통합할 수 있다.

코드는 정부 당국이나 공공 행정부에 의해 기존 법률 및 규정을 통합하고 시행하기 위해 점점 더 많이 사용되고 있으며, 주로 행정 성격의 법과 규정을 통합하고 시행하는 데 사용되었다. 이 소프트웨어 프로그램은 복지 혜택과 공공 원조[11]에 대한 사람들의 자격을 평가하는 것에서부터 아동 양육비를 제공해야 할 부모를 확인하는 것까지 광범위한 응용 프로그램에 적용된다.[12]

예를 들어 미국의 몇몇 주에서는 저소득층 시민들이 보충 영양 보조 프로그램의 지원 대상이 될 자격이 있는지를 계산하고, 식량 배급권을 받을 조건이 되는지 정하기 위해 컴퓨터 소프트웨어에 의존한다.[13] 미국은 데이터 마이닝과 빅데이터 분석을 이용해 국가 안보 위협에 대한 예측을 하고, 테러 위협으로부터 보호하기 위해 자동적으로 비행이 금지된 자들의 리스트를 만든다.[14]

정부는 법의 준수를 더 강화하기 위해 이러한 코드 기반 시스템을 개발한다. 법률을 기술적인 규칙으로 변환함으로써 법률 조항은 기본 기술 프레임워크에 의해 자동으로 시행된다. 이미 위법행위를 저지른 후에 범죄자를 찾는 대신 코드 기반 시스템이 위반 행위를 사전에 방지하여 법을 보다 잘 준수할 수 있도록 한다. 이러한 규칙의 적용을 기술 시스템에 위임함으로써 고의 또는 과실로 규칙을 위반하게 될 위험을 줄이고, 궁극적으로는 감시와 지속적인 법 집행 수요 또한 줄이게 될 것이다.

어떤 경우에는 법을 코드로 바꾸면 이러한 규칙의 해석이나 적용에 대한 불확실성이 줄어든다. 컴퓨터 코드는 엄격하고 형식화된 언어로 작성되기 때문에 정부는 법률을 적용해야 하는 방식을 정확하게 지정할 수 있다. 자연어로 작성된 법칙과 달리 코드 기반 규칙은 해석의 여지가 적으므로 보다 일관되고 예측 가능한 방식으로 구현될 수 있다.[15]

어떤 규칙과 규정은 법규의 코드화에 특히 적합하다.[16] 이는 복지와 사회적 혜택, 식량 배급권, 세금 계산과 관련된 규칙과 같이 명확하고 모호하지 않은 법에 특히 적합하다. 이러한 규칙의 복잡함과 관계없이, 법 조항이 일련의 조건부("이것이 그렇다면, 저것")로 전환될 수 있거나 객관적으로 검증될 수 있다면, 코드로 변환이 가능하다.[17]

코드 기반 규칙은 개인에 맞춤화된 미세 조정이 보다 용이하여 현재 또는 과거의 행동에 따라 각각 다른 조건을 요구할 수 있다. 빅데이터 분석과 기계 학습 기법에 대한 의존도가 높아짐에 따라, 개인이 온라인과 오프라인에서 행동하는 방식을 살펴봄으로써 특정 개인 프로파일을 만들어낼 수 있다.[18] 만약 그런 데이터가 특정 소프트웨어 애플리케이션의 작동을 알리는 데 사용된다면, 이를 통해 개인이 원하는 특정 요구와 특성에 자동으로 적응할 수 있는 새로운 세대의 고도로 맞춤화된 규칙이나 규정이 출현할 수 있다.[19]

규제 기술로서의 블록체인

다른 소프트웨어와 마찬가지로 블록체인도 정부가 법률을 코드로 변환하는 데 도움이 될 수 있다. 블록체인 기반 프로토콜 및 스마트 컨트랙트를 사용하여 법률을 직접 블록체인 기반 네트워크의 구조에 포함시켜 이러한 규칙의 자동 실행 및 사전 시행을 보장할 수 있다. 법률을 스마트 컨트랙트로 전환하고 당사자가 이러한 스마트 컨트랙트와 상호 작용하거나 정보 시스템에 직접 통합하도록 요구함으로써 정부는 각 거래별로 모니터링할 필요 없이 특정 규칙 또는 규정의 시행을 자동화할 수 있다.

블록체인 기술을 사용하여 구현된 법률은 자율성과 투명성 측면에서 전통적인 코드보다 이점이 많다. 스마트 컨트랙트 코드는 기본 블록체인 기반 네트워크에 의해 반복적으로 실행되고, 단일 당사자가 일방적으로 조작할 수 없다. 따라서 스마트 컨트랙트 코드로 전환된 법적 규칙은 — 중앙집중식 서버에서 실행되는 소프트웨어와 달리 — 중앙의 운영자에 의해 규칙이 수정되거나 실행이 중단되는 일이 발생하지 않는다. 따라서 블록체인 기반 플랫폼서에는 플랫폼과 상호 작용하는 모든 당사자가 통합된 규칙을 뒤따른다는 추가적인 이점이 있다.

따라서 스마트 컨트랙트를 사용하면 정부는 이러한 코드 기반 시스템에 구현된 규제 요구 사항의 준수를 강제할 수 있다. 이것은 기술적으로 지시되며 사후에 법을 집행하는 전통적 방식에 대한 의존도를 낮추는 새로운 형태의 기술적 책임을 이끌어낼 수 있다.

또한 블록체인은 투명하고 위조가 불가능하기 때문에 스마트 컨트랙트를 통해 구현되거나 블록체인 기반 프로토콜에 통합된 모든 규칙을 암호화하여 보안되고 분산된 데이터 시스템에 문서화하고 기록할 수 있어 특정 계정 또는 스마트 컨트랙트에서 수행되거나 연결된 활동의 흔적들은 감사가 가능하다. 규제 관점에서 볼 때 블록체인은 선언적declarative일 뿐만 아니라 수행적performative이라는 점에서 전통적인 보고reporting 도구보다 신뢰할 수 있다. 누구든 블록체인 네트워크에서 실제로 실행하지 않고 거래를 실행했다고 말할 수는 없다. 블록체인에 기록된 정보를 단일 당사자가 일방적으로 수정하거나 삭제할 수 없는 한 블록체인은 특정 거래가 발생했다는 증거가 된다. 따라서 정부는 법적 요구사항을 블록체인 기반의 프로토콜이나 스마트 컨트랙트에 통합함으로써 법이 언제 어떻게 적용되었는지, 그리고 누구와 함께 적용되었는지를 알아낼 수 있다.[20]

예를 들어, 전 세계 정부는 규제 받는 중개자가 가치(가상화폐 포함)의 흐름을 추적하고 자금세탁, 탈세, 테러리스트에 대한 자금 조달을 근절하기 위한 의심스러운 활동을 신고하도록 하는 자금세탁 방지 규제를 도입하고 있다.[21] 블록체인에 의존하면, 가상화폐거래소와 같이 규제를 받는 중개자가 거래의 흐름을 통제하는 스마트 컨트랙트를 이행하거나 스마트 컨트랙트와 상호 작용하여 코드의 엄격한 조건을 충족하는 경우에만 거래가 발생하도록 법에서 정할 수 있다. 예를 들어 블록체인을 사용하여 개인이 가상 통화를 전송할 수 있는지의 여부를 확인할 수 있으며 블록체인에서 얻은 정보에 따라 스마트 컨트랙트는 특정 시점에 개인이 합법적으로 양도할 수 있는 가상 통화의 양을 제한할 수도 있다.

파생상품 기반 스마트 컨트랙트의 경우에도 마찬가지다. 도드프랭크법Dodd-Frank Act의 7장은 새로운 보고 의무를 부과하고, 정산되지 않은 파생상품에 대한 증거금 요건을 늘리는 내용의 미국 상품거래소법을 수정했다. 이러한 규제가 적용되는 기관의 법률 준수 비용은 매우 높을 것이다.[22] 블록체인을 사용하면 증거금 요구사항을 스마트 컨트랙트로 직접 하드코딩할 수 있다. 금리 급등이나 당사자 중 한 사람의 신용등급 하락과 같은 외부 사건으로 인해 거래 위험이 증가하면 스마트 컨트랙트는 해당 거래 계좌의 담보 금액을 자동으로 높임으로써 법률 준수를 보장할 것이다. 송금법과 마찬가지로 블록체인 기술은 담보 관리 및 증거금 요구 사항에 대한 규제 준수의 비용을 크게 줄이고 규제 당국은 채무 불이행이 발생한 경우 추가 위험을 수반한 계약을 체결하지 않도록 당사자들을 강제할 수 있다.[23]

세금 징수 또한 블록체인 기술로 간소화될 수 있다. 자동화된 스마트 컨트랙트를 사용하면 블록체인 기반 시스템에 의존하는 사람, 조직, 어쩌면 기계조차도 세금을 납부할 수 있다. 예를 들어, 정기 납세 신고를 기다리는 대신, 과세당국은 특정 블록체인 기반 계정에서 자금을 받거나 지출할 때마다 또는 특정 당사자가 특정 스마트 컨트랙트와 상호 작용할 때마다 실행되는 특별히 설계된 스마트 컨트랙트를 사용하여 거래가 완료되는 즉시 부가가치세 또는 개인 소득세와 같은 일부 세금을 자동으로 계산하고 송금하도록 할 수 있다. 이러한 시스템은 정기적인 납세 신고의 필요성을 없앨 뿐만 아니라 개인 또는 회사가 탈세 또는 기타 유형의 사기에 가담할 가능성을 줄인다. 이와 마찬가지로 사물인터넷과 관련하여 스마트 컨트랙트는 어떤 형태의 수익성 있는 경제 거래에 관여할 때마다 자동으로 세금을 납부하도록 설계될 수 있으며 이는 심지어 인간이 개입할 필요 없는 오로지 기계 간의 상호 작용만으로 이루어지는 거래에도 적용 가능하다.[24]

이러한 접근법을 통해 블록체인 기술은 기존 법률 및 규정보다 효율적이고 비용이 적게 드는 방식으로 특정 규제 목표를 달성할 수 있다. 컴퓨터 코드가 인터넷에서 어떻게 법을 보완하고 보충할 수 있는지 분석한 레식의 연구 결과에 따르면, 블록체인 기술은 개인과 기계의 행동을 규제하는 데 점점 더 중요한 역할을 할 수 있다. 정부와 공공기관이 이 기술을 채택할 때, 법을 기술로 구현하기 위해 코드를 사용하는[25] "코드가 법code is law"이 아니라 기술 자체에 의존하여 국가의 법을 정의하고 강제하기 위한 "법으로서의 코드code as law"로 규제의 초점을 전환할 수 있다.[26]

효과적으로 작동하려면, 이러한 블록체인 기반 솔루션을 민간 당사자들이 채택해야 하며, 정부는 스마트 컨트랙트와 기타 코드 기반 시스템을 개발할 필요가 있을 뿐만 아니라 규제 기관과 기타 민간 당사자들이 블록체인 기반 시스템과 상호 작용하도록 강제하는 법률과 규정을 제정해야 한다. 예를 들어, 새로운 법률은 은행 및 기타 금융기관이 송금법을 준수하도록 송금할 때마다 정부 지원 스마트 컨트랙트 또는 기타 코드 기반 시스템과 상호 작용하도록 요구할 수 있다. 마찬가지로 정부는 부가가치세 납부를 보장하기 위해 특정 재화 또는 서비스를 판매할 때마다 블록체인 기반 네트워크를 통해 거래가 이루어지도록 강제할 수 있다.

대안으로, 정부는 이러한 블록체인 기반 시스템과 상호 작용하는 기업 및 조직에 대해 법적 요건이나 보고 의무를 완화하는 등의 보상책을 제공할 수 있다. 블록체인이 거래를 추적할 수 있는 감사자료가 된다는 점에서, 정부가 민간인의 법 준수 여부를 확인하는 것도 가능하다. 분쟁이나 공적인 피해를 입은 경우, 정부 관리는 블록체인에 기록된 정보에 의존하여 피해의 원인과 책임이 있는 당사자를 정확히 파악하고, 필요한 경우 제재를 부과할 수 있다.

법으로서 코드의 한계

●●●

법을 코드로 바꾸는 과정에 함정이 없는 것은 아니다. 개인의 행동을 규제하기 위해 엄격한 코드 언어에 의존하는 것은 위험하다.

모든 법이 쉽게 코드로 해석될 수 있는 것은 아니다. 법률은 자연어로 쓰여지는데, 그것은 본질적으로 유연하며 모호하다.[27] 잘 구성된 법과 규정은 일반적으로 입법자가 항상 예견하지 못하는 다양한 우발상황을 설명하는 것을 목표로 한다. 광범위하고 개방적인 방식으로 법률 규칙을 제정함으로써, 이러한 규칙은 기존 법률에 대한 추가 수정이나 변경을 요구하지 않고, 입법자에 의해 명시적으로 설명되지 않은 규칙일지라도 다양한 맥락에서 적용될 수 있다.[28]

자연어의 유연성은 또한 더 큰 불확실성을 가져온다. 법률은 판사들이 사례별로 해석함으로써 특정 상황에 어떻게 적용해야 할 것인지를 결정하도록 한다. 경우에 따라서는, 법을 문자 그대로 적용하는 것이 법의 원래 의도를 위반하는 것으로 보일 경우, 판사는 심지어 법의

해석을 다시 해야 할 수도 있다.[29]

자연 언어로 작성되어 유연한 해석이 가능한 법을 코드의 형태로 바꾸면 이러한 규칙의 의미가 왜곡될 수 있다.[30] 스마트 컨트랙트는 컴퓨터 코드에 의존하기 때문에 해석 가능성이 열려 있는 법률 조항에는 적합하지 않다. 코드는 기본 코드에 정의된 객관적으로 검증 가능한 규칙 집합에만 적용할 수 있다. 적어도 보다 발전된 인공지능 시스템이 출현하기 전까지, 컴퓨터 코드는 일반적으로 복잡한 사회에서 발생할 수 있는 새롭고 예기치 못한 상황에 적응하고 설명하는 능력이 부족할 것이다.[31] 그러므로 오늘날 스마트 컨트랙트는 협소한 범위에서만 사용될 수 있다.

특정한 법이 모든 경우의 수에 어떻게 적용되는지를 미리 정의하는 것은 사실상 불가능하기 때문에, 블록체인 기반 시스템에 의존하는 법률은 전통적인 법과 규정보다 범위가 더 좁을 가능성이 높다. 사실, 엄격하고 형식적인 언어로 작성된 규칙들은 자연 언어의 유연성이 부족하고, 코드에 적절히 반영되지 않은 법률상 모호한 예기치 못한 경우들은 처리할 수 없다.[32]

코드의 형식적 특성 때문에, 법률 규칙을 코드 기반 규칙으로 변환하는 과정에서 사람들은 시스템과 "게임"을 벌이기 쉽다. 모든 우연이 스마트 컨트랙트에서 정의되지 않은 경우(가능하지 않은 경우) 개인은 코드가 너무 정확하거나 혹은 충분히 넓은 영역을 포괄하지 않기 때문에 이러한 규칙을 우회할 수 있는 방법을 찾아낸다. 스마트 컨트랙트 코드를 살펴봄으로써, 사람들은 코드로 변환된 법의 적용을 회피하기 위해 어떤 정의된 조건이 필요하고, 어떻게 행동해야 하는지(또는 행동하지 않아야 하는지) 알아낼 수 있다.

여기서, 더다오의 해킹이 교훈을 준다. 일반적으로 자연 언어로 작성된 계약 규칙을 공식화된 코드 언어로 인코딩함으로써, 더다오의 스마트 컨트랙트는 계약 당사자들의 실제 의도를 반영하지 못했다.[33] 스마트 컨트랙트에는 결함이 있었고, 공격자는 이러한 취약점을 악용하여 다른 회원들이 예상하거나 의도하지 않았던 방식으로 5천만 달러 이상의 이더를 유출할 수 있었다.[34]

정부가 코드 기반 규칙과 규정을 시행하기 위해 스마트 컨트랙트를 사용한다면 유사한 문제가 발생할 가능성이 높기 때문에, 법으로 제정하려는 정부의 의지에 찬물을 끼얹을 가능성이 있다. 사실, 이러한 제한은 일반적으로 모든 유형의 코드에 적용되지만 스마트 컨트랙트 코드의 강한 회복력, 조작 불가능성 및 자율성 때문에 블록체인 기반 인프라스트럭처 하에서는 더욱 악화된다. 만약 어떤 규칙이 스마트 컨트랙트로 올바르게 시행되지 않았다면, 그 오류의 결과는 사법 절차 이외의 다른 방법으로는 되돌리기 어려울 수 있다.

자동화된 규칙

블록체인 기반 애플리케이션의 조작 불가능성 및 자동화 또한 양날의 칼이다. 이 기술은 규제 준수와 법 집행 비용을 줄일 수 있지만, 입법부의 원래 의도를 제대로 반영하지 못하는 방식으로 특정 법과 규제를 적용하게 될 수도 있다.

법률은 사후 처벌제도에 의존한다. 사람들은 규칙을 따를지 여부를 스스로 결정할 수 있으며, 위반 행위를 저지르면 사후에 처벌을 받는다. 기술적 규칙들은 사람들이 코드에 의해 구체적으로 규정된 것만을 할 수 있는 사전 규제 시스템에 의존한다.

코드 기반 접근법의 장점은 기본적인 기술적 프레임워크를 건드리지 않고는 규칙을 위반할 수 없다는 것이다. 반면 소프트웨어 코드의 한계를 고려할 때, 포괄적 기술 규칙이 합법적인 활동의 기회를 잠재적으로 억제할 수도 있다는 단점이 있다. 허용 가능한 행위를 미리 정의된 조건들로 한정함으로써, 엄격한 코드 기반 규칙으로 구성된 프레임워크는 법에 따라 합법적으로 행동할 수 있는 범위를 제약할 수 있다.

스마트 컨트랙트의 자율성은 쉽게 변경할 수 없다는 코드의 특성과 결합하여, 결함이 있는 코드가 반복적으로 실행되는 상황을 초래할 수 있고 결국 모든 관련 당사자들에게 피해를 입힐 수 있다. 예를 들어, 앞서 언급한 세금의 예를 보면, 정부가 스마트 컨트랙트를 사용하여 세금을 납부하도록 했는데, 스마트 컨트랙트에 결함이 있어 — 소프트웨어 버그나 조건들이 코드로 바뀌는 방식의 실질적인 제한 때문에 — 블록체인 기반 시스템이 실제로 지급해야 하는 금액보다 더 많은 금액을 부과하는 상황이 발생할 수 있다. 스마트 컨트랙트 코드가 블록체인 네트워크에 의해 자동으로 실행되는 것을 고려하면, 오직 사법적 개입을 통해서만 이들 당사자들에 의해 야기된 피해를 구제할 수 있을 것이다.

맞춤형 규칙

●●●

마지막으로, 블록체인 기반의 규칙이 개인화되면 이는 보편성, 평등, 차별 금지와 같은 근본적인 가치에 반할 수 있다.[35] 블록체인 기술이 더욱 발전함에 따라, 정부는 외부 데이터를 통합하여 스마트 컨트랙트 코드와 외부 오라클의 조합으로 만들어진 조항들로 채워진 법을 제정할 수 있다. 규제 당국은 데이터 마이닝과 빅데이터 분석을 통해 적용되는 코드 기반 법을 구현함으로써 시민을 차별할 수도 있는데 즉, 각자의 정체, 프로필 또는 현재 또는 과거의 행동에 따라 다른 규칙의 적용을 받을 수 있다는 뜻이다.[36]

이러한 세상이 이미 조금씩 등장하고 있다. 예를 들어, 중국 정부는 모든 중국 시민들에게 국가 점수(또는 평판)를 부여하기 위한 37개[37]의 "사회 신용 제도social credit system"의 시행을 제안했다. 사회 신용 제도는 중국 시민들이 사법제도를 포함하되 이에 국한되지 않는 정부 서비스와 상호작용하는 방식에 영향을 미칠 것이다.[38] 현재 이 시스템을 블록체인 기반으로 도입할 계획은 없지만, 스마트 컨트랙트가 이 시스템과 상호작용하기 위해 어떻게 만들어질 수 있는지 쉽게 상상할 수 있으며, 각 개인에 귀속되는 점수에 따라 다른 규칙과 조건의 적용이 연이어 발생할 것이다. 데이터 마이닝 및 프로파일링 기법의 발전은 엄격하고 형식화된 코드 기반 규칙의 지배를 받는 알고리즘의 출현을 촉진하고 가속화할 수 있으며, 이는 본질적으로 역동적이며 조정 가능하다. 새로운 정보가 시스템에 공급될 때 역동적으로 변화하는 기술적 프레임워크에 법이 통합되고, 이러한 법이 시스템과 상호작용하는 각 개인의 특성에 맞춰 조정될 수 있다면, 이러한 규칙의 역동성은 보편성("모든 것이 법 앞에 평등하다")과 차별금지의 원칙을 저하시킬 수 있다.

암호기술의 법과 알고리즘의 지배

전체적인 시각으로 보면 블록체인 기술을 규제 기술로 사용하면 규제 당국 및 사회 전반에 일련의 이점을 제공할 수 있다. 블록체인 기술을 통해, 정부는 규제 준수 및 법 집행 비용을 줄이고 법률을 자동화하며 법률 조항에 내재된 불확실성의 정도를 줄여 사회를 보다 효율적으로 규제할 수 있다. 이러한 시스템이 주류로 채택되고 정부의 지원을 받으면 새로운 규제 체계 — 암호기술의 법에 의존하고 앞서 기술한 회복력, 조작 불가능성, 자율성을 포함한 코드기반 시스템의 동일한 속성을 누리는 — 를 구축하는 데 점진적으로 기여할 수 있다.

블록체인을 사용해 일부 법률 및 규정을 전체 또는 부분적으로 자율적인 코드 기반의 규칙으로 변환할 수도 있다. 이러한 방식으로 변환된 규칙은 블록체인 기반 네트워크에 의해 자동으로 실행되기 때문에 스마트 컨트랙트에 기록된 특정 규칙이 어떻게 주어진 상황에 적용되는지 여부를 결정하기 위해 법원의 판단에 의존할 필요가 적어진다. 블록체인 기반 규칙의 실행이 정부 당국의 개입을 필요로 하지 않는다는 점을 감안할 때, 이러한 규칙의 영향은 사후에만 법원 또는 사법 당국에 의해 검토될 수 있을 것이다.

효율성과 법적 확실성 측면에서 중요한 이점이 있기는 하지만, 암호기술의 법은 그 특성상 개인의 자율성을 침해하고 사회 전반에 위험을 가져올 수 있다. 중앙집권적이고 권위주의 정부의 통제하에서 블록체인의 특징인 회복력, 조작 불가능성 및 자율성은 권력자가 블록체인 기반 시스템에 자신의 규칙을 반영함으로써 블록체인 시스템과 상호작용하는 자는 무조건 그 규칙을 따를 수밖에 없도록 강제하는 상황을 초래할 수 있다. 이는 궁극적으로 엄격한 권위주의 정권의 권력을 강화시키는 데 기여할 수 있으며, 자기 실행 코드 기반 규칙을 통해 시민들을 더 강하게 통제할 수 있는 권능을 얻을 수 있다.

블록체인 기술이 이러한 방식으로 사용된다면 오늘날 법이 집행되는 방식이 크게 바뀔 것이다. 관료주의적 서류 기반 시스템에서 기술이 주도하는 — 개인들간의 상호작용 및 개인과 세계의 상호 작용 방식을 정확하게 규정하는 — 코드 기반 시스템으로의 전환은 이전에는 불가능했던 방식으로 개인의 행동을 제한할 수 있으며 궁극적으로 법 집행의 기본 규칙과 근본적인 원칙을 변화시킬 수 있다.

오늘날 정부는 사회가 준수해야 하는 규칙을 정립하는 중책을 맡고 있다. 어떤 정부 기관은 이러한 규칙을 정하는 책임이 있으며 다른 정부 기관은 규칙을 집행하는 책임이 있다. 특히 법률은 사후에 적용되기 때문에 사법 기관은 일반적으로 법을 해석하고 적용하는 책임을 부여받아 법이 주어진 상황에 적용되어야 하는지 여부를 결정한다.

사후에 적용되는 기존 법과 달리 코드에 반영된 법은 기술 프레임워크를 통해 자동으로 집행된다. 법률 또는 계약상 규칙이 스마트 컨트랙트 코드로 기록되면 기본 블록체인 네트워크는 코드를 실행하고 계획대로 정확하게 코드화된 규칙을 적용하며 정부 또는 기타 신뢰받는 권위자는 코드가 실행된 후 이의 실행을 변화시키거나 영향을 줄 가능성이 없다. 부적절한 법의 적용이 있을 경우에만 피해 당사자가 이러한 규칙의 효력을 취소해달라고 사법부에 요청할 수 있을 뿐이다.

점점 더 많은 정부 서비스가 블록체인 기반 인프라스트럭처에 의존함에 따라, 우리는 결국 기존 관료주의 시스템의 비효율을 알고리즘에 의한 시스템으로 대체하고 있다. 이는 자율적인 소프트웨어 코드에 의해 정의되고 집행되는 '**암호기술의 법**'이 지배하는 새로운 사회구조의 출현을 의미하며, 개인들은 법의 부적절한 해석이나 불공정한 적용에 대한 구제수단을 거의 또는 모두 상실할 수 있다. 정부가 보호 메커니즘을 제공하지 않거나 이러한 시스템을 해체하기로 선택한 경우, 오늘날 "법에 의한 지배rule of law"는 궁극적으로 "코드의 지배rule of code"에 따라 운영되는 알고리즘의 지배로 대체될 것이다.

결론

사토시 나카모토가 비트코인을 세상에 공개했을 때, 그는 명확한 의도를 가지고 있었으며 그의 메시지를 비트코인의 제네시스 블록에 다음과 같이 반영했다.

타임스 03/01/2009

재무부 장관, 제2차 은행 구제금융 임박

불안정한 국제 금융권에 대한 반발로 나카모토는 금융위기 와중에 비트코인 네트워크를 공개했다. 그러면서 나카모토는 정부나 중앙은행이 통제하지 않고 오로지 암호기술 및 코드에 의해 통제되는 새로운 화폐를 탄생시켰다.

비트코인은 중앙통제 없이 운영되는 국제적이고 탈중앙화된 지급 시스템으로서 정부 권력에 환멸을 느낀 사람들에게 새로운 경제적 자유에 대한 기대를 불러일으켰다. 초기 비트코인 사용자들은 숫자의 권력vires in numeris — 즉, 돈에 대해서는 오로지 수학만 신뢰할 수 있다는 신념 — 을 믿었다.[1]

그러나 비트코인은 더 큰 비전의 첫 단추일 뿐이었다. 비트코인이 공개된 직후, 기술자들은 비트코인의 진정한 잠재력 즉, 진정한 혁신은 비트코인의 정보체계인 블록체인에 있다는 것을 깨달았다. 비트코인이 중앙은행을 대체하고 금융기관을 없앨 수 있는 것이라면 블록체인 기술은 경제의 다양한 영역에 전반적으로 활동하는 중개자의 필요성을 감소시킬 수 있다. 이밖에 사회활동 또는 경제활동을 조율하기 위해 신뢰할 수 있는 권한이 필요한 경우, 블록체인 기술이 이를 대체할 수 있는 기반을 제공하는 것도 가능하다. 은행, 금융기관, 증권거래소, 청산소clearinghouses, 콘텐츠 제공자, 온라인 사업자 심지어는 정부 시스템까지 블록체인 기반으로 운영되는 프로토콜 및 코드 기반 규칙에 따르도록 구현될 수 있는 것이다.

그러나 블록체인에는 위험도 뒤따른다. 블록체인은 중앙 기관 또는 신뢰할 수 있는 권한으로부터 벗어나 독립적으로 운영되는 기술 시스템과 탈중앙화된 애플리케이션을 지원한다. 블록체인은 때로는 전통적인 통제 시스템을 무시하거나 회피하려는 고유의 내부 규칙을 도입하기도 한다. 인터넷에서 실행되고 있는 다른 기술들과는 달리 이러한 탈중앙화된 시스템과 애플리케이션들은 오로지 코드의 지배에 의해서만 규제될 수 있다.

인터넷은 지리적 경계에 따른 법의 지배와 상호관계 재구성에 따른 코드의 지배간에 갈등을 유발했다. '사이버 공간'은 이 두 가지 규범적 시스템의 교차로에 위치하며 상황에 따라 이 시스템들은 서로 협조하거나 경쟁하게 된다.

인터넷 초기에 법학자들은 코드의 지배가 인터넷에서 승리할 것이라고 내다봤다.[2] 코드의 경우, 사람들은 자신만의 고유한 법칙을 실행할 수 있고 이는 법적 관할을 벗어나 운영되는 기술적 구현으로 집행된다. 이 때문에 다수의 기술 행동주의자들은 사이버 공간이 정부가 통제할 권한도 능력도 없는 규제 밖 공간[3] — 즉, 주로 법에 의해 지배되는 물리적 공간과 대비되는 공간 — 이라고 믿었다

정부나 기업에 의한 경계나 통제에서 벗어나기 위해, 이러한 그룹들은 인터넷이 자유로운 정보의 흐름과 정치적·문화적 자율성[4]을 보장하는 새로운 규범체계[5]를 키울 것이라 믿었다. 이런 면에서 인터넷은 법규에 대한 새로운 패러다임의 시작이었다. 이 패러다임에 따르면, 법규는 코드의 지배에 의해 실행되고 인터넷의 권력 역학관계는 물리적 세상의 그것과 매우 달랐다. 그러나 시간이 지나면서 정부 기관들은 코드의 지배로 인해 인터넷에서도 법규의 지배가 가능하다는 사실을 발견했다. 정부 기관들은 온라인 중개자들이 자신들의 코드를 각 국가의 법에 맞춰 수정하도록 요구함으로써 정부의 통제력을 강화했다.

비트코인 그리고 이보다 더 포괄적인 블록체인의 발명과 더불어 우리는 탈중앙화의 새로운 물결을 목격할 것이며 다시 한번 세상이 코드의 법칙에 의해 지배될 것이라는 새로운 목소리를 듣게 될 것이다. 초기 기술 행동주의자들이 기대했듯이, 블록체인 기술이 더 큰 개인의 자유와 해방에 이바지할 것이라는 주장이 첫번째 인터넷 물결 때의 메아리처럼 블록체인과 관련된 논의에 늘 등장한다.[6] 사이버펑크와 탈중앙화 주창자들은 블록체인 기술을 정부와 기업의 독재와 탄압으로부터 벗어날 수 있는 새로운 기회로 보며[7] 이는 초기 인터넷을

떠오르게 한다.[8]

이 책에서 주장하듯이, 블록체인은 암호기술의 법에 의존하는 자급 자족적이고 자율적인 시스템을 출현시킨다. 이러한 시스템은 사람들이 중개인을 두지 않고도 서로 소통하고, 조직을 만들고 P2P 기반으로 가치교환을 할 수 있도록 지원한다. 또한 이는 새롭게 구현된 기술의 패브릭에 손쉽게 반영될 수 있는 새로운 규범적 계층 또는 코드의 법칙에 기반한 맞춤형 시스템을 창조할 수 있는 기회를 개인들에게 제공함으로써 사람들이 더 쉽게 법을 회피할 수 있도록 한다.

암호기술의 법은 전통적인 코드에 의한 규제와 공통점이 많다.[9] 두 가지 다 기술적 시스템을 구성하는 데 있어 구체적인 허용범위와 제한범위를 직접적으로 도입함으로써 개인을 규제하고자 한다.[10] 그러나 암호기술의 법은 정부나 중앙 통제 없이 자율적으로 운영된다는 점에서 오늘날의 코드 기반 제도와 근본적으로 차이가 있다.

블록체인 신봉자들의 비전이 현실로 다가온다면, 현재 위계질서와 법에 기반한 행정 시스템을 실리콘 칩, 컴퓨터 및 이들의 프로그래머가 정하는 결정론적 규칙에 기반한 알고리즘 시스템으로 대체할 수 있는 기술적 구성체에 권한을 부여하는 것이 가능하다. 이러한 시스템은 사회를 가시적으로 개선시킬 수 있지만, 개인의 자유는 증대되기보다 오히려 훼손될 수도 있다.

자유와 자율성을 보장하기 위해 코드의 지배가 법의 지배보다 우월하다는 전제는 아직 검증되지 않은 조심스러운 가설이다. 로렌스 레식Lawrence Lessig이 경고했듯이 "정부가 사라지면, 천국이 그 자리를 대신하는 것은 아니다. 정부의 자리를 다른 이익집단이 꿰찰 것이다"[11]

정부와 기업의 통제로부터 개인을 해방시키려는 이들은 결국 자신과 다른 사람들을 자율적인 코드라는 더 강력한 통제의 울타리로 밀어넣는 결과를 초래할 수 있다. 블록체인 기술이 성숙해질수록, 블록체인 기반 시스템의 도입을 관찰하고 분석하면서 그 규율 방법을 정교하게 검토하는 등 암호기술의 법이 사회에 미치는 영향을 더 깊이 이해할 필요가 있다. 오로지 코드로만 규율되는 자율적 시스템의 도입은 의무와 책임소재를 규정하는 데 있어 많은 도전이 있을 것으로 예상되며, 중개자를 규율하는 데 초점을 맞춘 기존 법질서와 갈등을 예고한다.

그러나 종국적으로, 블록체인 기술로 인해 우리가 알고 있는 법의 지배가 종료되는 것은 아니다. 블록체인 기술이 널리 도입된 세상에서도 정부는 지배의 네 가지 도구 — 법, 코드, 시장 및 사회적 규범 — 를 통해 새로운 기술을 직간접적으로 규율할 수 있을 것이다.

블록체인 기반 시스템은 규제를 받고 있는 개인, 네트워크 운영자, 기술을 개발하거나 지원하는 중개자 등과의 접점에서 통제 가능하다. 블록체인 기반 네트워크와 관련된 새로운 중개자들은 이미 나타나기 시작했다. 하드웨어 제조자, 채굴자, 암호화폐 거래소, 및 블록체인 기반 시스템과 상호 작용하는 상업적 운영자들이 이들 중개자에 포함된다. 이러한 중개자들의 해당 운영 국가 또는 설립 국가에서 법규제 대상인 이상, 정부는 직간접적으로 법을 집행할 수 있고 이는 암호기술의 법이 정해지고 집행되는 방식에 영향을 미칠 것이다.

예를 들어 정부는 기술을 개발, 도입 또는 유지하는 중개자들에게 압력을 가할 수 있다. 정부는 소프트웨어 개발자들이나 채굴 장치 하드웨어 제조자들에게 필요한 경우 개입하여 블록체인 기반 시스템을 규제하기 위한 사양을 기술에 도입하도록 강제할 수 있다. 피해가 발생할 경우, 정부는 채굴자로 하여금 특정 거래를 제한하거나 피해를 복구하고 손실을 보상하기 위해 블록체인을 이전 상태로 되돌리도록 요구할 수도 있다. 정부는 또한 블록체인 기반의 탈중앙화된 애플리케이션들과 상호작용하는 상업적 운영자들에 대한 법을 제정함으로써 간접적인 기술의 규제가 가능하다.

이와 더불어 또는 대안으로 정부는 블록체인의 기저에 깔린 보상 체계를 규제하고 사회적 규범에 영향을 끼치도록 개입하게 된다. 즉, 정부는 자율적 블록체인 기반 시스템의 행위에 파급력이 있는 경제적인 유인책을 도입할 수 있다. 또한 정부는 사회적 규범에 영향력을 행사함으로써 특정 블록체인 기반 네트워크의 사용자 및 채굴자 커뮤니티의 도덕적·윤리적 기준을 형성하는 데 영향을 끼칠 수 있다. 블록체인은 분산된 합의를 통해 운영되기 때문에 네트워크를 지원하는 모든 참가자들은 조정된 행위를 통해 특정한 법적 또는 사회적 규범의 실행에 개입할 수 있는 권한을 가진다.

이러한 다양한 접근방식이 결합되면, 암호기술의 법은 그 운영의 제약을 받을 수 있다. 그러나 정부가 혁신을 저해하지 않으면서 새롭게 출현하고 있는 블록체인 기반 시스템을 규제하기 위해 어떠한 방식들의 결합을 채택해야 하는지는 아직 미지수다.

블록체인이 아직도 미성숙한 단계이므로, 너무 일찍 기술을 규제하는 것은 아직 검토되거나 발견되지 못한 새롭고 예상하지 못했던 애플리케이션의 출현을 방해할 위험이 있다. 인허가를 강제하는 규제들은 공공 또는 민간 행위자들이 기술에 대한 자유로운 실험을 하지 못하도록 막고 결국 혁신을 저해하는 요소가 된다.

그렇다고 규제가 전혀 없는 것도 문제다. 블록체인 기반 규제가 부족하면, 블록체인 기술을 도입하려는 이들은 법적 모호성으로 인해 그들이 하고자 하는 행위가 현재 또는 미래에 법적으로 가능한지 알 수 없다. 이러한 블록체인 기술에 대한 법적 규제의 부재로 인해 기업가, 스타트업, 그리고 정치가들은 불확실성에 대한 불안 때문에 새로운 기술을 빨리 도입하는 것을 꺼릴 수 있다.

블록체인이 사회를 변화시키고 사회적 상호작용 및 시장의 거래에 영향을 끼치는 사회 구성요소가 될지는 시간이 지나야만 할 수 있다. 이러한 미래가 현실화된다면, 탈중개, 자유시장, 무정부, 분산된 협업에 대한 이상은 서로 뒤섞여 암호기술의 법은 정부에 덜 의존하는 새로운 블록체인 기반 시스템의 출현을 가능하게 할 것이고 결과적으로 자본과 가치가 제약없이 전 세계적으로 이전될 수 있는 세상이 도래하게 될 것이다.[12]

법과 코드는 둘 다 중요한 규율의 방식으로 각자 장점과 한계를 갖고 있다. 법규의 모호함과 불확실성은 법의 장점이자 단점이다. 즉, 법의 이러한 특징은 법과 계약에 기반한 규제에 유연함과 적응력을 제공한다. 마찬가지로, 스마트 컨트랙트의 최대 장점인 자율성과 실행의 확실성은 지나친 경직화 및 시대의 변화를 따라잡지 못하는 결과를 초래해 스마트 컨트랙트의 가장 큰 한계로 작용할 수 있다.

요차이 벤클러가 지적한 것처럼 "모든 제약으로부터 완벽하게 자유로운 공간은 없다"[13] 즉, 우리가 할 수 있는 것은 한계의 종류를 선택하는 것뿐이다. 어떤 이들은 블록체인 기술을 이용하여 법을 회피하려고 하는 반면, 다른 이들은 전통적인 법보다 훨씬 경직되고 제한적이며 스스로 집행하는 기술의 법칙으로 구성된 대안적 또는 보완적 시스템을 만드는 데 블록체인 기술을 이용하려 들 수 있다.

블록체인 기술이 성숙할수록, 우리는 상업적 거래 및 사회적 상호작용을 포함하여 세상을 살아가는 데 있어 법의 지배와 코드의 지배 중 어떠한 것을 선택할지 기로에 놓일 수 있다. 법은 보편적이지만, 보다 유연하고 모호하여 완벽한 강제력이 없다. 반면에, 탈중앙화된 블록체인 기반의 애플리케이션들은 우리를 중앙 중개자와 신뢰할 수 있는 권위자들의 억압으로부터 해방시킬 수 있으나, 이러한 해방의 대가는 코드의 억압이라는 더 큰 위협으로 다가올 것이다.

주

서문

1 이 선언의 시초는 1988년까지 거슬러 올라간다. Timothy May, "The Crypto Anarchist Manifesto" (1992), https://www.activism.net/cypherpunk/crypto-anarchy.html 참조.

2 Ibid.

3 Ibid.

4 Ibid.

5 Ibid.

6 Timothy May, "Crypto Anarchy and Virtual Communities" (1994), http://groups.csail.mit.edu/mac/classes/6.805/articles/crypto/cypherpunks/may-virtual-comm.html.

7 Ibid.

8 예를 들어, 1장에 보다 상세히 설명되어 있듯이, 비트코인 블록체인은 89개 국가에 있는 6,000개가 넘는 컴퓨터에 저장되어 있다. "Global Bitcoin Node Distribution," Bitnodes, 21.co, https://bitnodes.21.co/. 또 다른 대규모 블록체인

기반 네트워크인 이더리움은 12,000개 이상의 노드를 가지고 있으며, 전 세계에 흩어져 있다. thernodes, https://www.ethernodes.org/network/1 참조.

9 미주 8번 참조.

10 공공 블록체인이 아닌 것들도 있다(1장 내용 참고). 이러한 블록체인은 보통 프라이빗 블록체인으로 불리는데, 이 책에서 다루는 블록체인과는 거리가 있다.

11 1장 참조.

12 The European Securities and Market Authority, "Discussion Paper: The Distributed Ledger Technology Applied to Securities Markets," ESMA/2016/773, June 2, 2016: at 17, https://www.esma.europa.eu/sites/default/files/library/2016-773_dp_dlt.pdf.

13 법 없는 질서의 현상은 다른 맥락에서도 설명된 적이 있다. 특히, 로버트 엘릭슨(Robert Ellickson)은 그의 주요 저서 *Order without Law* (Cambridge, MA: Harvard University Prss, 1994)에서 이를 언급하고 있다.

14 조엘 리덴버그(Joel Reidenberg)는 중앙화된 사업자들이 온라인에서 시행하는 법칙을 정보기술의 법칙(lex informatica)이라고 칭한 적이 있다. Joel R. Reidenberg, "*Lex Informatica*: The Formulation of Information Policy Rules through Technology," *Texas Law Review* 76, no. 3 (1997): 553–593 참조.

15 Jack Goldsmith and Tim Wu, *Who Controls the Internet? Illusions of a Borderless World* (Oxford: Oxford University Press, 2006); Jacqueline D. Lipton, "Law of the Intermediated Information Exchange," *Florida Law Review* 64 (2012): 1337–1368.

16 Lawrence Lessig, *Code: And Other Laws of Cyberspace* (New York: Basic Books, 1999).

17 A. Aneesh, "Technologically Coded Authority: The Post-industrial Decline in Bureaucratic Hierarchies," https://web.stanford.edu/class/sts175/NewFiles/Algocratic%20Governance.pdf.

18 See Chapter 2. See also Aneesh Aneesh, *Virtual Migration: The Pro-*

gramming of Globalization (Durham, NC: Duke University Press, 2006); John Danaher, "The Threat of Algocracy: Reality, Resistance and Accommodation," *Philosophy and Technology* 29, no. 3 (2016): 245–268.

19 John Perry Barlow, "Declaration of Independence for Cyberspace" (1996), https://www.eff.org/cyberspace-independence.

20 Ibid.

21 Yochai Benkler, "Degrees of Freedom, Dimensions of Power," *Daedalus* 145, no. 1 (2016):18–32; Derek E. Bambauer, "Middlemen," *Florida Law Review Forum* 64 (2013): 64–67.

22 Lipton, "Law of the Intermediated Information Exchange."

23 Anupam Chander and Uyen P Le, "Data Nationalism," *Emory Law Journal* 64, no. 3 (2015):677–739.

24 Ronald Deibert, John Palfrey, Rafal Rohozinski, Jonathan Zittrain, and Janice Gross Stein, *Access Denied: The Practice and Policy of Global Internet Filtering* (Cambridge, MA: MIT Press, 2008).

Part 1 블록체인 기술

1. 블록체인, 비트코인 및 탈중앙화된 컴퓨팅 플랫폼

1 Janet Abbate, *Inventing the Internet* (Cambridge, MA: MIT Press, 2000); Robert H. Zakon, "Hobbes' Internet Timeline" (1997), https://tools.ietf.org/html/rfc2235.

2 Paul Baran, "On Distributed Communications," in *RAND Corporation Research Documents,* vols. 1–11 (Santa Monica, CA: RAND Corporation, August 1964), 637–648.

3 TCP/IP 프로토콜은 1982년에 ARPAnet에 적용되었고 도메인 네임 시스템은 1984년에 도입되었다. Zakon, "Hobbes' Internet Timeline." 참조.

4 Whitfield Diffie and Martin Hellman, "New Directions in Cryptography," *IEEE Transactions on Information Theory* 22, no. 6 (1976):644–654.

5 Donald Davies, "A Brief History of Cryptography," *Information Security Technical Report* 2, no. 2 (1997):14–17.

6 Ibid.

7 디피와 헬먼의 모델에서 개인키는 큰 소수(素數)이고 공개키는 각 당사자가 무작위로 생성한 숫자이다. Diffie and Hellman, "New Directions in Cryptography" 참조.

8 Ibid.

9 Ronald L. Rivest, Adi Shamir, and Leonard Adleman, "A Method for Obtaining Digital Signatures and Public-Key Cryptosystems," *Communications of the ACM* 21, no. 2 (1978):120–126.

10 Ibid.

11 Diffie and Hellman, "New Directions in Cryptography" 참조.

12 Rivest, Shamir, and Adleman, "A Method for Obtaining Digital Signatures."

13 Diana M. D'Angelo, Bruce McNair, and Joseph E. Wilkes, "Security in Electronic Messaging Systems," *AT&T Technical Journal* 73, no. 3 (1994): 7–13.

14 이와 같은 생각은 다음 자료에 잘 요약되어 있다. David Chaum, "Security without Identification: Transaction Systems to Make Big Brother Obsolete," *Communications of the ACM* 28, no. 10 (1985): 1030–1044.

15 John Markoff, "Building the Electronic Superhighway," Business, *New York Times,* January 24, 1993, http://www.nytimes.com/1993/01/24/business/building-the-electronic-superhighway.html.

16 M. David Hanson, "The Client/Server Architecture," in *Server Management,* ed. Gilbert Held (Boca Raton, FL: Auerbach, 2000), 3–13 클라이언트/서버 모델은 오늘날 데이터 통신에서 가장 흔히 사용하는 네트워크 아키텍처이고, 이와 같은 대중성은 월드와이드웹(World Wide Web)의 경이적인 확산을 통해서도 알 수 있다고 설명한다.

17 Valeria Cardellini, Michele Colajanni, and Philip S. Yu, "Dynamic Load Balancing on Web-Server Systems," *IEEE Internet Computing* 3, no. 3 (1999):28–39. 이 문헌은 월드와이드웹(World Wide Web)이 폭발적으로 성장함에 따라 인기 있는 웹사이트들의 요청률(request rate)이 급격하게 증가하고 있으며 이로 인해 심대한 적체가 발생하고 있다고 설명한다. 저자들은 유저들의 수요에 맞추기 위해 웹 서버의 용량을 개선하는 방법을 제시하고 있다.

18 Rudiger Schollmeier, "A Definition of Peer-to-Peer Networking for the Classification of Peer-to-Peer Architectures and Applications," in *Proceedings of the First International Conference on Peer-to-Peer Computing* (Piscataway, NJ: IEEE, 2001), 101–102.

19 Stefan P. Saroiu, Krishna Gummadi, and Steven D. Gribble, "Measurement Study of Peer-to-Peer File Sharing Systems," Proc. SPIE 4673, Multimedia Computing and Networking 2002, December 10, 2001, doi: 10.1117/12.449977; http://dx.doi.org/10.1117/12.449977; Damien A. Riehl, "Peer-to-Peer Distribution Systems: Will Napster, Gnutella, and Freenet Create a Copyright Nirvana or Gehenna?" *William Mitchell Law Review* 27, no. 3 (2000): 1761–1796 (2000년 9월에는 냅스터 유저들 사이에서 10억 곡 이상의 노래들을 공유하고 있었고 어느 특정한 시간대에도 백만 명 정도의 유저들이 이 시스템에 접속하고 있었다고 설명하고 있다).

20 "냅스터에는 활동 중인 피어(peer)들이 현재 공유하고 있는 파일들의 색인을 전담하여 관리하는 일군의 중앙 서버들이 있다. 각 피어는 이 중앙 서버들 중 한 곳과 연결된 상태를 유지하며 이를 통해 파일 위치 쿼리(file location queries)가 전

송된다. 그러면 중앙 서버들은 상호 협력하여 해당 쿼리를 처리하고 여기에 매칭되는 파일 목록과 해당 위치를 유저에게 보낸다." Saroiu, Gummadi, and Gribble, "Measurement Study."

21 A & M Records, Inc. v. Napster, Inc., 239 F. 3d 1004 (9th Cir. 2001); Matt Richtel, "Technology: With Napster Down, Its Audience Fans Out," Business Day, *New York Times,* July 20, 2001, http://www.nytimes.com/2001/07/20/business/technology-with-napster-own-its-audience-fans-out.html.

22 Saroiu, Gummadi, and Gribble, "Measurement Study"; Bram Cohen, "Incentives Build Robustness in BitTorrent," in *Workshop on Economics of Peer-to-Peer Systems*, vol. 6 (Berkeley, California: Citeseer, 2003), 68–72.

23 "누텔라에는 중앙화된 서버가 존재하지 않는다(……)대신, 누텔라 시스템에 있는 피어들은 일군의 이웃 피어들과 점 대 점(point-to-point])연결을 구축하는 방식으로 오버레이 네트워크(overlay network)를 형성한다. 어떤 파일을 검색하고자 하는 피어는 쿼리 패킷(query packet)을 이웃의 모든 피어들에게 보냄으로써 세심하게 통제된 흐름을 네트워크상에 발생시킨다. 쿼리 패킷을 전송받은 피어는 로컬 저장 파일 중 쿼리에 매칭되는 것이 있는지 확인하고, 만약 있으면 쿼리를 개시한 피어에게 쿼리에 대한 회신 패킷을 보낸다. 이와 같이 매칭되는 파일이 있는지 여부와 관계없이 피어는 계속해서 오버레이 네트워크에 걸쳐 쿼리의 흐름을 연결한다. Saroiu, Gummadi, and Gribble, "Measurement Study."

24 "비트토렌트를 사용하려면 일반적인 웹 서버에 .torrent 확장자를 가진 정적 파일(static file)을 설치해야 한다. 이 .torrent 확장자는 해당 파일에 관한 정보, 길이, 이름, 해시 정보, 트래커의 url을 담고 있다(……)비트토렌트는 중앙화된 자원 할당 서비스를 제공하지 않는다." Cohen, "Incentives Build Robustness."

25 Bryan H. Choi, "The Grokster Dead-End," *Harvard Journal of Law and Technology* 19 (2005):393–411 (비트토렌트를 셧다운 하는 것이 "직접 침해 행위를 한 자를 일일이 셧다운 하는 것만큼이나 따분한 일인지"를 설명하고 있

다); Riehl, "Peer-to-Peer Distribution Systems"; Saroiu, Gummadi, and Gribble, "Measurement Study" (누텔라는 "특정한 회사 또는 단체가 공식적으로 소유하는 오픈소스 소프트웨어가 아니"고 "자유롭게 배포"될 수 있으며 "원고가 소송을 제기하거나 법원의 셧다운 결정 대상이 될 수 있는 특정한 회사나 단체가 존재하지 않기" 때문에, 누텔라를 셧다운 하는 것의 어려움을 설명하고 있다.)

26 Eric Hughes, "A Cypherpunk's Manifesto," March 9, 1993, https://www.activism.net/cypherpunk/manifesto.html.

27 사이퍼펑크의 최초 창시자 중 한 명인 에릭 휴스(Eric Hughes)가 설명한 것처럼 "컴퓨팅 기기에 대한 충분한 확인이 이루어지지 않고 있어서 사람들이 정부나 회사 등의 거대하고 얼굴 없는 단체들이 시혜적으로 비밀을 보장해줄 것이라고 기대하기는 어려운 상황이었다." Ibid.

28 Chaum, "Security without Identification."

29 Ibid.

30 Hughes, "Cypherpunk's Manifesto." See also Timothy May, "The Cyphernomicon" (1994), https://www.cypherpunks.to/faq/cyphernomicron/cyphernomicon.html.

31 David Chaum, "Blind Signatures for Untraceable Payments," in *Advances in Cryptology: Proceedings of Crypto* 82, ed. David Chaum, Ronald L. Rivest, and Alan T. Sherman (Boston: Springer, 1983), 199–203.

32 Peter H. Lewis, "Attention Internet Shoppers: E-Cash Is Here," Business Day, *New York Times,* October 19, 1994, http://www.nytimes.com/1994/10/19/business/attention-internet-shoppers-e-cash-is-here.html.

33 Chaum, "Blind Signatures."

34 Jens-Ingo Brodesser, "First Monday Interviews: David Chaum," *First Monday* 4, no. 7 (July 5, 1999), http://journals.uic.edu/ojs/index.php/fm/article/view/683/593.

35 Wei Dai, "B-Money" (1998), http://www.weidai.com/bmoney.txt; Hal Finney, "RPOW: Reusable Proofs of Work" (2004), https://cryptome.org/rpow.htm; Nick Szabo, "Bit Gold," *Unenumerated* (blog), December 27, 2008, https://unenumerated.blogspot.com/2005/12/bit-gold.html. See also Morgen Peck, "Bitcoin: The Cryptoanarchists' Answer to Cash," *IEEE Spectrum,* May 30, 2012, ttps://spectrum.ieee.org/computing/software/bitcoin-the-cryptoanarchists-answer-to-cash.

36 데이비드 차움이 설명한 것처럼 이중 지불의 문제가 발생할 수 있으므로 각 디지털 화폐 거래는 "지불이 이루어질 때마다 중앙에서 관리하는 목록과 온라인으로 대조할 필요"가 있고, 이렇게 하지 않을 경우 사기의 위험이 있다. David Chaum, "Achieving Electronic Privacy," *Scientific American* 267, no. 2 (1992):96 – 101 참조.

37 디지털 화폐가 그 가치를 유지하려면 화폐의 공급이 미리 정해져 있거나 통제됨으로써 수요보다 공급이 빠르게 증가하는 상황이 발생하지 않도록 해야 한다. 만약 그와 같은 상황이 발생할 경우 사람들은 디지털 화폐를 보유하지 않으려고 할 것이고, 디지털 화폐 사용을 거절하고 다른 결제 수단에 의존할 가능성이 있다. 디지털 화폐의 공급을 조절하지 않을 경우 화폐의 발행인이 추가적인 이익을 얻기 위해 화폐의 공급을 늘릴 위험도 있다. Stacey L. Schreft, "Looking Forward: The Role for Government in Regulating Electronic Cash," *Economic Review—Federal Reserve Bank of Kansas City* 82, no. 4 (1997): 59 – 84 참조.

38 Satoshi Nakamoto, "Bitcoin: A Peer-to-Peer Electronic Cash System" (2008), https://bitcoin.org/bitcoin.pdf.

39 Ibid.

40 비트코인은 한 가지 아주 중요한 점이 이메일과 다르다. 비트코인은 언제나 무료인 것은 아니다. 전통적인 종이 우편과 마찬가지로 당신이 규모가 큰 비트코인 거래를 전송하고자 하는 경우 데이터베이스를 관리하고 비트코인 거래를 처

리하는 채굴자에게 약간의 수수료를 내야 할 수도 있다(최소 단위는 0.0001비트코인이다). "비트코인 프로토콜은 어떠한 거래에서 채굴자에게 지급하기 위한 '거래수수료(transaction fee)'를 남겨두는 것을 허용한다. 어떠한 거래를 통해 지급되는 값(비트코인으로 표시된다)이 투입된 금액보다 적을 경우 그 차액은 거래수수료로 취급되어 해당 거래가 포함되어 있는 블록을 채굴하는 자가 수취할 수 있다." Joshua A. Kroll, Ian C. Davey, and Edward W. Felten, "The Economics of Bitcoin Mining, or Bitcoin in the Presence of Adversaries," in *Proceedings of Workshop on Economics of Information Security* (2013), http://www.econinfosec.org/archive/weis2013/papers/KrollDaveyFelten-WEIS2013.pdf 참조.

41 Arvind Narayanan, Joseph Bonneau, Edward Felten, Andrew Miller, and Steven Goldfeder, *Bitcoin and Cryptocurrency Technologies: A Comprehensive Introduction* (Princeton, NJ: Princeton University Press, 2016).

42 P. Carl Mullan, "Bitcoin Decentralized Virtual Currency," in *The Digital Currency Challenge: Shaping Online Payment Systems through US Financial Regulations* (New York: Palgrave Macmillan, 2014), 84–92.

43 Michael Bedford Taylor, "Bitcoin and the Age of Bespoke Silicon," in *Proceedings of the 2013 International Conference on Compilers, Architectures and Synthesis for Embedded Systems* (Piscataway, NJ: IEEE, 2013), 16.

44 Narayanan et al., *Bitcoin and Cryptocurrency Technologies;* Joseph Bonneau, Andrew Miller, Jeremy Clark, Arvind Narayanan, Joshua A. Kroll, and Edward W. Felten, "SoK: Research Perspectives and Challenges for Bitcoin and Cryptocurrencies," in *2015 IEEE Symposium on Security and Privacy (SP)* (Piscataway, NJ: IEEE, 2015), 104–121.

45 Bonneau et al., "SoK: Research Perspectives."

46 비트코인 거래를 검토하고자 하는 경우, Blockchain.info와 같은 탐색기를 활

용하여 비트코인 거래를 실시간으로 살펴볼 수 있다. Blockchain .info, http://www.blockchain.info 참조.

47 Global Bitcoin Node Distribution, https://bitnodes.21.co/.

48 사토시 나카모토가 지적한 것처럼 "정부는 냅스터와 같이 중앙에서 제어되는 네트워크의 목을 베는 것에는 능하지만, 누텔라와 같이 순수 P2P 네트워크의 경우에는 (……) 계속 버티고 있는 것으로 보인다." 나카모토가 왜 비트코인 네트워크를 탈중앙화된 P2P 네트워크로 만들고자 했는지 이해할 수 있는 대목이다. E-mail from Nakamoto to The Cryptography Mailing List, November 17, 2008, http://satoshi.nakamotoinstitute.org/emails/cryptography/4/.

49 Bonneau et al., "SoK: Research Perspectives."

50 "각 블록에는 블록 헤더, 일정한 거래 데이터를 가리키는 해시 포인터(hash pointer), 그 전의 블록을 가리키는 해시 포인터가 들어있다. 그다음 데이터 구조는 해당 블록 안에 포함되어 있는 모든 거래에 관한 블록별 트리(tree)다. 이것을 머클 트리(Merkle tree)라 하는데, 이것을 활용하여 어떠한 블록 안에 포함되어 있는 모든 거래에 대한 요약 정보를 효율적으로 확보할 수 있다." Narayanan et al., *Bitcoin and Cryptocurrency Technologies* 참조.

51 특히 비트코인의 경우에는 SHA-256 해시함수가 두 번 적용된다. Bonneau et al., "SoK: Research Perspectives" 참조.

52 J. Lawrence Carter and Mark N. Wegman, "Universal Classes of Hash Functions," *Journal of Computer and System Sciences* 18, no. 2 (1979):143–154.

53 Narayanan et al., *Bitcoin and Cryptocurrency Technologies*.

54 "비트코인은 (……) 나카모토 합의(Nakamoto consensus)라고 불리는 탈중앙화된, 가명으로 사용할 수 있는 프로토콜을 통해 블록체인에서의 합의 메커니즘을 구축했다. 이는 비트코인 혁신의 핵심 요소라고 할 수 있으며, 그 성공에 가장 결정적인 역할을 담당했다. 누구든지 처리 전 상태의 유효한 거래들을 모아서 블록을 형성한 후 체인에 추가하는 시도를 할 수 있다. 여기서 핵심 요소는 누구의 블

록을 체인에 추가할지 결정하기 위해 풀기 어려운 컴퓨터 연산 퍼즐(통상적으로 작업증명이라는 다소 부정확한 이름이 여기에 붙여졌다)이 활용된다는 점이다." Bonneau et al., "SoK: Research Perspectives" 참조.

55 작업증명 "퍼즐"은, SHA-25 해시값이 목푯값보다 적은 블록(여기에는 거래 목록, 이전 블록의 해시값, 타임스탬프와 버전 숫자, 그리고 임의의 넌스값으로 구성되어 있다)을 찾는 것이다. 이 퍼즐은 대략 특정한 개수의 연속하는 영으로 시작하는 해시값을 찾는 과정으로 종종 설명되고 있다. 일반적인 전략은 해답을 찾을 때까지 무작위의 넌스값을 단순하게 시도해 보는 것이다." Ibid.

56 Narayanan et al., *Bitcoin and Cryptocurrency Technologies*. "채굴(mining)"이라는 용어는 짐작하건대 사토시의 최초 백서에 그 뿌리를 두고 있는 것으로 보인다. 비트코인 블록체인에 블록을 추가하는 과정을 마치면 "블록 보상(block reward)"이 뒤따르기 때문에 "일정한 양의 새로운 코인이 꾸준히 더해지는 것은 광부들이 금을 채굴하여 유통하기 위해 자원을 투입하는 것과 유사"하다고 볼 수 있다. Nakamoto, "Bitcoin: A Peer-to-Peer Electronic Cash System."

57 Narayanan et al., *Bitcoin and Cryptocurrency Technologies*.

58 채굴자들은 새로운 블록이 네트워크에 알려지는 것을 귀 기울여 들은 후 새로운 블록이 유효한 넌스값을 가지고 있다는 점을 확인하는 방식으로 해당 블록 내의 각 거래들을 검증한다. Ibid.

59 Ibid. (하드포크와 소프트포크, 그리고 비트코인 프로토콜의 업데이트와 관련하여 발생하는 어려운 문제에 대해 설명하고 있다).

60 나카모토가 설명하는 바와 같이, "노드들은 가장 긴 체인이 언제나 옳은 것이라고 간주하면서 해당 체인을 더 확장하기 위해 노력한다." Nakamoto, "Bitcoin: A Peer-to-Peer Electronic Cash System" 참조; 나아가 Bonneau 등도 다음과 같이 설명하고 있다. "새로운 블록을 선택하는 과정은 단순하다. 어떠한 블록이 연산 퍼즐에 대한 해답을 가지고 있다고 처음 공표되었고 그 해답이 유효한 경우, 그 블록은 옳은 것으로 간주된다. 이 소식을 접하는 순간 다른 참여자들은

다음 새로운 블록을 찾는 작업에 착수하도록 되어 있다. 만약 공표된 블록이 무효인 거래를 포함하고 있거나 어떤 이유로 변형되어 있을 경우, 다른 참여자들은 해당 블록을 거부한 후 유효한 블록에 대한 해답을 찾을 때까지 계속 작업을 진행하게 되어 있다. 주어진 어떤 시점을 기준으로 하더라도 합의된 블록체인(consensus blockchain)은 '가장 긴' 버전이 된다. 통상적으로 이것은 단순히 가장 많은 블록을 가지고 있는 가지를 가리키지만, 길게 포크가 일어나는 경우 각 갈래에 따라 채굴 난이도가 달라질 수 있기 때문에, 생성하기 가장 어려울 것으로 예상되는 체인을 가장 긴 체인이라고 정의하는 것이 맞다." Bonneau et al., "SoK: Research Perspectives" 참조.

61 "개별 블록은 이전 블록의 값이 무엇이었는지 알게 해줄 뿐만 아니라, 그 값이 변경되지 않았다는 점을 검증할 수 있도록 해당 값의 요약 정보를 포함하고 있다." Narayanan et al., *Bitcoin and Cryptocurrency Technologies* 참조.

62 "How Bitcoin Mining Works," *The Economist,* January 20, 2015, http://www.economist.com/blogs/economist-explains/2015/01/economist-explains-11.

63 Andrew Kim, Daryl Sng, and Soyeon Yu, "The Stateless Currency and the State: An Examination of the Feasibility of a State Attack on Bitcoin" (2014), http://randomwalker.info/teaching/spring-2014-privacy-technologies/state-attack.pdf; "Cost of a 51% Attack," https://gobitcoin.io/tools/cost-51-attack/(2017년 8월 18일을 기준으로 51퍼센트의 공격을 실행하려면 15억 달러가 넘게 드는 것으로 추산된다.)

64 "이 프로토콜의 결정적인 요소는 어떤 블록을 찾아내는 참여자가 일정량의 화폐를 만들어낸 후 이를 자신이 지정하는 주소로 전송하는 내용의 코인베이스 거래를 해당 블록에 넣을 수 있다는 점이다. 참여자들은 금전적인 보상에 대한 대가로 이 연산 퍼즐을 푸는 일(실제로는 경쟁)을 하므로, 이들을 채굴자라고 부르는 것이다. 블록 보상이라고 불리는 이 새로운 화폐는 채굴자에게 오로지 유효한 블록을 만들어내고자 하는 유인을 제공한다. 왜냐하면 유효하지 않은 블록은

네트워크에서 거부당할 것이고, 결국 가장 길게 존속하는 블록체인 내에서 그들이 했던 채굴에 대한 보상은 인정되지 않을 것이기 때문이다 (……) 궁극적으로 이와 같은 화폐 주조 방식이 작동하도록 하기 위해 채굴자들은 블록 보상을 통해 수익을 얻을 뿐만 아니라 해당 블록에 있는 거래의 입력값과 출력값의 순 차액을 가져가는 것도 허용된다. 따라서 유저들의 입장에서 볼 때 출력값보다 입력값이 큰 블록에는 채굴자에게 지급되는 거래수수료가 포함되어 있는 것이다." Bonneau et al., "SoK: Research Perspectives" 참조.

65 Ibid.

66 Nakamoto, "Bitcoin: A Peer-to-Peer Electronic Cash System."

67 Ibid.

68 "The Promise of the Blockchain: The Trust Machine," *The Economist,* October 31, 2015, http://www.economist.com/news/leaders/21677198-technology-behind-bitcoin-could-transform-how-economy-works-trust-machine.

69 수백 가지의 서로 다른 블록체인과 수백 가지의 서로 다른 블록체인 기반 디지털 화폐들이 존재한다. 이같은 디지털 화폐들은 때때로 "알트코인(alt-coin)"이라고 불린다. "Cryptocurrency Market Capitalizations," Coinmarketcap, https://coinmarketcap.com/ 참조.

70 오늘날에는 여러 개의 중앙화된 월렛 서비스 업체가 존재하는데, 가장 대표적인 것이 코인베이스(Coinbase)다. Coinbase, https://www.coinbase.com 참조.

71 인기 있는 비트코인 거래소로는 폴로닉스(Poloniex), 비트피넥스(Bitfinex)와 크라켄(Kraken)을 들 수 있다. Poloniex, https://poloniex.com/; Bitfinex, https://www.bitfinex.com/; Kraken, https://www.kraken.com/ 참조.

72 Maureen Farrell, "Bitcoin Now Tops $1,200," *Wall Street Journal,* November 29, 2013, https://blogs.wsj.com/moneybeat/2013/11/29/bitcoin-now-tops-1200/.

73 Aaron Smith, "Microsoft Begins Accepting Bitcoin," CNN, December 11,

2014, http://money.cnn.com/2014/12/11/technology/microsoft-bitcoin/; Jonathan Marino, "Dell Is Now the Biggest Company to Accept Bitcoin Internationally," *Business Insider*, February 19, 2015, http://www.businessinsider.com/dell-becomes-biggest-company-to-accept-bitcoin-internationally-2015-2.

74 "비트코인은 하드포크 없이는 바꾸기 어려운 여러 한계를 가지고 있었기 때문에, 비트코인과 비슷하면서 대안적 설계 방식을 갖춘 시스템 수백 개가 등장했다. 이들을 알트코인이라고 부른다. 이들 시스템 중 일부 — 예컨대 리플(Ripple) — 는 완전히 독자적으로 설계되어 있었지만, 다수는 비트코인의 코드 베이스를 포크하여 만들어졌고 해당 코드 베이스의 특징 대부분을 유지하고 있다. Bonneau et al., "SoK: Research Perspectives" 참조.

75 Vitalik Buterin, "Ethereum White Paper" (2013), https://github.com/ethereum/wiki/wiki/White-Paper.

76 Ibid.

77 Vitalik Buterin, "Vitalik Buterin Reveals Ethereum at Bitcoin Miami," February 1, 2014, https://www.youtube.com/watch?v=l9dpjN3Mwps; Stephan Tual, "Ethereum Launches," *Ethereum* (블로그), July 30, 2015, https://blog.ethereum.org/2015/07/30/ethereum-launches/.

78 다만 이더리움은 미래의 어느 시점에 지분증명(proof of stake)이라고 불리는 이와 다른 메커니즘으로 옮겨갈 계획을 가지고 있다.

79 Buterin, "Ethereum White Paper"; Gavin Wood, "Ethereum: A Secure Decentralised Generalised Transaction Ledger," Ethereum Project yellow paper (2014), http://gavwood.com/paper.pdf.

80 Buterin, "Ethereum White Paper." "여기서 중요한 것은 이더리움 가상 컴퓨터가 튜링 완전성을 구비했다는 점이다. 이것은 EVM 코드가 무한 루프를 포함하여 우리가 상상할 수 있는 모든 연산 수행 작업을 코드로 바꿀 수 있다는 뜻이다"; Wood, "Ethereum"; Yoichi Hirai, "The Solidity Programming Language," The Ethereum Wiki, https://github.com/ethereum/wiki/wiki/The-Solidity-Programming-Language.

81 Buterin, "Ethereum White Paper."

82 Ibid.

83 Ibid.; Wood, "Ethereum."

84 Wood, "Ethereum."

85 Ibid.

86 Buterin, "Ethereum White Paper." "이더리움에서 '계약(Contracts)'이라고 하는 것을 무엇인가를 '충족시키거나(fulfilled),' 또는 '준수해야(complied with)' 할 대상으로 보면 안 된다; 오히려 이것은 이더리움 실행 환경에서 살고 있는 '자율적인 대리인(autonomous agents)'에 가까운 바, 언제 어떠한 메시지나 거래가 '쿡 찔러올 경우(poked),' 특정한 코드를 실행하고, 각 계약의 이더 잔고와 고유의 키/잔고 저장을 직접적으로 통제함으로써 계속적으로 반복되는 변수를 추적하게 된다"; "What Is Ethereum?," Ethereum Homestead Documentation, http://ethdocs.org/en/latest/introduction/what-is-ethereum.html ("네트워크상 모든 노드들이 각자 EVM을 구동하고 동일한 지시사항을 실행한다. 이와 같은 이유 때문에 이더리움은 쉽게 연상할 수 있도록 종종 '세계 컴퓨터(world computer)'라고 불리는 것이다").

87 Etherscan, "Contract Accounts," https://etherscan.io/accounts/c (이더리움 블록체인상 백만 건이 넘는 컨트랙트 계정에서 1,230만 1,888이더가 관리되고 있다고 분석하고 있다).

88 Buterin, "Ethereum White Paper."

89 "이더리움 네트워크 전체에 걸쳐서 이 대규모 연산을 병렬 처리하는 것이 연산 작업을 더 효율적으로 만들어 주지는 않는다. 사실은 이 처리작업으로 인해 이더리움에서 이루어지는 연산은 전통적인 '컴퓨터'의 연산보다 훨씬 느리고 비용이 더 든다. 말하자면, 모든 이더리움 노드들이 블록체인 내 합의를 유지하기 위해 EVM을 구동하게 되는 것이다." "What Is Ethereum?," Ethereum Homestead

Documentation 참조.

90 Joel Monegro, "The Blockchain Application Stack," CoinDesk, November 20, 2014, http://www.coindesk.com/blockchain-application-stack/.

91 Colored Coins, http://coloredcoins.org/.

92 Viktor Trón, Aron Fischer, Daniel A. Nagy, Zsolt Felföldi, and Nick Johnson, "Swap, Swear and Swindle Incentive System for Swarm," http://swarm-gateways.net/bzz:/theswarm.eth/ethersphere/orange-papers/1/sw%5E3.pdf; Juan Benet, "IPFS-Content Addressed, Versioned, P2P File System," ArXiv preprint arXiv:1407.3561 (2014); Filecoin, http://filecoin.io/.

93 Trón et al., "Swap, Swear, and Swindle"; Benet, "IPFS."

94 Trón et al., "Swap, Swear, and Swindle."

95 12 C.F.R. § 1010.310 (2015) 참조(통화 거래 보고에 대한 규정이다); 26 U.S.C. § 6050L (2006) (어떠한 거래나 사업의 당사자가 이와 관련하여 10,000달러 이상을 현금으로 수취할 경우 보고하도록 하고 있다). 31 C.F.R. § 1010.122 (2014)도 참조 (송금회사 기타 송금 관련 서비스 업체들에 적용되는 규정을 제시하고 있다); 31 C.F.R. § 1010.410(f) (2014) (보고의무의 개요를 제시하고 있다). 미국 재무부 산하 사무국인 금융 범죄 단속 네트워크(Financial Crimes Enforcement Network, FinCEN), 연방준비제도 이사회(Board of Governors of the Federal Reserve System)와 같은 연방 은행감독기관이 상기 규정들의 집행을 담당하고 있다. 은행비밀법(Bank Secrecy Act, BSA)을 준수하지 못했을 경우 무거운 처벌을 받게 되는데, 최대 20년의 징역에 처해질 수 있다.

96 Allison Berke, "How Safe Are Blockchains? It Depends," *Harvard Business Review,* March 7, 2017.

97 David Schwartz, Noah Youngs, and Arthur Britto, "The Ripple Protocol Consensus Algorithm," Ripple Labs white paper (2014).

98 Vitalik Buterin, "On Public and Private Blockchains," *Ethereum* (blog),

August 7, 2015, https://blog.ethereum.org/2015/08/07/on-public-and-private-blockchains/.

99 Berke, "How Safe Are Blockchains?"

100 Rob Marvin, "Blockchain: The Invisible Technology That's Changing the World," *PC Magazine,* February 6, 2017; Peter Nichol, "Why Accenture Broke the Blockchain with IBM's Help," *CIO.com,* September 22, 2016, https://www.cio.com/article/3122807/financial-it/why-accenture-broke-the-blockchain-with-ibms-help.html.

101 Vitalik Buterin, "Opportunities and Challenges for Private and Consortium Blockchains" (2016), http://www.r3cev.com/s/EthereumPaper-97k4.pdf; BitFury, Inc. and Jeff Garik, "Public versus Permissioned Blockchains: Part 1," White Paper (2015), http://bitfury.com/content/5-white-papers-research/public-vs-private-pt1-1.pdf.

102 이 책에서 언급하는 블록체인은 달리 명시하지 않는 한, 비허가형 퍼블릭 블록체인을 가리키는 것이다.

2. 블록체인의 특징

1 "비트코인의 여러 가지 측면은 중앙화/탈중앙화 스펙트럼의 각각 다른 지점에 대응한다. P2P 네트워크는 누구든지 비트코인 노드를 구동할 수 있고 진입장벽이 상당히 낮다는 점에서 전적으로 탈중앙화되어 있다고 할 수 있다. 사람들은 온라인에서 손쉽게 비트코인 클라이언트를 다운로드하여 노트북이나 PC로 노드를 구동할 수 있다." Arvind Narayanan, Joseph Bonneau, Edward Felten, Andrew Miller, and Steven Goldfeder, *Bitcoin and Cryptocurrency Technologies: A Comprehensive Introduction* (Princeton, NJ: Princeton University Press, 2016) 참조.

2 비트코인의 경우, 이와 같은 개발자들은 "비트코인 코어(Bitcoin Core)"라고 불리는데, "비트코인 코어가 코드 규칙을 바꿀 경우 이것은 비트코인 코어의 이름으로 출시되어 디폴트로 따르게 되어 있다는 점에서 이들의 권한은 막강하다. 이들은 비트코인에 적용되는 사실상의 규정집에 기입해 넣을 수 있는 펜을 보유하고 있는 자들이다." Ibid.

3 Angela Walch, "The Bitcoin Blockchain as Financial Market Infrastructure: A Consideration of Operational Risk," *NYU Journal of Legislation and Public Policy* 18, no. 4 (2015): 837–893 (탈중앙화된 오픈소스 거버넌스가 배태하는 운영 리스크에 관한 문제를 제기하고 있다).

4 Ibid. 데릭 밤바워(Derek Bambauer)는 이렇게 적고 있다. "소프트웨어는 (……) 이를 고치기 위한 많은 노력에도 불구하고 (……) 구조적으로 고장이 나기 쉽다 (……) 버그를 완전히 제거하는 것은 전적으로 불가능하다." Derek E. Bambauer, "Ghost in the Network," *University of Pennsylvania Law Review* 162, no. 5 (April 2014):1011 – 1092 참조.

5 "블록체인에서 유즈 케이스(use case)는 흔적이 분명하게 남는 로그이다. 말하자면, 우리는 데이터 뭉치를 저장할 수 있는 로그 데이터 구조를 구축하여 로그 맨 뒤에 데이터를 첨부하고자 하는 것이다. 만약 누군가 로그 앞부분의 데이터를 변경하면, 우리는 그것을 발견할 수 있게 된다." Narayanan et al., *Bitcoin and Cryptocurrency* 참조.

6 "좋은 소식은, 블록체인은 중앙 서버를 필요로 하지 않는 대신 인터넷 자체가 그러한 것처럼 회복력 강한 있는 P2P 네트워크에 의존하고 있다는 점이다." Ibid.

7 디지털 서명은 위조할 수 없다. 말하자면, "어떤 상대방이 당신의 공개키를 알고 있으며 다른 메시지에서 당신의 서명을 본 경우라 하더라도 당신의 서명을 보지 못한 다른 메시지에서는 당신의 서명을 위조할 수 없다." Ibid.

8 이것을 다른 방식으로 생각해보면, 공개키는 신원을 확인하는 역할을 한다. 즉 누군가 이 공개키와 시스템 내의 어떤 사람 또는 행위자의 신원을 대응시킬 경우 그 사람의 거래 내역을 알아낼 수 있다. 이와 같이 블록체인 기반 네트워크에

서 공개키가 수행하는 신원 확인 시스템의 역할을 활용하여 블록체인 기반 프로토콜에서 생성된 해시값에 뿌리를 둔 탈중앙화된 신원 관리 시스템을 구축하는 것도 가능하다고 주장하는 자도 있다. Ibid. 또한 Bryan Yurcan, "How Blockchain Fits into the Future of Digital Identity," *American Banker,* April 8, 2016, https://www.americanbanker.com/news/how-lockchain-fits-into-the-future-of-digital-identity 참조.

9 Alyssa Hertig, "Julian Assange Just Read Out a Bitcoin Block Hash to Prove He Was Alive," *CoinDesk,* January 10, 2017, http://www.coindesk.com/julian-assange-just-read-bitcoin-block-hash-prove-alive/.

10 "비트코인 프로토콜에 참여하기 위해 현실 세계에서의 신원은 필요 없다. 누구라도 가명의 키 쌍을 언제이건 몇 개이건 생성해낼 수 있다." Narayanan et al., *Bitcoin and Cryptocurrency* 참조.

11 Omri Marian, "Are Cryptocurrencies Super Tax Havens?," *Michigan Law Review (First Impression)* 112 (2013): 38–48; Reuben Grinberg, "Bitcoin: An Innovative Alternative Digital Currency," *Hastings Science and Technology Law Journal* 4 (2011): 160–208.

12 Sarah Meiklejohn, Marjori Pomarole, Grant Jordan, Kirill Levchenko, Damon McCoy, Geoffrey M. Voelker, and Stefan Savage, "A Fistful of Bitcoins: Characterizing Payments among Men with No Names," in *Proceedings of the 2013 Conference on Internet Measurement* ed. Konstantina Papagiannaki, Krishna Gummadi, and Craig Partridge (New York: ACM, 2013), 127–140.

13 Ahmed Kosba, Andrew Miller, Elaine Shi, Zikai Wen, and Charalampos Papamanthou, *Hawk: The Blockchain Model of Cryptography and Privacy-Preserving Smart Contracts* (College Park and Ithaca, NY: University of Maryland and Cornell University, 2015) ("블록체인과 스마트 컨트랙트가 가지고 있는 다양한 모습과 능력에도 불구하고, 이러한 기술이 가지고 있는 현재의 형태

에는 거래의 프라이버시가 결여되어 있다. 스마트 컨트랙트에서 이루어지는 일련의 행위 전체가 네트워크에 전파되고 블록체인에 기록되므로 누구나 볼 수 있게 공개되어 있는 것이다"라고 지적하고 있다).

14 Eli Ben Sasson, Alessandro Chiesa, Christina Garman, Matthew Green, Ian Miers, Eran Tromer, and Madars Virza, "Zerocash: Decentralized Anonymous Payments from Bitcoin," in 2014 *IEEE Symposium on Security and Privacy* (Piscataway, NJ: IEEE, 2014), 459–474; Adam Mackenzie, Surae Noether, and Monero Core Team, "Improving Obfuscation in the CryptoNote Protocol," January 26, 2015, https://lab.getmonero.org/pubs/MRL-0004.pdf.

15 실제로 이미 일리노이 대학교와 프린스턴 대학교의 연구자들은 모네로의 프라이버시 강화 기능 일부에 대해 의문을 제기한 바 있다. Andrew Miller, Malte Moeser, Kevin Lee, and Arvind Narayanan, "An Empirical Analysis of Linkability in the Monero Blockchain," arXiv preprint arXiv:1704.0, https://arxiv.org/pdf/1704.04299.pdf 참조.

16 Narayanan et al., *Bitcoin and Cryptocurrency* (비트코인 인센티브 구조의 개요를 설명하고 있다). 사이몬 바버(Simon Barber)와 공저자들에 따르면, "비트코인의 생태계는 정교하게 설계되어 있으며 유저들은 여기에 참여할 경제적 유인을 가진다. 첫째, 새로운 비트코인은 예측 가능한 속도로 분산 처리되는 방식에 의해 생성된다: '비트코인 채굴자들(bitcoin miners)은 새 비트코인을 생성하기 위하 연산 퍼즐을 푸는데 이 과정은 기존 거래들을 검증하는 절차와 긴밀하게 결부되어 있다. 즉, 퍼즐을 푸는 동시에 채굴자들은 위 거래들을 조사하는 데 들이는 노력에 대한 대가로 거래 수수료를 선택적으로 받을 수도 있다. 이것은 유저들이 비트코인 거래의 검증과 새로운 비트코인의 생성 작업에 여분의 연산 자원을 투자하게 만드는 확실한 경제적 유인이 된다. 이 글을 쓰는 시점을 기준으로 보면 비트코인 퍼즐 해답을 빨리 찾기 위해 GPU를 투자할 경우, 6개월 안에 그 비용만큼 회수할 수 있다." Simon Barber, Xavier Boyen, Elaine Shi, and

Ersin Uzun, "Bitter to Better — How to Make Bitcoin a Better Currency," in *International Conference on Financial Cryptography and Data Security,* ed. Angelos Keromytis (Berlin: Springer, 2012), 399–414 참조.

17 이 때문에 채굴자들은 블록 보상을 받을 확률을 유지하거나 더 높이기 위해 주문형 집적회로(ASICs)와 같이 더욱 강력한 특수 하드웨어를 경쟁적으로 사들이기 시작했다. Michael Bedford Taylor, "Bitcoin and the Age of Bespoke Silicon," in *Proceedings of the 2013 International Conference on Compilers, Architectures and Synthesis for Embedded Systems,* ed. Rodric Rabbah and Anand Raghunathan (Piscataway, NJ: IEEE, 2013), 1–10 참조.

18 Joseph Bonneau, Andrew Miller, Jeremy Clark, Arvind Narayanan, Joshua A. Kroll, and Edward W. Felten, "SoK: Research Perspectives and Challenges for Bitcoin and Cryptocurrencies," in *2015 IEEE Symposium on Security and Privacy (SP),* ed. Lujo Bauer and Vitaly Shmatikov (Piscataway, NJ: IEEE, 2015), 104–121; Narayanan et al., *Bitcoin and Cryptocurrency.*

19 Bonneau et al., "SoK: Research Perspectives"; Ittay Eyal and Emin Gun Sirer, "Majority Is Not Enough: Bitcoin Mining Is Vulnerable," in *International Conference on Financial Cryptography and Data Security,* ed. R. Böhme, M. Brenner, T. Moore, and M. Smith (Berlin: Springer, 2014), 436–454.

20 Blockchain.info, "Hasrate Distribution," https://blockchain.info/pools;Etherscan,"Ethereum Top 25 Miners by Blocks," https://etherscan.io/stat/miner?range=7&blocktype =blocks.

21 Bonneau et al., "SoK: Research Perspectives" ("수수료 값은 대개 레퍼런스 클라이언트의 환경설정에서 디폴트로 결정되는데, 소수의 유저들은 자신의 거래가 보다 빨리 공표될 수 있도록 더 많은 수수료를 내기도 한다").

22 Gavin Wood, "Ethereum: A Secure Decentralised Generalised Transaction Ledger," Ethereum Project yellow paper (2014); Kevin Delmolino, Mitchell Arnett, Ahmed Kosba, Andrew Miller, and Elaine Shi, "A Programmer's Guide to Ethereum and Serpent" (2015), https://mc2-umd.github.io/ethereumlab/docs/serpent_tutorial.pdf.

23 Narayanan et al., *Bitcoin and Cryptocurrency.*

24 Ibid. "만일 채굴에 따른 보상이 채굴 비용보다 클 경우, 채굴자에게는 이득이다"라고 하면서, "채굴에 따른 보상 = 블록 보상 + 거래 수수료"이고 "채굴 비용 = 하드웨어 비용 + 운영 비용(전기, 냉각 등)"으로 계산 방식을 개략적으로 설명하고 있다. ; Ittay and Sirer, "Majority Is Not Enough."

25 Miles Carlsten, Harry Kalodner, S. Matthew Weinberg, and Arvind Narayanan, "On the Instability of Bitcoin without the Block Reward," in *Proceedings of the 2016 ACM SIGSAC Conference on Computer and Communications Security,* ed. Ninghui Li and Christopher Kruegel (New York: ACM, 2016), 154–167.

26 Narayanan et al., *Bitcoin and Cryptocurrency*; Bonneau et al., "SoK: Research Perspectives."

27 7장 참조.

28 J. Bradford DeLong and A. Michael Froomkin, "Speculative Microeconomics for Tomorrow's Economy," *First Monday*, 5, no 2 (February 7, 2000), http://firstmonday.org/ojs/index.php/fm/article/view/726/635 전통적인 경제 이론에 따르면 오픈소스 소프트웨어는 "공유지의 비극" 문제에 취약하다는 결론에 이르게 된다고 개괄적으로 설명한 후, 오픈소스 커뮤니티가 평판을 형성하는 방식으로 이 문제를 해결하기 위해 어떤 노력을 하고 있는지 자세히 설명하고 있다.

29 Vitalik Buterin, "A Next Generation Smart Contract & Decentralized Application Platform," Ethereum white paper (2013); Wood, "Ethereum."

30 Buterin, "A Next Generation Smart Contract & Decentralized Application

Platform"; Wood, "Ethereum."

31 헤닝 디드리히(Henning Diedrich)는 스마트 컨트랙트의 핵심적인 특징 중의 하나로 "그 실행이 보장되는 것(guarantee of execution)"을 들고 있다. Henning Diedrich, *Ethereum: Blockchains, Digital Assets, Smart Contracts, Decentralized Autonomous Organizations* (Wildfire Publishing, 2016).

32 코드에 흠이 있는 경우와 관련하여 제기되는 몇몇 문제들에 대해서는 8장과 12장에서 논의할 것이다.

33 John Laprise, "US National Security Agency Surveillance: A Problem of 'Allegality,'" Oxford Human Rights Hub, June 10, 2013, http://ohrh.law.ox.ac.uk/us-national-security-agency-surveillance-a-problem-of-allegality/; Jack M. Balkin, "The Path of Robotics Law," *California Law Review (Circuit)* 6 (June 2015): 45–60.

34 Ari Juels, Ahmed Kosba, and Elaine Shi, "The Ring of Gyges: Using Smart Contracts for Crime," *Aries* 40 (2015): 1–28, https://eprint.iacr.org/2016/358.pdf

35 블록체인 기술과 결합되어 있고 암호 기술로 보호되는 통신플랫폼이 등장하고 있는데, 가령 텔레해시(Telehash)와 비트메시지(Bitmessage)를 들 수 있다. Telehash, "Encrypted Mesh Protocol," http://telehash.org; Jonathan Warren, "Bitmessage: A Peer-to-Peer Message Authentication and Delivery System," white paper (November 27, 2012), https://bitmessage.org/bitmessage.pdf. 이들에 대해서는 6장에서 보다 자세하게 논의하기로 한다.

36 4장 참조.

37 Lawrence Lessig, "Thinking through Law & Code, Again," presentation at the Sydney Blockchain Workshop, December 2016 ("블록체인은 인터넷 이후 최대의 혁신이다"라고 주장하고 있다); Don Tapscott and Alex Tapscott, *Blockchain Revolution* (London: Penguin, 2016); Kariappa Bheemaiah, "Block Chain 2.0: The Renaissance of Money," *Wired.com,* January 2015, https://www.wired.com/insights/2015/01/block-chain-2-0/.

38 Robert Braden, "Requirements for Internet Hosts—Communication Layers," IETF, October 1989, https://tools.ietf.org/html/rfc1122.

39 Charles W. Bachman, "Provisional Model of Open System Architecture," in *Proceedings of the Third Berkeley Workshop on Distributed Data Management and Computer Networks,* ed. Steve Kimbleton and Dennis Tsichritzis (Berkeley, CA: Lawrence Berkeley Laboratory, 1978), 1–18; Hubert Zimmermann, "OSI Reference Model—The ISO Model of Architecture for Open Systems Interconnection," *IEEE Transactions on Communications* 28, no. 4 (1980): 425–432.

40 Douglas E. Comer, *Internetworking on TCP/IP,* vol. 1 (Upper Saddle River, NJ: Prentice Hall, 2006); James F. Kurose and Keith W. Ross, *Computer Networking: A Top-Down Approach,* vol. 5 (Reading, MA: Addison-Wesley, 2010); Andrew S. Tanenbaum, *Computer Networks,* 4th ed. (Englewood Cliffs, NJ: Prentice Hall, 2003).

41 Christoph Meinel and Harald Sack, "The Foundation of the Internet: TCP/IP Reference Model," in *Internetworking* (Heidelberg: Springer-Verlag Berlin, 2013), 29–61.

42 Charles M. Kozierok, *The TCP/IP Guide: A Comprehensive, Illustrated Internet Protocols Reference* (San Francisco: No Starch Press, 2005).

43 Christopher S. Yoo, "Protocol Layering and Internet Policy," *University of Pennsylvania Law Review* 161 (2013):1707–1771.

44 Kozierok, *The TCP/IP Guide* 참조.

45 Ibid.

46 Ibid.

47 Ibid.

48 Narayanan et al., *Bitcoin and Cryptocurrency* ("비트코인 네트워크에서 모

든 노드는 평등하다. 노드에는 계층이 없으며 특수 노드나 마스터 노드도 없다. 비트코인 네트워크는 TCP로 구동되며 무작위의 토폴로지(topology)를 가지고 있기 때문에 각각의 노드는 다른 무작위의 노드와 교신할 수 있다. 새로운 노드는 언제든 합류할 수 있다.")

49 Roy Fielding, Jim Gettys, Jeffrey Mogul, Henrik Frystyk, Larry Masinter, Paul Leach, and Tim Berners-Lee, "Hypertext Transfer Protocol—HTTP/1.1," RFC 2616 (Marina del Rey: Information Sciences Institute, University of Southern California, 1999); Jon Postel, "Simple Mail Transfer Protocol" (Marina del Rey: Information Sciences Institute, University of Southern California, August 1982).

50 Bram Cohen, "Incentives Build Robustness in BitTorrent," in *Workshop on Economics of Peer-to-Peer Systems,* vol. 6 (2003), 68–72 (트래커의 활용에 대해 설명하고 있다; Michael Piatek, Tomas Isdal, Thomas Anderson, Arvind Krishnamurthy, and Arun Venkataramani, "Do Incentives Build Robustness in BitTorrent?," in *Proceedings of 4th USENIX Symposium on Networked Systems Design & Implementation,* ed. Hari Balakrishnan and Peter Druschel (Berkeley, CA: USENIX Association, 2007), 1–14 ("비트토렌트 프로토콜은 DHT 기반 분산 트래커를 적용하고 있는데, 이 트래커는 피어에 대한 정보를 제공하고 토렌트의 해시값에 따라 색인으로 분류한다"고 설명한다).

51 David R. Johnson and David Post, "Law and Borders: The Rise of Law in Cyberspace," *Stanford Law Review* 45 (1996): 1367–1402.

52 Ibid.

53 Ibid. David G. Post and David R. Johnson, "Chaos Prevailing on Every Continent: Towards a New Theory of Decentralized Decision-making in Complex Systems," *Chicago-Kent Law* Review 73 (1997): 1055–1099도 참조.

54 Post and Johnson, "Law and Borders."

55 Ibid.

56 Ibid.

57 Jack Goldsmith and Tim Wu, *Who Controls the Internet? Illusions of a Borderless World* (Oxford: Oxford University Press, 2006), 142–161 (인터넷은 전 세계적으로 국경 없는 네트워크를 만들어 낸 것이 아니라, 정확히는 "국가 네트워크의 집합 — 인터넷 프로토콜로 서로 연결되어 있기는 하지만 여러 면에서 분리되어 있는 — 을 만들어 낸 것"이라고 주장하고 있다).

58 네트워크가 발전하면서 중개 기관이 소멸한 것이 아니고, 정확히는 중개 기관이 달라졌다고 할 수 있다. 수많은 중개 기관이 생겨났는데, 그 중 (이 책의 목적을 고려할 때) 가장 중요한 것으로는 인터넷 서비스 제공자(ISP), 검색 엔진, 브라우저, 물리적 네트워크, 금융 중개기관을 들 수 있다. 요컨대 인터넷 이전에는 중개 기관 자체가 존재하지 않았을 것이라 생각되던 많은 활동과 관련하여, 인터넷이 생기면서 네트워크 자체가 중개 기관이 되었다. Ibid., 70 참조.

59 Ibid., 72-80.

60 일반적인 논의는 Karl A. Menninger, "Cyberporn: Transmission of Images by Computer as Obscene, Harmful to Minors or Child Pornography," *American Jurisprudence Proof of Facts* 3d 51 (2016): 51 참조.

61 Brandon P. Rainey, "The Unlawful Internet Gambling Enforcement Act of 2006: Legislative Problems and Solutions," *Journal of Legislation* 35 (2009): 147–169.

62 "A. G. Schneiderman and IAC Announce New Safety Agreement to Protect Children and Teens on Newly Acquired Ask.FM Site," New York State Attorney General, August 14, 2014, http://www.ag.ny.gov/press-release/ag-schneiderman-and-iac-announce-new-safety-agreement-protect-children-and-teens-newly.

63 Lillian Ablon and Martin C. Libicki, "Wild, Wild, Web: For Now, Cybercrime Has the Upper Hand in Its Duel with the Law," RAND Review 38,

no. 2 (Summer 2014): 13–19; M. A. Rush and L. G. Pagilia, "Preventing, Investigating, and Prosecuting Computer Attacks and E-Commerce Crimes: Public-Private Initiative and Other Federal Resources," *Delaware Corporate Litigation Reporter,* August 20, 2001, 15–22.

64 이러한 결론의 가장 주목할 만한 예가 바로 중국이다. 1990년대에 예측했던 탈중앙화된 인터넷의 모습과는 아주 대조적으로 중국 인터넷 유저들은 미국 인터넷 유저들과 극단적으로 다른 온라인 환경에 처해 있다. 중국은 기본적인 라우팅 기술과 정부가 세심하게 만들어 관리하는 접속 리스트를 활용하여, 정부 입장에서 중국 시민들이 이용하는 것을 원치 않는 온라인 서비스에 접근하는 것을 효과적으로 필터링하고 있다. Goldsmith and Wu, *Who Controls the Internet?*, 87－104 참조.

65 Jay P. Kesan and Rajiv C. Shah, "Shaping Code," *Harvard Journal of Law and Technology* 18 (2004):319–399; Eric A. Posner, *Law and Social Norms* (Cambridge, MA: Harvard University Press, 2009); Lawrence Lessig, *Code: And Other Laws of Cyberspace* (New York: Basic Books, 1999) (재산권과 규제 제도를 설계하는 데 있어서 아키텍처, 사회규범, 시장, 그리고 법률 사이의 상호연관성에 대해 논의하고 있다).

66 Lessig, "Thinking through Law & Code," 5.

67 Ibid. 이에 대해 사이버공간이라는 것 자체만으로 독자적인 법체계를 구성하기에는 충분하지 않다는 반론도 제기되고 있다. 프랭크 이스터브룩(Frank Easterbrook) 교수는 *사이버공간의 법(Law of Cyberspace)*과 *말의 법(Law of the Horse)*을 비교함으로써, *사이버법(cyberlaw)*이라는 것은 (미디어법이나 지적재산권법과 달리) 독자적인 법학 연구의 대상으로 취급될 수 있는 실체적인 법 과목의 자격을 충족하지 못하므로, *사이버법(cyberlaw)*이라는 것은 실제로 존재하지 않는다고 주장했다. 즉 디지털 세계에는 전통적인 법체계(가령 전기통신법, 저작권법, 데이터보호법 등을 들 수 있다)가 — 확장해석이나 유추해석을 통해 — 그대로 적용될 수 있다는 것이다. Frank H. Easterbrook, "Cyberspace and the Law of the

Horse," *University of Chicago Legal Forum,*1996, 207–216 참조.

68 Cheng Lim, T.J. Saw, and Calum Sargeant, "Smart Contracts: Bridging the Gap between Expectation and Reality," Oxford Law Faculty, July 11, 2016, https://www.law.ox.ac.uk/business-law-blog/blog/2016/07/smart-contracts-bridging-gap-between-expectation-and-reality.

69 예컨대 P2P 파일공유 서비스인 팝콘 타임(Popcorn Time)은 오픈소스 프로젝트인데도 저작권 보유자들은 오픈소스 파일공유 서비스인 깃허브(Github)에 팝콘 타임이 저작권 침해를 용이하게 만들었으므로 팝콘 타임의 코드 호스팅을 하지 말아달라고 요구했다. "DMCA Notices Nuke 8,268 Projects on Github," *TorrentFreak,* June 29, 2016, https://torrentfreak.com/dmca-notices-nuke-8268-projects-on-github-160629/ 참조.

70 Michael Abramowicz, "Cryptocurrency-Based Law," *Arizona Law Review* 58 (2016):359–420.

71 막스 베버에 따르면 공무원은 헌법과 법률질서의 수호자로서, 선출된 정치인과 조직된 이익단체의 방해로부터 차단되어 일하는 존재이다. 베버는 관료 조직이 기능적으로 분화하게 되면 나아가 어느 행정부서라도 다른 부서의 협조 없이는 자신의 권한 영역을 넘는 행위를 할 수 없도록 하는 데 기여할 수 있다고 생각했다. Max Weber, *Economy and Society: An Outline of Interpretive Sociology* (Berkeley: University of California Press, 1978): 282 참조.

72 Michel Foucault, *Discipline & Punish: The Birth of the Prison* (New York: Vintage, 2012).

73 John O'Neill, "The Disciplinary Society: From Weber to Foucault," *British Journal of Sociology* 37, no. 1 (March 1986): 42–60.

74 이 권력구조는 제레미 벤담(Jeremy Bentham)의 "판옵티콘(Panopticon)" — 중앙 제어 지점(centralized control point)이 있는 건축 구조물로 하나의 당사자가 자신은 누구에게도 보여지지 않으면서 모든 것과 모든 사람을 볼 수 있다 — 에 가장 잘 설명되어 있다. Jeremy Bentham, *Panopticon or the Inspection House,* part 2 (London: Printed for T. Payne, 1791) 참조.

75 Weber, *Economy and Society.*

76 Gilles Deleuze, "Postscript on Control Societies," in *Negotiations: 1972–1990* (New York: Columbia University Press, 1995), 177–182.

77 Daniel E. Martinez, "Beyond Disciplinary Enclosures: Management Control in the Society of Control," *Critical Perspectives on Accounting* 22, no. 2 (2011): 200–211.

78 Foucault, *Discipline & Punish.*

79 Bart Simon, "The Return of Panopticism: Supervision, Subjection and the New Surveillance," *Surveillance and Society* 3, no. 1 (2002): 1–20.

80 David Lyon, *Surveillance Society: Monitoring Everyday Life* (Buckingham:Open University Press, 2001).

81 Tarleton Gillespie, "The Relevance of Algorithms," in *Media Technologies: Essays on Communication, Materiality, and Society,* ed. Tarleton Gillespie, Pablo Boczkowski, and Kirsten Foot (Cambridge, MA: MIT Press, 2014), 167–193; Eytan Bakshy, Solomon Messing, and Lada A. Adamic, "Exposure to Ideologically Diverse News and Opinion on Facebook," *Science* 348, no. 6239 (2015): 1130–1132.

82 Scott Patterson, *Dark Pools: High-Speed Traders, AI Bandits, and the Threat to the Global Financial System* (New York: Crown Business, 2012); Tal Z. Zarsky, "Governmental Data Mining and Its Alternatives," *Penn State Law Review* 116 (2011): 285–330; Viktor Mayer-Schonberger and Kenneth Cukier, *Big Data: A Revolution That Will Transform How We Live, Work, and Think.* (New York: Houghton Mifflin Harcourt, 2013); Dan Slater, *Love in the Time of Algorithms: What Technology Does to Meeting and Mating* (New York: Current, 2013).

83 Gillespie, "The Relevance of Algorithms."

84 Deleuze, "Postscript on Control Societies."

85 Aneesh Aneesh, "Global Labor: Algocratic Modes of Organization," *Sociological Theory* 27, no. 4 (2009): 347–370.

86 Blockchain.info, "Bitcoin Charts," https://blockchain.info/charts/n-transactions; Visa, "Power Your Retail Business beyond the Point of Sale," https://usa.visa.com/run-your-business/small-business-tools/retail.html (비자가 하루에 평균 1억 5,000만 건의 거래를 취급하고 있고 초당 2만 4,000건의 거래를 처리할 능력을 가지고 있다고 설명하고 있다).

87 Blockchain.info, "Bitcoin Charts—Median Confirmation Time," https://blockchain.info/charts/median-confirmation-time.

88 Kieren James Lubin, "Blockchain Scalability," O'Reilly Media, January 21, 2015, https://www.oreilly.com/ideas/blockchain-scalability.

89 Ibid.

90 블록체인이 처리하는 거래 건수를 증가시킬 수 있는 한 가지 방법은 결제 경로(payment channel)를 통하는 것인데, 이렇게 하면 개인 당사자들은 네트워크에 있는 모든 채굴자들이 해당 거래를 검증하지 않더라도 안전하게 블록체인 기반 거래를 할 수 있다. Joseph Poon and Thaddeus Dryja, "The Bitcoin Lightning Network: Scalable Off-Chain Instant Payments" (2016) 참조. 현재 개발 중인 또 다른 합의 프로토콜은 지분증명(proof of stake)인데, 이것은 당사자들이 각자 보유하고 있는 지분(또는 가상화폐)의 양을 토대로 거래를 검증하는 것이다. 다양한 종류의 지분증명 알고리즘이 제안되었는데, 이와 같은 합의 프로토콜이 실행된 예는 아직 없다. Vitalik Buterin, "Slasher: A Punitive Proof-of-Stake Algorithm," *Ethereum* (blog), August 14, 2015, https://blog.ethereum.org/2014/01/15/slasher-a-punitive-proof-of-stake-algorithm; Iddo Bentov, Charles Lee, Alex Mizrahi, and Meni Rosenfeld, "Proof of Activity: Extending Bitcoin's Proof of Work via Proof of Stake (Extended Abstract)," *ACM SIGMETRICS Performance Evaluation Review* 42, no. 3

(2014): 34–37 참조. 블록체인 기반 네트워크의 거래 처리 속도를 높이기 위해 해당 네트워크에 의해 유지되는 데이터베이스를 잘라내거나 나누는 것이 가능하다는 주장도 있다. Kyle Croman, Christian Decker, Ittay Eyal, Adem Efe Gencer, Ari Juels, Ahmed Kosba, Andrew Miller, Prateek Saxena, Elaine Shi, and Emin Gun, "On Scaling Decentralized Blockchains," in *Financial Cryptography and Data Security*, Lecture Notes in Computer Science 9604, ed. J. Clark, S. Meiklejohn, P. Ryan, D. Wallach, M. Brenner, and K. Rohloff (Berlin: Springer, 2016), 106–125 참조.

91 정부가 공공기관의 투명성과 책임성을 제고하기 위해 블록체인 기술을 채택하고 지원할 수도 있을 것이다.

92 Tim Wu, "Agency Threats," *Duke Law Journal* 60 (2011):1841–1857.

Part 2 블록체인과 금융, 스마트 컨트랙트

3. 디지털 화폐와 탈중앙화된 지급 시스템

1 Francis Elliot and Gary Duncan, "Chancellor Alistair Darling on Brink of Second Bailout for Banks," *The Times* (London), January 3, 2009, http://www.thetimes.co.uk/tto/business/industries/banking/article2160028.ece.

2 이러한 메시지는 블록체인닷인포(Blockchain.Info)가 제공하는 것과 같은 "블록체인 탐색기(blockchain explorer)" 및 그 블록의 "코인베이스(coinbase)"를 통해서도 볼 수 있다. https://blockchain.info/tx/4a5e1e4baab89f3a32518a88c31bc87f618f76673e2cc77ab2127b7afdeda33b?show_adv=true 참조.

3 Jack Weatherford, *The History of Money* (New York: Three Rivers Press, 1997); Paul Einzig, *Primitive Money: In Its Ethnological, Historical and*

Economic Aspects (Amsterdam: Elsevier, 2014).

4 Christopher Howgego, *Ancient History from Coins* (London: Routledge, 1995).

5 Thomas Francis Carter, *The Invention of Printing in China and Its Spread Westward* (New York: Columbia University Press, 1925); Frances Wood, *The Silk Road: Two Thousand Years in the Heart of Asia* (Berkeley: University of California Press, 2002).

6 오렌 바길(Oren Bar-Gill)은 2000년도에 소비자들이 약 1조 4,630억 달러의 재화와 용역을 구매하기 위하여 대략 14억 4,000개의 신용카드(즉 가구당 거의 14개의 카드)를 사용했다고 보고한다. 평균적인 가구의 신용카드 거래액은 가구 평균 소득의 약 33퍼센트에 해당하는 1만 4,000달러였다. Oren Bar-Gill, "Seduction by Plastic," *Northwestern University Law Review* 98, no. 4 (2004): 1373–1434 at 1373–1374 참조. Gajen Kandiah and Sanjiv Gossain, "Reinventing Value: The New Business Ecosystem," *Strategy and Leadership* 26, no. 5 (1998): 28–33 참조.

7 Wayne K. Lewis and Steven H. Resnikoff, "Negotiable Instruments and Other Payment Systems: Problems and Materials," Lexis / Nexus, 2007.

8 Jane Kaufman Winn, "Clash of the Titans: Regulating the Competition between Established and Emerging Electronic Payment Systems," *Berkeley Technology Law Journal* 14, no. 2 (1999): 675–709; Andreas Crede, "Electronic Commerce and the Banking Industry: The Requirement and Opportunities for New Payment Systems Using the Internet," *Journal of Computer-Mediated Communication* 1, no. 3 (1995), http://dx.doi.org/10.1111/j.1083-6101.1995.tb00171.x.

9 Henry H. Perritt Jr., "Legal and Technological Infrastructures for Electronic Payment Systems," *Rutgers Computer and Technology Law Journal* 22 (1996):1–60.

10 Tom Kokkola, "The Payment System, Payments, Securities and Derivatives, and the Role of the Eurosystem," European Central Bank, 2010, https://www.ecb.europa.eu/pub/pdf/other/paymentsystem201009en.pdf.

11 Ezra Rosser, "Immigrant Remittances," *Connecticut Law Review* 41 (2008):1– 62; Devesh Kapur and John McHale, "Migration's New Payoff," *Foreign Policy*, no. 139 (2003): 48–57.

12 Pew Research Center, "Remittance Flows Worldwide in 2012," February 2014, http://www.pewsocialtrends.org/2014/02/20/remittance-map/.

13 Benjamin M. Lawsky, "Superintendent Lawsky's Remarks at the BITS Emerging Payments Forum, Washington, DC," New York State Department of Financial Services, June 3, 2015, https://media.scmagazine.com/documents/127/speech_-_june_3,_2015__nydfs_a_31558.pdf.

14 J. Christopher Westland and Theodore H. K. Clark, *Global Electronic Commerce Theory and Case Studies* (Cambridge, MA: MIT Press, 2000).

15 World Bank Group, Finance and Markets, *Remittance Prices Worldwide,* no. 14 (June 2015):1–7, https://remittanceprices.worldbank.org/sites/default/files/rpw_report_june_2015.pdf.

16 비트코인은 한 가지 중요한 점에서 이메일과 다른데, 즉 전송에 돈이 든다는 점이다. 대규모 비트코인 거래의 경우, 데이터베이스를 유지하고 비트코인 거래를 처리해준 것에 대해 채굴자들에게 전통적인 우편 요금과 비슷하게 약간의 수수료(0.0001비트코인 정도로 낮은)를 지급해야 할 수 있다.

17 Joshua Baron, Angela O'Mahony, David Manheim, and Cynthia Dion-Schwarz, "National Security Implications of Virtual Currency: Examining the Potential for Non-state Actor Deployment," Research Report 1231 (Santa Monica, CA: RAND Corporation, 2015), http://www.rand.org/pubs/research_reports/RR1231.html.

18 특정 국가에서의 인플레이션율이 비트코인의 현재 변동성보다 더 크다면, 개인들은 아마도 그러한 선택을 할 것이다.

19 사실 가상화폐의 매력은 최근의 그리스 금융위기 기간에 비트코인 구매에 불이 붙으며 잘 드러났다. 단 몇 주 만에 비트코인 가격은 10퍼센트 이상 급등했는데, 이는 유럽 전역에서 비트코인 구매가 3배 증가한 현상에 부분적으로 기인한다. Karen Maley, "Flight from Gold to Digital Currencies," *Financial Review*, July 3, 2015, http://www.afr.com/personal-finance/flight-from-gold-to-digital-currencies-20150703-ghyuv3?stb=twt.

20 Gareth W. Peters and Efstathios Panayi, "Understanding Modern Banking Ledgers through Blockchain Technologies: Future of Transaction Processing and Smart Contracts on the Internet of Money," In *Banking beyond Banks and Money* (Cham: Springer, 2016), 239–278.

21 Bryant Gehring, "How Ripple Works," Ripple, October 16, 2014, https://ripple.com/knowledge_center/how-ripple-works/.

22 Ibid.

23 Ibid.

24 Paul Smith, "Westpac, ANZ Trial Ripple Payments, but Big Four Reluctant on Bitcoin," Financial Review, June 9, 2015, http://www.afr.com/business/banking-and-finance/financial-services/westpac-anz-trial-ripple-payments-but-big-four-reluctant-on-bitcoin-20150605-ghhmsq; Michael J. Casey, "Ripple Signs First Two U.S. Banks to Bitcoin-Inspired Payments Network," *Wall Street Journal,* September 24, 2014, http://blogs.wsj.com/moneybeat/2014/09/24/ripple-signs-first-two-u-s-banks-to-bitcoin-inspired-payments-network/; Bailey Reutzel, "German E-Bank Fidor Moving to the U.S. Despite Uncertain Regs," *PaymentSource,* February 23, 2015, http://www.paymentssource.com/news/technology/german-ebank-fidor-moving-to-the-us-despite-uncertain-regs-3020637-1.

html.

25 Abra, https://www.goabra.com.

26 Stephanie Lo and J. Christina Wang, "Current Policy Perspectives: Bitcoin as Money?," Federal Reserve Bank of Boston, September 4, 2014 (describing the issues raised by bitcoin's price volatility, particularly from a merchant's perspective).

27 이러한 규정들의 대한 설명은 Kevin Tu and Michael Meredith, "Rethinking Virtual Currency Regulation in the Bitcoin Age," *Washington Law Review* 90 (2015):271–347 참조. 미연방 단계에서의 규정들의 예는 31 C.F.R. § 1010.310 (2015) (rules for currency transaction reports) and 26 U.S.C. § 6050L (2006) (requiring reporting by persons engaged in a trade or business who receive more than $10,000 in cash in related transactions)이다. 또한 31 C.F.R § 1010.122 (2014) (providing rules for money transmitters and other money services businesses); 31 C.F.R. § 1010.410(f) (2014) (outlining reporting requirements) 참조. 전세계의 다른 KYC 규정들에 대한 개관은 the PWC report "Know Your Customer: Quick Reference Guide—Understanding Global KYC Differences," Price Waterhouse Coopers, January 2013, https://www.pwc.com/gx/en/financial-services/assets/pwc-kyc-anti-money-laundering-guide-2013.pdf 참조.

28 Tu and Meredith, "Rethinking Virtual Currency Regulation."

29 Ibid.

30 Ibid.

31 Ibid. 마찬가지로, 유럽에서는 국제자금세탁방지기구(Financial Action Task Force, FAFT)가 공포한 2012년도 권고안에 따라 EU 내의 자금세탁방지 및 대테러리스트 금융법을 강화하기 위해 4번째 자금세탁방지법(AMLD4)이 2015년 5월에 입법됐다. 그 지침은 은행 및 기타 지급 운영자들은 금융거래를 감시하고 고객의 신원을 확인할 책임을 진다고 규정한다. 가상화폐 운영자들은 그 지침

의 적용 범위 내에 속하지 않았지만, 2016년 7월 유럽연합집행위원회(European Commission)는 가상화폐 거래소 플랫폼과 관리인 지갑 제공자들도 AMLD4의 적용을 받도록 하는 입법 제안을 채택했다. http://ec.europa.eu/justice/criminal/document/files/aml-directive_en.pdf 참조.

32 Joshuah Bearman, "The Untold Story of Silk Road," *Wired*, March 2015, http://www.wired.com/2015/04/silk-road-1/.

33 U.S. Department of the Treasury, "National Terrorist Financing Risk Assessment," 2015, http://www.treasury.gov/resource-center/terrorist-illicit-finance/Documents/National%20Terrorist%20Financing%20Risk%20Assessment%20%E2%80%93%2006-12-2015.pdf.

34 Omri Y. Marian, "Are Cryptocurrencies Super Tax Havens?" *Michigan Law Review (First Impression)* 112 (2013): 38–48.

35 거래를 믹싱하는 능력은 다크월렛(Dark Wallet)과 같은 서비스 이용을 통해 점점 더 쉬워지고 있다. 아미르 타아키(Amir Taaki)와 코디 윌슨(Cody Wilson) — 논란을 낳은 3D 프린트 총의 주 개발자 — 이 만들어낸 다크월렛을 이용하면 어떤 거래든 자동으로 믹스하여 그 계정의 비트코인 거래 추적을 어렵게 만드는 스텔스 비트코인 계정을 개설할 수 있다. Darkwallet, https://www.darkwallet.is/ 참조.

36 Eli Ben Sasson, Alessandro Chiesa, Christina Garman, Matthew Green, Ian Miers, Eran Tromer, and Madars Virza, "Zerocash: Decentralized Anonymous Payments from Bitcoin," in *2014 IEEE Symposium on Security and Privacy(SP)* (Piscataway, NJ: IEEE, 2014), 459–474.

37 Ibid.

38 Ibid.

39 중요한 것은 모든 지캐시 거래가 익명은 아니라는 점이다. 당사자들은 거래가 비공개로 이루어지도록 선택해야 한다.

40 Meghan E. Griffiths, "Virtual Currency Businesses: An Analysis of the

Evolving Regulatory Landscape," *Texas Technology and Administrative Law Journal* 16 (2015): 303–331 at 308; Reuben Grinberg, "Bitcoin: An Innovative Alternative Digital Currency," *Hastings Science and Technology Law Journal* 4 (2012): 160–208.

41 Joichi Ito, "Why Anti-Money Laundering Laws and Poorly Designed Copyright Laws Are Similar and Should Be Revised," March 12, 2016, http://pubpub.ito.com/pub/dmca-drm-aml-kyc-backdoors.

42 예를 들어, 그램-리치-빌리법(Gramm-Leach-Bliley Act, GLBA)은 금융상품이나 서비스의 제공을 "주 업무로 하는(significantly engaged)" 기관들에게 그들의 고객에게 정보공유 실무를 설명하고 민감한 정보를 보호하도록 강제한다. 15U. S.C.A. § 6801 (2011) 참조.

43 외견상 피하기 어려운 사이버보안 공격의 경우 중요한 프라이버시 문제들이 또한 드러난다. 가상화폐 계정에 묶여 있는 개인정보가 악의를 가진 사람의 손에 들어가게 되면, 피해자는 의지할 곳이 거의 없다. 그러한 정보가 일단 공개되면, 블록체인을 사용하여 그 계정의 모든 움직임을 추적할 수 있기 때문에 해킹된 계정에 있는 자금의 위치를 다시 익명으로 하는 것은 어렵다. 계정 보유자의 신원이 노출되거나 추정되자마자, 해킹된 계정의 금융 활동은 익명으로 하는 기술이 사용되지 않는 한 블록체인에 기반하여 추적될 수 있다. 이러한 특성들 때문에 대규모 가상화폐 계정 보유자가 추가적인 공격의 대상이 될 것이라고 상상하는 것은 어렵지 않다.

44 John Perry Barlow, "Declaration of Independence of the Cyberspace" (1996), https://www.eff.org/cyberspace-independence.

45 Scott E. Feir, "Regulations Restricting Internet Access: Attempted Repair of Rupture in China's Great Wall Restraining the Free Exchange of Ideas," *Pacific Rim Law and Policy Journal* 6 (1997): 361–389.

46 Ibid.; Jennifer Shyu, "Speak No Evil: Circumventing Chinese Censorship," *San Diego Law Review* 45 (2008): 211–249.

47 Paul Armer, "Privacy Aspects of the Cashless and Checkless Society: Testimony Before the Senate Subcommittee on Administrative Practice and Procedure," Paper no. P-3822 (Santa Monica, CA: Rand Corporation, 1968).

48 Paul Armer, "Computer Technology and Surveillance," *Computers and People* 24, no. 9 (September 1975):8–11, https://ia801708.us.archive.org/25/items/bitsavers_computersA_3986915/197509.pdf.

49 Ibid.

50 가장 유명한 블록체인 탐색기들 중 일부를 이용하면 특정 비트코인 거래가 얼마나 오염되었는지를 비교적 쉽게 확인할 수 있다. 예를 들어, 블록체인닷인포(http://www.blockchain.info)가 관리하는 비트코인 탐색기를 이용하면 한 번의 버튼 클릭만으로 거래를 시각화하고 오염을 분석하는 것이 가능하다.

51 Dan Goodin, "Bitcoins Worth $228,000 Stolen from Customers of Hacked Webhost," *ArsTechnica*, March 2, 2012, http://arstechnica.com/business/2012/03/bitcoins-worth-228000-stolen-from-customers-of-hacked-webhost/.

52 Vitalik Buterin, "MtGox: What the Largest Exchange Is Doing about the Linode Theft and the Implications," *Bitcoin Magazine*., May 21, 2012, https://bitcoinmagazine.com/1323/mtgox-the-bitcoin-police-what-the-largest-exchange-is-doing-about-the-linode-theft-and-the-implications/.

53 마이크 헌(Mike Hearn)(비트코인 파운데이션의 법 정책 위원회 의장)의 코인-마킹(coin-marking) 제안 및 알렉스 워터스(Alex Waters)(전 빗인스턴트(Bitinstant)의 최고기술경영자)의 코인-검증(coin-validation) 제안과 같이 위법한 비트코인 거래들이 더 쉽게 추적될 수 있도록 하는 제안들이 이루어졌다. Danny Bradbury, "Anti-theft Bitcoin Tracking Proposals Divide Bitcoin Community," *CoinDesk*, November, 15, 2013, http://www.coindesk.com/bitcoin-tracking-proposal-divides-bitcoin-community/; Kashmir Hill, "Sanitizing Bitcoin: This Company Wants to Track 'Clean' Bitcoin Accounts," Forbes, November 13, 2013, http://www.forbes.com/sites/kashmirhill/2013/11/13/sanitizing-bitcoin-coin-validation/ 참조. 하지만 대체 가능성 우려 때문에 이러한 아이디어들은 비트코인 프로토콜을 관리하는 자들의 저항에 직면했다.

54 Malte Möser, Rainer Böhme, and Dominic Breuker, "Towards Risk Scoring of Bitcoin Transactions," in *International Conference on Financial Cryptography and Data Security*, ed. Rainer Böhm, Michael Brenner, Tyler Moore, and Matthew Smith (Berlin: Springer, 2014), 16–32.

55 Bank of International Settlements, Committee on Payments and Market Infrastructures, "Survey of Electronic Money Developments," May 2000, http://www.bis.org/cpmi/publ/d38.pdf.

56 힐러리 알렌(Hillary Allen)은 "가상화폐는 널리 채택될 때 변화시킬 수 있고, 널리 채택된 가상화폐는 금융 시스템을 위협할 수 있다"고 말한다. Hillary Allen, "$=€=BITCOIN?" *Maryland Law Review* 76, no. 4 (2017):877–941 참조.

57 가상화폐에 관한 IMF 보고서에 의하면, "가상통화 영역 밖에서의 분산 원장 기술(distributed ledger technology)의 사용 증가가 위험을 줄일 수도 있으나, 시간이 지나면서 중앙은행들을 포함하여 기존 금융 시스템의 사업 모델 부분에는 심각한 문제를 야기할 수 있다. "Note on 'Virtual Currencies and Beyond,' " IMF Staff Discussion, January 2016 참조.

58 Benjamin M. Friedman, "The Future of Monetary Policy: The Central Bank as an Army with only a Signal Corps?," *International Finance* 2, no. 3 (1999): 321–338.

59 U.S. Federal Reserve, "The U.S. Path to Faster Payments: Final Report, Part One: The Faster Payments Task Force Approach," January 2017, https://www.federalreserve.gov/newsevents/press/other/US-path-to-faster-payments-pt1-201701.pdf.

60 Timothy May, "Crypto Anarchy and Virtual Communities" (1994), http://

groups.csail.mit.edu/mac/classes/6.805/articles/crypto/cypherpunks/may-virtual-comm.html.

4. 법적 계약으로서의 스마트 컨트랙트

1 Frank Hayes, "The Story So Far," *Computerworld*, June 17, 2002, http://www.computerworld.com/article/2576616/e-commerce/the-story-so-far.html.

2 Ibid.

3 Charalambos L. Lacovou, Izak Benbasat, and Albert S. Dexter, "Electronic Data Interchange and Small Organizations: Adoption and Impact of Technology," *MIS Quarterly* 19, no. 4 (December 1995): 465–485.

4 Nick Szabo, "Formalizing and Securing Relationships on Public Networks," *First Monday* 2, no. 9 (September 1, 1997), http://ojphi.org/ojs/index.php/fm/article/view/548/469.

5 Ibid.

6 Mark S. Miller, Chip Morningstar, and Bill Frantz, "Capability-Based Financial Instruments," in *International Conference on Financial Cryptography*, ed. Yair Frankel (Berlin: Springer, 2000), 349–378.

7 Simon Peyton Jones, Jean-Marc Eber, and Julian Seward, "Composing Contracts: An Adventure in Financial Engineering (Functional Pearl)," *ACM SIGPLAN Notices* 35, no. 9 (2000): 280–292, http://research.microsoft.com/en-us/um/people/simonpj/Papers/financial-contracts/contracts-icfp.pdf.

8 Ian Grigg, "The Ricardian Contract," in *Proceedings of the First IEEE International Workshop on Electronic Contracting*, ed. Ming-Chien

Shan, Boualem Benetallah, and Claude Godart (Piscataway, NJ: IEEE, 2004), 25–31, http://iang.org/papers/ricardian_contract.html.

9 Harry Surden, "Computable Contracts," *University of California-Davis Law Review* 46 (2012):629–700.

10 Stephen J. Choi and Mitu Gulati, "Contract as Statute," *Michigan Law Review* 104 (2006):1129–1173 (noting that "the traditional model of contract interpretation focuses on the 'meeting of the minds'").

11 모든 계약상 합의가 이러한 방식으로 작동되는 것은 아니다. 이안 맥네일(Ian Macneil)이 언급하였듯, 많은 계약들은 분리되고 사전에 협의되는 것이 아니라 당사자들 간의 지속적인 관계로부터 진전된다. 이러한 "관계적인 계약(relational contracting)"은 당사자들이 합의를 확인하는 하나의 순간이 통상 존재하지 않기 때문에 다른 계약상의 합의와는 상이하다. 각 당사자가 다른 당사자에 관한 더 많은 정보를 수집함에 따라 계약을 체결하는 과정이 점진적으로 이루어진다. Ian R. Macneil, *The New Social Contract: An Inquiry Into Modern Contractual Relations* (New Haven, CT: Yale University Press, 1980). See also Ian R. Macneil, "Contracts: Adjustment of Long-Term Economic Relations under Classical, Neoclassical, and Relational Contract Law," *Northwestern University Law Review* 72 (1977): 854–905.

12 물론 배상을 받기 위해 전통적인 법 시스템에 의지하는 것은 늘 가능하지만, 어떠한 상황에는, 가령 당사자들의 자금이 자동화된 에스크로 계정에 예치된 경우에는 스마트 컨트랙트의 효력을 완전히 뒤집는 것이 어려울 수 있다.

13 Kevin D. Werbach and Nicolas Cornell, "Contracts Ex Machina," *Duke Law Journal* 67 (2017).

14 Alec Liu, "Smart Oracles: Building Business Logic with Smart Contracts," Ripple, July 16, 2014, https://ripple.com/insights/smart-oracles-building-business-logic-with-smart-contracts/; Vitalik Buterin, "Ethereum and Oracles," *Ethereum* (blog), July 22, 2014, https://blog.ethereum.

org/2014/07/22/ethereum-and-oracles/.

15 Michael del Castillo, "Lawyers Be DAMNed: Andreas Antonopoulos Takes Aim at Arbitration with DAO Proposal," *CoinDesk*, May, 26, 2016, http://www.coindesk.com/damned-dao-andreas-antonopoulos-third-key/. See also MichaelAbramowicz, "Cryptocurrency-Based Law," *Arizona Law Review* 58 (2016): 359–420 (블록체인이 어떻게 상거래 관계의 비용은 낮추고 당사자들 간의 신뢰는 높이는 P2P 중재(peer to peer arbitration)를 용이하게 하는 것을 도울 수 있는지를 설명함).

16 M. Ethan Katsh, *Law in a Digital World* (Oxford: Oxford University Press, 1995), 120.

17 Pietro Ortolani, "Self-Enforcing Online Dispute Resolution: Lessons from Bitcoin," *Oxford Journal of Legal Studies* 36, no. 3 (2016): 595–629.

18 조슈아 페어필드(Joshua Fairfield)가 인정하였듯이, 여기서의 핵심 사항은 스마트 컨트랙트가 "당사자들로 하여금 거래 중개자로서 기능하는 기관 없이도 그들의 거래조건에 기초하여 가치 있는 디지털 자산을 직접 이전할 수 있도록 허락해준다"는 점이다. Joshua Fairfield, "Smart Contracts, Bitcoin Bots, and Consumer Protection," *Washington and Lee Law Review Online* 71 (2014):35–50 참조.

19 "작은 인류(Tiny Humans)"의 각 다운로드에 대한 지급금액의 명세는 다음과 같다.

성명	역할	저작권료 비율
Imogen Heap	보컬 / 작곡	91.25%
Stephanie Appelhans	제1바이올린	1.25%
Diego Romano	제2바이올린	1.25%
Yasin Gündisch	비올라	1.25%
Hoang Nguyen	첼로	1.25%
Simon Minshall	베이스 트롬본	1.25%
David Horwich	프렌치 혼	1.25%
Simon Heyworth	마스터링 엔지니어	1.25%

Ujo Music, "Imogen Heap Alpha," https://alpha.ujomusic.com/#/imogen_heap/tiny_human/tiny_human 참조.

20 Ibid.

21 OpenBazaar, https://openbazaar.org/; SafeMarket, https://safemarket.github.io/.

22 Arvind Narayanan, Joseph Bonneau, Edward Felten, Andrew Miller, and Steven Goldfeder, *Bitcoin and Cryptocurrency Technologies: A Comprehensive Introduction* (Princeton, NJ: Princeton University Press, 2016).

23 앨리스가 블록체인 기반의 시장에서 밥이 1비트코인에 내놓은 세탁기를 발견했다고 가정해보자. 구매할 준비가 되면 앨리스는 1비트코인을 스마트 컨트랙트 기반의 가상 에스크로 계정으로 이체하고 배송정보를 밥에게 보낸다. 며칠 후에 앨리스가 세탁기를 수령하면, 그녀는 그것을 확인하고 — 물건에 만족하면 — 비트코인을 밥에게 교부하라는 디지털 서명이 된 블록체인 기반의 메시지를 스마트 컨트랙트에 발송한다. 그렇게 해서 그 거래는 어떠한 신뢰받는 제3자의 도움 없이 종결된다. 하지만 세탁기가 배송되지 않거나, 물건에 하자가 있으면 앨리스는 제3의 중재자(인간 기반의 오라클)에게 자신의 돈을 돌려달라고 호소할 수 있다. 양 당사자들이 관련 정보를 중재자에게 제출하면, 그는 결정을 내려서 에스크로에 예치된 돈을 앨리스나 밥에게 교부할 것이다. Ibid.

24 George G. Triantis, "The Efficiency of Vague Contract Terms: A Response to the Schwartz-Scott Theory of U.C.C. Article 2," *Louisiana Law Review* 62 (2002): 1065–1079.

25 Steven Norton, "Law Firm Hogan Lovells Learns to Grapple with Blockchain Contracts," WSJ.com, February 2, 2017, http://blogs.wsj.com/cio/2017/02/01/law-firm-hogan-lovells-learns-to-grapple-with-blockchain-contracts/.

26 Robert A. Wittie and Jane K. Winn. "Electronic Records and Signatures under the Federal E-SIGN Legislation and the UETA," *Business Lawyer*

56 (2000):293–340.

27 예를 들어, 미국에서는 중재 판정이 법의 "명백한 무시(manifest disregard)"를 사유로 배척될 수 있다. Wilko v. Swan, 346 U.S. 427, 436–437 (1953) (후속 법원들이 따른 "명백한 무시" 법리를 판시함), 이는 Rodriguez de Quijas v. Shearson/American Express, Inc., 490 U.S. 477 (1989)에서 다른 근거로 기각됨; Noah Rubins, "Manifest Disregard of the Law and Vacatur of Arbitral Awards in the United States," *American Review of International Arbitration* 12 (2001): 363–386 (describing the application of "manifest disregard" in various circuits) 참조.

28 Restatement (Second) Contracts § 4 ("약속은 구두나 문자로 진술될 수도 있고 전적으로 또는 부분적으로 행동으로부터 추론될 수도 있다").

29 Ibid. (법적으로 구속력 있는 약속은 행위하려는 의도의 적절한 "표명(manifestation)"으로 표현될 수도 있다고 판시함).

30 미연방대법원의 윌리엄 렌퀴스트(William Rehnquist) 대법원장이 *Hercules, Inc. v. United States*, 516 U.S. 417, 424 (1996) 사건에서 설명한 바와 같이, 사실상 명시적인 계약으로 구현되지 않더라도 "주변 상황에 비추어 그들의 묵시적인 이해를 보여주는 당사자들의 행위로부터 사실로 추론될" 수 있다면, 합의는 사실상 암시될 수 있다.

31 Bibb v. Allen, 149 U.S. 481 (1893).

32 Electronic Signatures in Global and National Commerce Act, Pub. L. No. 106–229, 114 Stat. 464 (2000) (codified at 15 U.S.C. §§ 7001–7031); Uniform Electronic Transactions Act (2000).

33 Uniform Electronic Transactions Act § 7.

34 Ibid., § 2.

35 Ibid.

36 하지만 당사자들이 스마트 컨트랙트를 자신들이 합의를 변경하거나 파기하는 것이 가능한 방식으로 작성할 수도 있음을 반드시 주목해야 한다. 스마트 컨트랙

트는 문맥, 당사자 및 필요에 따라 다양한 변형을 보여줄 수 있다.

37 Surden, "Computable Contracts."

38 프랭크 B. 크로스(Frank B. Cross)가 언급했듯이, "신뢰는 거래관계의 중요한 부분을 형성한다. 위에서 논의한 관리연구 이외에도, 마케팅 학자들 또한 '인간 사이의 신뢰를 성공적인 상업적 거래의 핵심으로' 인식해 왔다. 신뢰는 '가장 생산적인 매수인/매도인 관계를 구축하는 힘'이라고 한다." Frank B. Cross, "Law and Trust," *Georgetown Law Journal* 93 (2004):1457–1546 참조.

39 Timothy May, "The Crypto Anarchist Manifesto" (1988), https://www.activism.net/cypherpunk/crypto-anarchy.html.

40 Richard A. Posner, "The Law and Economics of Contract Interpretation," University of Chicago Law and Economics, Olin Working Paper 229 (2004).

41 앨런 판스워스(Allan Farnsworth)가 언급하였듯이, 계약의 해석에 관한 원리를 사용하는 것은 "종종 설득력 있는 것(아직 이르지 않은 결론을 향해서 법원을 움직여 가는 것)이라기보다는 의식적인 것(다른 근거들에 기초하여 이미 이른 결정의 장식용 합리화)이다." Allan E. Farnsworth, "'Meaning' in the Law of Contracts," *Yale Law Journal* 76, no. 5 (1967): 939–965 참조.

42 미시간대학교 레이먼 알렌(Layman Allen) 교수가 1956년에 언급하였듯이, "문서 — 법령, 계약, 유언, 양도증서 또는 규정 — 에 기반한 소송은 작성자가 그 의미를 명확하게 전달하지 못한 것으로 거슬러 올라갈 수 있다." 어떠한 항목이 "의도적으로 모호하게 남겨질 수 있"는 반면, 분쟁은 종종 "작성자가 엄격하고 형식적인 논리에 근거한 계약 문구를 사용하여 그가 말하려고 했던 바를 명확히 표현하였더라면 피할 수 있었을 우연한 모호함"에 기인한다. Layman E. Allen, "Symbolic Logic: A Razor-Edged Tool for Drafting and Interpreting Legal Documents," *Yale Law Journal* 66 (1956): 833–879 참조.

43 John W. L. Ogilvie, "Defining Computer Program Parts under Learned Hand's Abstractions Test in Software Copyright Infringement Cases,"

Michigan Law Review 91, no. 3 (1992):526–570.

44 Henry E. Smith, "Modularity in Contracts: Boilerplate and Information Flow," *Michigan Law Review* 104 (2006): 1175–1222.

45 우리는 이러한 특성이 스마트 컨트랙트에만 해당하는 것은 아니라는 점을 주목한다. 코드를 사용하여 작성된 어떠한 전자계약도 오픈소스 소프트웨어처럼 수정, 분석 및 축적될 수 있다.

46 해리 서든(Harry Surden)이 계산 가능한 계약들의 맥락에서 언급했듯이, "그들은 그러한 계산 가능한 계약상 기준과 조건들을 만들고 결정하는 거래비용을 줄인다. 전통적인 방식에서는 종종 계약 조건들의 교섭과 평가/실행과 관련된 상당한 비용이 존재한다. 거래조건이 선별될 수 있고 역동적으로 조정될 수 있는 정보 지향적인 계약들과 거래조건의 준수가 일을 평가할 수 있는 계산 가능한 계약들을 만드는 것은 거래비용을 줄일 수 있다." Surden, "Computable Contracts" 참조.

47 서든은 "법적 의무가 기계가 접근할 수 있는 의미가 주어진 구조화된 데이터로 형성되면, 그들은 마치 다른 더 익숙한 기업 정보들(가령 회계 및 수익 정보들)처럼 컴퓨터 시스템에 의해 비교, 처리, 요약 및 조작될 수 있다."고 서술한다. Ibid 참조. 또한 George S. Geis, "Automating Contract Law," *New York University Law Review* 83, no. 2 (2008): 450–500 참조.

48 Ahmed Kosba, Andrew Miller, Elaine Shi, Zikai Wen, and Charalampos Papamanthou, "Hawk: The Blockchain Model of Cryptography and Privacy Preserving Smart Contracts," in *2016 IEEE Symposium on Security and Privacy (SP)*, ed. Michel Locasto, Vitaly Shmatikov, and Ulfar Erlingsson (Piscataway, NJ: IEEE, 2016), 839–858.

49 Ibid.

50 Ibid.

51 Ian Ayres and Robert Gertner, "Filling Gaps in Incomplete Contracts: An Economic Theory of Default Rules," *Yale Law Journal* 99 (1989): 87 – 130

(기본 규정과 의무 규정의 차이점에 관하여 논의함).

52 Karen E. C. Levy, "Book-Smart, Not Street-Smart: Blockchain-Based Smart Contracts and the Social Workings of Law," *Engaging Science, Technology, and Society* 3 (2017): 1–15.

53 Robert W. Gordon, "Macaulay, Macneil, and the Discovery of Solidarity and Power in Contract Law," *Wisconsin Law Review* 1985 (1985):565–579.

54 Ibid.

55 Levy, "Book-Smart, Not Street-Smart."

56 기술적으로 판사의 결정과 관계없이 스마트 컨트랙트에 제공한 금액 중 일부는 회복되지 못할 수도 있다.

57 Martha T. McCluskey, Thomas Owen McGarity, Sidney A. Shapiro, James Goodwin, and Mollie Rosenzweig, "Regulating Forced Arbitration in Consumer Financial Services: Re-opening the Courthouse Doors to Victimized Consumers" (Washington, DC: Center for Progressive Reform, May 2016).

58 J. Elin Bahner, Anke-Dorothea Hüper, and Dietrich Manzey, "Misuse of Automated Decision Aids: Complacency, Automation Bias and the Impact of Training Experience," *International Journal of Human-Computer Studies* 66, no. 9 (2008): 688– 699; Danielle Keats Citron, "Technological Due Process," *Washington University Law Review* 85 (2007): 1249–1313.

59 스마트 컨트랙트가 계약서를 작성하는 것을 더 쉽게 해주는 유일한 기술적인 경향은 아닐 것이다. 존 맥기니스(John McGinnis)와 러셀 피어스(Russell Pearce)가 인정했듯이, 기계 학습의 발전으로 컴퓨터가 사용 가능한 거래 서류를 생성하고 법률 공동체에서 더 널리 채택되는 것이 가능해질 것이다. John O. McGinnis and Russell G. Pearce, "The Great Disruption: How Machine Intelligence Will Transform the Role of Lawyers in the Delivery of Legal Services,"

Fordham Law Review 82 (2014): 3041–3066 참조. 우리는 스마트 컨트랙트가 그러한 과정을 가속화할 것이라고 믿는다. 예를 들어, AI 알고리즘은 변호사가 검토해야 하는 정교한 법적 계약을 구성하기 위해 규격화되고 표준화된 스마트 컨트랙트 코드 덩어리를 조합할 수 있다. 변호사들은 더 이상 표준 문안이나 계약서상에 통상 등장하는 계약 조항들을 작성하는 데 시간을 허비할 필요가 없다. 대신 그들은 AI가 자연 언어와 스마트 컨트랙트 코드를 포함하는 표준화된 계약서를 조합하는 것에 의존할 수 있다. 우리가 오늘날 과거에 사람들이 어떻게 편지와 팩스로 의사소통했는지에 놀라는 것처럼 결국 우리는 언젠가 변호사들이 기본적이고 통상적인 경제적 합의사항을 준비하는 데 어떻게 며칠이 걸리고 수백 달러 또는 수천 달러까지 소요될 수 있었는지 놀라워할 것이다.

60 케빈 E. 데이비스(Kevin E. Davis)가 언급했듯, "복잡한 계약서를 작성하는 당사자들의 능력을 제한하는 인지적 · 경제적 한계의 관점에서 볼 때, 그들은 거래에서 중대한 사전 이익을 만들어낼 정도로 충분히 변경이 불가능하고 또 그들이 잠재적으로 중대한 사후 이익을 얻을 수 있을 정도로 충분히 변경 가능한 계약서를 작성할 수 없을 것이다. 달리 표현하면, 가끔 완전히 변경이 불가능한 (즉 모든 상황에서) 계약을 채택하는 것은 엄청나게 비용이 많이 들 뿐만 아니라 수정이 허용돼야 하는 상황과 허용돼서는 안 되는 상황을 성공적으로 정의하고 구별하는 부분적으로 변경이 불가능한 계약서를 작성하는 것은 불가능하다." Kevin E. Davis, "The Demand for Immutable Contracts: Another Look at the Law and Economics of Contract Modifications," *New York University Law Review* 81, no. 2 (May 2006): 487–549 참조.

61 결국 코드 기반의 시스템에서처럼 변호사들은 AI가 스마트 컨트랙트에 기초하여 계약서들을 조합하는 것에 의존할 수도 있다. 우리가 언어 번역과 이미지 인지의 맥락에서 목격했듯이 AI는 복잡한 정보를 분류하고, 인식하며, 정리하는, 가끔은 인간의 판단에 필적하는 초자연적인 능력을 보여주었다. 법적 계약 — 특히 스마트 컨트랙트에 의존하는 경우 — 은 또한 이러한 시스템으로부터 이익을 얻을 수도 있다.

62 Klaus Von Lampe and Per Ole Johansen, "Organized Crime and Trust: On the Conceptualization and Empirical Relevance of Trust in the Context of Criminal Networks," *Global Crime* 6, no. 2 (2004): 159–184.

63 Bill McCarthy, John Hagan, and Lawrence E. Cohen, "Uncertainty, Cooperation, and Crime: Understanding the Decision to Co-offend," *Social Forces* 77 (1998): 155–184.

64 Pokerium, http://www.pokereum.io/.

65 Ari Juels, Ahmed Kosba, and Elaine Shi, "The Ring of Gyges: Investigating the Future of Criminal Smart Contracts," in *Proceedings of the 2016 ACM SIGSAC Conference on Computer and Communications Security* (New York: ACM, 2016), 283–295.

66 Ibid.

67 Ibid.

5. 스마트 증권과 파생상품

1 Cade Metz, "Hedge Fund Borrows $10M in Stock via the Bitcoin Blockchain," *Wired*, October 14, 2015, http://www.wired.com/2015/10/hedge-fund-borrows-10m-in-stock-via-the-bitcoin-blockchain/.

2 David Mills, Kathy Wang, Brendan Malone, Anjana Ravi, Jeff Marquardt, Clinton Chen, Anton Badev, Timothy Brezinski, Linda Fahy, Kimberley Liao, Vanessa Kargenian, Max Ellithorpe, Wendy Ng, and Maria Baird, "Distributed Ledger Technology in Payments, Clearing, and Settlement," Finance and Economics Discussion Series 2016–095 (Washington, DC: Board of Governors of the Federal Reserve System), https://doi.org/10.17016/FEDS.2016.095.

3 Ibid.

4 CCP의 규제 체계 요약에 대해서는 Shearman & Sterling LLP, "Financial Institutions Advisory & Financial Regulatory: EU-US Agreement on Regulation of Central Counterparties," February 16, 2016, http://www.shearman.com/~/media/Files/NewsInsights/Publications/2016/02/EU-US-Agreement-On-Regulation-Of-Central-Counterparties-FIAFR-021616.pdf 참조.

5 Ruben Lee, *What Is an Exchange? Automation, Management, and Regulation of Financial Markets* (Oxford: Oxford University Press, 1998).

6 Donald MacKenzie and Yuval Millo, "Negotiating a Market, Performing Theory: The Historical Sociology of a Financial Derivatives Exchange"(2001), https://papers.ssrn.com/sol3/papers.cfm?abstract_id=279029&rec=1&srcabs=1061799&alg=7&pos=1

7 Richard Squire, "Clearinghouses as Liquidity Partitioning," *Cornell Law Review* 99 (2014): 857–924.

8 Jeremy C. Kress, "Credit Default Swaps, Clearinghouses, and Systemic Risk: Why Centralized Counterparties Must Have Access to Central Bank Liquidity," *Harvard Journal on Legislation* 48, no. 1 (2011): 49–93; Sean J. Griffith, "Governing Systemic Risk: Towards a Governance Structure for Derivatives Clearinghouses," *Emory Law Journal* 61, no. 5 (2012): 1153–1240.

9 Mills et al., "Distributed Ledger Technology."

10 Arthur E. Wilmarth Jr., "The Transformation of the US Financial Services Industry, 1975–2000: Competition, Consolidation, and Increased Risks," *University of Illinois Law Review* 2002 (2002): 215–476.

11 Ibid.

12 주식의 결제와 청산에 관여하는 다양한 중개자에 대한 개관은 James W. Chris-

tian, Robert Shapiro, and John-Paul Whalen, "Naked Short Selling: How Exposed Are Investors?" *Houston Law Review* 43 (2006): 1033–1090 참조.

13 James Schneider, Alexander Blostein, Brian Lee, Steven Kent, Ingrid Groer, and Eric Beardsley, "Blockchain Putting Theory into Practice," Profiles in Innovation, Goldman Sachs, May 24, 2016, https://www.scribd.com/doc/313839001/Profiles-in-Innovation-May-24-2016-1.

14 Dominic O'Kane, "Credit Derivatives Explained: Markets, Products, and Regulations," Lehman Brothers, March 2001, http://www.centaur.com.cy/uploads/File/[Lehman%20Brothers]%20Credit%20Derivatives%20Explained%20-%20Market,%20Products,%20and%20Regulations.pdf.

15 미연방준비제도이사회 알랜 그린스펀 전 의장에 따르면 "우리 금융시장의 유동성에 대한 가장 큰 위협은 금융거래를 위한 청산과 결제 절차의 혼란 가능성이다." "Remarks by Alan Greenspan, Chairman, Board of Governors of the Federal Reserve System at the Financial Markets Conference of the Federal Reserve Bank of Atlanta, Coral Gables, Florida," March 3, 1995, https://fraser.stlouisfed.org/scribd/?item_id=8532&filepath=/files/docs/historical/greenspan/Greenspan_19950303.pdf 참조.

16 James Steven Rogers, "Policy Perspectives on Revised U.C.C. Article 8," *UCLA Law Review* 43(1996):1431–1545. 예를 들어 대형 금융기관이 《포천 500》 주식의 가격 움직임에 관한 잘못된 추측에 근거하여 일련의 거래들을 한다고 가정해보자. 금융 시스템이 그 거래들을 결제하고 청산하는 데 더 많은 시간이 걸릴수록 그러한 시장은 더 큰 충격을 안게 될 것이다. 대부분의 거래는 제로섬게임이다. 대형 금융기관이 잘못된 추측을 했다고 하더라도 그 거래의 다른 쪽에는 투기 목적이든 주식 가격이 그들에게 불리하게 움직일 위험 회피 목적이든 반대의 추측을 한 사람들이 있다. 대형 기관들이 거래에 관하여 디폴트 상태에 빠지면 승자는 손해를 보게 되며, 이는 차례로 다른 당사자들과 그들의 의무를 이행하는 능력에 영향을 미칠 수 있다. 따라서 어떤 금융기관이 거래나 일련

의 거래들에서 만든 손실이 충분히 크고 집중적이면 그 영향은 확대된다.

17 Robert R. Bliss and Robert S. Steigerwald, "Derivatives Clearing and Settlement: A Comparison of Central Counterparties and Alternative Structures," Economic Perspectives—Federal Reserve Bank of Chicago 30, no. 4 (2006): 22–29.

18 예를 들어, EU가 2012년 7월 4일 채택한 유럽시장인프라규제(European Market Infrastructure Regulation, EMIR)는 장외파생상품의 규제를 위해 정확하게 적절히 분리된, 적시의 담보 교환을 위한 표준 — 특히 상대방의 디폴트로부터 발생할 수 있는 예상 손실에 관한 최초 마진과 장외파생상품 포지션의 현재 시장가치에 관한 익스포저 관련 변동 마진이라는 두 가지 유형의 담보 설정으로 — 을 규정하는 위험 완화에 관한 절을 두고 있다. Regulation (EU) No 648 / 2012 of the European Parliament and of the Council of 4 July 2012 on OTC Derivatives, Central Counterparties and Trade Repositories 참조.

19 Noah L. Wynkoop, "The Unregulables? The Perilous Confluence of Hedge Funds and Credit Derivatives," *Fordham Law Review* 76 (2007):3095–3099.

20 Robert Steigerwald, "Transparency, Systemic Risk and OTC Derivatives—the G-20 Trade Execution and Clearing Mandates Reconsidered," *Futures & Derivatives Law Report* 34, no. 7 (2014):20.

21 Alan Murray, "Brexit or Not, Market Volatility Is Here to Stay," *Fortune*, June 21, 2016, http://fortune.com/tag/derivatives/ (글렌코어(Glencore)사를 언급하며 "현실 경제와 금융 경제 간의 단절이 있다. (……) 앞뒤가 바뀌어 실제 사건이 금융 사건을 이끌어가는 것이 아니라 파생상품 시장이 현실 경제를 움직이고 있다."라고 말한 알리안츠 CEO인 올리버 베이트(Oliver Baete)와의 논의). 또한 Phillip Bump, "What's the Difference between Gambling and Trading Again?" *The Wire*, March 11, 2013, http://www.thewire.com/business/2013/03/intrade-shuts-down/62969/ 참조.

22 John. C. Coffee, Jr., "Extraterritorial Financial Regulation: Why E. T. Can't Come Home," *Cornell Law Review* 99 (2014): 1259–1302.

23 아니타 크루그(Anita Krug)는 "많은 금융기관들이 강력한 수요를 예상하고 그 당시에 기꺼이 크레디트 디폴트 스왑의 거래 상대방 역할을 자처했다. — 그러나 주택 시장의 버블이 터져서 위기가 만연해지자 디폴트가 발생하였다(또는 디폴트가 발생할 위험을 겪었다)"라고 언급한다. 하지만 이러한 금융기관들은 단지 이러한 기초자산의 가치에 투기하고 있었다. Anita K. Krug, "Investing and Pretending," *Iowa Law Review* 100 (2015): 1559– 1618 at 1561–1563 참조.

24 Coffee, "Extraterritorial Financial Regulation," 1272.

25 Brad Smith and Elliot Ganz, "Syndicated Loan Market, Loan Syndication and Trading Association," http://www.cftc.gov/idc/groups/public/@swaps/documents/dfsubmission/dfsubmission_021711_535_0.pdf.

26 S. A. Dennis and D. J. Mullineaux, "Syndicated Loans," *Journal of Financial Intermediation* 9 (2000):404–426.

27 Michael Mackenzie and Tracy Alloway, "Lengthy US Loan Settlements Prompt Liquidity Fears," *Financial Times*, May 1, 2014.

28 Josh Berkerman, "Overstock Launches Corporate Bond Billed as World's First Cryptosecurity," *Wall Street Journal*, June 5, 2015, http://www.wsj.com/articles/overstock-launches-corporate-bond-billed-as-worlds-first-cryptosecurity-14335 49038.

29 Nasdaq, "Nasdaq Launches Enterprisewide Blockchain Technology," May 11, 2015, http://www.nasdaq.com/press-release/nasdaq-launches-enterprisewide-block chain-technology-initiative-20150511-00485.

30 Tanaya Macheel, "Banks Test Blockchain for Syndicated Loans with Symbiont, R3," *American Banker*, September 27, 2016, https://www.americanbanker.com/news/banks-test-blockchain-for-syndicated-loans-with-symbiont-r3.

31 Pete Rizzo, "Goldman Sachs: Blockchain Tech Could Save Capital Markets $6 Billion a Year," *CoinDesk*, May 25, 2016, http://www.coindesk.com/goldman-sachs-blockchain-tech-save-capital-markets-12-billion/.

32 Jeff Desjardins, "All of the World's Stock Exchanges by Size," The Money Project, February 16, 2016, http://money.visualcapitalist.com/all-of-the-worlds-stock-exchanges-by-size/.

33 Houman B. Shadab, "Regulating Bitcoin and Block Chain Derivatives," New York Law School Legal Studies Research Paper (2014).

34 Ibid.

35 Ibid.

36 Michael del Castillo, "7 Wall Street Firms Test Blockchain for Credit Default Swaps," *CoinDesk*, April 7, 2016, http://www.coindesk.com/blockchain-credit-default-swaps-wall-street/.

37 Michael del Castillo, "A Huge Wall Street Firm Is Using Blockchain to Handle $11 Trillion Worth of Transactions," *Business Insider*, January 10, 2017, http://www.businessinsider.com/wall-street-firm-using-blockchain-to-handle-11-trillion-transactions-2017-1.

38 New York Stock Exchange, "One Hundredth Anniversary of the New York Stock Exchange: Brief Sketches of Wall Street of Today" (New York: J. B. Gibson, 1892).

39 Robert Sobel, *The Big Board: A History of the New York Stock Market* (Washington, DC: Beard, 2000).

40 Kress, "Credit Default Swaps, Clearinghouses and Systemic Risk," 48. In some cases, the clearinghouse is part of the exchange; in other cases, it is operated independently.

41 Jeanne L. Schroeder, "Bitcoin and the Uniform Commercial Code," *University of Miami Business Law Review* 24 (2015):1–79.

42 Steve Kummer and Christian Pauletto, "The History of Derivatives: A Few Milestones," EFTA Seminar on Regulation of Derivatives Markets, 2012. See also Ernst Juerg Weber, "A Short History of Derivative Security Markets," in *Vinzenz Bronzin's Option Pricing Models*, ed. Wolfgang Hafner and Heinz Zimmermann (Berlin: Springer, 2009), 431–466. 초기 파생상품에 대해서는 12세기 베니스로 거슬러 올라갈 수 있는데, 거기서 베니스 상인들은 선박 원정과 관련된 위험을 회피하기 위해 계약을 체결했다. Edward Swan, *Building the Global Market: A 4,000 Year History of Derivatives* (London: Kluwer Law International, 2000) 참조.

43 7 U.S.C. § 2(h)(1).

44 Bob Hills, David Rule, Sarah Parkinson, and Chris Young, "Central Counterparty Clearing Houses and Financial Stability," *Financial Stability Review, Bank of England* 6, no. 2 (1999):122–134.

45 Kress, "Credit Default Swaps, Clearinghouses and Systemic Risk." See also Gary Cohn, "Clearinghouses Reduce Risk, They Do Not Eliminate It," *Financial Times*, June 22, 2015, http://www.ft.com/cms/s/0/974c2c48-16a5-11e5-b07f-00144feabdc0.html#axzz4HchAyLja.

46 Adam J. Levitin, "Response: The Tenuous Case for Derivatives Clearinghouses," *Georgetown Law Journal* 101 (2013): 445–466 (클리어링 하우스는 "(……) 회원들 사이에서 과도한 손실을 분산시키고, 그럼으로써 어느 한 회원에 대한 충격을 줄인다"고 주장함). 하지만 그러한 결론은 결코 절대적인 것이 아니다. 클리어링 하우스가 주어진 거래의 고유한 위험에 관한 더 상세하고 완전한 지식을 가진 개별 당사자들과 비교하여 담보의 취합을 통해 디폴트를 다루는 것에 더 효과적인지에 대하여는 의문이 있다. 클리어링 하우스 그 자체는 대규모 회원의 디폴트에 의해 불안정해지고 그래서 그 자체가 다른 클리어링 하우스 회원들에게 영향을 미치는 억제할 수 없는 위험이 될 수도 있다. 공유화(mutualization)는 또한 비회원인 기관들에게 손실을 전가함으로써 시장 왜곡을 야기한다.

클리어링 하우스가 관리하는 어떠한 담보든 다른 회원의 손실을 보전하기 위해 사용될 것이나, 디폴트 당사자에 의해 손실을 입는 비회원들에게 지급되지는 아니할 것이다. 뉴욕증권거래소의 청산 기능의 발전에 관한 연구는 클리어링 하우스의 이점 대부분은 공유화를 통해서가 아니라 거래를 상계하는 능력에서 온다는 것을 보여준다.

47 Bank for International Settlements, "Principles for Financial Market Infrastructures," April 2012, http://www.bis.org/cpmi/publ/d101a.pdf.

48 Bank for International Settlements, Committee on Payments and Market Infrastructures, "Distributed Ledger Technology in Payment, Clearing and Settlement: An Analytical Framework," February 2017, http://www.bis.org/cpmi/publ/d157.pdf.

49 Bilski v. Kappos, 130 S. Ct. 3218, 3223 (2010); in re Bernard L. Bilski and Rand A. Warsaw, 545 F.3d 943, 949 (Fed. Cir. 2008). 또한 Ben McEniery, "Physicality and the Information Age: A Normative Perspective on the Patent Eligibility of Non-physical Methods," *Chicago-Kent Journal of Intellectual Property* 10 (2010): 106–167 참조.

50 Andrew Beckerman-Rodau, "The Choice between Patent Protection and Trade Secret Protection: A Legal and Business Decision," *Journal of Patent and Trademark Office Society* 84 (2002): 371–409.

51 Robert Jackson, "The Big Chill," *Financial Times*, November 15, 2008, http:// www.ft.com/cms/s/0 /8641d080 -b2b4 -11dd-bbc9 -0000779fd18c.html#axzz4 HchAyLja.

52 Shaun Martin and Frank Partnoy, "Encumbered Shares," *University of Illinois Law Review* 2005 (2005):775–813 at 778. See also Joel Slawotsky, "Hedge Fund Activism in an Age of Global Collaboration and Financial Innovation: The Need for a Regulatory Update of United States Disclosure Rules," *Review of Banking and Financial Law* 35 (2015): 272–334.

53 Allen D. Boyer, "Activist Shareholders, Corporate Directors, and Institutional Investment: Some Lessons from the Robber Barons," *Washington and Lee Law Review* 50 (1993): 977–1042.

54 하지만 1934년 증권거래법 13(d)와 증권거래위원회 규정 13D 모두 상장회사가 발행한 특정 종류의 증권 5퍼센트 이상을 실질적으로 보유한 자는 증권거래위원회에 신고서를 제출할 것을 요구한다.

55 David Yermack, "Corporate Governance and Blockchains," *Review of Finance* 21, no. 1 (March 2017):7–31.

56 Jessica Erickson, "Corporate Governance in the Courtroom: An Empirical Analysis," *William and Mary Law Review* 51 (2010): 1749–1831.

57 Bengt Holmstrom and Steven N. Kaplan, "Corporate Governance and Merger Activity in the US: Making Sense of the 1980s and 1990s" (Cambridge, MA: National Bureau of Economic Research, 2001).

58 Manning Gilbert Warren III, "Reflections on Dual Regulation of Securities: A Case against Preemption," *Boston College Law Review* 25 (1984): 495–512 참조.

59 Ibid.

60 특히 의회는 1933년 증권법, 15 U.S.C. § 77a– 77aa과 1934년 증권거래법 15 U.S.C. § 78a–78nn을 제정하였다. 제1차 세계대전 이후 십 년 동안 판매된 약 500억 달러의 증권들 중 약 250억 달러 상당액이 완전히 가치 없는 것으로 판명되었다. Warren, "Reflections on Dual Regulation of Securities," 496n9 참조.

61 Jason Zweig, "1930s Lessons: Brother, Can You Spare a Stock?," *Wall Street Journal*, February 14, 2009, http://www.wsj.com/articles/SB123456259622485781.

62 Cynthia A. Williams, "The Securities and Exchange Commission and Corporate Social Transparency," *Harvard Law Review* 112 (1999):1197–1311

(기업경영에 있어서의 더 큰 공공책임과 윤리적인 행위를 보장하기 위한 규제 수단으로서의 공시의 역사적인 관점을 설명함); David A. Skeel Jr., "Shaming in Corporate Law," *University of Pennsylvania Law Review* 149 (2001): 1811–1868 at 1812 (제재가 어떻게 기업들과 임원들에 대하여 잠재적으로 효과적인 처벌이 되는지를 설명함).

63 Michael Jensen and William H. Mecking, "Theory of the Firm: Managerial Behavior, Agency Costs and Ownership Structure," *Journal of Financial Economics* 3, no. 4 (1976): 305–360.

64 Mark A. Sargent, "State Disclosure Regulation and the Allocation of Regulatory Responsibilities," *Maryland Law Review* 46 (1987):1027–1070 ("그러한 공시를 의무화함으로써, 법은 발기인들과 투자자들 간의 정보의 불균형을 바로잡으려고 한다"); Aleta G. Estreicher, Securities Regulation and the First Amendment," *Georgia Law Review* 24 (1990): 223–326 ("이러한 법안의 목적은 증권 보유자들을 가능한 한 기업의 경영진과 동등한 지위에 놓이게 하고, 이용 가능한 정보에 관한 한 구매자들을 판매자와 동등한 수준에 놓이게 하는 것이다").

65 Troy Paredes, "Blinded by the Light: Information Overload and Its Consequences for Securities Regulation," *Washington University Law Quarterly* 81 (2003): 417–485; Alan B. Levenson, "The Role of the SEC as a Consumer Protection Agency," *Business Lawyer* 27 (1971): 61–70.

66 Baruch Lev and Meiring de Villiers, "Stock Price Crashes and 10b-5 Damages: A Legal, Economic, and Policy Analysis," *Stanford Law Review* 47 (1994): 7 – 37 ("대부분의 투자자들은 재무제표, 투자설명서 또는 다른 기업 공시사항을 철저히 분석하는 것은 고사하고 읽어보지도 않는다").

67 Michael B. Dorff, "The Siren Call of Equity Crowdfunding," *Journal of Corporation Law* 39 (2014):493–524; C. Steven Bradford, "Crowdfunding and the Federal Securities Laws," *Columbia Business Law Review* 2012

(2012): 1–150.

68 현재 많은 토큰들이 이더리움의 ERC20 토큰 스탠다드에 따라 발행되고 있다. ERC20 토큰 스탠다드는 100줄 이하의 코드를 가진 스마트 컨트랙트다. 그 스마트 컨트랙트는 전체 토큰을 설정하고 어느 시점에 누가 특정 토큰을 보유하고 있는지 추적한다. 그래서 ERC20은 대체 가능하며 인터넷을 통해 자유로이 거래된다. The Ethereum Wiki, ERC20 Token Standard, https://theethereum.wiki/w/index.php/ERC20_Token_Standard 참조. 이러한 토큰 판매는 투자자들로부터 이익을 창출했다. Richard Kastelein, "What Initial Coin Offerings Are, and Why VC Firms Care," *Harvard Business Review*, March 24, 2017, https://hbr.org/2017/03/what-initial-coin-offerings-are-and-why-vc-firms-care 참조.

69 이러한 서비스들을 통해 당사자들은 프로젝트를 알리고, 자금 모집 목표를 설정하며, 개인들이 프로젝트에 투자하면 그들이 받게 되는 다양한 "보상"을 규정한다. 보상은 일반적으로 프로젝트 창시자들의 인정이나 감사와 같은 다양한 형태의 비금전적인 보상뿐 아니라 창작물이나 프로젝트에 대한 조기 접근 권한을 포함한다.

70 Kastelein, "What Initial Coin Offerings Are."

71 The Status Network, "A Strategy towards Mass Adoption of Ethereum," https://status.im/whitepaper.pdf.

72 Brave Software, "Basic Attention Token (BAT):Blockchain Based Digital Advertising," https://basicattentiontoken.org/BasicAttentionTokenWhitePaper-4.pdf.

73 Christopher Jentzsch, "Decentralized Autonomous Organization to Automate Governance," https://download.slock.it/public/DAO/WhitePaper.pdf.

74 Ibid.

75 Brian Patrick Eha, "Blockchain VC to Raise Fund through Digital Token

Off ring," *American Banker*, March 16, 2017, https://www.americanbanker.com/news/blockchain-vc-to-raise-fund-through-digital-token-offering; Blockchain Capital, "Blockchain Capital Releases Offering Memorandum for Its $10 Million Digital Token Offering," https://medium.com/@blockchaincap/blockchain-capital-releases-offering-memorandum-for-its-10-million-digital-token-offering-f9d0c300bc0.

76 "ICO Tracker: All-Time Cumulative ICO Funding," *CoinDesk*, https://www.coindesk.com/ico-tracker/; "Cryptocurrency ICO Stats 2017," *CoinSchedule*, https://www.coinschedule.com/stats.php?year=2017.

77 "State of Blockchain 2017," *CoinDesk*, http://www.coindesk.com/research/state-of-blockchain-q4-2016/.

78 예를 들어, 이러한 믿음은 블록체인 기반의 기술을 개발한 유명한 기업가들과 벤처 투자가들이 개략적으로 설명해 왔다. Balaji Srinivasan, "Thoughts on Tokens: Tokens Are Early Today, but Will Transform Technology Tomorrow," *Medium*, May 27, 2017, https://news.21.co/thoughts-on-tokens-436109aabcbe (토큰을 개인 키와 응용 프로토콜 인터페이스 키에 비유하고, 그들이 토큰화된 지분을 표창하지 않는다면 증권법의 적용을 받지 않는다고 주장함) 참조.

79 토큰 백서와 정보공개서의 공공 저장소는 이미 생성되었다. TokenFilings, http://tokenfilings.com/ 참조.

80 Kastelein, "What Initial Coin Offerings Are."

81 블록체인 기반 토큰의 구매와 판매를 허용하는 많은 "가상화폐" 거래소들이 존재한다. 미국에 기반을 둔 대형 가상화폐 거래소인 폴로닉스(Poloniex)는 일일 거래량이 수억 달러에 이른다. 거래되는 자산의 많은 부분은 디지털 화폐가 아니라 이오스(EOS), 골룸(Golum) 또는 지노시스(Gnosis)와 같은 블록체인 기반의 토큰들이다. Poloniex, https://poloniex.com/; Coinmarketcap, https://coinmarketcap.com/exchanges/poloniex/. Likewise, there have been a number of "decentralized exchanges" announced, including EtherEx (https://etherex.org), Bitsquare (https://bitsquare.io/), and Ox (https://Ox-project.com/) 참조.

82 Securities and Exchange Commission, "Report of Investigation Pursuant to Section 21(a) of the Securities and Exchange Act of 1934: The DAO," Release no. 81207, July 25, 2017, https://www.sec.gov/litigation/investreport/34-81207.pdf.

83 Ibid.

84 Monetary Authority of Singapore, "MAS Clarifies Regulatory Position on the Offer of Digital Tokens in Singapore," August 1, 2017, http://www.mas.gov.sg/News-and-Publications/Media-Releases/2017/MAS-clarifies-regulatory-position-on-the-offer-of-digital-tokens-in-Singapore.aspx.

85 2017년 9월 4일, 중국인민은행은 토큰 판매를 경제와 금융 안정성에 지장을 주는 불법 행위라고 공표했고, 지역 금융당국의 조사 대상이 될 주요 ICO 플랫폼 명단을 만들었다. Wolfie Zhao, "China's ICO Ban: A Full Translation of Regulator Remarks," *CoinDesk*, September 5, 2017, https://www.coindesk.com/chinas-ico-ban-a-full-translation-of-regulator-remarks/ 참조. 몇 주 뒤 2017년 9월 28일 대한민국의 금융위원회는 토큰 판매는 금지되어야 하고, 그러한 실무에 종사하는 자는 누구든지 엄중히 처벌될 것이라고 공표했다. Rachel Rose O'Leary, "South Korea Issues ICO Ban," *CoinDesk*, September 29, 2017, https://www.coindesk.com/south-korean-regulator-issues-ico-ban/ 참조.

86 Kastelein, "What Initial Coin Offerings Are."

87 17 U.S.C. § 512. 지난 몇십 년 동안 2차 저작권 책임은 DMCA와 미국법상 2차 저작권 책임의 경계를 규정하는 다양한 분쟁의 대상이었다. Metro-Goldwyn-Mayer Studios Inc. v. Grokster, Ltd., 545 U.S. 913 (2005); Viacom International v. YouTube, Inc., 676 F.3d 19 (2d Cir. 2012); UMG Recordings, Inc. v. Shelter Capital Partners LLC, 718 F.3d 1006 (9th Cir. 2013); Columbia

Pictures Industries v. Fung, 710 F.3d 1020 (9th Cir. 2013)참조.

88 Cass R. Sunstein, *Infotopia: How Many Minds Produce Knowledge* (Oxford: Oxford University Press, 2006).

89 Ibid.

90 "CFTC Charges Ireland-Based 'Prediction Market' Proprietors Intrade and TEN with Violating the CFTC's Off-Exchange Options Trading Ban and Filing False Forms with the CFTC," CFTC Press Release, November 26, 2016, http://www.cftc.gov/PressRoom/PressReleases/pr6423-12.

91 Augur, https://www.augur.net/; Pete Rizzo, "Blockchain Prediction Market Augur Enters Beta," *CoinDesk*, March 14, 2016, http://www.coindesk.com/augur-beta/.

92 Augur, https://www.augur.net/; Rizzo, "Blockchain Prediction Market Augur Enters Beta."

Part 3 블록체인과 정보시스템

6. 조작이 불가능한 인증 및 검증된 정보

1 영국 정부는 공공서비스 분야에서 블록체인이 '마그나카르타만큼 중요한' 기술일 수 있다는 혁신적인(어쩌면 너무 앞서간) 보고서를 발표했다. United Kingdom Government Office for Science, "Distributed Ledger Technology: Beyond Block Chain," January 19, 2016, https://www.gov.uk/government/news/distributed-ledger-technology-beyond-block-chain 참조.

2 Daron Acemoglu, Simon Johnson, and James A. Robinson, "Institutions as a Fundamental Cause of Long-Run Growth," in *Handbook of Economic Growth*, ed. P. Aghion and S. Durlauf (Amsterdam: North-Holland,

2005), 385–472.

3 토지 등기부는 국가의 경제적 발전에 중요한 역할을 한다. 토지 등기부는 재산 소유권의 기반을 형성하며 개인이 창업을 하거나 서비스를 받거나 재산을 담보로 사용할 수 있는 기틀을 마련한다. 즉, 장기적 경제 발전의 초석을 제공한다. Daron Acemoglu and Simon Johnson, "Unbundling Institutions," *Journal of Political Economy* 113, no. 5 (2005):949–995 (demonstrating that property rights institutions are more important than contracting institutions in determining economic performance) 참조.

4 공신력 있는 소유권 등기부가 없는 경우, 국가들은 자원과 자본을 활용하는 데 어려움을 겪으며, 이러한 현상은 경제적 성장을 저해한다. 경제학자인 헤르난도 드 소토(Hernando De Soto)가 적시했듯이, 소유권이 불분명한 재산은 가치가 줄어들 수밖에 없다. 헤르난드 드 소토는 그러한 재산은"은행 대출을 위한 담보로 제공될 수도 없고, 수도, 전기 및 다른 기반시설에 대한 수수료 지급을 보증할 수도 없다"고 하였으며 그런 경우에 "서로 알고 신뢰하는 협소한 관계를 벗어난 거래가 성사될 수 없다"고도 했다. Hernando De Soto, *The Mystery of Capital: Why Capitalism Triumphs in the West and Fails Everywhere Else* (New York: Basic Books, 2000) 참조.

5 소유권 등기부가 없는 개발도상국의 시민들은 자원의 고유한 가치를 관리하지 못하며 더 큰 가치를 창출하지 못한다. 특히 사하라 사막 이남의 아프리카의 경우, 누가 어떠한 토지 구역을 소유하고 있는지 확인하기가 어렵다. 따라서 부동산 거래는 마을의 비공식적인 관례에 따라 이루어진다. Moussa Ouédraogo, "Land Tenure and Rural Development in Burkina Faso," *Drylands Issue Papers* 112 (2002):1–24; Philippe Lavigne Delville, "Competing Conceptions of Customary Land Rights Registration (Rural Land Maps PFRs in Benin): Methodological, Policy and Polity Issues" (Washington, DC: World Bank, 2014) 참조.

6 Peggy Garvin, ed., *Government Information Management in the 21st*

Century: International Perspectives (Farnham: Ashgate, 2011).

7 정부 기관 간 정보 교류의 부재는 부패한 국가나 공공기관의 개발이 더딘 국가에서 더 문제가 된다. 예를 들어 온두라스의 경우, 2004년에 국가 재산 기관을 설립하여 시민들이 소유한 토지에 공식적인 소유권을 부여하려고 하였으나 몇몇 공무원들이 토지 소유권을 등록하는 대가로 뇌물을 받는 등 그 운영 과정에서 불법적인 행위가 발생하여 실패로 돌아갔다. Honduras report "Informe Sobre las Irregularidades en el Instituto de la Proprietad," http://www.transparency.org/files/content/feature/Corruption_In_land_Management_ES.pdf 참조.

8 공공 분야의 정보를 공개하는 것은 정부의 주요 의무 중 하나다. '공개 정보(open data)'지지자들 또한 이러한 주장을 펼치고 있는데, 이들은 법보다 투명성이 정부를 더 책임감 있는 행동으로 이끈다고 생각한다. 공공 정보를 재사용 가능한 방법으로 자유롭게 공개하는 것은 경제 성장에 중대한 영향을 미친다. 이러한 정보를 기반으로 사적 분야와 사회에 부가가치가 높은 서비스를 제공할 수 있기 때문이다. 다양한 국제적 공개 정보 전략에 대한 개관은 다음 문서를 참고하라. Noor Huijboom and Tijs Van den Broek, "Open Data: An International Comparison of Strategies," *European Journal of ePractice* 12, no. 1 (2011): 4–16.

9 인터넷 발생 초기부터 해커들은 새로운 디지털 시스템에 접근하려고 시도했다. 당시 해킹의 주목적은 비밀 정보와 민감한 정보를 얻는 것이었다. 그러나 최근에는 새로운 사이버 공격이 기승을 부리고 있다. 필요한 정보를 얻기보다는 다른 사람들에게 가치 있는 정보를 '유괴'하는 성향이 더 강해진 것이다. 이 경우, 정보의 몸값을 받은 후에만 원래 정보 보유자에게 정보를 돌려준다. 이러한 '랜섬웨어 공격(ransomware attacks)'은 점점 더 빈번해지고 있다. 정보에 대한 의존도가 높을수록 성공률도 높다. 랜섬웨어 공격의 한 형태인 '쉐이크다운 공격(shakedown attacks)'도 최근에 자주 이루어지는데, 이 경우에는 랜섬을 받고 정보를 돌려주는 것이 아니라, 정보를 특정한 제3자나 대중들에게 공개하지 않는 조건으

로 랜섬을 요구한다. 이러한 쉐이크다운 공격의 대표적인 사례가 2015년에 일어난 애쉴리 매디슨(Ashley Madison) 웹사이트 해킹 사건이다. 결국은 이 불륜 웹사이트를 통해 관계를 가지려던 사용자 4천만 명의 개인정보 — 9.7기가바이트 크기 — 가 사람들에게 공개됐다. Tom Lamont, "Life after the Ashley Madison Affair," *The Guardian*, February 28, 2016, https://www.theguardian.com/technology/2016/feb/28/what-happened-after-ashley-madison-was-hacked 참조.

10 현존하는 정보 보안 실무에 대해서는 다음을 참고하라. Timothy P. Layton, *Information Security: Design, Implementation, Measurement, and Compliance* (Boca Raton, FL: CRC, 2016).

11 정보의 진실성 공격은 주요 파일을 조작하여 디지털 시스템에 반영하는 심각한 결과를 초래할 수 있다. 일례로 미국과 이스라엘 정부가 이란의 핵시설을 교란하고 기록을 조작하기 위해 스턱스넷 바이러스(Stuxnet virus)를 사용한 것으로 짐작된다. 미국 국가안보국(NSA)의 수장 마이크 로저스(Mike Rogers)는 다음과 같이 말했다. "현재까지 해킹의 가장 심각한 피해는 도난이었다. 하지만 누군가가 시스템에 무단으로 접속하여 정보를 조작하고 변경하면 어떻게 될까?" Kim Zetter, "The Biggest Security Threats We'll Face in 2016," *Wired*, January 1, 2016, https://www.wired.com/2016/01/the-biggest-security-threats-well-face-in-2016/ 참조.

12 예를 들어 1998년에 공개된 모리스 웜(Morris worm)은 당시 인터넷에 연결되어 있던 컴퓨터의 10퍼센트 정도를 감염시킨 것으로 알려져 있다. 지역 네트워크가 컴퓨터를 수리하는 며칠 동안 바이러스로 인해 인터넷은 실제로 분할이 되었다. 항소 판결에서 미연방 항소 법원은 각 컴퓨터의 바이러스를 삭제하는 데 든 비용을 2백 달러에서 5만3천 달러로 추정했다. 이러한 수치를 기반으로 하버드대학교 대변인 클리퍼드 스톨(Clifford Stoll)은 모리스 웜이 경제 전반에 미친 피해는 총 10만 달러에서 1,000만 달러 정도라고 발표했다.

13 Melanie Swan, *Blockchain: Blueprint for a New Economy* (Sebastopol,

CA:O'Reilly, 2015), 10–12.

14 Michael del Castillo, "Illinois Unveils Blockchain Policy in Bid to Attract Industry Innovators," *CoinDesk*, November 30, 2016, http://www.coindesk.com/illinois-blockchain-initiative-policy-regulation-bitcoin-blockchain/.

15 Pete Rizzo, "Sweden Tests Blockchain Smart Contract for Land Registry," CoinDesk, June 16, 2016, http://www.coindesk.com/sweden-blockchain-smart-contracts-land-registry/.

16 Laura Shin, "The First Government to Secure Land Titles on the Bitcoin Blockchain Expands Project," *Forbes*, February 7, 2017, https://www.forbes.com/sites/laurashin/2017/02/07/the-first-government-to-secure-and-titles-on-the-bitcoin-blockchain-expands-project/#de3b2444dcdc.

17 가나 공화국은 비트랜드(Bitland)와 파트너십을 맺어, 블록체인 기반으로 디지털 백업이 이루어지는 공식적이고 완결성 있는 국가 토지 등기부를 만들고자 계획하고 있다. 추가 정보는 http://bitlandglobal.com/ 참조.

18 블록체인 기술이 더 효율적이고 안전하며 가성비 높은 소유권 등록 시스템을 어떻게 만들 수 있는지에 대한 설명은 Avi Spielman, "Blockchain: Digitally Rebuilding the Real Estate Industry" (PhD diss., Massachusetts Institute of Technology, 2016) 참조.

19 Martin Chuvol, "Iran Repopulates Syria with Shia Muslims to Help Tighten Regime's Control," *The Guardian*, January 13, 2017에 의하면 "이란 정부가 점유한 시리아 지역의 토지 등기소는 계획적으로 불태워졌다. 자바다니(Zabadani), 시리아에서 4번째로 큰 도시인 다라야(Darayya), 홈스(Homs), 2013년 초 헤즈볼라(Hezbollah)가 점령한 레바논 국경지대의 쿠사이아(Qusayr)에 있는 사무소들이 불태워진 것으로 확인되었다."

20 Andrea Tinianow and Caitlin Long, "Delaware Blockchain Initiative: Transforming the Foundational Infrastructure of Corporate Finance," Harvard Law School Forum on Corporate Governance and Financial Regulation, March 16, 2017, https://corpgov.law.harvard.edu/2017/03/16/delaware-blockchain-initiative-transforming-the-foundational-infrastructure-of-corporate-finance/.

21 에스토니아는 전자 정부(e-government)와 관련된 오랜 혁신의 역사를 갖고 있으며, 정부에 블록체인 기반 기술을 도입하기 위한 구체적인 절차를 이미 실행하고 있다. 에스토니아의 경우에는 개방성, 정보 보호, 보안에 초점을 두고 공공 기반 시설을 완전히 재설계하고 있다. 에스토니아 국민들은 전자 투표를 실행하며, 집에서 중요 서류들에 전자 서명을 하고, 세금 신고를 한 당일에 세금 환급을 받는다. 에스토니아 정부는 2015년 11월 비트네이션과의 파트너십을 통해 블록체인 기반 공증 서비스를 제공할 계획이라고 발표했다. 이 서비스는 '전기를 사용하는 (에스토니아) 거주자(e-residents)'라면 누구나 이용할 수 있다. 나아가 이 서비스는 결혼 기록, 출생 신고, 비즈니스 계약 등에 사용할 수 있다고 한다. Giulio Prisco, "Estonian Government Partners with Bitnation to Offer Blockchain Notarization Services to e-Residents," *Bitcoin Magazine*, November 30, 2015, https://bitcoinmagazine.com/articles/estonian-government-partners-with-bitnation-to-offer-blockchain-notarization-services-to-e-residents-1448915243/ 참조.

22 두바이는 최근 정보 주도 계획을 통해 2020년까지 모든 정부 서류를 블록체인에 기록하여 종이 문서 없는 정부로 거듭나겠다고 발표했다. 두바이 정부는 이를 통해 정부 기록의 보안, 진실성, 투명성을 강화하고 일의 효율성을 높일 수 있을 것으로 기대하고 있다. 두바이 정부의 궁극적 목표는 이러한 플랫폼을 다른 도시와 국가에도 개방하여 더 간편하고 안전한 보안을 유지하며 교류를 확대하는 것이다. 두바이 왕자 함단 빈 모하마드(Hamdan bin Mohammed)가 언급했듯이 이러한 개혁은 두바이 시민들의 생활을 매우 편리하게 변화시킬 것으로 예상된다. 더 나아가 시민들이 정부와 소통하기를 원할 때, 개인정보나 사업정보를 한 번만 입력하면 바로 정부와 연결이 가능해질 것이라고 한다. Michael del Castillo, "Dubai Wants All Government Documents on Blockchain by 2020," *CoinDesk*, October 5, 2016, http://www.coindesk.com/dubai-government-documents-blockchain-strategy-2020/ 참조.

23 Swan, "Blockchain."

24 블록체인을 이용하여 지적재산권을 등록하는 여러 방안에 대한 개관은 다음을 참고하라. Primavera De Filippi, Greg McMullen, Diana Stern, Simon de la Rouviere, Trent McConaghy, Constance Choi, and Juan Benet, "Blockchains and Intellectual Property: How Blockchain Technology Can Support Intellectual Property," COALA Report, April 2017.

25 2015년 7월에 시작된 MIT 디지털 인증 프로젝트(MIT Digital Certificates Project)는 교육 관련 증서를 발급하고 확인할 수 있는 블록체인 기반 제도다. 교육기관은 이 제도를 활용하여 학생의 수강, 시험 통과 또는 지식이나 능력의 습득에 대한 증서를 발급한다. 자세한 내용은 "Digital Certificates Project," MIT Media Lab, http://certificates.media.mit.edu 참조.

26 주택담보대출 시장의 효율성과 투명성을 제고하기 위해 블록체인 기술이 어떻게 활용될 수 있는지에 대한 자세한 내용은 다음을 참조하라. Price Waterhouse Coopers U.S. Financial Services, "Q&A: What Might Blockchain Mean for the Mortgage Industry?," June 2016, http://www.pwc.com/us/en/financial-services/publications/assets/pwc-financial-services-qa-blockchain-in-mortgage.pdf.

27 예를 들어, 출생과 사망이 블록체인 기반 시스템에 기록된다면 그 정보들을 분석한 스마트 컨트랙트가 사망자의 유언장을 자동으로 집행하여 사망자의 자금이나 디지털 자산을 상속자들에게 이전한다. 또한, 사망자가 생명 보험에 가입되어 있었다면 보험금도 자동으로 수령인들에게 지급될 것이다.

28 중앙통제기관 없이 전 세계에 분산된 시스템으로 여러 당사자들이 정보를 공유해야 할 때, 블록체인 기술은 가장 효율적으로 작동한다. Open Data Institute, "Applying Blockchain Technology in Global Data Infrastructure," Technical Report (London: Open Data Institute, 2016) 참조.

29 컴퓨터 시스템에 무단으로 접속할 때 해커들은 서버의 접속기록을 조작하여 공격 흔적을 지운다. 그러나 블록체인의 조작 불가한 성질로 인해 데이터베이스에는 항상 흔적이 남으며, 이는 사후에 한쪽 당사자가 일방적으로 삭제할 수 없다. 즉 공격이 일어난 이후, 블록체인을 살펴보면 조작이 일어난 시점을 파악할 수 있다.

30 비트코인 같은 현존하는 가상 화폐 프로토콜은 바로 이러한 점에 의존한다. Christopher D. Hoffman, "Encrypted Digital Cash Transfers: Why Traditional Money Laundering Controls May Fail without Uniform Cryptography Regulations," *Fordham International Law Journal* 21 (1998): 799–860; Ralph C. Losey, "Hash: The New Bates Stamp," *Journal of Technology Law and Policy* 12 (2007): 1–44 참조.

31 Ian Allison, "UK Nuclear Power Plants Protected from Cyberattack by Guardtime Blockchain Technology," International Business Times, December 17, 2015, http://www.ibtimes.co.uk/uk-nuclear-power-plants-protected-cyberattack-by-guardtime-blockchain-technology-1533752.

32 Martin Ruubel, "Guardtime and Galois Awarded DARPA Contract to Formally Verify Blockchain-Based Integrity Monitoring System," *Guardtime* (blog), September 13, 2016, https://guardtime.com/blog/galois-and-guardtime-federal-awarded-1-8m-darpa-contract-to-formally-verify-blockchain-based-inte.

33 예를 들어, 블록체인 기반 토큰을 정보에 대한 권한과 연계시킨 후, 이 토큰을 권한 있는 제3자에게 보내 이를 달성할 수 있다.

34 해시드 헬스는 블록체인과 분산된 장부를 이용하여 유의미한 혁신에 초점을 둔 의료 기업 컨소시엄을 이끌고 있다. 자세한 내용은 https://hashedhealth.com 참조.

35 Brian Forde, "MedRec: Electronic Medical Records on the Blockchain," *Medium* (blog), July 2, 2016, https://medium.com/mit-media-lab-digital-currency-initiative/medrec-electronic-medical-records-on-the-blockchain-c2d7e1bc7d09#.j128mdvat.

36 국가가 권한 없는 이들이 타인의 개인 정보나 민감한 정보를 확산시키는 걸 방지하려는 경우에도 이러한 시스템은 유용하게 작용한다. 예를 들어, 유럽 정보 보호 규정에 의하면 유럽의 사업자들은 적절한 개인 정보 기준이 없는 다른 국가에 개인 정보를 공유할 수 없다. 그러나 블록체인을 활용하면 유럽의 사업자들은 유럽 외 국가에 위치한 사업자들과 개인 정보를 주고받지 않고서도 거래를 틀 수 있다. 이용자 데이터베이스를 토대로 블록체인이 발급하는 일정한 자격요건을 활용하는 것이다.

37 Joshua A. Kroll, Ian C. Davey, and Edward W. Felten, "The Economics of Bitcoin Mining, or Bitcoin in the Presence of Adversaries," in *Proceedings of Workshop on Economics of Information Security* (2013), http://www.econinfosec.org/archive/weis2013/papers/KrollDaveyFelten-WEIS2013.pdf

38 연방준비위원회 보고서에 의하면 미국에서 개인이 소유하고 있는 토지 가치의 총액은 약 15조 달러다. Board of Governors of the Federal Reserve System, "Financial Accounts of the United States," September 21, 2017, https://www.federalreserve.gov/releases/z1/current/ 참조.

39 미국에서 주로 사용되는 부동산 권리 보험은 부동산 소유권에 하자가 있거나 주택담보를 실행할 수 없는 경우에 발생하는 금융 손실을 보상해주는 일종의 책임보험이다. 통상 보험의 대상이 되는 부동산 소유권의 종류는 절대적이고 완전한 소유권(fee simple ownership) 또는 주택 담보 대출이다. 그러나 지역권, 임대차, 종신 소유권 등 부동산과 관련된 모든 권리는 소유권 보험의 대상이 된다. 소유권 보험에 대한 자세한 내용은 D. Barlow Burke, *Law of Title Insurance* ([Gaithersburg, MD]: Aspen Publishers Online, 2000) 참조.

40 이러한 문제는 어스크라이브(Ascribe)나 모네그래프(Monegraph)처럼 저작권이 명시된 작품의 공개 등록부를 만드는 경우에 더 커진다. 이들은 자발적으로 만들어진 시스템이기 때문에 권리와 소유에 대한 포괄적인 정보를 다 담지 못하기도 한다. 또한, 블록체인에 기반을 둔 플랫폼에는 누구나 작품을 등록할 수 있기에 악의를 가진 사람들이 소유하고 있지 않은 자산의 소유권을 주장하는 등 사기를 칠 가능성도 있다. 이는 토지 등기부의 경우에도 마찬가지인데, 토지의 높은 가치 때문에 사기 행위를 시도하는 사람이 더 많아질 것으로 예상된다.

41 2008년 유럽연합은 세계 음악 데이터베이스 워킹 그룹(Global Repertoire Database Working Group)을 조직하여 음악 작품의 소유권과 통제를 다루는 권위 있는 데이터베이스를 구축하고자 했다. 훌륭한 의도에도 불구하고 여러 주요 조직이 자금 지원을 중단하여 이 계획은 수포로 돌아갔다. Music Business Worldwide, "Who Will Build the Music Industry's Global Rights Database?," February 15, 2016, https://www.musicbusinessworldwide.com/who-will-build-the-music-industrys-global-rights-database/ 참조.

42 Reuters, "New York Sues 3 Big Banks over Mortgage Database," February 3, 2012, http://www.nytimes.com/2012/02/04/business/new-york-suing-3-banks-over-mortgage-database.html.

43 예를 들어, 텍사스대학교의 연구자들은 넷플릭스가 제공하는 영화 순위 정보를 재식별했다. 그들은 영화 순위와 타임스탬프 자료를 IMDB 데이터베이스에 공개된 정보와 비교하는 방법으로 손쉽게 목적을 달성했다. Arvind Narayanan and Vitaly Shmatikov, "Robust Deanonymization of Large Sparse Datasets," in 2008 *IEEE Symposium on Security and Privacy* (*SP*), ed. Patrick Mc-Daniel and Avi Rubin (Piscataway, NJ: IEEE, 2008), 111–125 참조.

44 Stephanie Anderson, "Medicare Dataset Pulled after Academics Find Breach of Doctor Details Possible," ABC News, September 29, 2016, http://www.abc.net.au/news/2016-09-29/medicare-pbs-dataset-pulled-over-encryption-concerns/7888686.

45 David Lyon, "Surveillance, Snowden, and Big Data: Capacities, Consequences, Critique," *Big Data and Society* 1, no. 2 (2014): 1–13.

7. 회복력 강하고 조작 불가한 정보 시스템

1 초기 인터넷 시기를 고찰하면서 "인터넷이 탈중개를 위한 도구로 이용될 것이라는 추측이 일반적이었다"라고 설명한 내용은 Jessica Litman, "Sharing and Stealing," *Hastings Communications and Entertainment Law Journal* 27 (2004):1–50; Robert Gellman, "Disintermediation and the Internet," *Government Information Quarterly* 13, no. 1 (1996): 1–8 참조.

2 음반회사들이 "복사본을 쉽고 싸게 만드는 현상 또한 그러한 복사본을 만들 수 있는 사람들로부터 위협을 받고 있다"고 설명한 자료는 Mark A. Lemley and R. Anthony Reese, "Reducing Digital Copyright Infringement without Restricting Innovation," *Stanford Law Review* 56 (2004):1345–1434; John Perry Barlow, "Declaration of Independence for Cyberspace" (1996), https://www.eff.org/cyberspace-independence 참조.

3 호사가들에 의하면, 구글과 그 계열사들(유튜브와 같은)이 인터넷 트래픽의 40퍼센트를 차지하며, 페이스북과 관련 SNS(인스타그램이나 왓츠앱과 같은)는 스마트폰 생태계에서 가장 많이 쓰이는 애플리케이션이라고 한다. Tim Worstall, "Fascinating Number: Google is now 40% of the Internet," *Forbes*, August 17, 2013, https://www.forbes.com/sites/timworstall/2013/08/17/fascinating-number-google-is-now-40-of-the-internet/#40c8b6ef27c7;Adrienne LaFrance, "Facebook Is Eating the Internet," *The Atlantic*, April 9, 2015, https://www.theatlantic.com/technology/archive/2015/04/facebook-is-eating-the-internet/391766/ 참조.

4 데릭 뱀부어(Derek Bambauer)가 지적했듯이, "우리는 기존 중개자들을 다른 중

개자들로 대체했을 뿐이다." Derek Bambauer, "Middlemen," *Florida Law Review Forum* 64 (2012):1–4 참조.

5 제이넵 투펙시(Zeynep Tufekci)에 따르면 거대 중개자들은 "알고리즘 문지기(algorithmic gatekeepers)"와 같은 역할을 하고 "투명하지 않은 알고리즘 계산 도구를 사용하여 다음 사항들을 거르고, 강조하고, 억제하고, 전부나 일부를 편집하는 기능을 한다: 온라인 플랫폼 또는 유사한 미디어에 의한 정보의 흐름; 인사 절차(고용 및 해고); 잠재적 테러리스트 식별 등." See Zeynep Tufekci, "Algorithmic Harms beyond Facebook and Google: Emergent Challenges of Computational Agency," *Colorado Technology Law Journal* 13 (2015): 203–217.

6 Frank Pasquale, *The Black Box Society: The Secret Algorithms that Control Money and Information* (Cambridge, MA: Harvard University Press, 2015); Jonathan Zittrain, "Facebook Could Decide an Election without Anyone Ever Finding Out," New Republic, June 1, 2014, https://newrepublic.com/article/117878/information-fiduciary-solution-facebook-digital-gerrymandering.

7 Lotus Ruan, Jeffrey Knockel, Jason Q. Ng, and Masashi Crete-Nishihata, "One App, Two Systems: How WeChat Uses One Censorship Policy in China and Another Internationally," *The Citizen Lab*, November 30, 2016, https://citizenlab.org/2016/11/wechat-china-censorship-one-app-two-systems/.

8 유럽의 정보 보호규정(제17조)에 따르면, 잊혀질 권리를 보호하기 위해 '정보통제자'는 '부적절하거나 시대에 뒤떨어진' 정보를 삭제해야 한다. 유럽 법원은 코스테자(Costeja) 판결(2014)에서 잊힐 권리를 인권의 일부로 인정했고, 이에 따라 구글은 자유롭게 접속 가능한 웹사이트에 대한 링크를 삭제해야만 했다. See Case C-131 / 12, Google Inc. v. Mario Costeja González, P 94, http://curia.europa.eu/juris/document/document.jsf?docid=152065&doclang

=en(May 13, 2014).

9 Metro-Goldwyn-Mayer Studios Inc. v. Grokster, Ltd., 545 U.S. 913, 125 S. Ct. 2764, 162 L. Ed. 2d 781 (2005); A&M Records, Inc. v. Napster, Inc., 239 F.3d 1004 (9th Cir. 2001), as amended (April 3, 2001), aff'd sub nom. A&M Records, Inc. v. Napster, Inc., 284 F.3d 1091 (9th Cir. 2002); Columbia Pictures Industries, Inc. v. Fung, 710 F.3d 1020 (9th Cir. 2013).

10 Derek E. Bambauer, "Orwell's Armchair," *University of Chicago Law Review* 79 (2012):863–944; Seth F. Kreimer, "Censorship by Proxy: The First Amendment, Internet Intermediaries, and the Problem of the Weakest Link," *University of Pennsylvania Law Review* 155 (2006): 11–101.

11 역설적으로 2009년에 트위터를 금지한 마무드 아메디자드(Mahmoud Ahmadinejad) 이란 대통령은 최근 트위터에 가입했다. Erin Cunningham, "Former Iranian President Ahmadinejad Banned Twitter. Then He Joined It," *Washington Post*, March 6, 2017; Biz Carzon, "9 Incredibly Popular Websites That Are Still Blocked in China," *Business Insider*, July 23, 2015 (noting that Twitter has been blocked since 2011); Julie Carrie Wong, "Social Media May Have Been Blocked during Turkey Coup Attempt," *The Guardian*, July 16, 2016 참조.

12 Alexandria, http://www.alexandria.io/.

13 Ibid.

14 Lbry, "Frequently Asked Questions," https://lbry.io/faq.

15 Ibid.

16 이는 실제로 이소헌트(Isohunt)라는 토렌트 검색 엔진을 창시한 게리 팡(Gary Fung)의 비전이다. Ernesto Van der Sar, "isoHunt Founder: Privacy Is a Convenience and Access Problem," *Torrentfreak*, December 28, 2014, https://torrentfreak.com/isohunt-founder-piracy-convenience-access-problem-141228/ 참조. 마찬가지로, 메가닷컴(Mega.com)의 창시자인 김

닷컴(Kim Dotcom)도 이러한 목적을 위해 "비트캐쉬(Bitcache)"를 개발하고 있다. Janko Roerttgers, "Kim Dotcom Teases New File Hosting Service with Paid Content Option," *Variety*, April 5, 2017, https://variety.com/2017/digital/news/kim-dotcom-bitcontent-bitcache-1202023578/ 참조.

17 Jonathan Warren, "Bitmessage: A Peer-to-Peer Message Authentication and Delivery System," November 27, 2012, https://bitmessage.org/bitmessage.pdf.

18 Akasha, https://akash.world/; Akasha, "Advanced Knowledge Architecture for Social Human Advocacy," https://github.com/AkashaProject.

19 Akasha, https://akasha.world/; Akasha, "Advanced Knowledge Architecture for Social Human Advocacy."

20 Akasha, https://akasha.world/; Akasha, "Advanced Knowledge Architecture for Social Human Advocacy."

21 Namecoin, http://namecoin.info.

22 블록스택(Blockstack)은 블록체인 기반 애플리케이션을 위한 분산된 DNS시스템을 도입하려는 또 다른 시도이다. 네임코인과 마찬가지로, 블록스택은 도메인 네임의 검색, 등록, 갱신, 양도를 돕는다. 그러나 네임코인은 별도의 블록체인 네트워크를 상정하고 있는 반면, 블록체인은 비트코인 블록체인을 기반으로 회복력 강하고 조작 불가한 DNS시스템을 실행하고자 한다. Muneeb Ali, Jude Nelson, Ryan Shea, and Michael J. Freedman, "Blockstack: A Global Naming and Storage System Secured by Blockchains," in 2016 *USENIX Annual Technical Conference* (*USENIX ATC 16*), ed. Ajay Gulati and Hakim Weatherspoon (Berkeley, CA: USENIX Association, 2016), 181–194; Blockstack, https://blockstack.org/ 참조. 한편, 블록스택은 도메인 네임 관리를 위한 시스템을 제공할 뿐 아니라 특정 도메인 네임을 조작하기 위해 거짓 정보가 입력되는 것을 막는 보호장치도 제공한다(이러한 현상을 통상 캐쉬중독(cache poisoning)이라고 칭한다).

23 네임코인 프로토콜이 실제로 이용되고 있는지에 대한 의문이 제기되고 있다. Harry Kalodner, Miles Carlsten, Paul Ellenbogen, Joseph Bonneau, and Arvind Narayanan, "An Empirical Study of Namecoin and Lessons for Decentralized Namespace Design," in *Workshop on the Economics of Information Security* (*WEIS*), http://randomwalker.info/publications/namespaces.pdf 참조.

24 Miquel Peguera, "The DMCA Safe Harbors and Their European Counterparts: A Comparative Analysis of Some Common Problems," *Columbia Journal of Law and the Arts* 32 (2009): 481–512; Christopher D. Clemmer and Jeremy de Beer, "Global Trends in Online Copyright Enforcement: A Non-neutral Role for Networked Intermediaries?," *Jurimetrics Journal* 49 (2009): 375–409.

25 17 U.S.C. § 512; Edward Lee, "Decoding the DMCA Safe Harbors," *Columbia Journal of Law and the Arts* 32 (2009):233–276.

26 Maayan Filmar Peler and Niva Elkin-Koren, "Accountability in Algorithmic Copyright Enforcement," *Stanford Technology Law Review* 19 (2016):473–533.

27 Metro-Goldwyn-Mayer Studios Inc. v. Grokster, Ltd., 545 U.S. 913, 125 S. Ct. 2764, 162 L. Ed. 2d 781 (2005); Disney Enterprises, Inc. v. Hotfile Corp., No. 11–20427-CIV, 2013 WL 6336286, at *1 (S.D. Fla. September 20, 2013).

28 17 U.S.C. § 101.

29 Bryan H. Choi, "The Grokster Dead-End," *Harvard Journal of Law and Technology* 19 (2006):393–411 at 399.

30 Protect Act of 2003 (18 U.S.C. §§ 2251–2252(B)(b)); Amal Clooney and Philippa Webb, "The Right to Insult in International Law," *Columbia Human Rights Law Review* 48 (2017): 1–55. 예를 들어 미국의 많은 주가 폭

력 특허, 사이버불링을 금지하는 법안을 통과시켰다. 아리조나(Ariz. Rev. Stat. §15–341.37), 캘리포니아(Cal. Educ. Code § 234, 234.1, 234.2, 234.3, 234.5, 32261, 32265, 32270, 32282, 32283, 및 48900); 코네티컷(Ct. Gen. Stat. §10–222d); 일리노이(105 ILCS 5 / 10–20.14 및 105 ILCS 5 / 27–23.7); 뉴저지(N.J. Stat. 18A:37–13); 뉴욕(N.Y. Educ. Law §13); 텍사스(Texas Educ. Code §37.001); 버지니아(Virginia Code §9.1–184 및 22.1–208.01); 워싱턴(Rev. Code of Wash. § 28A.300.285) 주가 여기 포함된다. 개인의 의료 및 금융 정보 공개와 관련된 법들도 있다. 45 C.F.R. §164.500–164.534; 16 C.F.R. §§313.1–18 참조.

31 Mitchell P. Goldstein, "Congress and the Courts Battle over the First Amendment: Can the Law Really Protect Children from Pornography on the Internet?," *John Marshall Journal of Information Technology and Privacy Law* 21 (2003): 141–205.

32 Cass Sunstein, "Government Control of Information," *California Law Review* 74 (1986):889–921; Inventions Secrecy Act of 1951 (35 U.S.C. §§ 181–188).

Part 4 자동화된 조직

8. 조직의 미래

1 Henry Hansmann, Reinier Kraakman, and Richard Squire, "Law and the Rise of the Firm," *Harvard Law Review* 119 (2006):1335–1403

2 Harold J. Berman, *Law and Revolution: The Formation of the Western Legal Tradition* (Cambridge, MA: Harvard University Press, 1983).

3 Janice E. Thomson, *Mercenaries, Pirates, and Sovereigns: State-Building and Extraterritorial Violence in Early Modern Europe* (Princeton, NJ:

Princeton University Press, 1996), 25–30.

4 Walter Werner, "Corporation Law in Search of Its Future," *Columbia Law Review* 81 (1981):1611–1666.

5 Ronald H. Coase, "The Nature of the Firm," *Economica* 4, no. 16 (1937):386–405.

6 Pierre Schlag, "The Problem of Transaction Costs," *Southern California Law Review* 62 (1989):1661–1700 at 1662–1664.

7 Sherwin Rosen, "Transaction Costs and Internal Labor Markets," in *The Nature of the Firm: Origins, Evolution, and Development*, ed. Oliver E. Williamson and Sidney G. Winter (New York: Oxford, 1991), 84–85.

8 올리버 윌리엄슨(Oliver Williamson)이 인지한 바와 같이, 그러한 위험은 특히 주주를 포함하는 계약에서 커진다. 그의 설명에 따르면, "특정 자산과 관련이 없다는 점에서 주주는 독특한 지위를 지니게 된다. 투자는 확산되는 속성을 지니고 있으므로 (기회주의를 저지하는 데 필요한) 일종의 쌍방 안전장치가 도입되면 주주가 많은 불이익을 받게 된다. 수많은 다양성을 감안해 보면, 포괄적이고 사전적(事前的)인 계약의 통상적인 엄격함이 이 대목에서 가장 두드러진다." Oliver E. Williamson, *The Economic Institutions of Capitalism: Firms, Markets, and Relational Contracting* (New York: Simon and Schuster, 1985): 305. See also Coase, "The Nature of the Firm," 393 참조.

9 Adam Smith, *The Wealth of Nations* (New York: Modern Library, 1937). 10. Stephen M. Bainbridge, "Privately Ordered Participatory Management: An Organizational Failures Analysis," *Delaware Journal of Corporate Law* 23 (1998): 979–1076.

11 Katherine V. W. Stone, "Knowledge at Work: Disputes over the Ownership of Human Capital in the Changing Workplace," *Connecticut Law Review* 34 (2002): 721–763.

12 Michael P. Dooley, "Two Models of Corporate Governance," *Business*

Lawyer 47, no. 2 (1992):461–527.

13 '제한된 합리성'이라는 용어는 허버트 사이먼(Herbert Simon)이 처음으로 사용했다. 제한된 합리성의 이론에 따르면, 경제 행위자는 기대되는 유용성을 극대화하려고 노력하지만, 인간 인지능력의 한계는 종종 효용을 극대화하지 못하는 결정을 초래한다. 의사결정자의 메모, 계산 기술 및 기타 정신 수단은 본질적으로 제한되어 있으며, 이는 정보 수집 및 처리 능력의 제한으로 이어진다. Herbert Simon and Alexander Simon, *Models of Bounded Rationality: Empirically Grounded Economic Reason*, vol. 3 (Cambridge, MA: MIT Press, 1982) 참조.

14 Williamson, *The Economic Institutions of Capitalism*.

15 올리버 윌리엄슨은, 코스(Coase)의 최초 통찰을 의미 있게 발전시키면서, 개별 자산의 묶음들에 회사라는 법인격을 부여하는 일의 중요성을 지적했다. 거래 상대방의 기회주의를 피하면서 일반적으로 통용되는 거래 비용이라는 개념을 회사에서 정하게 정립하게 되면, 그 비용에는 관계를 관리하는 직접 비용과 거버넌스 결정의 비용까지 모두 포함되게 된다. Oliver E. Williamson, *Markets and Hierarchies* (New York: Free Press, 1975); Williamson, *The Economic Institutions of Capitalism*; Oliver E. Williamson, *The Mechanisms of Governance* (Oxford: Oxford University Press, 1999); Dooley, "Two Models of Corporate Governance" 참조. (기회주의는 흔히 부정행위로 여겨지지만 여기서 기회주의는 이전의 약속을 지키지 않는 태도를 용인하는 것으로 이해할 수 있다. 약속을 지키지 못하는 상황은 과장된 속임수, 과실, 부주의 또는 명백한 무능력에 의해 야기된다.)

16 계약과 관련된 거래 비용은 다양하며, 불확실성 및 예기치 않은 우연으로 인한 비용과 계약 비용, 집행 비용이 포함된다. Jean Tirole, "Incomplete Contracts: Where Do We Stand?," *Econometrica* 67, no. 4 (1999): 741–781. 참조. (정기적으로 제품을 제조하거나 서비스를 제공하는 조직의 경우를 생각해 볼 수 있다. 조직에서는 보통 지속적이고 면밀한 감독이 필요한 신뢰할 수 없는 노동자를 수시로 고용하기보다는 업무를 수행할 수 있도록 훈련된 정규직 노동자와 한 번 계약을 체결하는 것이 합리적

인 선택일 수 있다.)

17 Geoffrey Sampson, "The Myth of Diminishing Firms," *Communications of the ACM* 46, no. 11 (2003):25–28.

18 Jeanne L. Schroeder, "Bitcoin and the Uniform Commercial Code," *University of Miami Business Law Review* 24 (2015):1–79.

19 Andrea Tinianow and Caitlin Long, "Delaware Blockchain Initiative: Transforming the Foundational Infrastructure of Corporate Finance," Harvard Law School Forum on Corporate Governance, March 16, 2017, https://corpgov.law.harvard.edu/2017/03/16/delaware-blockchain-initiative-transforming-the-foundational-infrastructure-of-corporate-finance/.

20 전자 위임 서비스의 예시로는 대리 투표(Proxy Vote)가 있다. Proxy Vote, https://east-online.proxyvote.com/pv/web.do 참조.

21 Yi -Wyn See Yen, "Yahoo Recount Shows Large Protest: Yang's Approval at 66, Not 85 Percent," *Huffington Post*, September 9, 2008, http://www.huffingtonpost.com/2008/08/06/yahoo-recount-shows-largen117195.html.

22 Patrick McCorry, Siamak F. Shahandashti, and Feng Hao, "A Smart Contract for Boardroom Voting with Maximum Voter Privacy" (2017), http://fc17.ifca.ai/preproceedings/paper80.pdf.

23 Roberta Romero, "Less Is More: Making Institutional Activism a Valuable Mechanism of Corporate Governance," *Yale Journal on Regulation* 18 (2001): 174–251 (institutional investors have, in the past decade, increasingly engaged in corporate governance activities).

24 Otonomos, http://otonomos.com/.

25 Ibid.

26 Boardroom, http://boardroom.to/.

27 Ibid.

28 Jeffrey Doyle, Weili Ge, and Sarah McVay, "Determinants of Weaknesses in Internal Control over Financial Reporting," *Journal of Accounting and Economics* 44, no. 1 (2007):193–223.

29 Eugene F. Fama and Michael C. Jensen, "Separation of Ownership and Control," *Journal of Law and Economics* 26, no. 2 (1983):301–325. 이는 회사 이사회가 통상 자금을 대외로 이전하기 전에 먼저 대규모 자본 지출을 승인할 수임자로서의 의무가 인정되는 이유다.

30 이는 4장에서 논의된 것처럼 다중 서명 계정을 통해 수행할 수 있다.

31 Francis Fukuyama, *Trust: The Social Virtues and the Creation of Prosperity* (New York: Free Press Paperbacks, 1995).

32 Ibid.

33 Yochai Benkler, *The Wealth of Networks: How Social Production Transforms Markets and Freedom* (New Haven, CT: Yale University Press, 2006), 24.

34 Ibid.

35 더다오는 2016년 4월 말, 이더리움 블록체인에서 시작됐다. 단 한 달 만에 더다오는 가장 규모가 큰 크라우드펀딩 모금을 기록하여 전 세계 수천 명의 사람들로부터 1억 5천만 달러를 펀딩받았다. Nathaniel Popper, "A Venture Fund with Plenty of Virtual Capital, but No Capitalist," *New York Times*, May 21, 2016, http://www.nytimes.com/2016/05/22/business/dealbook/crypto-ether-bitcoin-currency.html 참조.

36 더다오 코드는 https://github.com/slockit/DAO에서 찾아볼 수 있다.

37 Ibid.

38 Ibid.

39 DigixDAO, "DigixDAO (DGD) Information," https://bravenewcoin.com/assets/Whitepapers/digixdao-info.pdf. 이 논문에 따르면 "디직스다오(DigixDAO)는 디직스글로벌(DigixGlobal)이 블록체인에 만들고 배포한 탈중앙화된 스

마트 컨트랙트 자율조직(DAO) 소프트웨어 제품군으로, 이더리움에서 21세기식 금본위 금융 플랫폼을 관리 및 구축하기 위해 커뮤니티와 협력하는 것을 목표로 한다. 이더리움 스마트 컨트랙트의 힘을 빌려 디직스 코어(Digix Core) 토큰 보유자가 디직스 코어 금본위 플랫폼을 발전시키는 데 직접 영향을 미칠 수 있도록 시스템을 만들어, 공개적이고 투명한 조직을 수립할 것이다. 대신 토큰 소지자는 이더리움 플랫폼에서 매 분기 디직스다오의 디직스 골드(DGX)에 대한 거래 수수료를 청구할 수 있다. MakerDAO, "The Dai Stablecoin System," https://github .com/makerdao/docs/blob/master/Dai.md 참조. (구성원들의 투표로 보호되는 '안전한 코인'을 만드는 탈중앙화된 조직에 대해 기술하고 있다)

40 Ronald Henry Coase, *The Firm, the Market, and the Law* (Chicago: University of Chicago Press, 2012), 46. 인터넷을 통한 커뮤니케이션 비용이 낮아지면서 페이스북, 트위터, 인스타그램, 스냅챗과 같은 대규모 온라인 소셜 네트워크를 만드는 것이 쉬워졌다. 이러한 네트워크는 전 세계 수억 명의 사람들로 이루어져 있으며, 관계를 적극적으로 관리하고 사회적 자본을 창출하는 코드에 의존한다. 인터넷을 만들기 전에는 전 세계의 사람들을 하나의 응집력 있는 네트워크로 연결하는 것이 경제적으로 불가능했다. 그러나 인터넷이 전 세계로 퍼져나가면서 신뢰가 높아짐에 따라 사람들은 네트워크를 통해 다른 사람들과 연결되어 의사소통하는 것에 익숙해졌다. 처음에는 이러한 통신이 친구에게 이메일과 메시지를 보내는 행위처럼 일대일 양자 간에 발생했다. 그러나 시간이 지남에 따라 이러한 관계는 보다 큰 네트워크로 자리 잡으면서 여러 사람들을 연결하고 지리적 경계를 넘어 더 많은 정보 흐름을 가능하게 했다.

41 Luz Lazo, "Some Uber Drivers Say Company's Promise of Big Pay Doesn't Match Reality," *Washington Post*, September 6, 2014, https://www.washingtonpost.com/local/trafficandcommuting/some-uber-drivers-say-companys-promise-of-big-pay-day-doesnt-match-reality/2014/09/06/17f5d82c-224a-11e4-958c-268a320a60ce_story.html.

42 Luz Lazo, "Uber Turns 5, Reaches 1 Million Drivers, and 300 Cities

Worldwide. Now What?," *Washington Post*, June 4, 2015, https://www.washingtonpost.com/news/dr-gridlock/wp/2015/06/04/uber-turns-5-reaches-1-million-drivers-and-300-cities-worldwide-now-what/.

43 Ibid.

44 Robin Hanson, "Shall We Vote on Values, but Bet on Beliefs?," *Journal of Political Philosophy* 21, no. 2 (2013):151–178; Eric Zitzewitz, "Review of *Predictocracy: Market Mechanisms for Public and Private Decision Making* by Michael Abramowicz," *Journal of Economic Literature* 47 (2009): 177–180.

45 Samer Hassan and Primavera De Filippi, "Reputation and Quality Indicators to Improve Community Governance" (2015), https://papers.ssrn.com/sol3/papers.cfm?abstract_id=2725369.

46 Edward G. Amoroso, *Cyber Attacks: Protecting National Infrastructure* (Amsterdam: Elsevier, 2012) (noting recent cyberattacks on banks).

47 Nathaniel Popper, "A Hacking of More than $50 Million Dashes Hopes in the World of Virtual Currency," *New York Times*, June 17, 2016, http://www.nytimes.com/2016/06/18/business/dealbook/hacker-may-have-removed-more-than-50-million-from-experimental-cybercurrency-project.html.

48 Hansmann, Kraakman, and Squire, "Law and the Rise of the Firm."

49 Since 1978, the United States has allowed partnership creditors to lay claim to the partners' personal assets in bankruptcy on equal footing with the partners' personal creditors. See Bankruptcy Reform Act of 1978, Pub. L. No. 95–598, §723, 92 Stat. 2549, 2606–2607 (codified at 11 U.S.C. §723).

50 탈중앙화된 조직은 이론적으로, 적어도 계약 책임의 관점에서는 유한책임 제도를 수립할 수 있다. 동업자, 잠재적 채권자, 여타 다른 거래 당사자 사이에서 이

루어지는 합의, 즉 조직구성원 개인의 개별 자산을 집행할 권리를 미리 포기하거나 제한하는 의사결정을 하는 데 탈중앙화된 조직이 동의를 하는 방식으로 이루어진다. 그러나 블록체인 기반 조직의 운영으로 인해 발생하는 불법행위 책임까지 토큰소지자가 사전 계약을 통해 감면받을 수는 없다. 오늘날 기업의 불법행위에 대한 책임은 본질적으로 사전 합의로 해결되는 것이 아니기에 단지 계약만으로 면제받을 수는 없다.

51 Houman Shabad, "Empowering Distributed Autonomous Companies," Lawbitrage, August 18, 2016, http://lawbitrage.typepad.com/blog/2015/02/empowering-distributed-autonomous-companies.html.

52 30개 주와 콜롬비아 특별 구는 사익과 공익을 추구하는 하이브리드 사업체를 설립할 수 있는 법인법을 제정했다. Benefit Corporation, "State by State Status of Legislation," August 18, 2016, http://benefitcorp.net/policymakers/state-by-state-status 참조.

53 델라웨어, 일리노이, 아이오와, 네바다, 오클라호마, 테네시, 유타를 포함한 많은 주가 유한책임회사를 승인하는 법령을 가지고 있다. See Del. Code Ann. tit. 6, §18–215; 805 Ill. Comp. Stat. Ann.180 / 37–40; Iowa Code Ann. §490A.305; Nev. Rev. Stat. §86.1255; Okla. Stat. Ann. tit. 18, § 2054.4; Tenn. Code Ann. §48–249–309; Utah Code Ann. §48–2c-606.

54 Shabad, "Empowering Distributed Autonomous Companies."

55 Sections 11–16 of the Securities Act of 1933 and §§ 10(b), 12, and 14(a) of the Securities and Exchange Act of 1934; Frank H. Easterbrook and Daniel R. Fischel, "Mandatory Disclosure and the Protection of Investors," *Virginia Law Review* 70 (1984): 669–715

56 예를 들어, 1934년 증권거래법(Securities and Exchange Act of 1934)의 §§13(a)과 15(d)는 법 §12에 따라 등록된 유가증권 발행인이 SEC 규칙이나 규정에서 부합하는 형식의 특정 정보를 제공하도록 요구한다. Harry Heller, "Disclosure Requirements under Federal Securities Regulation," *Business Lawyer* 16

(1961): 300–320 참조.

57 증권법 및 관련 규칙 및 규정에서는 서식(예: 양식 S-1 및 S-3)을 통해 공개 요건을 자세히 설명하고 있다. 이러한 양식은 규정 S-K(S-K) 및 규정 S-X(S-X)에 따라 공개해야 하는 정보를 지정한다. S-K는 주로 텍스트 공개를 다루며 S-X는 재무제표 양식 및 내용을 처리한다. Alison Grey Anderson, "Disclosure Process in Federal Securities Regulation: A Brief Review," *Hastings Law Journal* 25 (1973): 311–354 참조.

58 Ibid.

59 SEC v. Howey, 328 U.S. 293, 298–299 (1946); United Housing Foundation, Inc. v. Forman, 421 U.S. 837, 851 (1975).

60 Williamson v. Tucker, 645 F.2d 404, 422 (5th Cir. 1981); S.E.C. v. Merchant Capital, LLC, 483 F.3d 747, 755 (11th Cir. 2007).

61 Rudy Peter, "SEC Official Says Ethereum Hack Illustrates Blockchain Concerns," *Commodity Market News*, June 20, 2016, http://commodity-market-news.com/sec-official-says-ethereum-hack-illustrates-blockchain-concerns.html.

62 Securities and Exchange Commission, "Report of Investigation Pursuant to Section 21(a) of the Securities and Exchange Act of 1934: The DAO," Release no. 81207, July 25, 2017, https://www.sec.gov/litigation/investreport/34-81207.pdf.

63 J. P. Buntinx, "Daemon Wants to Become a Decentralized Ethereum-Based Smart Darknet Marketplace," *The Merkle*, April 4, 2016, http://themerkle.com/daemon-wants-to-become-a-decentralized-ethereum-based-smart-darknet-marketplace/.

9. 탈중앙화된 자율 조직

1 Meir Dan-Cohen, *Rights, Persons and Organizations* (Berkeley: University of California Press, 1986).

2 이러한 정서는 레이 커즈와일(Ray Kurzweil)에 의해 대중적으로 널리 알려졌다. 그의 주장에 따르면, 초인공지능의 발명이 기술 성장을 폭발적으로 가속화할 것이라는 가설에 상응하는 방향으로 기술이 비약적으로 발전하고 있다고 한다. Ray Kurzweil, Robert Richter, and Martin L. Schneider, *The Age of Intelligent Machines* (Cambridge, MA: MIT Press, 1990); Ray Kurzweil, *The Singularity Is Near: When Humans Transcend Biology* (New York: Penguin, 2005) 참조.

3 John R. Searle, "Is the Brain's Mind a Computer Program," *Scientific American* 262, no. 1 (1990):26–31 (introducing the distinction between "weak" and "strong" AI systems).

4 See Antonio Torralba, Rob Fergus, and William T. Freeman, "80 Million Tiny Images: A Large Data Set for Nonparametric Object and Scene Recognition," *IEEE Transactions on Pattern Analysis and Machine Intelligence* 30, no. 11 (2008): 1958–1970 (describing uses of artificial intelligence to detect patterns in images); Charles Duhigg, "Artificial Intelligence Applied Heavily to Picking Stocks," *New York Times*, November 23, 2006, http://www.nytimes.com/2006/11/23/business/worldbusiness/23iht-trading.3647885.html (describing the use of artificial intelligence to buy and sell stocks); Jatin Borana, "Applications of Artificial Intelligence & Associated Technologies," *in Proceedings of International Conference on Emerging Technologies in Engineering, Biomedicine, Management and Science* (International Journal for Technological Research in Engineering, 2016), 64–67 (describing the use of AI to assist with weather predictions).

5 Dan Frommer, "Apple Is About to Reveal How Serious It Is about Competing with Amazon and Google with AI," *Recode*, June 12, 2016, http://www.recode.net/2016/6/12/11911926/apple-wwdc-siri-keynote-google-alexa. See also Tim Urban, "The AI Revolution: The Road to Superintelligence," *Wait but Why*, January 22, 2015, http://waitbutwhy.com/2015/01/artificial-intelligence-revolution-1.html.

6 Ryan Calo, "The Sorcerer's Apprentice, or: Why Weak AI Is Interesting Enough," Center for Internet and Society, Stanford Law School, August 30, 2011, http://cyberlaw.stanford.edu/blog/2011/08/sorcerers-apprentice-or-why-weak-ai-interesting-enough.

7 Ben Goertzel, *Artificial General Intelligence*, ed. Cassio Pennachin, vol. 2 (New York: Springer, 2007).

8 Nick Bostrom, *Superintelligence: Paths, Dangers, Strategies* (Oxford: Oxford University Press, 2014).

9 Carole Cadwallard, "Are the Robots About to Rise? Google's New Director of Engineering Thinks So … ," *The Guardian*, February 22, 2014, https://www.theguardian.com/technology/2014/feb/22/robots-google-ray-kurzweil-terminator-singularity-artificial-intelligence.

10 John O. McGinnis, "Accelerating AI," *Northwestern University Law Review* 104 (2010):1253–1270.

11 See Bill Joy, "Why the Future Doesn't Need Us," *Wired*, April 1, 2000, http://www.wired.com/wired/archive/8.04/joy.html.

12 Rory Cellan-Jones, "Stephen Hawking Warns Artificial Intelligence Can End Mankind," BBC News, December 2, 2014, http://www.bbc.com/news/technology -30290540. See also Kevin Warwick, *March of the Machines: The Breakthrough in Artificial Intelligence* (Urbana: University of Illinois Press, 2004), 280–303 ("Machines will then become the dominant life form on Earth").

13 Aaron Wright and Primavera De Filippi, "Decentralized Blockchain Technology and the Rise of Lex Cryptographia" (2015), https://papers.ssrn.com/sol3/papers.cfm?abstractid=2580664.

14 Michael del Castillo, "IBM Watson Is Working to Bring AI to the Blockchain," *CoinDesk*, April 5, 2016, http://www.coindesk.com/ibm-watson-artificial-intelligence-blockchain/.

15 Vitalik Buterin, "DAOs, DACs, DAS and More: An Incomplete Terminology Guide," Ethereum (blog), May 6, 2014, https://blog.ethereum.org/2014/05/06/daos-dacs-das-and-more-an-incomplete-terminology-guide/.

16 Owen Holland and Chris Melhuish, "Stigmergy, Self-Organization, and Sorting in Collective Robotics," *Artificial Life* 5, no. 2 (1999):173–202; Marco Dorigo, Eric Bonabeau, and Guy Theraulaz, "Ant Algorithms and Stigmergy," *Future Generation Computer Systems* 16, no. 8 (2000): 851–871.

17 물론 이러한 모든 시스템은 블록체인에 기반한 거래에서 다른 사람이나 조직뿐 아니라 상호 간에 작용할 수도 있다. 서로 다른 에이전트들이 자율 혹은 반자율적인 하나의 생태계에 결합하게 되면 하이브리드 조직의 출현으로 더욱 복잡한 역동성을 창출할 수 있게 된다. 그러한 역동성은 에이전트들이 각각의 개별적인 전략과 기능에 따라 자신의 효용을 극대화하기 위해 행동하면서 실현된다.

18 Simon Barber, Xavier Boyen, Elaine Shi, and Ersin Uzun, "Bitter to Better—How to Make Bitcoin a Better Currency," in *International Conference on Financial Cryptography and Data Security* (Berlin: Springer, 2012), 399–414; Christian Decker and Roger Wattenhofer, "Information Propagation in the Bitcoin Network," in *Thirteenth International Conference on Peer-to-Peer Computing (P2P)* (Piscataway, NJ: IEEE, 2013), 1–10.

19 이러한 선출이 합법적으로 가능한 것인지에 대해 심각한 우려가 제기되었다. 사실 기업지배구조와 관련된 홍콩 법률에 따르면, 회사의 이사는 자연인이거나 특정 상황에서 법인격이 인정되는 비즈니스 조직이어야 한다. 알고리즘은 어느 것에도 해당하지 않았기 때문에 그 벤처캐피털 회사에서 이사를 임명한 것은 아무런 법적 근거도 없이 그저 그럴듯하게 꾸며낸 임명에 불과했다.

20 Simon Sharwood, "Software 'Appointed to Board' of Venture Capital Firm," *The Register*, May 18, 2014, http://www.theregister.co.uk/2014/05/18/software_appointed_to_board_of_venture_capital_firm/.

21 Sherrisse Pham, "Jack Ma: In 30 Years, the Best CEO Could Be a Robot," Technology, CNN, April 24, 2017, http://money.cnn.com/2017/04/24/technology/alibaba-jack-ma-30-years-pain-robot-ceo/.

22 Ibid.

23 See Laurence P. Feldman and Jacob Hornik, "The Use of Time: An Integrated Conceptual Model," *Journal of Consumer Research* 7, no. 4 (1981): 407–419.

24 Bryan D. Jones, *Politics and the Architecture of Choice: Bounded Rationality and Governance* (Chicago: University of Chicago Press, 2001) (사람들은 다양한 방식으로 주변 환경에서 결정에 필요한 정보를 취득하고 검토할 때, 제한된 합리성 때문에 종종 감정과 느낌을 기반으로 의사결정을 내리곤 한다) 참조.

25 Maria Maher and Thomas Andersson,"Corporate Governance: Effects on Firm Performance and Economic Growth"(Paris: OECD, 1999), 5－18.

26 이는 윤리적이고 정치적인 중요한 문제를 제기한다. 경제력을 얻은 탈중앙화된 자율 조직이 기존의 사회적·정치적 가치와 일치하는 방식으로 계속 운영될 수 있도록 보장하려면 어떻게 해야 하는가? 탈중앙화된 자율 조직의 목표가 자체의 효용 기능을 최대화하는 것이라면, 우리는 그러한 조직이 어떻게 인류의 이익을 증진시킬 것이라고 기대할 수 있을까?

27 See John Chipman Gray, *The Nature and Sources of Law* (New York: MacMillan, 1921). Indeed, Shawn Bayern has suggested as much for businesses managed by autonomous software. See Shawn Bayern, "Of Bitcoins, Independently Wealthy Software, and Zero-Member LLC," *Northwestern University Law Review Online* 108 (2014): 257–270.

28 물론 탈중앙화된 자율 조직을 구현하는 개발자는 토큰 소지자와 마찬가지로 기존 규칙 및 규정을 준수하지 않았다는 이유로 기소될 수 있다. 11장에서 이 문제들을 더 자세히 살펴보고자 한다.

29 Klint Finley, "A $150 Million Hack Just Showed that the DAO Was All Too Human," *Wired*, June 18, 2016, https://www.wired.com/2016/06/50-million-hack-just-showed-dao-human/.

10. 사물 블록체인

1 Sergey Lonshakov, "Drone Employee: Field Testing with Ethereum Blockchain Transaction," YouTube, March 6, 2016, https://www.youtube.com/watch?v=V_3rcP2Duv0.

2 Drone Employee, "Drone Employee: Autonomous Technologies for Global Commercial and Civil UAV Vendors," https://github.com/droneemployee.

3 Gartner Group, "Gartner Says 6.4 Billion Connected 'Things' Will Be in Use in 2016, Up 30 Percent from 2015," press release, November 15, 2015, http://www.gartner.com/newsroom/id/3165317; "Cisco Visual Networking Index Predicts Near-Tripling of IP Traffic by 2020," Cisco the Network, June 7, 2016, https://newsroom.cisco.com/press-release-content?type=press-release&articleId =1771211.

4 Karen Rose, Scott Eldridge, and Lyman Chapin, "The Internet of Things:

An Overview," The Internet Society (ISOC), October 2015, http://www.internetsociety.org/sites/default/files/ISOC-IoT-Overview-20151022.pdf.

5 Ryan Matthew Pierson, "IOT and Its Applications: Connecting You're your Home, and Your Town," *ReadWrite*, July 27, 2016, http://readwrite.com/2016/07/27/education-internet-things-applications-pt2/; Jason Wiese, "Making Technology Meaningful: Connecting the Consumer: A CES 2016 Overview," VAB, February 2016,http://www.thevab.com/wp-content/uploads/2016/02/VAB-Whitepaper-Connecting-The-Consumer-2016.pdf.

6 Thomas Halleck, "Audi Self-Driving Car Completes 560-Mile Trip to Las Vegas for CES 2015," *International Business Times*, January 6, 2015, http://www.ibtimes.com/audi-self-driving-car-completes-560-mile-trip-las-vegas-ces-2015-1775446.

7 Molly Mchugh, "Tesla's Cars Now Drive Themselves, Kinda," *Wired*, October 14, 2015, http://www.wired.com/2015/10/tesla-self-driving-over-air-update-live/.

8 Eleni Natsi, "Hands on Future: Many Autonomous Devices, One Brain," Resin.io, October 29, 2015, https://resin.io/blog/hands-on-the-future-autonomous-devices-one-brain/.

9 Geoffrey A. Fowler, "The Lock Has Evolved: Open Doors with Your Phone," *Wall Street Journal*, October 15, 2014, http://www.wsj.com/articles/the-lock-has-evolved-open-doors-with-your-phone-1413291632; The Nest Thermostat, https://nest.com/thermostat/meet-nest-thermostat/.

10 T. J. McCue, "$117 Billion Market for Internet of Things in Healthcare by 2020," *Forbes*, April 22, 2015, http://www.forbes.com/sites/tjmccue/2015/04/22/117-billion-market-for-internet-of-things-in-healthcare-by-2020/#10c1f0fa2471; Jasper Jahangir Mohammed, "Surprise: Agricul-

ture Is Doing More with IoT Innovation than Most Other Industries," *VentureBeat*, July 12, 2014, http://venturebeat.com/2014/12/07/surprise-agriculture-is-doing-more-with-iot-innovation-than-most-other-industries/; Colin Wood, "How Smart and Connected Partnerships Are Improving Your Life," GovTech, April 30, 2015, http://www.govtech.com/fs/How-Smart-and-Connected-Partnerships-are-Improving-Your-Life.html.

11 Eleonora Borgia, "The Internet of Things Vision: Key Features, Applications and Open Issues," *Computer Communications* 54 (2014): 1–31.

12 Ibid.

13 Steve Rangers, "The Internet of Things Is at Risk: Can HyperCat Come to the Rescue?," *ZDNet*, June 27, 2014, http://www.zdnet.com/article/the-internet-of-things-is-at-risk-can-hypercat-come-to-the-rescue/.

14 "Industrial Internet of Things: Unleashing the Potential of Connected Products and Services," World Economic Forum (January 2015), http://www3.weforum.org/docs/WEFUSAIndustrialInternetReport2015.pdf.

15 Steven M. Rinaldi, James P. Peerenboom, and Terrence K. Kelly, "Identifying, Understanding, and Analyzing Critical Infrastructure Interdependencies," *IEEE Control Systems* 21, no. 6 (2001):11–25.

16 Cory Doctorow, "The Problem with Self-Driving Cars: Who Controls the Code?," *The Guardian*, December 23, 2015, https://www.theguardian.com/technology/2015/dec/23/the-problem-with-self-driving-cars-who-controls-the-code; U.S. Federal Trade Commission, "Internet of Things: Privacy and Security in a Connected World," January 2015, https://www.ftc.gov/system/files/documents/reports/federal-trade-commission-staff-report-november-2013-workshop-entitled-internet-things-privacy/150127iotrpt.pdf.

17 David McKinney, "Intel IoT Ecosystem Drives Transaction Innovation at Transact 2016," *IOT@INTEL* (blog), May 19, 2016, https://blogs.intel.com/iot/2016/05/19/intel-iot-ecosystem-drives-transaction-innovation-transact-2016/.

18 Veena Pureswaran and Paul Brody, "Device Democracy: Saving the Future of the Internet of Things," IBM Institute for Business Value Executive Report, January 2015, http://iotbusinessnews.com/download/white-papers/IBM-Saving-the-future-of-IoT.pdf.

19 네덜란드 IT 컨설턴트인 베네딕트 헤뤼덱(Benedikt Herudek)은 2016 사물인터넷 회담에서 "금융 거래를 위한 비트코인과 블록체인 기술을 표시하는 보편성과 보안의 동일한 특성이 사물인터넷 메시지 프로토콜 문제에 적용될 수 있다. 블록체인은 신뢰할 수 있는 중개인을 필요로 하지 않고 업계나 벤더 프로토콜 표준을 사용하지 않고 모든 애플리케이션 간의 메시지를 관리하는 데 사용될 수 있다"고 말했다. Eric Brown, "How Bitcoin's Blockchain Tech Could Aid IOT Interoperability," *LinuxGizmos*, June 9, 2016, http://linuxgizmos.com/how-bitcoins-blockchain-tech-could-aid-iot-interoperability/.

20 Pureswaran and Brody, "Device Democracy."

21 Filament, https://filament.com/; Pete Rizzo, "Filament Nets $5 Million for Blockchain-Based Internet of Things Hardware," *CoinDesk*, August 18, 2016, http://www.coindesk.com/filament-nets-5-million-for-blockchain-based-internet-of-things-hardware/.

22 Norman H. Nie and Lutz Erbring, "Internet and Society," *Stanford Institute for the Quantitative Study of Society* 3 (2000):14–19.

23 Ibid.

24 Slock.It, https://slock.it/;Antonio Madeira, "Slock.it: The 'Lockchain' Technology (Blockchain + IoT)," Coincheck, June 8, 2016, https://coincheck.com/en/blog/1289.

25 Anthony J. Bellia, "Contracting with Electronic Agents," *Emory Law Journal* 50 (2001):1047–1092.

26 Julie R. Caggiano, "Electronic Signatures—Esign of the Times," *Consumer Finance Law Quarterly Report* 56 (2002):142–147.

27 Patricia Brumfield Fry, "Introduction to the Uniform Electronic Transactions Act: Principles, Policies and Provisions," *Idaho Law Review* 37 (2000): 237–274.

28 Glen O. Robinson, "Personal Property Servitudes," *University of Chicago Law Review* 71 (2004):1449–1523.

29 Kirtsaeng v. John Wiley & Sons, Inc., 133 S. Ct. 1351, 1363, 185 L. Ed. 2d 392(2013).

30 See, e.g., the first sale doctrine in the United States (17 U.S.C. 106(3)) and the doctrine of exhaustion in the European Union (Article 6 of the Directive on the Information Society).

31 Pamela Samuelson, "DRM {and, or, vs.} the Law," *Communications of the ACM* 46, no. 4 (2003):41–45.

32 사실 킬 스위치는 자동차 및 여러 장치의 기능을 비활성화하는 데 이미 사용되고 있다. Adekunle Adefemi Adeyemi, B. Adejuyigbe Samuel, Olorunfemi B. Julius, Adeyemi H. Oluwole, and Akinruli Folajimi, "Development of a Software for Car Tracking Device," *Science and Technology* 2, no. 6 (2015):283–297 (discussion of kill switches in cars); William P. Schmitz, Jr., "Fix for the Smartphone Glitch: Consumer Protection by Way of Legislative Kill Switch," *University of Illinois Law Review* 2016 (2016): 285–320 참조. (핸드폰 킬 스위치에 대한 논의와 이를 둘러싼 입법 시도.)

33 Jonathan Zittrain, *The Future of the Internet—and How to Stop It* (New Haven, CT: Yale University Press, 2008).

34 Ibid.

35 이는 DRM 시스템에서 발생하는데, DRM 시스템은 (저작권법에 의거한) 공정 사용의 원칙을 온전히 이해하지 못했다. 단순히 코드로 공식화하기가 너무 어려웠고 충분한 이익을 낼 수 없었기 때문이다. Timothy K. Armstrong, "Digital Rights Management and the Process of Fair Use," *Harvard Journal of Law and Technology* 20 (2006):49–121 참조.

36 소프트웨어를 통합하는 장치의 제작자는 이미 사유재산을 누리는 소비자의 권리에 제한을 가하고 있다. 캐논의 소프트웨어 라이선스는 디지털카메라를 다른 사용자에게 빌려줄 수 없도록 제한한다. 카메라에 연결된 온도조절 장치는 비상업적인 용도로 소유자만 사용할 있다. 구글은 (현재 사용되지 않는 제품들이 있더라도) 재판매를 금지하는 방법으로 구글글래스(Google Glass) 제품에 대한 수요를 유지하기 위해 노력했다. 그러나 대부분의 경우 이러한 라이선스 제한은 강제력이 부족하다. 캐논이나 구글이 이러한 계약 위반에 제제를 가하려고 시도한 사례는 없으며, 구입한 제품과 관련된 라이선스 계약을 실제로 읽는 사람이 거의 없기 때문에 소비자도 이러한 제한을 알지 못할 것이다.

37 리처드 크래스웰(Richard Craswell)에 따르면 "소비자가 각기 다른 판매자들이 제공하는 가격에 대한 완벽한 정보를 가지고 있고 판매자의 표준계약에서 정하는 계약조건상 효과에 대한 완벽한 정보를 갖고 있다 해도, 각각 개별 판매자들과의 실제 계약 조건상의 효과에 대해서는 정보가 없거나 거의 없는 경우에는, 판매자들은 계약 조건의 수준을 낮추고 싶은 유인을 지니게 된다." Richard Craswell, "Taking Information Seriously: Misrepresentation and Nondisclosure in Contract Law and Elsewhere," *Virginia Law Review* 92 (2006): 565–632.

38 Matt Levine, "Blockchain Company's Smart Contracts Were Dumb," *Bloomberg*, June 17, 2016, https://www.bloomberg.com/view/articles/2016-06-17/blockchain-company-s-smart-contracts-were-dumb. 스마트 협약에 관한 논의는 4장 참조.

39 Cass R. Sunstein, "Deciding by Default," *University of Pennsylvania Law Review* 162 (2013):1–57.

40 Robert A. Hillman and Jeffrey J. Rachlinski, "Standard-Form Contracting in the Electronic Age," *New York University Law Review* 77 (2002):429–495 ("여러 소비자가 누적한 총체적 결정은 기업이 표준양식에서 효율적인 계약조건을 제공하도록 압력을 가할 수 있다."); Russell Korobkin, "Bounded Rationality, Standard Form Contracts, and Unconscionability," *University of Chicago Law Review* 70 (2003): 1203 – 1295 ("계약조건을 포함해서 가장 바람직한 제품 패키지가 되도록 판매자들에게 가하는 구매자들의 능력으로 수립된 시장 질서"에 대해서 설명하고 있다)

41 MIT의 연구원인 케이트 달링(Kate Darling)은 "사회적으로 바람직한 행동을 촉진하기 위해 조만간 사회 일각에서는 반려 로봇에게도 법적 보호가 확대되어야 한다는 요구가 나올 것이다. 이런 경우 정치인과 국회의원은 사회적 선호가 반영된 요청을 수용하는 것이 합리적인지 숙고해야 할 것"이라고 말했다. Kate Darling, "Extending Legal Protection to Social Robots: The Effects of Anthropomorphism, Empathy, and Violent Behavior towards Robotic Objects," *IEEE Spectrum*, September 10, 2012, 1–25 참조.

42 David C. Vladeck, "Machines without Principals: Liability Rules and Artificial Intelligence," *Washington Law Review* 89 (2014): 117 – 150 at 120 – 121.

43 예를 들어, UETA는 이러한 가능성에 주목하면서도 더 자율적으로 행동하는 대리인에게도 법령이 적용되는지는 언급하지 않았다. 오히려 UETA는 전자 대리인 제도가 발전하는 것을 고려해서 용어의 정의를 법원의 해석으로 조정할 수 있는 여지를 남겨두었다.

44 U.S. Department of Defense, "Autonomy in Weapon Systems," Directive no. 3000.09 (Arlington, VA: U.S. Department of Defense, 2012), 13–14; Rebecca Crootof, "The Killer Robots Are Here: Legal and Policy Implications," *Cardozo Law Review* 36 (2015): 1837–1915; Michael N. Schmitt, "Autonomous Weapon Systems and International Humanitarian Law: A Reply to the Critics," *Harvard National Security Journal*, (2013), http://harvardnsj.org/2013/02/autonomous-weapon-systems-and-international-humanitarian-law-a-reply-to-the-critics/.

45 Campaign to Stop Killer Robots, http://www.stopkillerrobots.org/the-problem; John Lewis, "The Case for Regulating Fully Autonomous Weapons," *Yale Law Journal* 124 (2015): 1309–1325.

46 Lawrence B. Solum, "Legal Personhood for Artificial Intelligences," *North Carolina Law Review* 70 (1991):1231–1287.

47 European Parliament, Committee on Legal Affairs, "Draft Report, with Recommendations to the Commission on Civil Law Rules on Robotics," May 31, 2016, http://www.europarl.europa.eu/sides/getDoc.do?pubRef=-//EP//NONSGML%2BCOMPARL%2BPE-582.443%2B01%2BDOC% 2BPDF%2BV0//EN.

48 대안으로 정부는 이러한 장치로 인한 잠재적 피해를 충당하기 위해 자율 장치에 사용되는 제품이나 서비스를 제조하는 업체에 대해 의무적으로 보험제도를 마련해야 할 수도 있다.

Part 5 탈중앙화된 블록체인 기반 시스템의 규제

11. 규제의 방식

1 Lawrence Lessig, *Code: And Other Laws of Cyberspace* (New York: BasicBooks, 1999).

2 Ibid.

3 Kenworthey Bilz and Janice Nadler, "Law, Moral Attitudes, and Behavioral Change," in *Oxford Handbook of Behavioral Economics and the*

Law, ed. Eyal Zamir and Doron Teichman (Oxford: Oxford University Press, 2014), 241–267. Previously published as Northwestern Research Paper No. 13–25 (2013). Available at http://ssrn.com/abstract=2292051.

4 Ibid.

5 Lessig, *Code*, 123.

6 Ibid.

7 Thomas Hobbes, *Leviathan or The Matter, Forme and Power of a Common Wealth Ecclesiasticall and Civill*, ed. Ian Shapiro (New Haven, CT: Yale University Press, 2010).

8 예를 들어 비트코인 블록체인을 살펴보면, 일부 거래들은 동일한 비트코인 계정과 연결할 수 있거나 의심스러운 행위(일례로 여러 개의 어림수로 된 거래가 같은 계정에서 유래하면 지급 금액이 분할되었다가 나중에 합쳐질 가능성을 짐작케 함) 때문에 식별될 가능성이 있다. 네트워크 참여자들의 IP주소와 같은 공개된 정보 또는 형사 조사나 민사 소송에서 알게 된 정보와 결합하면, 이러한 기술들을 통해 계정주를 식별할 수 있게 된다. 회사나 정부 기관을 위해 잠재적으로 자금 세탁 또는 조세 회피에 연관된 계좌를 추적하고, 모든 거래 내역을 획득하는 서비스 등을 제공하는 곳들은 이미 존재하며 이는 검찰 기소를 용이하게 한다. 소위 *블록체인 탐험가*(*blockchain explorers*)라고 불리는 곳들은 블록체인 거래에 대한 실시간 정보 및 연혁적 정보를 사용하기 쉬운 형식으로 제공한다. 이러한 애플리케이션들은 블록체인을 인터넷 브라우저를 통해 검색하는 기능을 제공하여 사용자들은 쉽게 비트코인 계좌잔고 및 거래내역에 대한 정보를 열람하고 검증할 수 있다. 이들은 또한 "평판분석(taint analysis)"을 실시하여 믹싱서비스(자금의 원천을 파악할 수 없도록 자금을 혼합하거나 흐름을 교란시킴_옮긴이 주)를 거쳤을 가능성도 평가한다. 이외에 가상화폐 거래 전체를 도식화하여 불법행위에 가담하는 핵심 행위자를 식별하기 쉽게 해주는 등의 서비스도 존재한다. Blockchain.info, https://blockchain.info/; BlockExplorer, https://blockexplorer.com/; Blockr, https://blockr.io/ 참조.

9 사용자들간 익명 거래가 가능하도록 노심초사했던 실크로드 마켓플레이스조차도 궁극적으로는 실패할 수밖에 없었는데, 조직의 핵심인 로스 울브리히트(Ross Ulbricht)가 해당 사이트에서 비트코인을 인출하는 것을 끝내 숨기지 못했기 때문이다. 법집행당국은 거래들을 식별하여 울브리히트의 컴퓨터를 압수한 후, 블록체인을 이용하여 울브리히트가 실크로드 서비스 운영에 관여했다는 것을 입증해냈고 실크로드를 폐쇄하였다. Andy Greenberg, "Prosecutors Trace $13.4M in Bitcoins from the Silk Road to Ulbricht's Laptop," *Wired*, January 29, 2015, http://www.wired.com/2015/01/prosecutors-trace-13-4-million-bitcoins-silk-road-ulbrichts-laptop/ 참조. 인터넷 창업자인 에릭 부어히스(Erik Vorhees) 또한 비슷한 운명에 처했다. 부어히스는 비트코인 관련 스타트업 회사인 사토시다이스(SatoshiDICE) 및 피드지버즈(Feed-ZeBirds)에 대한 투자설명서를 인터넷에 올리고 적극적으로 투자자 모집을 하였으나 이를 미국 증권법에 따라 미국 SEC에 등록하는 것을 누락하였다. 투자자들은 비트코인으로 지분을 구매했지만, 미국 SEC가 이러한 공모사실을 알게 되자 부어히스에 대해 소송을 제기했고 이러한 공모 행위를 불허했다. "SEC Charges Bitcoin Entrepreneur with Offering Unregistered Securities," Securities and Exchange Commission, June 3, 2014, https://www.sec.gov/News/PressRelease/Detail/PressRelease/1370541972520 참조.

10 Ben Depoorter and Sven Vanneste, "Norms and Enforcement: The Case against Copyright Litigation," *Oregon Law Review* 84 (2005): 1127–1179 참조 (개별 침해자들에 대한 대량 소송의 효과는 미미하다고 주장; 즉, 음반회사들의 법적 징계는 파일공유를 막거나 줄이지 못했다. 반대로, 초기에 제기된 소송들은 저작권 제도에 대한 사회적 · 문화적 반감을 불러일으켜 그 이후 저작권 파일의 공유는 오히려 증가했다.) 몇몇 국가들은 정부가 개인 간의 커뮤니케이션을 모니터링할 수 있는 대량 감시 기술을 합법화하는 법을 제정하였다. 예컨대, 2015년 4월에 통과된 프랑스의 정보법(Loi sur le Renseignement)은 정부가 블랙박스라 불리는 모니터링 장치를 정보통신사업자들의 기반시설에 설치하여

인터넷에 연결된 모든 장치의 커뮤니케이션에 접근할 수 있도록 하는 법적 체계를 마련하였다. 이러한 법들은 대체로 시민사회의 큰 불만을 가져왔다.

11 어느 시점에 가서는 하나의 인공지능 시스템이 다른 인공지능 시스템에 자금을 투입하게 됨으로써, 이러한 접근방식의 효과를 약화시킬 것이다. Jean Frau, "French Senate Formally Votes Intelligence Bill," *Internet Policy Review*, June 9, 2015, https://policyreview.info/articles/news/french-senate-formally-votes-intelligence-bill/368 참조.

12 Jonathan Zittrain, "Internet Points of Control," *Boston College Law Review* 44 (2003):653–688.

13 Sanja Kelly and Sarah Cook, "Freedom on the Net 2011: A Global Assessment of Internet and the Digital Media," Freedom House, April 18, 2011, https://freedomhouse.org/sites/default/files/FOTN2011.pdf. See also Jonathan Zittrain, "China and Internet Filters," *Nieman Reports*, June 15, 2004, http://niemanreports.org/articles/china-and-internet-filters/. 중국만 유일하게 인터넷사업자(ISP)를 압박하는 것은 아니다. 사우디아라비아, 이란, 러시아 및 시리아를 비롯한 다른 국가들도 자국내의 정보를 검열하기 위해 비슷한 전략을 취하고 있다. FreedomHouse, "Freedom of the Net 2016: Syria," https://freedomhouse.org/report/freedom-net/2016/syria; FreedomHouse, "Freedom of the Net 2016: Iran," https://freedomhouse.org/report/freedom-net/2016/iran; FreedomHouse, "Freedom of the Net 2016: China," https://freedomhouse.org/report/freedom-net/2016/china; FreedomHouse, "Freedomof the Net 2016: Russia," https://freedomhouse.org/report/freedom-net/2016/russia 참조. 심지어 독일과 같은 서구의 민주주의 국가도 자국 내 인터넷사업자(ISP)들이 불법파일공유 사이트를 검열케 하고 나치 프로파간다가 포함된 미국 웹사이트들을 차단하도록 한다. "Haftung für rechtswidrige Inhalte fraglich," *Heise Online*, October 15, 2001, http://www.heise.de/newsticker/data/hod-15.10.01-000/(이와 관련

된 독일의 첫 번째 판결에 대한 독일어 해설); "Heise: Dusseldorf Arranges Immediate Blockage of Nazi Websites," Vigilant.tv, September 13, 2002, http://vigilant.tv/article/2162 (독일 법원에서 두 번째로 내려진 차단 명령에 대한 해설) 참조.

14 인터넷사업자를 통해서만 인터넷에 접근을 할 수 있는 시대는 향후에 사라질 수도 있다. 메쉬네트워크가 개시되면, 인터넷사업자들은 사실상 탈중앙화될 것이고 여기서 논의한 규제 방식은 더 실행하기 어려워질 것이다. 오늘날 인터넷은 중앙화된 인터넷사업자들을 통해 라우팅 되지만, 메쉬네트워크의 경우, 중앙화된 인터넷사업자 없이 사용자들이 직접 네트워크 라우팅에 연결된다. Ashish Raniwala and Tzi-cker Chiueh, "Architecture and Algorithms for an IEEE 802.11-Based Multi-channel Wireless Mesh Network," in *Proceedings of the 24th Annual Joint Conference of the IEEE Computer and Communications Societies*, ed. Kia Makki and Edward Knighly, vol. 3 (Piscataway, NJ: IEEE, 2005), 2223–2234 참조.

15 예컨대 인터넷사업자(ISP)는 심층패킷분석을 실시할 수 있다. 그들은 인터넷에 라우팅하는 정보를 검토할 수 있으며 특정 정보가 식별되면, 그 정보를 다시 라우팅하거나 검열할 수 있다. 다음 예시 참조. Sarang Dharmapurikar, Praveen Krishnamurthy, Todd Sproull, and John Lockwood, "Deep Packet Inspection Using Parallel Bloom Filters," in *Proceedings of the 11th Symposium on High Performance Interconnects* (Piscataway, NJ: IEEE, 2003), 44–51.

16 비트토렌트(BitTorrent) 프로토콜을 차단한 경우와 같이, 인터넷사업자들이 인터넷 통신을 차단한 선례가 있다. Peter Svensson, "Comcast Blocks Some Internet Traffic," NBC News, October 19, 2007, http://www.nbcnews.com/id/21376597/ns/technologyandscience-internet/t/comcast-blocks-some-internet-traffic/ 참조 ("모든 통신을 평등하게 취급해야 한다는 전통에 반하여, 콤캐스트는 초고속 인터넷 사용자들이 파일을 온라인으로 공유하려는 시도

를 적극적으로 방해하고 있다").

17 토르는 익명성에 중점을 두기 때문에, 사용자가 정확히 몇 명인지 파악하기 어렵다. 다만, 사용에 대한 통계는 토르의 온라인 메트릭 포털(https://metrics.torproject.org/)에서 열람 가능하다.

18 오늘날 실제로 주요 게시자에 대한 인터넷 통신량의 70퍼센트가 페이스북이나 구글에서 나오고 있다. Martin Beck, "For Major Publishers, Facebook Referral Traffic Passes Google Again," *Marketingland*, August 17, 2015, http://marketingland.com/for-major-publishers-facebook-referral-traffic-passes-google-again-138969 참조.

19 다시 말하자면, 이러한 현상은 불법 저작권 관련 웹사이트에서 이미 일어나고 있다. Christian Bautista, "Google Search Algorithm Changes Demote Piracy Sites from Page Rankings," *Tech Times*, October 22, 2014, http://www.techtimes.com/articles/18334/20141022/google-search-algorithm-changes-demote-piracy-sites-from-page-rankings.htm (구글이 "저작권자들을 만족시키기 위하여 저작권법을 위반한 웹사이트들은 검색 결과에서 삭제할 예정이다"라고 보도) 참조.

20 Russell Brandom, "Appeals Court Reopens Google's Fight with MPAA-Backed Attorney General," *The Verge*, April 11, 2016, http://www.theverge.com/2016/4/11/11409922/appeals-court-mpaa-google-lawsuit-jim-hood-goliath.

21 Megan Cristina, "Fighting Abuse to Protect Freedom of Expression," Twitter, December 30, 2015, https://blog.twitter.com/2015/fighting-abuse-to-protect-freedom-of-expression-au.

22 Andrew L. Shapiro, "Digital Middlemen and the Architecture of Electronic Commerce," *Ohio Northern University Law Review* 24 (1998):795–812.

23 Derek Bambauer, "Middleman," *Florida Law Review Forum* 65 (2013):1–4.

24 Ibid.

25 "A Major Coinbase Milestone: 1 Million Consumer Wallets," Coinbase, February 27, 2014, https://blog.coinbase.com/2014/02/27/a-major-coinbase-milestone-1-million-consumer/.

26 이러한 거래소의 예로는 비트피넥스가 있다. 비트피넥스는 최근 30일 동안 백만 비트코인 넘게 거래를 하여 거래량이 몇백만 달러를 넘어섰다. Yessi Bellow Perez, "Bucks to Bitcoin: Top Exchange Platform Fees Compared," *CoinDesk*, February 24, 2015, http://www.coindesk.com/bucks-to-bitcoin-top-exchange-platform-fees-compared/ (비트피넥스가 1,557,657비트코인을 지난 30일간 거래했다고 언급) 참조.

27 2013년 중반부터, 연방 정부는 가상화폐를 거래하거나 전송하는 업체들을 단속하기 시작했다. 금융범죄 단속 네트워크(FinCen)는 비트코인 및 다른 가상화폐들이 BSA요건을 따라야 한다는 내용의 가이드라인을 발표하였다. 규제당국은 가상화폐를 달러나 다른 통화로 교환하는 업자는 BSA요건에 따라야 하지만, 가상화폐를 자신의 계정에 보유하거나 가상화폐를 채굴하는 개인이나 회사는 BSA의 적용을 받지 않는다고 발표하였다. 이러한 발표 이후, 가상화폐 중개자에 대한 단속을 여러 번 진행하면서 가상화폐 사업자들의 BSA 준수를 장려하였다. 특히 주목할 만한 사건은 자금세탁방지제도 부재, 고객에 대한 정보 수집 불충분, 의심스러운 거래 미보고를 이유로 리플에 과태료를 부과한 것이다. 그 결과, 리플은 70만 달러가 넘는 과태료를 지급하고 지난 3년간 활동을 되돌아보는 검사(look-back)를 실시하여 의심스러운 거래를 식별하고 외부 감사인을 고용하여 BSA 준수를 2020년까지 2년마다 검토하는 등의 개선책을 도입해야 했다. 법규 준수를 위해 리플은 네트워크상의 거래를 모니터할 수 있는 특수한 소프트웨어를 개발하여 실행하고 있다. U.S. Department of the Treasury, Financial Crimes Enforcement Network, "FinCen Fines Ripple Labs Inc. in First Civil Enforcement Action against a Virtual Currency Exchanger," May 5, 2015, https://www.fincen.gov/news/news-releases/fincen-fines-ripple-

labs-inc-first-civil-enforcement-action-against-virtual 참조.

28 New York State Department of Financial Services, Title 23, Chapter 1, Part 200—Virtual Currencies, http://www.dfs.ny.gov/legal/regulations/adoptions/dfsp200t.pdf. Tara Mandjee, "Bitcoin, Its Legal Classification and Its Regulatory Framework," *Journal of Business and Securities Law* 15, no. 2 (2014): 1–66 참조.

29 앞에서도 살펴보았듯이, 탈중앙화된 네트워크에서 프로토콜 변경에 대한 합의를 도출하는 것은 상당히 어렵다. 이는 2017년 8월 1일 일어난 비트코인 포크에서도 드러나는데, 이를 위해 지난 몇 년간 비트코인 커뮤니티에서 확장성에 대해 오랜 기간 동안 논란이 있었다. Primavera De Filippi and Benjamin Loveluck, "The Invisible Politics of Bitcoin: Governance Crisis of a Decentralized Infrastructure," *Internet Policy Review* 5, no. 3 (2016): 1–28 참조.

30 채굴 조합이란 채굴자들이 자원을 서로 모아서 해쉬파워를 공유하고 그 성과를 블록을 해결하기 위해 투입한 지분에 따라 분배하는 방식을 의미한다. 2장 참조.

31 Blockchain .info, "Hashrate Distribution," https://blockchain.info/pools; Etherscan, "Ethereum Top 25 Miners by Blocks," https://etherscan.io/stat/miner?range=7&blocktype =blocks.

32 Lawrence B. Solum and Minn Chung, "The Layers Principle: Internet Architecture and the Law," *Notre Dame Law Review* 79 (2004): 815–948.

33 Linda Rosencrance, "Melissa Virus Creator Sentenced to 20 Months in Prison," *ComputerWorld*, May 1, 2002, http://www.computerworld.com/article/2575637/security0/melissa-virus-creator-sentenced-to-20-months-in-prison.html.

34 Jaime Holguin, "'Melissa' Creator Gets 2nd Jail Term," CBS News, May 1, 2002, http://www.cbsnews.com/news/melissa-creator-gets-2nd-jail-term/.

35 896 F .2d 1183 (9th Cir. 1990). 또한 법원은 조세회피, 마약 제조, 청부살인 그리

고 복제방지 기술을 우회하는 것과 관련된 표현은 수정헌법 제1조에 명시된 표현의 자유에 대한 보호 대상이 아니라고 판시했다. Eugene Volokh, "Crime-Facilitating Speech," *Stanford Law Review* 57 (2005): 1095–1222 참조.

36 예를 들면, 1970년 직업안전 및 보건행정법(Occupational Safety and Health Administration Act of 1970 (OSHA)), 2002년 국토안전 및 애국자법(Homeland Security and Patriot Act of 2002 (HSA)), 1970년 대기관리법(Clean Air Act of 1970) 및 1972년 수질오염관리법(Federal Water Pollution Control Act of 1972).

37 Harold Abelson, Ross Anderson, Steven M. Bellovin, Josh Benaloh, Matt Blaze, Whitfield Diffie, John Gilmore, Matthew Green, Susan Landau, Peter G. Neumann, Ronald L. Rivest, Jeffrey I. Schiller, Bruce Schneier, Michael A. Specter, and Daniel J. Weitzner, "Keys under Doormats: Mandating Insecurity by Requiring Government Access to All Data and Communications," *Communications of the ACM* 58, no. 10 (2015): 24–26.

38 Stephen Levy, "Battle of the Clipper Chip," *New York Times*, June 12, 1994, http://www.nytimes.com/1994/06/12/magazine/battle-of-the-clipper-chip.html?pagewanted=all.

39 4장 참조.

40 이러한 현상을 암호경제(cryptoeconomics)라고 칭하기도 한다. Noah Thorp, "How Society Will Be Transformed by CryptoEconomics," *Medium*, May 18, 2015, https://medium.com/@noahthorp /how-society-will-be-transformed-by-crypto-economics-b02b6765ca8c#.o7svfgl76; Vitalik Buterin, "Cryptoeconomic Protocols in the Context of Wider Society, Part 1," YouTube, October 7, 2014, https://www.youtube.com/watch?v=S47iWiKKvLA 참조.

41 Michael P. Dooley, David Folkerts-Landau, and Peter Garber, "The Revived Bretton Woods System: The Effects of Periphery Intervention and Reserve Management on Interest Rates & Exchange Rates in Center

Countries," NBER Working Paper no. W10332 (Cambridge, MA: National Bureau of Economic Research, 2004).

42 Lessig, *Code*, 1.

43 Nick Szabo. "Money, Blockchains, and Social Scalability," Unenumerated, February 9, 2017, http://unenumerated.blogspot.fr/2017/02/money-blockchains-and-social-scalability.html.

44 De Filippi and Loveluck, "The Invisible Politics of Bitcoin."

45 Ian Miers, Christina Garman, Matthew Green, and Aviel D. Rubin, "Zerocoin: Anonymous Distributed E-cash from Bitcoin," in *2013 IEEE Symposium on Security and Privacy* (SP), ed. Robin Sommer (Piscataway, NJ: IEEE, 2013), 397–411; Shen Noether, "Ring Signature Confidential Transactions for Monero," *IACR Cryptology ePrint Archive* 2015 / 1098 (2015): 1–34

46 Peter Smith and Kristov Atlas, "A Brief History of Bitcoin Forks," Blockchain.com, February 26, 2016, https://blog.blockchain.com/2016/02/26/a-brief-history-of-bitcoin-forks/. 2017년 7월 20일, 비트코인은 비트코인개선안 91(SegWit2x)을 실행하기 위해 비트코인 블록체인을 포크하였다. 비트코인개선안 91(SegWit2x)은 비트코인 네트워크 해쉬 파워의 80퍼센트가 넘는 지지를 받았다. 이는 SegWit 확장성솔루션의 첫 단계로 비트코인 블록의 크기가 1메가바이트에서 2메가바이트로 증가하게 된다. Luke Graham, "Bitcoin Soars as Miners Finally Move to Solve the Digital Currency's Scaling Problem," CNBC, July 17, 2017, https://www.cnbc.com/2017/07/18/bitcoin-soars-as-miners-move-to-solve-the-digital-currency-scaling-problem.html 참조.

47 Joon Ian Wong, "Everything You Need to Know about the Ethereum 'Hard Fork,' " Qz .com, July 18, 2016, https://qz.com/730004/everything-you-need-to-know-about-the-ethereum-hard-fork/.

48 이 개입으로 이더리움 커뮤니티가 분열된 것은 주목할 만하다. 즉, 피해복구를

위해 커뮤니티가 개입할 수 있다고 믿는 자들과 블록체인의 운영은 변경되어서는 안 된다는 자들이 대립하였고, 이러한 불변성을 지지하는 자들은 이더리움 클래식이라는 블록체인을 만들었다. Ethereum Classic, https://ethereumclassic.github.io/ 참조.

49 예컨대, 이는 블록체인 기반 금융 애플리케이션에서는 이미 제안됐다. Julie A. Maupin, "Blockchains and the G20: Building an Inclusive, Transparent and Accountable Digital Economy," Center for International Governance Innovation Policy Brief no. 101 (Waterloo: Center for International Governance Innovation, March 2017) 참조.

50 예컨대, 불법적인 목적으로 사용되는 것을 방지하기 위해 인터넷사업자(ISP)나 TCP/IP 스택에서 작동하는 다른 중개자들을 통해 검열 또는 접근을 차단하도록 규제하는 행위는 블록체인 기반의 혁신을 저해할 뿐만 아니라 망중립성 원칙의 명백한 위반이다. 망중립성에 따르면, 정보통신사업자 또는 인터넷사업자는 원천, 목적지, 인터넷 통신의 종류에 따라 패킷을 차단할 수 없다.

51 Jerome H. Saltzer, David P. Reed, and David D. Clark, "End-to-End Arguments in System Design," *ACM Transactions on Computer Systems (TOCS)* 2, no. 4 (1984): 277–288.

52 Ibid.

53 Written Ex Parte of Professor Mark A. Lemley and Professor Lawrence Lessig, in re Application for Consent to the Transfer of Control of Licenses from MediaOne Group, Inc. to AT&T Corp., CS Docket No. 99–251, http://cyber.law.harvard.edu/works/lessig/filing/lem-les.doc.html.

54 Lawrence Lessig, *The Future of Ideas: The Fate of the Commons in a Connected World* (New York: Random House, 2001), 34–35; Yochai Benkler, "From Consumers to Users: Shifting the Deeper Structures of Regulation toward Sustainable Commons and User Access," *Federal Communications Law Journal* 52 (2000): 561–579; Brett Frischmann and Mark A.

Lemley, "Spillovers," *Columbia Law Review* 107 (2007): 257–270; Mark Lemley and Lawrence Lessig, "The End of End-to-End: Preserving the Architecture of the Internet in the Broadband Era," *UCLA Law Review* 48 (2001): 925–972; Philip J. Weiser, "Law and Information Platforms," *Journal on Telecommunications and High Technology Law* 1 (2002): 1–35; Kevin Werbach, "Breaking the Ice: Rethinking Telecommunications Law for the Digital Age," *Journal on Telecommunications and High Technology Law 4* (2005): 59–95; Tim Wu, "The Broadband Debate: A User's Guide," *Journal on Telecommunications and High Technology Law* 3 (2004): 69–95; Tim Wu, "Network Neutrality: Broadband Discrimination," *Journal on Telecommunications and High Technology Law* 2 (2003): 141–178.

55 Frischmann and Lemley, "Spillovers."

56 Ibid., 294.

57 채굴자들이 가격에 따른 차별을 한다는 점은 주목할 만하다. 네트워크 참여자 중 하나가 채굴자에게 더 비싼 수수료를 지급할 용의가 있다면, 네트워크에서 그 거래가 처리될 가능성이 높아진다.

58 Wu, "Network Neutrality: Broadband Discrimination."

59 A. M. Antonopoulos, "Bitcoin Neutrality," Bitcoin 2013 Conference, May 18, 2013, San Jose, CA," YouTube, June 10, 2013, https://www.youtube.com/watch?v=BT8FXQN-9-A.

60 Jay P. Kesan and Rajiv C. Shah, "Shaping Code," *Harvard Journal of Law and Technology* 18 (2005):319–399.

61 Digital Millennium Copyright Act, 17 U.S.C. § 1201(a)(1) (2000).

62 See Requirement for Manufacture of Televisions That Block Programs, 47 U.S.C. § 303(x) (2000).

63 J. M. Balkin, "Media Filters, the V-Chip, and the Foundations of Broadcast Regulation," *Duke Law Journal* 45 (1996):1131–1175.

64 Kesan and Shah, "Shaping Code."

65 예를 들면, 1934년 국가화기법(National Firearms Act of 1934 (NFA)), 1938년 연방화기법(Federal Firearms Act of 1938 (FFA)), 1968년 포괄범죄규제 및 안전한 거리법(Omnibus Crime Control and Safe Streets Act of 1968), 1968년 총기규제법(Gun Control Act of 1968 (GCA)), 1986년 화기소지자보호법(Firearm Owners Protection Act of 1986 (FOPA)), 1998년 불감지화기법(Undetectable Firearms Act of 1988), 1990년 학교보호구역내총기금지법(Gun-Free School Zones Act of 1990), 1993년 브래이디 권총폭력예방법(Brady Handgun Violence Prevention Act of 1993) 및 2005년 합법적 무기 상거래보호법(Protection of Lawful Commerce in Arms Act of 2005).

66 German Lopez, "America's Gun Problem, Explained," Vox, July 25, 2016, http://www.vox.com/2015/10/3/9444417/gun-violence-united-states-america.

12. 법으로서의 코드

1 Julia Black, "Decentering Regulation: Understanding the Role of Regulation and Self-Regulation in a 'Post-Regulatory' World," *Current Legal Problems* 54, no. 1(2001): 103on: U

2 시장 및 규제 양자 공히 특정한 활동에 대하여 일정한 보상구조를 작동시킴으로써 보상이나 제재를 부과할 수 있다. 일반적으로 규제의 맥락에서는 보상보다는 제재가 효과적인데, 그럼에도 불구하고 제재는 법 준수를 증진시키기 위해 활용될 수 있다. John Braithwaite, "Rewards and Regulation," *Journal of Law and Society* 29, no. 1 (2002):121 L 참조.

3 법은 사람들로 하여금 특정한 방향이나 그와 다른 방향으로 행동하기 위한 인센

티브를 제공하기 위해 보상 및 제재 시스템에 의존하고 있다. 보상 및 제재 시스템이 사람들의 행동에 어떤 영향을 미칠 수 있는지에 대한 실증적 분석은 James Andreoni, William T. Harbaugh, and Lise Vesterlund, "The Carrot or the Stick: Rewards, Punishments and Cooperation," University of Oregon Department of Economics Working Paper no. 2002Departmen 참조.

4 Deborah G. Johnson, *Computer Ethics: The Philosophy of Computing and Information* (Englewood Cliffs, NJ: Prentice-Hall, 1985), 65.

5 Yochai Benkler, "Networks of Power, Degrees of Freedom," *International Journal of Communication* 5 (2011):721–755 (인터넷과 디지털 기술은 새로운 종류의 자유, 그리고 개인의 행동을 특정한 기술체계에 맞추도록 하는 새로운 권력의 원천을 창설해 냈다고 주장하고 있다) 참조.

6 Jay P. Kesan and Rajiv C. Shah, "Setting Software Defaults: Perspectives from Law, Computer Science and Behavioral Economics," *Notre Dame Law Review* 82 (2006): 583 Revi

7 실제로 기술은 기존 법규칙을 적용하기 위한 방법으로 사용되거나 — 예컨대 저작권 라이선스 조항이 포함되어 있는 복제 방지 메커니즘 — 사람들이 법에서 예정하는 범위를 넘어 기술적인 시스템과 상호작용하는 것에 대한 추가적인 제한을 도입하는 수단으로 사용될 수 있는데, 가령 저작권 보호를 받는 저작물의 정당한 사용에 대해 일정한 제한을 부과하는 디지털 방식의 권리 관리시스템이 그 예다. Julie E. Cohen, "Copyright and the Jurisprudence of Self-Help," *Berkeley Technology Law Journal* 13 (1998):1089–1143 참조.

8 Lawrence Lessig, "The Code Is the Law," *The Industry Standard*, April 9, 1999, http://tech-insider.org/berkman-center/research/1999/0409.html.

9 Charles Clark, "The Answer to the Machine Is the Machine," in *The Future of Copyright in a Digital Environment: Proceedings of the Royal Academy Colloquium*, ed. Bernt Hugenholtz (The Hague: Kluwer Law International, 1996): 139–145 at 139.

10 Primavera De Filippi and Samer Hassan, "Blockchain Technology as a Regulatory Technology: From Code Is Law to Law Is Code," *First Monday* 21, no. 12 (2016): 1–12.

11 예컨대, 플로리다주의 자동화된 공공 수당 시스템(ACCESS로 알려져 있다)은 수당을 받을 자격이 있는 근로자에게 적격 여부 및 수당 결정액을 권고하며, 이와 같은 컴퓨터의 결정을 해당 근로자가 최종적으로 마무리 짓게 된다. Danielle Keats Citron, "Technological Due Process," *Washington University Law Review* 85 (2007):1249–1313.

12 Susannah Z. Figura, "Where's Dad?," *Government Executive* 30, no. 12 (1998): at para 12, http://www.govexec.com/magazine/1998/12/wheres-dad/6217/ 참조.

13 예컨대 Community Service Society, "Benefits Plus SNAP Calculator," http://bplc.cssny.org/benefittools/snapcalculator (뉴욕 주에서 수당 산정시 계산기를 활용하고 있음) 참조.

14 Justin Florence, "Making the No Fly List Fly: A Due Process Model for Terrorist Watchlists," Yale Law Journal 115 (2006): 2148–2181.

15 Joel R. Reidenberg, "Lex Informatica: The Formulation of Information Policy Rules through Technology," *Texas Law Review* 76 (1997): 553–584 (기술이 어떻게 개인의 행동을 규제하기 위한 법 영역 밖의 도구가 될 수 있는지, 그리고 이와 같은 기술의 실질적인 내용은 법적 해석이나 판례법보다는 기술적인 능력을 통해 정의된다는 점을 설명하고 있다) 참조.

16 Bibel L. Wolfgang, "AI and the Conquest of Complexity in Law," *Artificial Intelligence and Law* 12, no. 3 (2004):159–180 (법의 일부 복잡한 부분은 일련의 조건문으로 형식화되기 어렵고, 대신 고급의 AI 시스템이 필요하다고 주장하고 있다). 또한 Andre Valente and Jost Breuker, "A Functional Ontology of Law," in *Towards a Global Expert System in Law*, ed. S. Binazzi and G. Bargellini (Amsterdam: Onderzoeksinstituut Psychologie, University of Amsterdam, 1994), 201–212 (기능적 온톨로지 접근법을 사용하여 일정한 법적 규칙에 대한 지식표현(knowledge representation)을 어떻게 달성할 수 있는지 설명하고 있다) 참조.

17 그러나 설령 법 규정이 명확하고 컴퓨터 코드로 바꾸는 것이 쉬운 것처럼 보이는 경우에도, 법 규정을 기술적 시스템의 구조에 끼워 넣는 것은 언제나 — 일정 부분에서는 — 해당 법 규정의 성격과 적용 범위를 왜곡하는 효과가 있다는 점을 지적해 둘 필요가 있다. Pamela Samuelson, "DRM {and, or, vs.} the Law," *Communications of the ACM* 46, no. 4 (2003):41–45 (저작권법 조항들을 기술적인 보호 장치에 넣는 것이 얼마나 쉽지 않은지 설명하고 있다) 참조.

18 Hsinchun Chen, Roger H. L. Chiang, and Veda C. Storey, "Business Intelligence and Analytics: From Big Data to Big Impact," *MIS Quarterly* 36, no. 4 (2012): 1165–1188; Xindong Wu, Xingquan Zhu, Gong-Qing Wu, and Wei Ding, "Data Mining with Big Data," *IEEE Transactions on Knowledge and Data Engineering* 26, no. 1 (2014): 97–107; Ian H. Witten and Eibe Frank, *Data Mining: Practical Machine Learning Tools and Techniques* (Amsterdam: Morgan Kaufmann, 2005).

19 잠재적으로 문젯거리가 될 수 있겠지만 개인 맞춤형 법 규칙들은 일련의 편익을 가져올 수 있으며, 여기에서 언급해 둘 만한 가치가 있다. 정말 제대로 설계되었을 경우, 사람들의 현재와 과거 행동에 따라 각 사람에 대해 서로 다른 규칙을 적용할 수 있는 능력은, 개인의 자유를 불필요하게 침해하지 않으면서 공공질서를 유지하기 위한 목적으로 사람들을 차별하는 것을 가능하게 한다. 모든 사람에게 동일하게 적용되는 법을 만드는 대신, 코드에 기반한 규칙은 각 시민의 프로필에 맞게 자동적으로 조정됨으로써 "선량한 시민(good citizen)"의 자격을 갖춘 개인들의 자유를 증대시키는 동시에 사회에 위협이 될 수 있는 개인들의 자유를 제한하는 시스템을 만들 수 있다. 예컨대 모든 사람이 동일한 제한속도를 적용받는 대신, 수년간 교통사고를 전혀 내지 않은 운전자는 여러 번의 사고를 낸 운전자(이들은 평균적인 운전자보다 느린 속도로 운전해야 하는 제약을 받게 된다)보다 빠른 속

도로 운전할 수 있게 된다. 이는 결국 사람들의 "옆구리를 살짝 찌르는(nudging)" 효과, 즉 행동의 자유를 최대화하기 위해 법에 규정된 바와 같이 행동하도록 장려하는 효과를 가져올 수 있다. 시민들이 사고를 많이 일으킬수록 운전 시 제약을 더 받게 된다는 점을 알게 된다면, 그들은 운전할 때 더 주의를 기울일 가능성이 높다.

20 Michael Abramowicz, "Cryptocurrency-Based Law," Arizona Law Review 58 (2016):359–420 (거래 및 의사결정사항을 기록하는 데 블록체인을 사용할 수 있는 능력은 P2P 거버넌스의 근본적인 토대 중 하나라고 설명하고 있다) 참조.

21 Cynthia J. Larose, "International Money Laundering Abatement and Anti-terrorism Financing Act of 2001," Journal of College and University Law 30 (2003):417–433; Stephen T. Middlebrook and Sarah Jane Hughes, "Regulating CrypNOTES TO PAGES 198–200 285 tocurrencies in the United States: Current Issues and Future Directions," *William Mitchell Law Review* 40 (2014): 813–848; U.S. Government Accountability Office, "Virtual Currencies: Emerging Regulatory, Law Enforcement, and Consumer Protection Challenges," Report no. GAO-14-496 (May 2014), http://www.gao.gov/assets/670/663678.pdf, archived at http://perma.cc/7L4M-T5LW.

22 아메리칸 액션 포럼(American Action Forum)의 2015년 보고서에 따르면, 도드-프랭크(Dodd-Frank) 개혁으로 인해 360억 달러 이상의 경제적 비용부담이 발생했고 7300만 시간이 소요되는 서류작업이 발생했다. 보다 자세한 것은 https://www.americanactionforum.org/dodd-frank/ 참조.

23 Jenny Cipelack and Mike Gill, "How Distributed Ledgers Impact Post-Trade in a Dodd-Frank World," *CoinDesk*, July 9, 2016, http://www.coindesk.com/distributed-ledger-cftc-post-trade-dodd-frank/.

24 Steve Omohundro, "Cryptocurrencies, Smart Contracts, and Artificial Intelligence," *AI Matters* 1, no. 2 (2014):19–21 (블록체인과 인공지능의 도래와 더

불어 자동화된 로봇식의 지능형 시스템은 해당 시스템이 수행하는 경제적인 거래에 기초하여 — 무엇보다도 — 세금을 내야 할 것인데, 기존의 법을 이와 같은 시스템에도 적용할 필요성이 생길 것이라고 주장하고 있다) 참조.

25 Urs Gasser, Ryan Budish, and Sarah Myers West, "Multistakeholders as Governance Groups: Observations from Case Studies," Berkman Center Research Publication no. 2015–1 (2015), https://cyber.harvard.edu/publications/2014/internet_governance; Lawrence Lessig, Code: And Other Laws of Cyberspace (New York: Basic Books, 1999).

26 De Filippi and Hassan, "Blockchain Technology as a Regulatory Technology."

27 Alan Watson, *Sources of Law, Legal Change, and Ambiguity* (Philadelphia: University of Pennsylvania Press, 1998).

28 Ronald Dworkin, "Law as Interpretation," *Critical Inquiry* 9, no. 1 (1982):179–200.

29 가장 주목할 만한 것은, 미국을 비롯한 많은 보통의 법을 가진 국가에서 최고법원이 사법심사를 거쳐 법을 뒤집을 권능이 있다는 점이다. 예컨대 미국 연방대법원은 *Dred Scott v. Sandford*, 60 U.S. 393 (1857) 판결에서 노예제도의 적법성에 대하여, *Brown v. Board of Education of Topeka*, 347 U.S. 483 (1954) 판결에서 인종차별 폐지에 대하여, 그리고 *Roe v. Wade*, 410 U.S. 113 (1973) 판결에서 낙태할 권리에 대하여 각각 판단한 바 있다.

30 Henry Prakken, "A Logical Framework for Modelling Legal Argument," in *Proceedings of the 4th International Conference on Artificial Intelligence and Law*, ed. Anya Oskamp and Kevin Ashley (New York: ACM, 1993), 1–9.

31 Kesan and Shah, "Setting Software Defaults."

32 그럼에도 불구하고 코드 기반의 규칙에 중재 신탁이나 심판 서비스를 도입하여 융통성을 제고하는 것이 가능하다는 점을 주목할 필요가 있다. Abramowicz,

"Cryptocurrency-Based Law"(블록체인 기반 플랫폼에서 발생하는 이슈를 해결하기 위한 P2P 중재 메커니즘을 도입하는 데 분산원장 기술을 활용하는 것이 어떻게 가능한지에 대해 설명하고 있다) 참조.

33 실제로 스마트 컨트랙트의 당사자들은 제3자가 스마트 컨트랙트 코드에 명시된 절차를 따르지 않고 TheDAO의 자금을 합법적으로 가져갈 수 있다는 점에 대해서 동의한 사실이 없다. 그럼에도 불구하고, 코드의 결함으로 인하여 "코드의 워딩(wording of the code)"은 당사자들의 실제 의사를 완벽하게 반영하지 못했다.

34 Primavera De Filippi, "A $50M Hack Tests the Values of Communities Run by Code," Vice Motherboard, July 11, 2016, http://motherboard.vice.com/read/thedao.

35 Abramowicz, "Cryptocurrency-Based Law" 참조.

36 Antoinette Rouvroy, " 'Of Data and Men': Fundamental Rights and Freedoms in a World of Big Data," Council of Europe, Directorate General of Human Rights and Rule of Law, 2016.

37 Simon Denyer, "China Wants to Give All of Its Citizens a Score—and Their Rating Could Affect Every Area of Their Lives," *The Independent*, October 22, 2016, http://www.independent.co.uk/news/world/asia/china-surveillance-big-data-score-censorship-a7375221.html.

38 신화넷(Xinhaunet)의 보도에 따르면, 이 시스템의 계획은 "행정업무, 상업활동, 사회적 행동, 사법시스템의 네 가지 영역과 관련한 신용도에 초점을 맞추고" 있다. "China Outlines Its First Social Credit System," *Xinhuanet*, June 27, 2014, http://news.xinhuanet.com/english/china/2014-06/27/c_133443776.htm 참조.

결론

1 Carl Miller, "What the Arrival of Bitcoin Means for Society, Politics, and You," *Wired*, December 16, 2013, https://www.wired.co.uk/article/bitcoin-demos (비트코인에 "숫자가 힘이다(Vires in Numeris)"라는 모토가 새겨진 점을 설명).

2 Lawrence Lessig, Code: *And Other Laws of Cyberspace* (New York: BasicBooks, 2009); Lawrence Lessig, "The Code Is The Law," *The Industry Standard*, April 9, 1999; Timothy Wu, "When Code Isn't Law," *Virginia Law Review* 89 (2003): 679–751; Lawrence Lessig, "Constitution and Code," *Cumberland Law Review* 27 (1996): 1–15; David G. Post, "Governing Cyberspace," *Wayne Law Review* 43 (1996): 155–171; Niva Elkin-Koren, "Copyrights in Cyberspace—Rights without Laws," *Chicago-Kent Law Review* 73 (1997): 1155–1201; Lawrence B. Solum and Minn Chung, "The Layers Principle: Internet Architecture and the Law," *Notre Dame Law Review* 79 (2003): 815–948; Graham Greenleaf, "An Endnote on Regulating Cyberspace: Architecture vs Law?," *University of New South Wales Law Journa*l 21(1998): 593–622.

3 John Perry Barlow, "Declaration of Independence of the Cyberspace" (1996), https://www.eff.org/cyberspace-independence.

4 Lawrence Lessig, "The Law of the Horse: What Cyberlaw Might Teach," *Harvard Law Review* 113 (1999): 501–549.

5 이러한 비전을 가장 잘 설명한 것은 존 페리 바로우(John Perry Barlow)다. 그의 저서《사이버공간 독립 선언(Declaration of Independence of the Cyberspace)》에서 그는 인터넷으로 인해 어떻게 사람들이 물리적 세계의 제약과 무관하게 자신의 고유한 사회적 계약을 맺을 수 있는지를 다음과 같이 설명했다. "이러한 거버넌스는 당신의 세계가 아니라 우리 세계의 조건에 따라 발생할 것이다. (중략) 우

리는 윤리, 현명한 자기이익 및 공공의 복지로부터 거버넌스가 출현할 것이라고 믿는다." 바로우에 의하면 인터넷은 침묵 또는 순응의 강요에 대한 불안 없이, 사람들이 자신을 표현하고 자유롭게 정보를 교류할 수 있는 세상을 만들었다. "재산, 표현, 정체성, 움직임 및 맥락에 대한 법적 개념은 우리에게 적용되지 않는다. 그들은 모두 물리적 실체에 기반하고 여기는 물리적 실체가 존재하지 않는다." Barlow, "Declaration of Independence of the Cyberspace." 참조.

6 Lana Swartz, "Blockchain Dreams: Imagining Techno-economic Alternatives after Bitcoin," in *Another Economy Is Possible: Culture and Economy in a Time of Crisis*, ed. Manuel Castells (Hoboken, NJ: Wiley, 2016), 82–105.

7 Marcella Atzori, "Blockchain Technology and Decentralized Governance: Is the State Still Necessary?," December 1, 2015, https://papers.ssrn.com/sol3/papers.cfm?abstractid=2709713.

8 Primavera De Filippi, "Bitcoin: A Regulatory Nightmare to a Libertarian Dream," *Internet Policy Review* 3, no. 2 (2014): 1–11; Primavera De Filippi and Benjamin Loveluck, "The Invisible Politics of Bitcoin: Governance Crisis of a Decentralized Infrastructure," *Internet Policy Review* 5, no. 3 (2016): 1–28.

9 Joel R. Reidenberg, "Lex Informatica: The Formulation of Information Policy Rules through Technology," *Texas Law Review* 76, no. 3 (1997): 553–584.

10 Yochai Benkler, "Networks of Power, Degrees of Freedom," *International Journal of Communication* 5 (2011):721–755.

11 Lawrence Lessig, Keynote address at the "One Planet, One Net" symposium sponsored by Computer Professionals for Social Responsibility, October 10, 1998. See also Elinor Mills, "Domain Games: Internet Leaves the U.S. Nest," CNN, October 16, 1998, http://www.cnn.com/TECH/

computing/9810/16/darpa.idg/index.html.

12 Atzori, "Blockchain Technology and Decentralized Governance."

13 Yochai Benkler, The Wealth of Networks: *How Social Production Transforms Markets and Freedom* (New Haven, CT: Yale University Press, 2006).

감사의 말

저자들은 값진 조언과 지도를 해주신 다음 분들에게 감사의 말을 전합니다.

Yochai Benkler, Daniele Bourcier, Lewis Cohen, John Dahaner, Brett Frischmann, Joi Ito, Kieren James-Lubin, Lawrence Lessig, Joseph Lubin, Patrick Murck, David Roon, Jeanne Schroeder, Harald Stieber, Don Tapscott, Pindar Wong, and Jonathan Zittrain.

자료 조사 및 연구에 큰 도움을 주신 Rachel Epstein과 Walter Beller-Morales에게 감사드리고 블록체인 기술에 대한 지식을 공유해주시고 초벌 원고 작성 과정에서 지원과 피드백을 아낌없이 제공해주신 COALA 네트워크의 모든 회원분들에게도 감사드립니다. Vitalik Buterin은 영감을 불어넣어주었습니다.

프리마베라 디 필리피는 끊임없이 기운을 북돋고 지적인 도움을 제공한 Constance Choi와 Vlad Zamfir에게 특히 감사인사를 전하고자 합니다. Samer Hassan의 격려도 큰 도움이 되었습니다.

Matan Field는 남다른 비전과 열정, 의지를 보여주었습니다. 이밖에 하버드대 버크만-클라인 센터의 모든 분들께 감사드립니다.

마지막으로 아론 라이트는 변함없는 사랑과 지원을 보내준 아내 Alissa와 자녀들인 Aviva 그리고 Joshua에게 감사 인사를 전합니다.

| 역자 소개 |

정승민(대표 역자) 법무법인 LAB Partners에 변호사(뉴욕주)로 재직중이며 연세대학교 겸임교수로 4차산업혁명과 법에 대해 강의하고 있다. 금융전문 변호사로 출발하여 핀테크, 블록체인, 암호화폐, 개인정보, 클라우드 컴퓨팅, AI 등 신기술 분야 전문가로 활발히 활동중이다. 뉴욕 및 서울의 유수 로펌에서 근무하였으며 아마존 웹서비스의 한국 법무팀 총괄을 역임하였다. 연세대학교 정치외교학과에서 학사학위를, 미국 컬럼비아 로스쿨에서 Juris Doctor 학위를 취득했다.

유정한 법무법인(유) 지평에서 변호사로 재직하고 있다. 금융규제·인허가, 구조화금융, 프로젝트 파이낸스 등 전통적인 금융 관련 자문업무를 두루 담당해 왔고, 최근에는 블록체인·암호화폐, 플랫폼 사업, 전자금융·핀테크 분야에도 많은 관심을 기울이고 있다. 서울대학교 법과대학에서 학사학위를, 미국 NYU 로스쿨에서 석사학위를 취득하였으며, 한국 변호사와 미국 뉴욕주 변호사 자격을 보유하고 있다.

구동균 법무법인(유) 지평에서 변호사로 재직하고 있다. 국내외 부동산 개발 및 실물거래와 관련된 자문업무를 주로 수행하고 있고, 서울대학교 영문학과에서 학사학위를, 미국 노스웨스턴 로스쿨에서 석사학위를 취득했다.

박성철 법무법인(유) 지평의 변호사로 헌법과 행정분쟁, 공법소송을 다수 수행했다. 미래 신산업 규제 관련 자문과 소송 경험이 풍부하다. 서울대학교 사회과학대학에서 학사학위를 받고, 서울대학교 법과대학원에서 행정법 석사과정을 수료하고, 영국 퀸메리 런던대학교에서 법학 석사학위를 취득했다.

이소영 법무법인(유) 지평의 변호사로 IP/ICT, R&D 분야 업무를 수행하며 지적재산권, 개인정보, 미디어, 정보통신 등 산업 현장과 밀착된 법률이슈를 다루고 있다. 특히 산업통상자원부 규제수리 워킹그룹, 중소벤처기업부 규제자유특구 심의위원회, 과학기술정보통신부 인공지능(AI) 법제정비단 등에 참여하며 자율주행, 인공지능 등 아직 법제도가 정비되지 않은 과학기술분야는 물론 공유비즈니스 등과 같이 신산업 등장에 따른 기존 행정 규제 정비, 법제도 개선, 규제 특례 부여 등 규제 해소 및 정비 업무를 활발히 수행하고 있다. 연세대학교 법과대학에서 학사학위를 취득했다.

블록체인 시대의 법과 제도
코드가 지배하는 세상이 온다

초판 1쇄 발행 2020년 6월 15일

지은이 프리마베라 드 필리피 · 아론 라이트
옮긴이 정승민 · 유정한 · 구동균 · 박성철 · 이소영
펴낸이 성의현
펴낸곳 미래의창

편집주간 김성옥
편집 김성옥 · 조은서
디자인 공미향
마케팅 연상희 · 황현욱 · 김지훈 · 이보경

등록 제10-1962호(2000년 5월 3일)
주소 서울시 마포구 잔다리로 62-1 미래의창빌딩(서교동 376-15, 5층)
전화 02-338-5175 **팩스** 02-338-5140
ISBN 978-89-5989-660-8 93300

※ 책값은 뒤표지에 있습니다. 잘못된 책은 구입하신 서점에서 바꿔 드립니다.

이 도서의 국립중앙도서관 출판예정도서목록(CIP)은 서지정보유통지원시스템 홈페이지(http://seoji.nl.go.kr)와 국가자료공동목록시스템(http://www.nl.go.kr/kolisnet)에서 이용하실 수 있습니다.(CIP제어번호: CIP2020021635)